# Franz Liszt

# Briefe an Marie Gräfin d'Agoult

Liszt, Franz

**Briefe an Marie Gräfin d'Agoult**

ISBN: 978-3-86267-531-9

Auflage: 1
Erscheinungsjahr: 2012
Erscheinungsort: Bremen, Deutschland

Europäischer Literaturverlag GmbH, Fahrenheitstr. 1, 28359 Bremen

Bei diesem Titel handelt es sich um den Nachdruck eines historischen, lange vergriffenen Buches aus dem S. Fischer Verlag, Berlin (1933). Da elektronische Druckvorlagen für diesen Titel nicht existieren, musste auf alte Vorlagen zurückgegriffen werden. Hieraus zwangsläufig resultierende Qualitätsverluste bitten wir zu entschuldigen.

Cover: Ausschnitt aus dem Gemälde «Der junge Franz Liszt» von Henri Lehmann.

MARIE GRÄFIN D'AGOULT

Richard-Wagner-Museum, Eisenach

# FRANZ LISZT

## Briefe

## an Marie Gräfin d'Agoult

Herausgegeben von

DANIEL OLLIVIER

S. FISCHER VERLAG · BERLIN

AUS DEM FRANZÖSISCHEN ORIGINAL
CORRESPONDANCE DE LISZT
ET DE LA COMTESSE D'AGOULT 1833–1840
ÜBERTRAGEN VON KÄTHE ILLCH

MIT ZWEI BILDNISSEN
1. BIS 4. AUFLAGE 1933 · ALLE RECHTE VORBEHALTEN
EINBAND NACH ENTWURF VON E. R. WEISS
COPYRIGHT 1933 BY S. FISCHER VERLAG AG · BERLIN
DRUCK: POESCHEL & TREPTE · LEIPZIG

# FRANZ LISZT

*Briefe an Marie Gräfin d'Agoult*

# VORWORT

Der Roman von Liszt und der Gräfin d'Agoult begann im Jahre 1833; er fand sein Ende im Jahre 1844. Es ist viel über diesen Roman geschrieben worden. Als eine der charakteristischsten Episoden des romantischen Zeitalters fordert er immer wieder zu Kommentaren heraus.

Durch die Veröffentlichung der Memoiren der Gräfin d'Agoult[1] wurde endlich der Legende das eigne Zeugnis der Heldin gegenübergestellt. So wurde Licht in dem, was Irrtum und Böswilligkeit so oft verkannt oder entstellt hatten. Das Drama, das sich zwischen Liszt und Gräfin d'Agoult abgespielt hat, erscheint uns nun in seiner tragischen Einfachheit, in der Beleuchtung, in der allein die Wahrheit zutage tritt.

Es soll hier nicht der Gräfin d'Agoult in ihrer ergreifenden Analyse dieses Dramas nachgegangen werden. Es sei nur daran erinnert, daß sie, nach einer Darstellung ihres seelischen Bildes, die Entstehung dessen, was die große Krise ihres Lebens war, auf das Sehnen zurückführt, das seit ihrer frühesten Kindheit ihre Seele emporhob zu einem Ideal von Freiheit, Aufrichtigkeit, Gerechtigkeit und Liebe. Von den Anschauungen und Vorurteilen einer engherzigen Gesellschaft, den Enttäuschungen der Ehe ohne gegenseitiges Verständnis hart zurückgedrängt, hatte dieses Sehnen andrerseits von der Atmosphäre der Romantik her seinen belebenden Hauch erhalten. Die Begegnung mit Liszt wurde zur entscheidenden Stunde. Die Flamme, welche die große, einzige Leidenschaft ihres Lebens entfachte, klärte Gräfin d'Agoult über ihre wahre Bestimmung auf, befreite Verstand und Herz, die so lange unterdrückt waren.

Nach langem und schmerzlichem Kampf, in dem alle Widerstände des Gewissens der Glut und dem leidenschaftlichen Willen Liszts erlagen, ging sie im Jahre 1835 mit ihm fort.

[1] Calmann-Lévy (1927).

9

Befreit von der Vergangenheit, forderte sie fortan von der Zukunft die Verwirklichung der schönen Hoffnungen, die ihr die Unabhängigkeit, die Würde und die edlen Beschäftigungen eines neuen Lebens mit dem Erwählten ihres Herzens boten, dessen tiefes Genie unter der Oberfläche seiner Virtuosität sie als eine der ersten erkannt hatte.

Fortan blieb ihr Leben – zunächst in Genf bis Ende 1836, in Paris, in Nohant bei George Sand, hernach in Italien bis Ende Oktober 1839 – eng verbunden. Die Memoiren der Gräfin d'Agoult geben uns darüber Auskunft: während langer Monate war es das schönste Liebesgedicht. Der Kult des großen Gefühls, das sie vereinigt hatte, steigert ihren Geist zu edelsten Spekulationen und regt sie zu dem Streben nach jeder Vollkommenheit an. Sie fordern von der Arbeit, der Sammlung, der Betrachtung sittliche und geistige Schätze, die sie einander immer würdiger machen sollen, und aus den hohen Regionen des Guten und Schönen, wo sie nach diesen Schätzen suchen, entsteigen auch Träume der Erneuerung für andere. Sie leben im Unbedingten.

Der normale Rhythmus des Lebens führt sie jedoch allmählich zu der Wirklichkeit zurück, die Unruhe, und später Qual, mit sich bringen soll. Immer mehr sinnen sie über das Schicksal ihres Glückes, über ihre Zukunft, und wenn sich dabei eine leise Trauer in ihre Betrachtungen einschleicht, so ist es eben schon zu den ersten Zusammenstößen zwischen ihnen gekommen. Sie werden hervorgerufen durch die Notwendigkeiten, die das Künstlerleben von Liszt mit sich bringt, und durch die Bedürfnisse eines hochgemuten und mitteilsamen Temperamentes, das die Intimität des Hauses nach und nach Freunden zugänglich machte, die die wohl zu ausschließliche Zärtlichkeit von Gräfin d'Agoult beunruhigte. Sie hat in ihren Memoiren selber ein Bild ihrer Enttäuschungen gezeichnet. Ihre Trauer läßt aber wenigstens die Reinheit des großen Gefühls ungetrübt, das sie beherrscht und an das sie sich mit um so größerer Inbrunst klammert, je mehr sie es bedroht sieht. Dieses erste Unbehagen, diese ersten Reibungen waren leider nur die verräterischen Anzeichen des unheilbaren Gegensatzes der Charaktere und des Empfindungslebens, der auf die Dauer die schönsten Träume vernichten mußte.

Diese Träume dauerten noch an, als Liszt und Gräfin d'Agoult Ende 1839 beschlossen, sich zu trennen. Dieser für ihre Herzen, deren Wärme noch die Wunden heilen konnte, grausame Entschluß entsprang vor allem der edelsten Sorge für die drei Kinder, die ihnen geboren waren. Liszt, dessen väterliche Liebe später ihren Lohn in dem fast religiösen Kult erfahren hat, den seine Kinder ihm gewidmet haben, hatte von ihrer Geburt an die höchste Auffassung von seinen Pflichten gegen sie.

Diese Pflichten in materieller und moralischer Hinsicht ganz zu erfüllen war die heilige Aufgabe, von der er sich niemals abgekehrt hat. Die für ihre Erziehung und spätere Versorgung notwendigen Mittel konnte er nur durch die Ausübung seiner Kunst als Klaviervirtuose erlangen. Hierin lag außerdem für ihn die einzige Möglichkeit, sich materiell unabhängig zu machen und damit die Freiheit seiner schöpferischen Arbeiten zu sichern. Er mußte also so ziemlich überall Klavier spielen. Gräfin d'Agoult sah es ein. Ihr mütterliches Gefühl, ihre Achtung vor künstlerischen Plänen, deren Größe sie fühlte, waren bestimmend für ihre resignierende Billigung eines Entschlusses, der ihr durch die Unmöglichkeit, Liszt auf seinen Fahrten eines reisenden Virtuosen zu begleiten, indessen recht hart ankam. So verließen sie Florenz im Oktober 1839, Liszt fuhr nach Wien, wo die lange Reihe seiner Europatourneen begann, während Gräfin d'Agoult mit ihren Töchtern nach Paris zurückkehrte.

Sie hat in ihren Memoiren die Qualen der Rückkehr in jenes Paris geschildert, aus dem sie vor fast fünf Jahren die Gewalt der Leidenschaft aus beneidetster Stellung gerissen hatte und wo sich in der Einsamkeit nur düsterste Ausblicke auf das neue Leben eröffneten, das sie sich dort schaffen mußte. Man weiß, in wie bewundernswerter Weise angestrengte Arbeit und sittliche Haltung diese Ausblicke allmählich gewandelt und der glücklichen Wirklichkeit eines Lebens voller Würde und umgeben von der allgemeinen Achtung Platz gemacht haben, dessen glänzende Etappen sie zu literarischem Ruhm geführt haben.

Liszt und Gräfin d'Agoult hatten sich getrennt, ohne irgend etwas von ihrer Vergangenheit zu verleugnen. Treu ihrer Liebe, blieben sie voller Vertrauen in die Zukunft, die nach Besänftigung der früheren Unruhen die Vereinigung ihrer Seelen und Geschicke unlösbar machen sollte. Also lebten sie bis zum Jahre 1844, als ob die Trennung, welche sie sich auferlegt hatten, den normalen Abschluß haben würde, der zugleich deren Voraussetzung und Linderung gewesen war. Für das Ende dieser Trennung hatten sie freilich keinen bestimmten Zeitpunkt festgesetzt. Er hing von den Ergebnissen der Reisen Liszts ab, die den Augenblick bestimmen würden, wo nach Erreichung des doppelten Zwecks, den Liszt mit ihnen verfolgte, er das „Joch des Elends", wie er es nannte, würde abwerfen können, um sich der Entwicklung seines musikalischen Genies und der Harmonie seines inneren Lebens zu widmen.

Die tröstlichen Hoffnungen, unter denen die Trennung vorgenommen war, verwirklichten sich nicht. Die Entfernung hatte zwar den gemeinsamen Glauben, der in einem reichen Briefwechsel und bei zeitweiligen Begegnungen immer wieder zum Ausdruck kam, nicht zerstört, ihn aber doch wenig günstigen Einflüssen ausgesetzt. Durch die Verschiedenheit des Milieus und der Beschäftigungen noch betont, entwickelte sich der Gegensatz der Temperamente immer verhängnisvoller und führte sogar zu Uneinigkeit in der Auffassung ihrer gegenseitigen Pflichten. Und nun zogen die ungewöhnlichen Erfolge Liszts die übliche, nicht immer ungemischte Schar von Bewunderern männlichen und weiblichen Geschlechts hinter ihm her. Wen sollte es wundern, daß Gräfin d'Agoult, unfähig, diese Schar im Zaum zu halten, sich davor fürchtete, in sie eingereiht zu werden? Das Breittreten gewisser Ereignisse aus dem Privatleben Liszts in der weitesten Öffentlichkeit schien dem Stolz der Gräfin d'Agoult unerträglich und führte die verhängnisvolle Lösung herbei. Im April 1844, bei einer Durchreise Liszts durch Paris, kündete Gräfin d'Agoult ihm den Bruch an, der endgültig sein sollte. Gewiß sahen sie sich lange nachher bei flüchtigen Begegnungen wieder. Sie wechselten auch während mehrerer Jahre in mehr oder weniger langen Zwischenräumen Briefe untereinander, aber die Wege, die sie von nun an einschlugen, brachten sie nicht wieder zusammen. Es verband sie nur ein einziges Band: die Erinnerung an die Vergangenheit, in welche sie, im Wechsel von Freud und Leid, drei unvergleichliche Kinder zurückführten.

Die Jahre des Romans, wie fruchtbar auch die anderen gewesen sein mögen, bleiben die wichtigste Episode im Leben beider. In der Beseligung dieser Jahre der Liebe, der Sammlung, der Arbeit wurde für beide die Saat der künftigen Ernte ausgeworfen. In ihrer Ausstrahlung hat die enge Gemeinsamkeit des Denkens, Fühlens und Strebens in der Bildung ihres Geistes den gegenseitigen Einfluß zur Geltung gebracht, der sich darin findet.

Daß Gräfin d'Agoult unter dem Pseudonym Daniel Stern der bekannte Schriftsteller, Denker, Historiker und Moralist geworden ist, verdankt sie in der Tat und unbestreitbar der Steigerung durch die Leidenschaft, die sie von den Fesseln einer mittelmäßigen Gesellschaft befreit und in der Nachbarschaft von Liszt ihren Fähigkeiten die Nahrung gegeben hat, die ihnen fehlte. Wie wollte man auf der anderen Seite verkennen, daß die hohe Kultur der Gräfin d'Agoult, ihr Wissensdurst, ihre literarischen Gaben, ihr philosophischer Geist täglich zur herrlichen Entfaltung von Liszts Genie beigetragen haben.

Dieser Briefwechsel ist leider unvollständig. Wir bringen ihn so, wie er auf uns gelangt ist. Er beginnt im Jahre 1833, nach der ersten Begegnung zwischen Liszt und Gräfin d'Agoult. Bis 1839 enthält er nur Briefe von Liszt, von denen übrigens eine Anzahl verlorengegangen zu sein scheint. Die Briefe Gräfin d'Agoults aus dieser Zeit sind fast alle verschwunden. Auf welche Weise, ist nicht feststellbar. Es ist jedenfalls anzunehmen, daß die Zufälligkeiten des wiederholten Von-Hand-zu-Hand-Wanderns dieser Briefe für diesen Verlust zum größten Teil verantwortlich zu machen sind. Die Periode von 1839 bis 1844, die von den langen Reisen Liszts ausgefüllt ist, liefert das umfassendste und reichhaltigste Briefmaterial. Auch hier muß das Fehlen vieler Briefe von Gräfin d'Agoult festgestellt werden. Einige sind nur fragmentarisch erhalten, andere mit Streichungen. Es gibt gleichfalls einige Lücken bei den Briefen Liszts. Schließlich sind nach 1844 nur noch Briefe von Liszt vorhanden.

Die Herausgabe dieser Briefe bot einige Schwierigkeiten, denn sie wurden von uns in großer Unordnung und in ziemlich schlechtem Zustand übernommen. Das Fehlen des Datums bei vielen, namentlich in der Zeit von 1833–35, ließ die Reihenfolge, in die sie zu setzen waren, sehr ungewiß. Die beträchtlichen Lücken in der Korrespondenz der Gräfin d'Agoult, die großen Entfernungen, die die Schreibenden trennten und bewirkten, daß sie sich oft schrieben, bevor sie eine Antwort erhalten hatten, erlaubten es zur Vermeidung von Irrtümern nicht, neben jeden Brief die dazugehörige

Antwort zu setzen. So schien die für die Gesamtheit der Briefe beste Art der Anordnung ganz einfach die chronologische Reihenfolge. War das Datum nicht angegeben, so wurde so gut wie möglich versucht, es zu ergänzen, ohne daß in dieser Hinsicht eine strenge Genauigkeit verbürgt werden kann. Der Leser wird auf diese Weise den fortlaufenden gegenseitigen Gedankengängen der Briefschreiber folgen und die Antworten, soweit sie vorhanden sind, wenn auch nicht in unmittelbarer Nachbarschaft, so doch nicht weit davon entfernt von den Briefen finden, auf die sie sich beziehen.

Diese Briefe geben dem Roman den Pulsschlag des Lebens. Das ist in der Tat der Roman, dessen dramatische Synthese Gräfin d'Agoult in ihren Memoiren skizziert hat. Die Leidenschaft, die ihn begonnen und getragen hat, zeigt in den Briefen denselben blinden und zügellosen Charakter. Diejenigen Liszts, namentlich aus der Zeit, die der Abreise vorangeht, geben ihr in einem Überschwang Ausdruck, der die ganze Gärung seiner Feuerseele widerspiegelt. Dieser reißende Strom muß schließlich den Sieg davontragen über die verzweifelten Anstrengungen, die ihm die Geradheit der Gräfin entgegensetzt, macht sie doch eine ähnliche Überreizung der Sinne und des Herzens allmählich zum Gewähren geneigt. Und wenn dann das Unvermeidliche eintritt, muß man anderswo dafür eine Erklärung suchen als im Triumph der ungestümen Kräfte, die durch ein einziges und ausschließliches Gefühl, durch die Liebe, entfesselt wurden? Wird man, wenn man die Briefe gelesen hat, in denen diese Liebe so erschütternd aufschreit, immer noch, wie es so oft geschehen ist, eine der ursprünglichsten und aufrichtigsten Regungen in der Geschichte des menschlichen Herzens auf der einen Seite der eitlen Befriedigung über ein glanzvolles Abenteuer, auf der andern Seite den egoistischen Berechnungen des Ehrgeizes zuschreiben können?

In den folgenden Jahren läßt der Briefwechsel die unmerkbar sich steigernden Unstimmigkeiten erkennen. Bleibt auch das gemeinsame Ideal, so können wir doch an den Anstrengungen, die gemacht werden, es zu erhalten, sein Erlahmen ermessen. Die Herzen finden bis ans Ende Ausbrüche von Zärtlichkeit, doch wirft der Unfrieden immer mehr und mehr seine Schatten auf sie. In dem Maße, in welchem sich sein zerstörendes Werk erfüllt, mischen sich in die warmen Ergüsse peinliche Klagen, traurige Beschuldigungen. Wie kämpfen dabei alle beide gegen das, was sie täglich mehr trennt, mit welcher Inbrunst flüchten sie in die eigensinnig festgehaltene Hoffnung auf die Harmonie, die ihnen am Abend ihres Lebens die Reinigung von allen Fehlern, die sie sich wechselseitig vorwerfen, schenken soll!

Die Briefe zeigen uns, wie und warum diese Anstrengungen ohnmächtig geblieben sind. Aus der Verschiedenartigkeit der Eindrücke, der Gedanken, der Gefühle, die man in ihnen findet, erhebt sich lebendig das Bild des Konflikts, der sie zunichte gemacht hat. Dieser Konflikt, in welchem das leidenschaftliche Streben nach gegenseitigem Glück schließlich an der Unvereinbarkeit der angewandten Mittel gescheitert ist, entstand, es kann nicht oft genug gesagt werden, aus den Grundgegensätzen zweier gleich großer, aber tief verschiedener Naturen.

Das Interesse an diesen Briefen ist nicht auf die Beleuchtung des Romans von Liszt und Gräfin d'Agoult beschränkt. Durch die Mannigfaltigkeit und Fülle der Gegenstände, die sie berühren, bilden sie einen wichtigen Beitrag zur allgemeinen Geschichte des so anziehenden Zeitalters, zu dessen glänzendsten Vertretern die beiden Briefschreiber gehören.

Die Briefe der Gräfin d'Agoult, denen sie häufig die Form eines Tagebuchs gibt, sind voller Einzelheiten über die Anwendung ihrer Tage, über die Beziehungen, die sie unterhält, die Arbeiten, denen sie sich widmet oder auf die sie sich vorbereitet. Dadurch, und dank der flinken Beweglichkeit ihres Geistes, erstehen die berühmten Persönlichkeiten in Frankreich und im Ausland, die um sie herum eine gewählte Gesellschaft bildeten, in ihrer ganzen Eigenart zu neuem Leben. Indem sie Liszt, der sie als erster auf den literarischen Weg gewiesen hatte, von ihren Versuchen, den Ermunterungen, die ihr zuteil werden, ihren Hoffnungen, ihren ersten Erfolgen erzählt, wirft sie jeden Augenblick die merkwürdigsten Streiflichter auf die Menschen, denen sie nachstrebt, findet sie die feinsten Formeln zur Würdigung ihrer Charaktere, ihrer Werke, ihrer Verdienste. Welche Fülle von pikanten Anekdoten, von bemerkenswerten Urteilen nicht nur über diejenigen, die den Ruhm jener Zeit bildeten, sondern auch über Persönlichkeiten zweiten Ranges, die aber nicht weniger dazu beigetragen haben, ihr ihren Charakter zu geben. Welch farbiges Bild der großen und kleinen Dinge, die sich im Zeitalter der Romantik regen! Gescheite Bemerkungen über die Ereignisse des öffentlichen Lebens fügen die Politik zu dieser reichen Galerie hinzu, deren glanzvolle Zeichnung durch Daniel Sterns Stil voll Anmut und keimender Kraft uns gegeben wird.

Liszt führt uns in seinen Billetten und Briefen aus den Jahren 1833–35, den Jahren der ersten Ausbrüche seiner Leidenschaft, in die Welt, aus der sie Nahrung schöpft, die Welt seiner Freunde Chopin, Berlioz, Heinrich Heine, Adolphe Nourrit, Sainte-Beuve, Alfred de Vigny, Ballanche, Balzac, de Sénancour, George Sand, Alexandre Dumas, Victor Hugo, Lamartine, Alfred de Musset, Abbé Lamennais, den er in so interessanter Weise studiert hat, und anderer Helden des Zeitalters der Romantik. Er zeigt sich uns in dem ganzen, etwas wilden Feuer seiner andachtsvollen Seele, die in ihrem Aufschwung zur Höhe durch die heftigsten Gegensätze von Begeisterung und Verzweiflung hin und her geworfen wurde. Und dann die Berichte über seine Reisen, in denen sich die merkwürdigsten und unvorhergesehensten Einzelheiten über die Wechselfälle seiner Tourneen durch ganz Europa häufen. Wir begegnen dabei Persönlichkeiten jeder Art und jeden Ranges, Fürsten, vornehmen Herrn, vornehmen Damen, berühmten Komponisten, hervorragenden ausübenden Künstlern, einer ganzen bunten, sich seiner verführerischen Macht beugenden Welt, die von seiner Ironie und der Tiefe seiner Beobachtung überragt wird.

Seine Erfolge übersteigen die der berühmtesten Virtuosen vor ihm und erreichen unwahrscheinliche Ausmaße. Er spricht von ihnen mit Behagen, weil sie ihn dem ersehnten Ziel näher bringen, aber wie jämmerlich erscheinen sie in Wahrheit seinem hochstrebenden Ehrgeiz! Der Lärm seines „Seiltänzerlebens", wie er es nennt, dämpft diesen Ehrgeiz nicht, sondern beschleunigt nur seinen reinigenden Schwung, hebt ihn über die Kläglichkeiten des Virtuosentums zu den höheren Regionen der Kunst, den einzigen, zu denen es ihn treibt.

Die Regsamkeit seines Geistes begrenzt seinen Horizont nicht auf die Musik. Sie durchläuft alle Zweige der Kunst, alle Gebiete des Denkens. Was er an Gräfin d'Agoult schreibt, trägt den lebendigen Stempel dieser Regsamkeit und läßt uns durch den eigentümlichen Duft der Form, durch die Richtigkeit seines Werturteils über so viel literarische, künstlerische, philosophische und historische Werke und Persönlichkeiten, durch die Feinheit der Ratschläge aller Art, die er seiner Korrespondentin erteilt, deutlich erkennen, daß dieser Intelligenz, die alles mit ihrer mächtigen Pranke zeichnet, nichts fremd geblieben ist. Kurz, das, was Liszt in seinen Briefen nicht sagt, was man aber in dem so klaren Bild erblickt, das sie von diesem wunderbar bewegten Leben geben, ist die großartige Selbstlosigkeit, der unvergleichliche Edelmut, durch welche dieser einzigartige Mann – dessen Vorrecht es war, zu helfen, zu stützen – die Größten überragt, indem er allem, was ihm schön und groß erschien, seine Freuden, sein Vermögen, seine Arbeit, ja selbst die Entwicklung seines Genies zum Opfer brachte.

*Daniel Ollivier*

In Liszts Briefen finden sich viele Stellen in deutscher Sprache. Diese sind im Druck in Kursivschrift wiedergegeben.

# I

## 1833

Die nachfolgenden Briefe und Billette von Liszt, die mit wenigen Ausnahmen kein Datum tragen, sind im Jahre 1833 an Gräfin d'Agoult, Rue de Beaune und nach Schloß Croissy, gerichtet. – Die seltenen Briefe der Gräfin d'Agoult aus dieser Zeit sind ihnen beigefügt.

### LISZT AN GRÄFIN D'AGOULT

Zum Glück habe ich gestern eine langweilige und antimusikalische Einladung zu Freitag abgelehnt, und zum noch größeren Glück wollen Sie, Frau Gräfin, mir erlauben, ein oder zwei Stunden bei Ihnen zu verbringen.

Empfangen Sie meinen aufrichtigsten Dank dafür, und seien Sie versichert, daß diese Woche in meiner Erinnerung eine der musikalischsten und glücklichsten bleiben wird.

---

Ich muß heut abend unbedingt einem Mediziner-Diner beiwohnen; seien Sie so gut, meiner lieben Mutter (die Ihnen diese Zeilen überbringen wird) zu sagen, ob Sie gedenken, bis 9, $^1/_2$ 10 zu Hause zu bleiben – dann werde ich mein Diner beim zweiten Gang verlassen und bis zu meiner Programmnummer bei Ihnen bleiben, denn ich werde heute abend noch spielen müssen.

Abbé Deguerry[1], den ich eben verlasse, hat mich sehr verändert gefunden, er hatte die Absicht, im Laufe des Abends zu Ihnen zu gehen; ich habe ihm gesagt, daß Sie ein wenig Musik bei Frau von Venkuken arrangierten . . . das übrige heute abend, nicht wahr?

Tausend Dank für all Ihre Güte von gestern abend.

---

[1] Prediger, Schriftsteller, geb. 1797, 1871 als Geisel der Kommune hingerichtet.

Ich habe eben Civiale sagen lassen, daß ich durch eine Konzertprobe verhindert wäre.

Also auf heute abend, spätestens $^1/_4$7.

---

Wenn die Fasten, Kasteiungen und Gebete der Woche Ihre Stimme nicht zu sehr ermüdet haben, komme ich heut abend sehr frühzeitig, um wieder und wieder „Le Lac"[1] von Ihnen zu hören. Unser Freund Chopin (gestatten Sie mir noch einmal dieses Wort) sieht heut ein paar Leute bei sich, und ich muß unbedingt hingehen; es wäre sehr freundlich von Ihnen, wenn Sie für mich ein Extra derselben Art täten wie... – aber ich wage weder darum zu bitten, noch es zu hoffen.

Hier noch ein paar Zeilen von Nodier[2], die mir auf Ihre Gedanken von neulich abend Bezug zu haben scheinen.

„Ich fühle, daß es im Dasein in Wirklichkeit nur einige Stunden, einige flüchtige Augenblicke gibt, daß, wenn diese vergangen, unwiderruflich vergangen sind, jede Erinnerung an diese Zeit, die nie wiederkehrt, weh tut. Das ist nicht nur Bitterkeit, das ist Ekel, ist etwas, was die Erinnerung zur Last macht und Sehnsucht nach der stumpfsinnigen Fühllosigkeit des Viehes erweckt, das wenig empfindet, gar nichts empfindet, oder rasch vergißt..."

Und weiter:

„Ich sehne mich heraus aus diesen unfruchtbaren Nichtigkeiten, die mein Herz einengen und bedrücken. Ich brauche eine andre Luft, einen andren Horizont, wo meine Gedanken sich in Freiheit entfalten und beginnen können, an dieser unendlichen Weite, die sich vor mir auftut, teilzuhaben..."

Ich bitte tausendmal um Verzeihung für diese Sentimentalität. Auf heute abend also, wenn ich nichts anderes von Ihnen höre.

---

Ich glaube, gnädige Frau, daß Sie mich neulich abend gebeten haben, Ihnen unsern berühmten Landsmann Heine zuzuführen und vorzustellen. Er ist einer der ausgezeichnetsten

---

[1] Bekanntes Gedicht von Lamartine.
[2] Gemeint ist Charles Nodier (1780–1844).

Männer Deutschlands, und wenn ich nicht fürchtete, ihm durch den Vergleich Unrecht zu tun, würde ich auf ihn gern das berüchtigte Beiwort außerordentlich dreimal wiederholt anwenden. Darf ich ihn nach dieser Vorrede Dienstag in 8 Tagen mitbringen? . . .

Was meinen Freund Chopin betrifft (haben Sie sich nicht über diese Bezeichnung geärgert?), so war es mir noch nicht möglich, ihm Ihre so freundliche Botschaft zu übermitteln, aber morgen (ganz gewiß) werde ich ihn sanft und zart mit Ihren Bitten und Einladungen aus dem Schlaf wecken.

Ich werde auch nicht versäumen, wieder mit ihm von Frau von Rauzan[1] zu sprechen, für die ich mich entschieden in toller und verzweifelter Glut verzehre. Ich bitte Sie auf Knien um Verschwiegenheit. Chopin ist der einzige, mit dem ich offen darüber zu reden wage, denn der Marquis oder Chevalier aus der Rue Nicaise ist ein wenig eifersüchtig auf mich.

Armer Berlioz! . . . wie ich mich manchmal in seiner Seele wiederfinde. Er ist hier, neben mir. Vorhin weinte, schluchzte er in meinen Armen. . . . und ich habe die Unverschämtheit, Ihnen weiter zu schreiben! . . .

Warum scheint der Tag für den Unglücklichen, und warum leuchtet die Sonne denen, die Kummer im Herzen tragen?

Schmerz, immer Schmerz . . .

Rechnen Sie nicht auf mich morgen abend, ich bin zu unglücklich, zu rasend, um die Gesellschaft von Freunden zu ertragen, und ich denke, daß Schubert und Ch. kommen werden.

————

Wenn ich nicht irre, gnädige Frau, so gehen Sie selten am Donnerstag aus und fast niemals am Freitag; – dürfte ich an einem dieser Abende (welchen Sie mir angeben wollen) kommen und Ihnen neue vierhändige Stücke bringen? . . .

Dienstag abend.

————

Hier sind die 5 Konzertbilletts, Frau Gräfin, um die Sie

————

[1] Die Herzogin von Rauzan, Tochter der Herzogin von Duras, hatte einen der glänzendsten Salons des Faubourg Saint-Germain.

freundlichst baten; ich kann Ihnen nicht sagen, wie froh mich die Hoffnung macht, Sie wiederzutreffen, und wie ich neuen Mut fühle, allen Unannehmlichkeiten der vielen Wege und des Studiums zu trotzen.

Nehmen Sie erneut meinen aufrichtigen Dank.

Ich erlaube mir zugleich, Ihnen den ersten Band Ballanche zu schicken; die Fragmente am Schluß werden Ihnen sehr wahrscheinlich zusagen.

————

Ich wollte Ihnen gern heut morgen das Heft von Schubert bringen, aber die turbulenten und moralischen Gespräche Ihrer Doktoren von gestern abend haben eine so tiefe Traurigkeit in meiner Seele zurückgelassen, daß ich wirklich nicht den Mut habe, vor nächster Woche in die Rue de Beaune zu kommen.

Darf ich immer noch hoffen, gnädige Frau, Sie Sonnabend im Waux hall zu treffen? ...

Wie dem auch sei, danke ich Ihnen von neuem für all Ihre Güte. Ich werde mich bemühen, mich ihrer würdig zu zeigen.

Das ist Wermut! (Shakespeare, Hamlet.)

Es ist alles eitel und Haschen nach dem Wind! ... (Buch der Prediger.)

————

Ich fühle mich heute morgen so elend, daß ich fürchte, die Sonate von Moscheles mit Ihnen nicht durchgehen zu können. Genehmigen Sie, gnädige Frau, den Ausdruck meines Bedauerns und meine sehr ergebene Bitte um Entschuldigung.

*Sonntag, im Bett.*[1]

————

You shall receive a most ridiculous letter this morning, but probably I shall see you before. A quarter before twelve! ...

Tausend Dank für das reizende Musikstück, das Sie mir geschickt haben.

Eure Traurigkeit wird sich in Freude wandeln! ... (Evangelium.)

[1] Im Original deutsch geschrieben.

Neugeboren!... Neugeboren, wie im Frühling ein knospender Baum, mit geläuterter Seele und würdig, nach den Sternen zu greifen!...

S... hat mich gestern abend darauf aufmerksam gemacht, daß Sie bei Herrn von M. Ihr Brautkleid trugen... über dieses Bild mußte ich lächeln; es ist gut und freundlich von ihm, die Unterhaltung immer wieder auf Sie zu lenken...

Und das alles war vorgestern!...

Seitdem ist mir, als ob Sie in mir weiterleben; selbst Ihren lebhaften Gang, ja den hellen und eindringlichen Klang Ihrer Stimme bilde ich mir nach und finde ihn in mir wieder, und zwar ohne Mühe... ohne überhaupt daran zu denken...

Ach, wie glücklich bin ich!... jetzt habe ich Raum zu leben, „was auch geschehe...“ Ach, nicht wahr, Sie werden immer, immer an diese Zeilen denken!...

*Bald wieder zwei Worte: schreiben Sie mir, wie ich Ihnen antworten kann, denn ich befürchte...*

---

Freitag, 1 Uhr nachts.

Hier sind zunächst die beiden Musikstücke, um die Sie baten; ich danke Ihnen sehr, daß Sie so freundlich waren, mich mit diesem Auftrag zu betrauen; ich hoffe, daß sie Ihnen gefallen und Sie keine Bedenken tragen werden, mich oft wieder darum zu bitten. A propos Musik, gestern abend habe ich im Konzert der „Europe Littéraire“ die Symphonie fantastique von Berlioz wiedergehört; nie ist mir dieses Werk so vollkommen, so echt erschienen. Sollte ich Ende Juni noch am Leben sein, so werde ich mich daran machen, es für Klavier zu setzen, wie mühevoll und schwierig diese Aufgabe auch sein mag. Ich bin überzeugt, daß Sie bei der Lektüre noch erstaunter sein werden als beim Spielen. An dem Tage, wo Sie es vom Blatt spielen, wird Ad... die Wärmflasche bereit halten müssen. Herr von Montcalm, der auch da war (und mit äußerster Liebenswürdigkeit auf mich zukam, um sich nach Ihnen zu erkundigen), war sicherlich davon auch sehr ergriffen. Bei mir ist die Ergriffenheit jetzt fast vorbei, aber die Bewunderung bleibt. Ich höre, ohne ganz zu verstehen, aber ich weiß, daß es sehr schön ist, ich sage es, ich denke es.

Ach! ich bin noch nicht vernünftiger geworden!

Frau von Apponyi[1] wird mir nächsten Montag viel Mehlspeisen und Dampfnudeln vorsetzen, denn sie will durchaus, daß ich dicker werde. Diese Frau ist wirklich von reizender Güte und Herzlichkeit zu mir. Ich hatte fast Tränen in den Augen, als ich heut abend von ihnen wegging; das war vielleicht nicht nur die Wirkung ihrer guten Lehren, was denken Sie darüber? Ich sagte ihr, daß sie sehr gut zu mir gewesen sei, dummes Gerede, aber ich wußte ganz gut, was ich damit sagen wollte. Den Tauben ist nicht zu helfen.

Frau von R(auzan) läßt es sich auch angelegen sein, mich zu trösten; sie hat mich zu einem Besuch in ihrem Landhaus aufgefordert, dann hat sie Romanzen gesungen: „Arthur, sei großmütig" (ein scheußlicher musikalischer Schmarren, den sie aber wunderbar singt, beinahe hätte ich gesagt, im Geist der Sache), dann noch Lafonts „Wahnsinn".

„...Und sterbend muß ich, ach, noch lächeln." Ist das nicht rührend?

Ich falle um vor Müdigkeit; ich hatte keine Nacht Ruhe seit Ihrer Abreise; gestern bin ich um 4 nach Hause gekommen, vorgestern um 2, und so fort. Zum Glück brauche ich das alles nur noch 8 Tage auszuhalten. Verzeihung, tausendmal Verzeihung für dieses Geschwätz; Sie haben mich an so viel Nachsicht gewöhnt, daß ich diese ohne es zu wollen (und nur durch meinen angeborenen Hang zum Ausarten) oft mißbrauche.

Der Abbé, die Herren Pollet, Théophile[2] und S. F.[3] sprechen mit mir von morgens bis abends über nichts anderes als von den Morgen und Abenden, die vielleicht nie wiederkehren; ich höre sie lachend an. Ich hatte auch Gelegenheit, mich über Sie der Beiwörter: außerordentlich, bemerkenswert, über-

[1] Frau von Rudolf Apponyi, österreichischer Gesander in Paris.

[2] Théophile von Ferrière, Schriftsteller, Dichter, schrieb auch unter dem Pseudonym Samuel Bach.

[3] Félix D'Amoreux, genannt Jules de Saint Félix, Dichter (1806–1869).

ragend, poetisch usw. einigen wohlwollenden Freundinnen und Bekannten gegenüber zu bedienen; das macht mir großen Spaß.

Nun leben Sie wohl, gnädige Frau, es wäre sehr freundlich, wenn Sie S. F. ein paar Zeilen für mich mitgeben wollten; es liegt mir viel daran. Vergessen Sie bitte auch nicht das kleine musikalische Versprechen, das Sie mir gegeben haben; erinnern Sie sich?

*Sie werden in der Musik einen kleinen Brief finden, der Ihnen hätte Montag zukommen sollen (sic).*

———

Da Herr von Saint Félix so freundlich war, die „Tränen" der Frau Desbordes-Valmore mitzunehmen, benutze ich auch diese Gelegenheit, um Ihnen für Ihr freundliches Gedenken zu danken. Die so lange bereits geplante Ruhepause beginnt endgültig morgen.

*O schreiben Sie mir oft ... Sie schreiben so göttlich, so herzlich, alle Ihre Worte flammen so innig.*

Ich habe diese Woche unsern Freund Victor[1] und Dumas wiedergesehen, das ist endgültig der einzige Umgang, die einzige Gesellschaft, die ich fortan haben werde; das übrige erscheint mir so leer, so langweilig und nichtig. Thoughtless wird Ihnen wahrscheinlich von meinen Erfolgen von gestern abend und von Frau Victor C. berichten. Ach! sie wissen nicht, was ich suche, was ich leide!

Jetzt ist es kein Name mehr, den ich stündlich wiederhole. *Ich warte auf einen Tag ... Bald, bald, nicht wahr?*

Die Propheten verstummen vor der Ankunft des Messias.

Die beiden Fragmente, die Sie mir geschickt haben, und besonders jener Gedanke über die Ehe sind göttlich; jawohl, göttlich; bei „im Schutz vor einem Sakrileg" überläuft es einen kalt, göttlich, göttlich.

Frau Freppa hat zu mir gesagt, Sie sängen ohne Intelligenz, immer wie eine brave Frau.

„Eine beschauliche Seele schafft sich selber eine Einsamkeit." (Saint-Augustin.)

[1] Victor Hugo.

FRANZ LISZT 1842

Nach einer Zeichnung von Franz Krüger
Franz-Liszt-Museum, Weimar

Sie reden von Ausruhen; darf ich Ihnen dasselbe antworten wie der Jansenist Arnaud auf Nicoles Aufforderung, seine Arbeit wenigstens für kurze Zeit zu unterbrechen: „Ja, haben wir nicht die ganze Ewigkeit, um auszuruhen?"

————————

Mittwoch

Nein, ich werde nicht aufs Land fahren. Ich werde weder zu der Herzogin, noch zu Mama, noch zu Frau Boissier[1], noch zu Frau Merlin[2] gehen. Ich leide, ich muß allein bleiben. Sie scheinen das Wort Zurückgezogenheit nicht zu begreifen; ich fasse es so auf: von morgen ab ziehe ich zu meinem lieben Freund Erard, der in London ist; ich bekomme ein kleines Zimmer in der Rue du Mail, wo ich von morgens bis abends lesen, arbeiten, üben werde. Nur meine Mutter und Berlioz werden hereingelassen; alle meine andern Freunde und Bekannte sollen glauben, ich sei verreist. Tatsächlich bin ich weit fort von ihnen. Eine e i n z i g e Leidenschaft, ein einziger Glaube lebt in meinem Herzen, es ist der Glaube an die Arbeit, die Leidenschaft für die Arbeit. Was macht's? . . . Ich werde mich wenigstens nach Belieben aufreiben und verzehren können. Wenn Sie noch einen Auftrag für mich haben, schreiben Sie immer an dieselbe Adresse; meine Mutter wird die Briefe besorgen. Fräulein Boscary heiratet Miramon; ich freue mich sehr darüber. Adele[3] in Genf ist zerschmettert. Auch das ist gut. Frau von La Tremoille, Frau Hérici, von Belissen berichten mir ausführlich und mit Liebe von der Schloßherrin von Croissy; ich lasse das Gespräch fallen. Herrlich, herrlich. Ohnmacht, Elend und Spott überall, überall! . . . aber jetzt ist seit bald 8 Tagen das Wetter schön, die Luft rein . . . auf dem Lande muß es auch schön sein, Sie sind dort glücklich, nicht wahr? . . .

Ach sehen Sie, gnädige Frau, es gibt Menschen, die Gott

[1] Wahrscheinlich Frau Auguste Boissier aus Genf, deren Tochter Liszt in den Jahren 1831–32 unterrichtet hatte; seine Aufzeichnungen über diese Stunden sind veröffentlicht. (Champion, 1928.)

[2] Die Gräfin Merlin hatte einen künstlerischen Salon.

[3] Gräfin Laprunarède, mit der Liszt den Winter 1832–33 in einem Gebirgsschloß verbracht hat.

gezeichnet hat, daß sie vergeblich leben und sterben ... ewig getäuscht und enttäuscht, selbst die Hoffnung wird ihnen zu niedriger, unerträglicher Qual ... Mag ihr Geschick sich erfüllen. Die Ruhe des Grabes wird sie erquicken.

Donnerstag morgen
Jetzt bin ich eingerichtet; kaum wage ich zu schreiben, aber ich fühle mich ruhig. Gestern schrieb ich Ihnen diese paar Zeilen´ in einem Fieberanfall; ich sehnte mich aus meinem Zimmer heraus. Ich werde Paris nicht verlassen, aber ich werde hier niemand sehen, nur ab und zu meine Mutter, wenn sie zu mir kommt. Überall anderswo würde es mir nur schlechter gehen. Dank für Ihren guten Brief; ich habe mich ganz außerordentlich über ihn gefreut ... Bald, bald.

Endlich ein Brief von Ihnen! ... Gott sei Lob und Dank! Ich war verzweifelt! Ach, wundern Sie sich nicht über die Trockenheit, den kalten Ton meiner Briefe; Sie kennen mich, Sie wissen, wieviel H o h n mitunter in meiner Resignation ist, und wieviel Bitterkeit in dieser scheinbaren Ruhe (meine z w e i t e   N a t u r, wie Sie sehr treffend sagten). Außerdem schreibe ich so alltäglich; was ich sagen kann, scheint mir so unbedeutend, daß ich mich schäme, weiterzuschreiben, selbst wenn ich Lust hätte noch zu schwatzen. Entsinnen Sie sich des Verses von Petrarca:
„Chi po dir, com egli arde, è'n picciol foco"[1]
und jener Stelle des guten Montaigne, die ich Ihnen neulich zitierte:
„Auch sind wir in der lebhaftesten und brennendsten Erhitzung unserer Seele nicht imstande, unsere Klagen und unsere Überredung auszudrücken; die Seele ist dann mit t i e f e n   G e d a n k e n beschwert und der Leib ist niedergeschlagen und von Liebe geschwächt, und daher stammt zuweilen die plötzliche Ohnmacht, die die Liebenden so sehr zu Unzeit überfällt, und diese eisige Kälte, die sie, durch die Gewalt einer äußersten Glut, gerade inmitten des Genusses ergreift. Starke

[1] Wer sagen kann, wie sehr er brennt, ist nur ein kleines Feuer.

26

Leidenschaften, die sich kosten und verdauen lassen, sind nur mittelmäßig. Curae leves loquantur, ingentes stupent (Wenn sie leicht sind, lassen sie sich ausdrücken, sind sie gewaltig, so verstummen sie. Seneca)."

Bei „Brief", da muß ich Ihnen eine kleine Geschichte erzählen, oder vielmehr einen ganz kleinen Ausspruch aus meiner Kinderzeit. Eine liebe Dame, die das unvergleichliche Verdienst hatte, immer mit einer Unzahl von großen Kisten voller Spielzeug zu kommen (Hampelmänner, Kapellen, kleine Wagen zum Aufziehen usw.), und die ich aus tausend andern Gründen, als ich mir damals einbildete, bis zur Vergötterung liebte, bat mich bei meiner Abreise nach London, ihr von Zeit zu Zeit zu schreiben. Ich versprach es ihr zunächst, fügte aber nach einigem Nachdenken verwirrt hinzu: „Wenn ich Ihnen aber nichts zu sagen habe, muß ich dann auch schreiben?"

V. H.[1] (ich hätte gotische Lettern nehmen müssen, damit Sie die Initialen leichter erkennen) sagte mir neulich abend, daß Abbé Lamennais, Lamartine und andere ihm oft geschrieben haben, ohne daß er ihnen je eine Silbe geantwortet hätte, mit der Begründung, daß er keine Briefe verfasse, eine Begründung, die er auf Zeit und Umstände zurückführt. Briefe verfassen schien mir ziemlich ausdrucksvoll, Sie jedoch dürfen sein Vorgehen grob finden, und ich darf Ihnen zum hundertstenmal antworten, daß das Genie seinem Wesen nach grob und schamlos ist.

Letzten Sonntag gab es eine große dramatische Szene in der Rue des Anachorètes: Ch...[2] (l'amico) und Ihr ganz ergebener Diener waren die hauptsächlichen und alleinigen Partner. Bitten, Tränen, Wutausbrüche, Schluchzen, nichts fehlte; es war großartig. Wenn es Sie interessiert, werde ich es Ihnen einmal erzählen, aber schreiben läßt es sich unmöglich. Um Ihre Neugier noch mehr zu reizen, werde ich hinzufügen, daß von der Corinne des Quai Malaquais[3] ausführlich die Rede war.

*Schreiben Sie bald.*

[1] Victor Hugo.
[2] Chopin.
[3] Spitzname, den der Faubourg St. Germain Gräfin d'Agoult gegeben hat.

Meine Lebensweise ist vielleicht genau so merkwürdig wie die Ihre. Ich bin vollkommen allein, aber nicht 6 Meilen weit von Paris, sondern in Paris selber, mitten in Paris. Außer meiner Mutter habe ich seit Freitag niemand gesehen. Muß ich Ihnen sagen, daß ich dieselbe Entfremdung, dasselbe Mißtrauen fühle, von denen Sie mir sprechen ... Ich habe nichts geschrieben; manchmal, gegen Abend, schlendre ich zur Kirche am Place des Petit Pères[1], die wenige Schritte von meiner neuen Klause entfernt ist. Ein andermal streife ich durch den Faubourg SaintAntoine. Ich schlafe viel. Ich vermute, meine Gesundheit bessert sich. ... Ach! verstehen Sie? Wenn Sie die „Tränen" nicht mehr brauchen, schicken Sie sie mir wieder. Alexandre Dumas möchte sie haben.

Ich beginne heut meine Noven ... Ihre Entzückungen kommen mir ebenso lächerlich vor wie Ihnen, aber an bestimmten Tagen wirkt das Absurde Wunder.

---

Die Deutung ist hart: ich habe sie vielleicht verdient. Wie dem auch sei, ich bin zufrieden, so von Ihnen beurteilt zu werden; sie täuschen sich nur noch über das Wort. *Ich werde den ganzen Tag auf Sie warten, hier, 21 in der Straße von Erard, zweiten Stock, die Tür rechts – ich bin immer allein.*

Dessen Seele unbeirrbarem Kompaß gleich
Stets nach unbekanntem Pol strebt.

---

Sie werden meinen Kummer schwer begreifen, und doch muß ich Ihnen davon sprechen, ohne eigentlich zu wissen, ob ich ihn genügend schildern, genügend von ihm reden kann, um ihn Ihnen verständlich zu machen. Gestern abend bringt mir der gute Théophile (für den ich mehr als je eintrete) ein Briefchen; ich lege es zunächst in mein Taschenbuch, entschlossen, es nicht zu lesen, bis er fort ist; aber als eine Viertelstunde vergangen war, waren meine Geduld, meine Seelenstärke auch vergangen. Ich flüchte mich also aus meinem Salon, öffne das Briefchen und verschlinge es mit meinen Augen. Ich weiß nicht, welche Giftstoffe grade in

[1] Notre-Dame-des-Victoires.

meinem Herzen gärten, welch teuflischer Dämon mich äffte; kurz, ich verstand alles falsch, ich konnte nicht lesen, ... unbeschreibliche Angstzustände bedrängten mein Herz, mein ganzes Leben erschien mir wie ein höhnischer, unerbittlicher Fluch; ED, die Ms ... kamen hinzu, ich war gezwungen, mit ihnen zusammenzubleiben, und das bis Mitternacht. Endlich bleibe ich allein und gehe fort. Ach, ich kann diesen tollen Bericht unmöglich fortsetzen. Auf dem Heimweg hatte ich eine ¾ Stunde währende Unterhaltung mit – raten Sie – mit Mayeux, dem Kerl aus Sizilien, um 1½ Uhr nachts auf den Boulevards, dann kehrte ich hier in mein Zimmer zurück. Undurchdringlicher Wall dichtester Finsternis!!!

Ich lese wieder das „Feuer vom Himmel", „die Djinns", „die Träume". Endlich lese ich nochmals das Briefchen; Fieber packte mich, ich traute meinen Augen nicht. Ich lese es wieder und wieder. Zu guter Letzt begriff ich, daß ich ein Opfer meines Wahnsinns gewesen, daß ich nichts weiter war als ein dummer und törichter Kerl, der, den ...

Und trotzdem ist das Briefchen kalt und traurig, ja, furchtbar traurig, von jener Traurigkeit, deren Ende der Tod ist! Es ist darin wieder die Rede von Paradoxen, von dunklen Punkten. Erinnern Sie sich noch des Versprechens, das Sie vor Ihrer Abreise von mir forderten? Jetzt kann ich es halten und erfüllen, aber Sie wollen es vielleicht nicht mehr hören? Sollten Sie bereits vergessen haben, daß ich einmal über mein ganzes Leben ehrlich, offen, ernsthaft mit Ihnen reden soll? Der Tag ist gekommen, da ich Ihnen alles sagen, zu Ihnen sogar von Ihnen selber sprechen kann.

Ich soll Ihnen auch sagen, was aus mir wird? Nun, mein Gott, Sie wissen ja ungefähr, was ich mein Leben nenne, das weiter nichts ist als die Entwicklung einer Idee: diese Idee ist Gott. Was die Begleitumstände anbelangt, so könnte ich Ihnen genug Drolliges erzählen, aber ich erzähle so schlecht (und ich schmiere so nichtswürdig), daß ich Gewissensbisse hätte, Ihre Geduld zu mißbrauchen. Als ich neulich abend von Tisch aufstand, packte mich der heftige Wunsch, den wohlwollenden Leuten, die so freundlich waren, von Charlotte und mir zu reden, Gesicht und Stirn zu zeigen. Ich lasse mich bei Bs... melden (es war Mittwoch), rede den ganzen Abend fast kein Wort, grüße Thoughtless kaum, betrachte ihn ungeniert durch das Lorgnon, und der Arme fängt innerlich zu fauchen an und reibt sich die Augen. Es war eine rechte Posse. Indessen wahre ich einen undurchdringlichen Ernst, gehe ein- oder zweimal mit der Lerche durch den Salon, unterhalte mich einen Augenblick mit Guiraud und setze dann wieder meinen Hut auf, mit dem Bedauern, ihn nicht die ganze Zeit vor diesen erbärmlichen Leuten aufbehalten zu haben. Ach! ich fühle Ihretwegen einen Dünkel, der zum Himmel stürmt! sagten Sie einmal zu mir. Und ich erst!!!

Der arme Thoughtless schien ganz verblüfft, daß ich ihm zuvorgekommen war, aber ehrlich, kam es ihm zu oder mir, den Gekränkten zu spielen?

Sie wissen vielleicht nicht, daß D... mich mit Werther vergleicht. Letzten Sonntag hörte ich die Tempelherrn und den Abbé Auzou, der uns viel Schlechtes von den hochgeborenen Damen erzählt hat. Ich wäre gern edle Dame gewesen, um dem Teufel diese arme Seele zu übergeben.

Morgen abend gehe ich zu einem Saint-Simon-Ball. Ich tue den ganzen Tag nichts als lesen und arbeiten. Auch fühle ich, wie ich wachse. Sechs Jahre brauche ich!

----

Freund Chopin hatte die Absicht, Ihnen gestern (Sonntag) einen Besuch zu machen, ich wollte ihm beiliegenden kleinen Band von Obermann mitgeben, den ich Sie freundlichst anzunehmen, anzustreichen und mit Anmerkungen zu versehen bitte; bei Ihrer Rückkehr werde ich selber die Ehre haben, Ihnen den ersten, den Sie schon kennen, zurückzugeben. Diese Ausgabe ist wirklich merkwürdig; wenn Sie auch nur die Hälfte meiner Arbeit an diesem letzten Band tun wollten, wird sie ganz unbezahlbar, von ideellem Wert sein.

Ich merke es immer mehr, ich kann keine hübsche Musik mehr hören; meiner Mutter zuliebe bin ich heut mit ihr in die Opéra Comique gegangen; es gab den „Zweikampf"[1], den

[1] „Pré-aux-Clercs", komische Oper von Herold, 1832.

ich nicht kannte (seit 1829, seit Caroline[1], war ich nicht mehr in diesem Theater gewesen), aber ich habe nichts gehört, nichts gesehen, denn es war mir unmöglich, diesen singenden Marionetten zuzuhören und zuzusehen. All das ist wirklich mitleiderregend!

Ballanche, den ich neulich abend getroffen habe, ist sehr mit der Herausgabe seiner Zeitschrift Das Religiöse und Dichterische Frankreich beschäftigt (die unter seiner Leitung wohl 14tägig erscheinen soll); ich habe ihn beinahe gebeten, und er hat mir beinahe vorgeschlagen, mich zu Frau von Récamier zu führen, so daß wir wahrscheinlich einen dieser Abende schließlich hingehen werden. Ich glaubte, mich zu erinnern, daß Sie es für mich wünschten. Sie wissen wahrscheinlich schon, daß Chateaubriand Titel und Würde eines Ehrenbenediktiners angenommen hat; wäre es nicht möglich, daß Sie sich ein zweites Mal mit dem „berühmten Genie" träfen, daß Sie von Ihrer Höhe als Komtesse auf den Vicomte herabblickten, daß Sie sich schließlich zur Äbtissin, zur Gründerin eines neuen Ordens ausriefen und zur Frau der Renaissance!... Ach, ich vergaß, Verzeihung ... all das ist nur ein halber Scherz, wie Sie wissen.

Ich würde so furchtbar gern eine halbe Stunde plaudern; vielleicht ist uns ein Fünkchen Glück gewogen? Hoffentlich!

Es ist vollkommen überflüssig, Ihnen den Brief, um den Sie bitten, zurückzuschicken; er ist sehr klar, sehr angemessen, meine unglückliche Phantasie (nennen Sie es, wie Sie wollen) ist an allem schuld. Lachen Sie, lachen Sie tüchtig über meine Finsternis, meine Mysterien. Ganz wie der gute Montaigne: „Ich bin nicht melancholisch von Natur, aber ich fange Grillen."

Vergessen Sie nicht diesen armen Th..., der kein Dantinotto ist; wir sind noch intimer als vorher.

---

Ich sehe wohl, daß mein letzter Brief Sie wieder erzürnt hat. Ich sollte entschieden nicht mehr schreiben. Hier sind

[1] Caroline de Saint-Criq, spätere Gräfin von Artigauy, Schülerin von Liszt; ein Heiratsprojekt mit ihr war gescheitert.

statt dessen einige Seiten, die Sie schon kennen und die Sie vielleicht nicht mehr verstehen werden.

Ich habe mich wenig um das Album gekümmert; erlauben Sie mir nur, es bis zu Ihrer Rückkehr zu behalten, denn es war mir kaum möglich, dieser Tage zu Victor zu gehen. Ein für allemal, Sie wissen, daß ich Vorhaltungen nur mäßig gern habe. Von Ihrer Seite sind sie mir schmerzlicher, werden aber nichts ändern. Wäre der Besuch bei Bs ... noch einmal zu machen, so würde ich nicht schwanken, da ich besser als jeder andere zu wissen glaube, was ich zu tun habe.

Ich bekam ein paar Zeilen von Herrn von S... F..., unterschrieben Ihr sehr ergebener Diener: ich fühle keinerlei Haß gegen ihn, ganz im Gegenteil: er hat sich über sich und mich getäuscht, aber das ist nicht einmal ein Unrecht. Wahrscheinlich werde ich ihm bei Ihrer Rückkehr einen Besuch machen, – aber bitte keinen Brief mehr durch seine Vermittlung, – diese Demütigung ist überflüssig. Ch ... ist sehr beschäftigt und wird sich nur sehr schwer entschließen, einige Tage fern von Paris zu sein. Obgleich er ebenso selbstlos ist wie sein Freund, ist er noch nicht ganz so verrückt.

Ich warte auf Ihre Rückkehr, aber wer weiß, ob ich Sie dann sehen kann ... und dennoch, was ich Ihnen zu sagen habe und behalte, kann ich unmöglich schreiben.

---

Wenn der treffliche Freund Théophile nicht das Etüdenheft von Moscheles mitnähme, würde ich wirklich nicht wagen es Ihnen zu schicken, so sehr ist es schmutzig, abgenutzt, verschmiert und verklext. Zum vollkommenen Verständnis der Zeichen möchte ich Ihnen gern sagen, daß die Längs- und Querstriche accelererandos auf meine Art bezeichnen und die Dinger (die aussehen wie Narben von Saffianleder) rallentandos auch nach meiner Art, also nach Ratten-, Katzen-, Löwen- und Tigerart, wie Sie wissen. Übrigens können Sie auch sehr gut ohne alle diese lästigen Geschmacks- und Kunstalbernheiten und was sonst noch auskommen. Ihre Eingebung, Ihr so überaus feines Gefühl ... aber ich vergesse mich, ich werde das Kompliment entschieden nicht weiter ausführen, das kommt mir zu lächerlich vor.

Hier noch die schöne Stelle von Herrn von Maistre über die Beichte, nach der Sie fragten:

„Es gibt in der katholischen Kirche kein Dogma, nicht einmal einen zur hohen Disziplin gehörigen allgemeinen Brauch, der nicht seine Wurzeln in den letzten Tiefen der menschlichen Natur hätte oder, was auf dasselbe hinausläuft, in einer allgemeinen Anschauung, die hier und da mehr oder weniger getrübt sein mag, die in ihren Grundgedanken jedoch allen Völkern jedes Zeitalters gemeinsam ist. Die nähere Ausführung dieses Gedankens würde den Gegenstand einer interessanten Arbeit liefern. Ich werde mich nicht wesentlich von meinem Gegenstand entfernen, wenn ich ein einziges Beispiel für diese wunderbare Übereinstimmung gebe: ich wähle die Beichte, einzig um mich verständlicher zu machen.

Was ist dem Menschen natürlicher als jene Bewegung eines Herzens, das sich zu e i n e m   a n d e r n   n e i g t, um ein Ge-heimnis   h i n e i n z u g i e ß e n? (Herrlicher Ausdruck von Bossuet.) Der von Reue oder von Kummer zerrissene Un-glückliche braucht einen Freund, einen Vertrauten, der ihn anhört, ihn tröstet und ihn zuweilen leitet. Der Magen, der ein Gift birgt und von selber sich zusammenkrampft, um es auszuscheiden, ist das natürliche Bild eines Herzens, in welches das Verbrechen sein Gift gegossen hat. Es leidet, es ist voller Unruhe, bis es dem Ohr der Freundschaft oder wenigstens des Wohlwollens begegnet. Aber wenn wir vom Vertrauen zur Beichte übergehn und das Geständnis der Obrigkeit ge-macht wird, so erkennt das allgemeine Gewissen in dieser spontanen Beichte eine sühnende Kraft und ein Verdienst der Gnade. Über diesen Punkt gibt es nur ein Gefühl, angefangen bei der Mutter, die ihr Kind wegen eines zerbrochenen Gegen-standes oder einer verbotenerweise genaschten Süßigkeit ausforscht, bis zum Richter, der von der Höhe seines Richter-stuhls herab den Dieb und den Mörder verhört.“

Dieser letzte Satz muß Ihnen doch sehr gefallen (als Stil), er hat, um es trivial auszudrücken, lange Beine und lange

Arme, und ich kenne Ihre Vorliebe für großartige Wendungen.

Seit Mittag erdrückt mich tiefe Traurigkeit; es scheint mir, daß mir nichts übrigbleibt, als einsam und beschämt mein Grab zu suchen, fern und ferner denen, die mir teuer sind. Einige Worte des Mitgefühls, der Teilnahme haben mich heut früh aus dem Schlaf gerissen, Sie kennen die Hand, die sie schrieb. Danke!

———

Sie kennen seit langem meine tiefe Verachtung für die „beinahe" und „ungefähr". Ich bitte und beschwöre Sie ein letztes Mal, mir eine Aussprache von 12 Minuten zu gewähren. Es steht in Ihrer Macht, mir einen unermeßlichen Dienst zu erweisen; mein armes und elendes Geschick liegt in Ihrer Hand. Ich wage zu hoffen, daß Sie es mir nicht abschlagen werden. Es handelt sich weder um Sie noch um mich, sondern um Adele.

Der Orgelteil scheint mir etwas sehr romantisch.

## LISZT AN DIE MARQUISE VON GABRIAC AUF SCHLOSS CROISSY

30. August 1833

This is not for Marquise – do you understand?

Herr Henri H(erz)[1] hat seine Rückkehr in mehreren Zeitungen anzeigen lassen; der Text ist offiziell, denn er ist überall in derselben Weise wiedergegeben; wenn ich nicht irre, lautet er so: „Herr H. H. ist von seiner Reise nach London, wo er den allergrößten Erfolg hatte, zurückgekehrt." Ich erzählte ihm neulich abend, wie wunderbar Sie die Variationen über Euryanthe spielen. Was Sie sagen, antwortete er mir, ich dachte, sie wäre nicht genügend in der Übung, um ein so schwieriges Stück wiederzugeben, worauf ich höflich entgegnete, daß Sie diesen Winter wieder das Klavierspiel aufgenommen und riesige Fortschritte gemacht haben.

J. B. Cramer[2] ist immer noch in Paris. Ich werde ihm also

[1] Pianist, Wiener Komponist (1806–82).
[2] Pianist, deutscher Komponist (1791–1858).

34

doch nicht entgehen können. Morgen bei Pape, wo sich mehrere Künstler treffen, werde ich mit ihm dinieren und den Abend verbringen müssen. Muß ich Ihnen den Grund sagen, weshalb ich wieder hingehe? Es gibt merkwürdige Zusammentreffen. Übrigens scheint es, als ob der arme Kerl aus dem letzten Loch pfeift. Er hat letzten Montag eine Courante bei Frau Pleyel gespielt ...

Die Symphonie fantastique wird Sonntag abend fertig sein[1]; beten Sie drei Vaterunser und drei Ave Maria.

Die Plaudereien der Lady Blessington[2] sind ziemlich schwer aufzutreiben, Sie werden sie aber Ende der Woche, d. h. morgen oder übermorgen spätestens, haben. Ich werde auch Raoul den Artikel „Trost" von Ch... schicken. I am reading, writing and working all day long. – Good bye – Don't forget me completely.

Die Salpêtrière liegt nahe beim Jardin des Plantes.

---

Ich weiß nicht, durch welches (absichtliche oder unabsichtliche) Mißverständnis ich den zweiten Band von La Salamandre[3] mitgenommen hatte. Wenn Sie sich die Mühe machen, ihn zu lesen, so werden Sie wahrscheinlich zufriedener damit sein als mit dem ersten. Szaffies Charakter, der nach meiner Ansicht nur den Fehler hat, ein bißchen zu theoretisch zu sein, ist wunderbar gezeichnet und entwickelt. Die Kapitel „Eine Sommernacht", „Ein Segel" und besonders „Tropenfieber", das entsetzliche, fürchterliche „Tropenfieber", sind großartig. Aus dieser letzten Orgie des Salamandre könnte man einen großartigen Chor von betrunkenen Matrosen machen. Wenn E. Sue bereit ist, mir diese Szene in Verse zu bringen, werde ich meine Kräfte daran versuchen. Wenigstens lockt es mich sehr.

Meine arme Mutter war meinetwegen sehr beunruhigt, sie wollte sich gestern abend mit dem Wagen des kleinen Musc

---

[1] Die Klavierausgabe, von der bereits die Rede war.
[2] Durch ihren Geist, ihre Schriften und ihre Beziehung zu dem Grafen d'Orsay berühmte Irländerin (1798-1849).
[3] Roman von Eugène Sue.

auf den Weg machen. Ich mußte ihr sagen, daß ich krank, bettlägerig war, daß der Arzt mir verboten hat, Montag und Dienstag das Zimmer zu verlassen ... Übrigens stehen wir viel besser als früher.

Gegen sie und meine Freunde verschließe ich mich täglich mehr in eine Art kalter und schmerzlicher Würde.

Übrigens verfehlen Sie nicht, der Marquise zu sagen, daß ich Sonntag vormittag bei Dr. Esquirol mit zwei alten Freunden frühstücken werde, die mich gebeten haben, mit ihnen einen wirklich merkwürdigen Fall zu untersuchen. Es handelt sich um eine alte Frau von 60 Jahren, eine Idiotin, eine völlige Idiotin, aber mit der seltsamen Fähigkeit begabt, jede Melodie, die sie singen, spielen oder trällern hört, behalten und wiederholen zu können. Sie (die gute Marquise ist gemeint) kann also sicher sein, daß ich ihren Auftrag erledigen und bei ihrer Rückkehr eine Zulassungskarte für B. haben werde.

Tausend Dinge gehen mir durch den Kopf – eben kommt Berlioz –, außerdem werde ich erwartet, es klingelt, und dennoch, niemals habe ich so sehr außerhalb all dieser traurigen und drückenden Realitäten gelebt. Bedauern Sie mich, gnädige Frau, bedauern Sie mich.

Vergessen Sie auch nicht Ihre alten und Ihre neuen Versprechungen; ich habe manchmal Ruhe so nötig, und ich kann sie nicht mehr in mir selber finden. Leben Sie wohl, tausend Dank.

––––––––

Ohne einen förmlichen und bestimmten, mit Gräfin d'Agoult gezeichneten Befehl, dessen Vollstreckung ich willig der Gendarmerie des Königreichs übertragen würde, dürfen Sie keineswegs auf den Besuch des berühmten Pianisten F. Chopin rechnen, denn besagter Freund und Pianist hat sich letzte Woche aus dem Staube gemacht und befindet sich wahrscheinlich in diesem Augenblick in Tours, in Gesellschaft des Herrn Franchomme, des berühmten Bassisten, bei irgendeiner schönen, schlichten, naiven Tochter der Touraine ... usw. usw. ...

Statt dessen, und als Trost, werde ich die Ehre haben, gnä-

dige Frau, Ihnen durch den kleinen Musc ... die Rosen-
mazurkas zu schicken, die ich Ihnen, glaube ich, schon viel
länger versprochen habe, als Sie danach fragen.

Ich habe zufällig letzten Samstag die Boscaryschen Damen
wiedergesehen, die für Thoughtless ein kleines Zimmer in
Lagrange vorbereiten lassen. Trotz all Ihres Scharfsinns und
Ihres tiefen Verständnisses würde es Ihnen, glaube ich, schwer
werden, diese Stunde voll zu begreifen... die jetzt leer
und verloren ist, wie so viele andere.

Dort auch, sagte ich mir, als ich die Treppe herunterging,
dort wie überall sonst wird es für mich nie mehr etwas anderes
als peinlichen, fast unerträglichen Ärger geben ... und ich
dankte Gott und freute mich ... Nichts fehlte mir ... die
Welt war mein.

Eine dunkle Erinnerung an Croissy beherrscht und verfolgt
mich auf seltsame Weise; wenn Sie es erraten, Ähnliches empfinden, so schreiben Sie mir ... falls Ihr Lehramt Ihnen Muße
genug dazu lassen sollte. Leben Sie wohl, geben Sie mir viel
Aufträge, und bitten Sie die Marquise, mir auch bald Nachricht zu geben. Viel Liebes an Mal ...

Sie bekommen Atala und Le Dernier des Abencérages
mit dem morgigen Wagen.

---

Lesen Sie sofort dieses fabelhafte Buch, lesen Sie es allein,
und wenn Ihre Gesundheit es erlaubt, nachts.

Vor allem beschwöre ich Sie, zeigen Sie es nicht der Marquise, denn für sie, wie für so viel andere (die weniger rein
und ehrlich sind als sie), ist es nur ein tief unmoralisches, an-
stößiges und sogar abstoßendes Buch. Alle unsere so zart-
besaiteten und so spröden Pariser Tugendwächterinnen haben
Zeter geschrien ... Ich wäre Ihnen dankbar, wenn Sie es Mittwoch morgen nicht in Croissy vergessen wollten, – bis dahin
halte ich den zweiten Band zu Ihrer Verfügung. Wegen des
Abonnements, von dem Sie sprechen, werde ich noch einiges zu
fragen haben. Mittwoch $^1/_2$12. Wie in einigen frommen Ge-
genden von Gründonnerstag bis Sonnabendabend, werden
für mich bis zu dieser Stunde alle Glocken schweigen.

Abbé Deguerry wird erst Ende des Monats zurück sein; er wird am 3. und alle Sonntage im Oktober in der Sankt-Rochkirche predigen; ich werde Sie über seine Predigten auf dem laufenden halten und Ihnen die Inhaltsangabe abschreiben, denn ich bin entschlossen, keine einzige zu versäumen. Vorläufig sind Sie bei Mongie, Boulevard des Italiens, abonniert; die Plaudereien von Lady Blessington sind im Augenblick nicht aufzutreiben; ich habe in drei Leihbibliotheken danach gefragt ... Mongie (der übrigens von mir kein Geld wollte, weil, wie er sagte, meine Berühmtheit Garantie genug sei) hat sie mir für Ende der Woche fest zugesagt. Hier haben Sie inzwischen drei Bände des Bibliophilen Jacob (Jules Lacroix), die ziemlich berühmt sind ... es wäre sehr nett, wenn Sie sie ein bißchen für sich und ein bißchen für mich lesen wollten. Da ich sie gar nicht kenne, liegt mir sehr viel daran, Ihre Meinung darüber zu hören ... das heißt Sie um briefliche Feuilletons bitten ... aber bitte, keine absolute Kritik, keine Epitheta „scheußlich, unerträglich, unmoralisch ...“ Wir wollen doch nicht ganze Sätze zu sehr verachten und weniger en bloc sehen; nicht nach starren Gesetzestexten urteilen und noch weniger nach dem fast immer trügerischen oder rätselhaften Anschein ...

Das sind recht neue Ansichten, die ich da sage, nicht wahr, gnädige Frau? Ich lasse eben meine Feder davonlaufen ...

Dessauer[1] war begeistert von Ihrer schönen Abendgesellschaft; die Marquise vor allem hat ihm ins Auge gestochen. Er vergleicht sie beide mit Anna und Agathe im Freischütz. Agathe, stets versunken in *unbewußter Beharrung*, und Anna, so zärtlich, so erfinderisch, ihre Freundin zu trösten und zu zerstreuen ... Der Vergleich schien mir recht zutreffend.

Könnten Sie mir Ende der nächsten Woche, etwa in 14 Tagen, Obdach geben? ... Sie waren göttlich Sonnabend morgen, ja, ganz einfach göttlich ... Nie sind Goethe und Schubert so verstanden worden ... nie hat tiefere Ergriffenheit mein Inneres erschüttert, meine Stirn versengt ... Ach, man müßte sterben nach solchen Stunden der Begeisterung,

[1] Joseph Dessauer, österreichischer Liederkomponist (1798–1876).

der Verzückung. Was für ein Lied, was für eine Dichtung!...
Ja, nun verstand ich es gut, das Weltall ist das Gewand, der
Schleier... die Seele wird Gott sein.

Sonntag morgen (gestern) in der Messe, als ich die Bibel
öffnete, stieß ich auf folgenden Vers:

„Gott ist unsere Zuflucht, unsre Kraft und unsre Hilfe in
der Not und sehr leicht zu finden, daher werden wir uns
nicht fürchten... – auch das ist göttlich! Ich möchte Ihnen
auch gern ein paar neue Lieder zeigen, die mir recht gefallen –
Sie wissen, daß ich nur mit Ihnen über Kunst und Dichtung
reden kann... Auf bald!

LISZT AN DIE MARQUISE VON GABRIAC
AUF SCHLOSS CROISSY

10. September 1833

This is not for Mary.

Sie werden gut daran tun, sich demnächst auf die Suche
nach einer Brillantnadel, Hemdenknöpfen oder einem Tinten-
faß oder irgendeinem andern eleganten Geschenk zu begeben,
denn in etwa 14 Tagen wird Ihr Name ganz ausgeschrieben
in goldnen Lettern auf einem Liederband stehen, der bei
Schlesinger erscheint. Der gute Herr Dessauer (der gestern
in Wut geriet *gegen meine verweinten Augen*) hat durchaus verlangt, daß ich ihm Ihren Vornamen, Ihre markgräflichen,
herzoglichen usw. Titel schriftlich gebe – so sehr es mich
wurmte, daß ein Gleichgültiger mir zuvorkommt, hatte
ich nicht das Herz, ihm diesen kleinen Dienst zu verweigern;
übrigens will er Ihnen eine Überraschung damit bereiten,
also bitte zeigen Sie nicht, daß Sie bereits Bescheid wissen;
das würde alles verderben.

Das halbe Urteil, das Sie über die Person des Amico im
(unleserlich) fällen, scheint mir etwas zu streng. – Glauben
Sie mir, alle diese gesellschaftlichen Berechnungen sind recht
eng, egoistisch und unzulänglich. Ein gebrochnes, gedemütig-
tes und verzweifeltes Herz muß in einer viel höheren Sphäre
Ruhe suchen. Sie lieben Sainte-Beuves Kleinmalerei nicht;

vielleicht zu Unrecht? Wir müssen die Wirklichkeit sehen, so sehr wie möglich. – Ich weiß wohl, daß kranken Augen das Licht weh tut, aber es ist mir durch nichts bewiesen, daß Ihre Augen krank seien. Ich würde gern von der Vergangenheit und vor allem von der Zukunft mit Ihnen reden. Mein Entschluß, ich wage zu sagen meine Berufung, kommt nicht ins Wanken, aber ich kann Ihnen das alles nicht mit der Feder in ·der Hand sagen, – ich würde entweder zu kurz oder zu lang werden. Bitte empfehlen Sie mich Ihrer so musikalischen Freundin.

———————

LISZT AN DIE MARQUISE VON GABRIAC
SCHLOSS CROISSY

16. September 1833

Not f. M.

Danken Sie dem lieben Gott, und freuen Sie sich über meine Ungeschicklichkeiten. „Wenn die Nase Kleopatras – – – – Cromwell war im Begriff", es handelt sich jedoch nicht um Kleopatra, noch um Cromwell, noch um Ägypten, noch um Revolution, sondern um eine einfache und anspruchslose kleine Flasche roter Tinte zu 6 Sous. – Was, Sie erraten nichts? . . . Nun also, vernehmen Sie, daß ohne diese unglückliche kleine, auf einen noch unglücklicheren Brief verschüttete Flasche Sie vielleicht den ganzen Tag lang die Stirn gegen den Boden gestoßen hätten, und am Abend würden Tränen und Schluchzen Ihr schönes Gesicht verwüstet haben . . . und danach, was weiß ich! . . . hätten Sie sich vielleicht die Augen und die Zähne ausgerissen, den Mund zerfleischt, die Haare verbrannt, denn mein Brief war furchtbar pathetisch, erhaben, zum Sterben langweilig. Unselige rote Tinte, das wirst du mir büßen!

Ich teile nicht ganz Ihre schöne Verachtung für den Roman. Der Roman ist heut unser episches Gedicht . . . was Sie auch anfangen, Sie können ihm schlechterdings nicht entgehen. – Sie werden ihn überall wiederfinden, in der Geschichte (dem unwahrscheinlichsten aller Märchen), in den Memoiren, die eine Art entpoetisierter, zusammengedrängter Romane darstellen, in der Gazette des Tribunaux, in den philosophischen und religiösen Systemen, in Ihren Erinnerungen, Ihren Hoffnungen, im Leben der Heiligen und unter der Guillotine der Revolution – kurz, überall. Selbstverständlich werde ich Ihnen niemals ein anonymes Werk schicken, aber sollte durch Zufall mitunter ein Waisenknabe zu Ihnen kommen, wäre er sogar ein Bastard, so nehmen Sie ihn gastfreundlich auf, denken Sie an jenes indische oder chinesische oder sonst woher stammende Sprichwort: „Ein Weiser ist derjenige, der aus allem lernt."

Ich habe heut morgen so viel Noten geschrieben, daß ich kaum meine Feder halten kann ... ich leide sehr unter der Kälte, ich glaube, ich habe eine schlechte Blutzirkulation. Ich werde Fiévé aufsuchen ... Ach! käme bald der Tod!

Wenn die Schloßherrin von Croissy und Herr d'Agoult nichts dagegen haben, werde ich Sonnabend abend von hier abfahren ... Herr von Meyendorff[1] wollte mich gestern mitnehmen. – Ohne Abschied, auf bald – diese 4 Tage sind schon überwunden. *Schreiben Sie bald und lang. Ich bin so traurig in Ihrer Seele! Sie wissen nicht, wie ungeheuer Sie geliebt sind.*

19. September 1833

Es scheint mir, daß ich Ihnen mit Recht viele Vorwürfe machen könnte – keine Zeile, nicht die kleinste Bestellung seit unendlichen Zeiten ... *Soeben kommt Mad W. Tausendmal Dank, das kleinste Wort von Ihnen ist mir so wohltätig, so notwendig.*

Ich werde mich beeilen, von Ihrer liebenswürdigen Erlaubnis Gebrauch zu machen. Also auf Samstag abend. Ich komme allein. – Der Löwe bleibt allein (Byron). Wir sollen heut vormittag mit Mutter nach Saint-Cloud, sie ruft seit einer halben Stunde nach mir. Arme Frau, sie macht sich aus sehr kleinen Dingen großen Kummer. So geht es ein bißchen allen Leuten. Von allen Seiten verlangt man von mir diesen unglücklichen Band Lélia zurück; ich mußte ihn aus einer Leihbibliothek entleihen, um ihn den Laneschen Damen wiederzugeben, die ihn sich auch schon geborgt hatten, und nun

[1] Baron Paul von Meyendorff, russischer Diplomat (1796–1863).

quält mich heut vormittag auch noch die alte Frau aus der Leihbibliothek. – Nicht wahr, Sie schicken ihn mir so schnell wie möglich zurück? *Schreiben Sie mir nicht mehr bis Samstag, es sei denn, daß Sie irgendeinen Auftrag haben.*

Der Mensch ist so elend, daß ihm sehr oft das Mögliche unmöglich ist! Wer hat Schuld? Gibt es überhaupt eine Schuld? Teilte ich Ihnen schon jenes Wort von Lamennais mit: „Das Leben ist eine Art trauriges Geheimnis, zu dem der Glaube allein den Schlüssel hat."

### LISZT AN DIE MARQUISE VON GABRIAC
### FOR MARY

Glücklicherweise denke ich selten und wenig, denn ich verstehe nur noch das, was Sie vulgäre Extremitäten nennen...
*Ich träume, ich träume und weiß nicht was.*

Vielleicht werde ich mich bald ernsthaft mit Musik beschäftigen: es scheint mir bisweilen, als sollte ich es tun...
O Feigheit und Elend des menschlichen Herzens.

Sie werden also morgen abend Komödie spielen: ach, wir sind alle armselige Schauspieler, aber unsere Rollen sind vielleicht noch armseliger!...

Ich schicke Ihnen ein Buch, in dem ich nur drei Seiten gelesen habe; nämlich die, wo von mir die Rede ist. Ich kenne den Verfasser nicht, lesen Sie es.

Kommen Sie Sonnabend abend zurück?

Christi Segen ruhe auf Ihnen, er schenke Ihnen seinen Frieden, nicht wie die Welt...

———

Auf bald, gnädige Frau. – Der kleine Musc geht heute abend zum letztenmal. Geben Sie mir ein anderes Mittel an, Ihnen Ihre Bücher zu schicken.

Ich habe eine kleine Pilgerfahrt zu den Petits Pères gemacht... gegen 8 Uhr abends. Die Kirche war noch offen.

### LISZT AN GRÄFIN D'AGOULT

Ich habe eben eine lange Kritik (über die Double Méprise von Mérimée) in der Revue des Deux Mondes gelesen, die ich recht verständig fand. Hier einige Bruchstücke daraus:

„Dem Autor von Double Méprise zufolge ist es sehr schwer zu lieben, und noch schwerer, sich zu vergewissern, daß man liebt. Ich schließe mich gern seiner Ansicht an. Wenn man spricht wie er, kann man nicht damit rechnen, die Mehrheit in den Salons für sich zu haben, und ohne Zweifel ist das ein empfindliches Unglück ... Lieben in des Wortes weitester Bedeutung heißt so viele und verschiedene Dinge, daß man sich über Grenzen und Beschaffenheit des Gedankens, den wir erörtern (scholastisch erörtern, nicht wahr?), verständigen muß. Will man von den Trieben und den Freuden der Sinne sprechen, so ist das eine rein physiologische Frage; zum Lieben genügt der Besitz harmonischer und vollkommener Organe. Aber diese flüchtige Erregung hat nichts mit Philosophie zu tun; sie kann sich häufig wiederholen, ohne in den Gedanken oder Gefühlen dessen, der sie verspürt, eine nennenswerte Veränderung zu bewirken. (Zeuge der D. und die D. „Arthur, entferne dich.") Das ist die antike Liebe, eine schöne junge Sklavin, die das Bett ihres Herrn besteigt und ihn in den Schlaf küßt. Solange die Liebe nicht das innere und soziale Leben stört, verdient sie kaum der Erwähnung. Sie ist eine gleichgültige Episode, die man den Professoren für Hygiene überlassen muß, man kann über sie reden wie über die Jagd oder die Reitkunst. Das ist alles. Man kann sie auf Diät setzen, Übermaß oder Enthaltung mißbilligen; aber das Herz und der Verstand sprechen bei dieser Überlegung nicht mit (falls es eine Überlegung dabei gibt!).

Nun wird man nicht leugnen können, daß die meisten Männer nur zu dieser Art Liebe, die ich eben angedeutet habe, fähig sind. Sie ist für sie eine Zerstreuung, eine Erholung."

Zum Teufel mit dem Kritiker, sein Artikel bietet mir weder Zerstreuung noch Erholung – es mag Ihnen genügen, daß drei Seiten folgen über die geistige Liebe, ihre Enttäuschungen, ihre bittren Rückfälle, ihre verspäteten Erkenntnisse usw. usw. und schließlich eine rührende, tatsächlich rührende Beschreibung der Liebe des Herzens: „der einzig wahren im Auge des Moralisten, der einzigen, die auf einem wirklichen, unbestreitbaren Bedürfnis sich gründet (diese Leute haben alle die Manie, gründen zu wollen)!" Wenn Sie mich jetzt fragen, aus welcher Veranlassung ich Ihnen diesen ganzen Wortschwall hersage, könnte ich Ihnen vielleicht nichts anderes antworten, als indem ich Ihnen meine alten Gedanken über die Amalgame in Erinnerung bringe . . .

Sie haben mir schon lange keine Nachricht mehr über die Marquise gegeben. Das arme, liebe Geschöpf, sie ist so nett, so liebenswürdig! Ach, welch wahnsinniger Schmerz, welch unsinnige Wut, welch brennende, ätzende, schreckliche Scham fühle ich in mir . . . Sie werden also wirklich diese Posse spielen, und warum auch nicht? . . . Ist nicht zu wünschen, daß alles mit Liedern endet? – Ich habe neulich abend im Théâtre de la Gaîté ein Stück gesehen (die 4 Elemente), dessen Sinn der Marquise großen Spaß machen wird. Es kommen Tänze von Skeletts, gebackene Fische im Ozean und Sirenen darin vor . . .

*Wo aus, wo ein . . .*
*Wer nie sein Brot mit Tränen aß.*
*Wer nie . . .*

Ach, wie oft habe ich diese Verse hinausgeschrien. Ich kenne keine andern, die das Herz so zerreißen! . . . Ich habe noch zwei Bitten an die edle Schloßherrin von Croissy – benachrichtigen Sie die gute und anbetungswürdige Marquise und verwenden Sie sich für mich, heilige Cat . . . Pray, tell me if i may go to Croi . . . Saturday evening.

Ich habe so sehr das Bedürfnis, Sie zu sprechen, zu sehen, und von Ihnen zu hören, daß Sie Mitleid mit mir haben. Alle meine Freunde finden mich schrecklich verändert; die einen mutmaßen eine große Leidenschaft, die andern sagen, es sei beginnender Wahnsinn. Sie wissen, daß ich weder verliebt noch verrückt bin. Ein geheimer Instinkt quält mich . . . Away! Away!

———

30. Oktober 1833

Es ist wieder einmal sehr lange her, daß Sie mir ein Lebenszeichen gegeben haben, gnädige Frau; kein einziger Auftrag, nicht die winzigste Botschaft, weder Besorgungen noch Bücher, noch Pakete, noch Noten... Sollten Sie leidend, krank sein?... Aber nein, ich bin viel zu eingebildet – Sie haben mich einfach vergessen – jetzt bin ich mit und nach so vielen anderen in Vergessenheit geraten?

Die Vorstellung von Berlioz ist endgültig für Sonntag, den 10. November (Sonntag in 8 Tagen), im Théâtre des Italiens angesagt.

Ich dachte, es würde Sie interessieren, Frau Dorval in Antony[1] zu sehen und wieder einmal (nach 11 Monaten Abstand) die Symphonie Fantastique zu hören, die von über hundert Musikern aufgeführt wird, und außerdem, verzeihen Sie mir diesen kleinen Egoismus, auch ich habe einen mageren Anteil Ehrgeiz an diesem Abend... ich soll das Konzertstück von Weber spielen, das Sie erst vor sieben Monaten gehört haben und an dem ich mit wahrer Wut arbeite, um es mit der Besessenheit und der ganzen Verachtung meiner 22 Jahre zu spielen. – Kurzum, alle diese Erwägungen (sie sind ziemlich wirr) haben mich zu einer Aufdringlichkeit, aber einer riesigen Aufdringlichkeit, verleitet. Ich habe nämlich heute morgen eine Loge mit 4 Plätzen bestellt, die ich Ihnen, wenn Sie es wünschen, nach Croissy, sonst aber ganz einfach in die Rue de Beaune schicken lasse, denn ich glaube gehört zu haben, daß Herr von Flavigny vom 10. bis 15. in Paris sein wird und Sie sich wahrscheinlich mit ihm treffen werden. Heißt das nicht, den Leuten die Pistole auf die Brust setzen und die Börse oder das Leben verlangen?

Vielleicht wird man das Ganze noch sehr geschickt finden? – doch kommt es mir nicht so vor. – Aber was macht's?... Man leidet ganz entsetzliche Schmerzen. Diese letzten schönen Tage zerreißen einen, verbrennen das ganze Innere... Jetzt weint man blutige Tränen... Und Sie glauben, damit sei alles gesagt... O nein, gnädige Frau, nein, nein. *Sie wissen ja, daß ich Ihnen immer bleiben werde, ja im Grab – Beide.*

Antworten Sie mir bitte zwei Worte, damit ich genau weiß, ob ich Sie Sonntag abend im Theater erwarten soll. – Aber bald,

[1] Drama von Alexander Dumas père (1831).

ja? Denn ich sehne mich nach Nachricht. Tausend und aber tausend Liebes und Verehrungsvolles an... Wenn es Ihnen möglich ist, mir gelegentlich Ihren Werther und meine kleine Lamartinesche Harmonie ohne Ton und Taktangabe zurückzuschicken, wäre ich Ihnen sehr dankbar. Es liegt mir sehr viel an den paar Seiten. Sie erinnern mich lebhaft an eine Stunde des Leidens und Entzückens.

————

Das Konzert von Berlioz wandelt sich in eine große Benefizvorstellung. An Stelle der Symphonie Fantastique gibt es Antony. (Dorval und Firmin spielen die beiden Hauptrollen.) – Miss Smithson[1] wird einen Akt Hamlet spielen. – Das alles am 10. oder 12. November im Théâtre des Italiens. Welch schönes Fest!... Sie werden doch versuchen zu kommen, nicht wahr? Die Marquise kommt auch, denn die Symphonie Fantastique gibt es nicht?... Übrigens wird es die Zeit der Aufführungen von Marie von England sein. *Morgen vielleicht – heute abend vielleicht* – welch elendes Wort!

————

Immer wieder ein Aufschub, ach, es ist unerträglich. Frau Dorval kommt erst gegen den 10. zurück, also mußte die Vorstellung von Berlioz auf morgen in 14 Tagen, Sonntag, den 17. November, verschoben werden. Die Zusammensetzung der Aufführung bleibt dieselbe. Antony, letzter Akt Hamlet und das Konzert. Sie kommen doch. Ich bitte Sie, gnädige Frau, kommen Sie.

Ich hatte das Päckchen erhalten, das den ausdrücklichen Willen enthielt; nach langer Überlegung habe ich geglaubt, Ihnen jetzt nicht antworten zu sollen, aber was auch daraus entstehen möge, wie immer auch das Ergebnis sei (und ich sehe keines, das wahrscheinlich ist), diese Offenheit von Ihrer Seite hat mich tief gerührt... Ich weiß, daß ich Ihnen keinerlei Bitte mehr aussprechen darf, mein Dasein (was ich tue und denke) außerhalb der Erinnerung, die Sie einige Tage, einige Stunden noch an mich behalten werden... ist vollkommen

[1] Englische Tragödin, die Berlioz am 3. Oktober 1833 geheiratet hatte.

gleichgültig und für Sie wie ausgelöscht ... wenn Sie trotzdem einmal (gleichgültig ob morgen, diesen Winter oder
später) aus Mitleid, aus Neugier vielleicht, einwilligten, mir
eine Unterredung von einigen Minuten zu gewähren ...
würde ich Sie dafür segnen – Gott dafür danken. *Sie wissen
ja, daß ich Ihnen immer. Spero!*

Und auch ich sehe zwei Gesichter in dem, was Sie mir schreiben, das eine recht kläglich verzerrt, recht schamvoll würdig
tuend ... doch stille! ... keinen Spott mehr, keinen Hohn.
Stille! ... Euer Wort sei: Ja. ... Ja. ... Nein, nein. Übrigens
war es vielleicht eine große Torheit von mir, so zu lieben! ...

18. Dezember 1833

Ich werde immer unzugänglicher und unerträglicher. Für
mich würde wirklich nur noch Krankheit (und eine lange,
schmerzende Krankheit) passen. Auch scheint das arme Tier
in mir einen Instinkt dafür zu haben. – Seit einigen Tagen
bin ich krank, es geht mir schlecht. Vielleicht würde sich das
in der ersten Stunde ändern ... aber was tut's? ... Ich fühle
und verstehe, und habe und bin nur eines in der Welt ...
Diese vollkommene Entrücktheit, die ich bei mir für unmöglich hielt, fühle ich jetzt kommen. Gott erbarme sich unser!

Da Sie Ahasverus[1] gelesen haben, brauche ich Ihnen darüber nichts zu sagen – hier aber ein paar Zeilen, die Ihnen
vielleicht entgangen sind:

„Um offen zu reden, eine seltsame Krankheit arbeitet und
wühlt ohne Pause in uns. Wie soll ich sie nennen? Es ist
nicht, wie Du, René, die Krankheit der Ruinen. Nein, für-
wahr: die unsere ist heftiger, brennender und nagender. Jeden
Tag belebt sie das Herz von neuem, um sich besser an ihm
zu sättigen. Es ist der Zukunftsschmerz, ein scharfer, nie
schlummernder Schmerz, der Stunde für Stunde an unserm
Bett uns sagt, wie zu dem kleinen Capet[2]: Schläfst Du? Ich
wache. Im Grund unsrer Seele fühlen wir schon, was sein

---

[1] Werk von Edgar Quinet.

[2] Der Sohn Ludwig des XVI., den sein Wärter dadurch gequält haben
soll, daß er ihn in der geschilderten Weise weckte.

wird. Die Schwere dessen, was nicht ist, lastet auf unsern Wünschen. Nicht die Schwäche unsres Denkens ist es, die uns tötet, sondern sein Übermaß, sein Mißverhältnis zum Leben. Es ist die Last der Zukunft, die in der Leere der Gegenwart ertragen werden muß! ...

Ich habe die Herzogin wiedergesehen, die von ganz außerordentlicher Liebenswürdigkeit war. Die Belissen hat mich auch gefeiert, mich armen Künstler! Nächsten Sonntag probe ich das Konzertstück von Weber im Konservatorium (für das letzte Berliozkonzert), die Herzogin will ihre Katechismusstunde versäumen, um hinzukommen.

Ich besitze nicht die Klugheit der vier ssss – danke für alles übrige. – Immer wieder Dank.

Théophile geht soeben fort – er ist wirklich ein feiner Junge – Meyendorff und Mat ... versuchen ihn abzurichten – aber ich glaube, es wird verlorene Mühe sein. Sie wissen, daß ich (in gewisser Beziehung) gegen den Herrn Baron sehr mißtrauisch bin. Er ist nichts als ein Diplomat – bestenfalls.

Ich habe Ihren Auftrag von Grand ... erledigt.

Wahrscheinlich werde ich wieder einen langen Artikel über Chopin von Ihnen erbitten, es ist eine Kinderei, aber es liegt mir daran. – Sein nächstes Nocturno wird Ihnen gewidmet sein.

---

*Bis jetzt hab' ich noch kein anständiges Ratzenloch gefunden – morgen will ich aber noch einige ansehen in der Straße von abcd. Sie werden ein paar Worte bei Ihrer Ankunft von Marquise erhalten.*

*Herr Baron[1] ist immer sehr freundlich und graziös mit mir – ich glaube nicht, daß er sehr bewußt ist. Übrigens wissen Sie schon lange, daß ich auf keine Freunde zähle, und besonders auf keine diplomatische baronische oder faubouriens ... „Ich bin allein, ich war immer allein"* – ob man sich meiner erinnert oder mich vergißt – *Dieser Winter, hoff' ich, wird der letzte so sein.*

*Bleiben Sie mir, bleibe mir ...*

*Ich bin und hab' und will nichts anderes.*

Was ich mir erlaubte, Ihnen zu schicken, ist beinahe ein Liebesbrieflein, es fehlt nur der richtige Umschlag.

[1] Baron von Meyendorff.

48

Lassen Sie mich heut abend durch Chevreuil wissen (wenn Sie wollen, mündlich), wie es Ihnen heut morgen geht, ob Sie gut geruht, sehr sanft nachgedacht und verdaut haben. Ich weiß nicht, warum ich so entsetzlich besorgt bin, ich hatte keinen ruhigen Augenblick seit unserer Trennung. Ich wundere mich, daß die Dächer nicht einstürzen. Und dann packt mich die Reue von neuem ... Diese unglückseligen Worte von V ... und B ..., wenn Sie wüßten, wie ich mich deshalb schäme! Dabei ist es nur eine Dummheit, aber Sie waren darüber verstimmt, und beim Weggehen schienen Sie traurig zu sein, und es fiel Schnee, und ich war allein ... und das hört niemals auf.

————

Von allen Gefühlen meiner Jugend ist mir nur ein dunkles Vertrauen in eine unbestimmte, aber nahe Zukunft geblieben ... ich lebe nicht mehr, ich hoffe nicht einmal mehr, zu leben ... sei es drum! Der Gedanke, mit allen diesen peinlichen und falschen Beziehungen ein Ende zu machen, hat mich in diesen letzten Tagen oft gequält. Ein deutsches Lied, das Hiller gestern sang, schließt so: *Sie hatten sich viel zu lieb – sie mußten beide sterben, beide sterben.*[1] Heut kommt mir die Sonne so schön vor, das Leben so geheimnisvoll ... Ach, das alles sind Träumereien, die eines Mannes unwürdig sind. Nicht wahr? Ich arbeite trotzdem ... lassen Sie mich noch einige Tage weinen ... bedauern Sie mich aber nicht ...
*Bleibe mir, bleibe noch mir, welch anderer würde seine Hand mit Segnung auf mein Grab legen!*

————

Ich bin wirklich erstaunt über meinen passiven Mut; die verflossenen 8 Tage waren schrecklich für mich. – Wie oft hat jener furchtbare Schrei des Dichters „schauriger, schauriger Tod" mein Herz zerrissen! ... Aber wozu Sie unaufhörlich mit all diesen kleinen Einzelheiten der Verzweiflung ermüden – all das ist an anderer Stelle und besser gesagt worden. *Würde es Ihnen nicht möglich sein, mir auch täglich zu schreiben? ... Wenn Sie befürchten, immer die nämliche Adresse zu setzen, so*

[1] Heine.

*könnten Sie mir öftersmalen an Frau Vial, Gasse Chantereine 21,*
*adressieren. Ich bin ganz und ganz sicher vor ihr, obwohl ich ihr nie*
*von Ihnen gesprochen habe.*

Ich teile manchmal (am Ende des Monats) meine Tage in
schwarze, graue, weiße und *prismatische* ein: Sie erraten, wie
ich mir das alles zurechtlege. Sagen Sie mir, ob Sie es nicht
auch schon so gemacht haben?... Die Marquise bekommt
Anfang der Woche einen langen Brief. Freund Hektor Berlioz
sitzt mir noch auf dem Halse. Weiterschreiben unmöglich!
Sie sagen Ende der nächsten Woche!

———

### GRÄFIN D'AGOULT AN LISZT

(Croissy, Dienstag morgen, 1833)

Einem Genie
durch Vermittlung eines Genies
Im Auftrag einer Dummen.

Trotz all meines Vertrauens in Ihr Urteil kann ich unmöglich Ihre Bewunderung für die „Tränen" teilen... Dagegen
bin ich überrascht von der Kraft der Klarheit und Richtigkeit
der meisten Gedanken des Saint-Simonschen Buches, das Sie
mir geliehen haben. Ich wundere mich wirklich oft, daß Sie
nicht das brüderliche Wams angelegt haben. Eine Reise nach
dem Orient auf der Suche nach der Frau hätte Ihnen, meine
ich, erst gut gepaßt!

Als Herr von Meyendorff mir von Ihrem Gewitter erzählte,
das man während des Gewitters von oben hörte, sagte er:
„es war die Stimme der Erde, die der Stimme des Himmels
Antwort gab". Herr von Saint Félix hat Ihnen hoffentlich von
der reizenden Fahrt erzählt, die wir auf meinem See gemacht
haben, und von der Entdeckung eines schwimmenden Nestes
und von den Weißdornzweigen; kurz, ein wahres Idyll.

Ist Ihr Porträt fertig? Schicken Sie es mir durch Herrn von
S. F., damit ich mir über das Talent der Damen ein Urteil
bilden kann, ehe ich ihnen mein blasses Gesicht ausliefere.

Leben Sie wohl, ich komme zur Ankunft meiner Mutter
sehr bald nach Paris; ich freue mich darauf, Sie ihr vorzustellen.

Das war er ... das war ich. Sie haben mir einmal gesagt,
Sie liebten mich so, daß Sie es nicht einmal nötig hätten, mich
zu sehen. Dieser Gedanke frappierte mich; ich empfinde heut,
wie wahr er ist ... Sie sind da, immer da, und ich finde Sie
selbst in den nichtigsten Einzelheiten meines Lebens wieder.
Wenn Adele mich frisiert, sehe ich meine Stirn an, weil Sie
sie lieben, beim Frühstück trinke ich Kaffee und lächle in dem
Gedanken, daß das allein mir gefehlt hat, um Frau von Staël
zu werden; selbst das Huhn mit Reis ist durch eine Erinnerung
geweiht ... und wenn ich mich auf einen Baumstamm setze,
oder eine Steinbank, und mich mit meinen guten Bauern unterhalte, freue ich mich über ihre naiven Antworten, weil ich
mir einrede, daß Sie sie auch hören ... Und dann das Klavier,
an dem ich wieder weinen kann. La Captive, die Abgeblühte Linde, und dann abends vor dem Schlafengehen
Ihr Heft, in das ich hineinschreibe, was mir bei meiner Lektüre
aufgefallen ist.

*Nicht ist der Geist, doch ist er fast gebunden!* (sic)

Was ich mir schwer erklären kann, ist der unfaßliche Ein-
bruch (verzeihen Sie mir dies Wort) des religiösen Gefühls
in mein ganzes Wesen ... Mein Leben ist ein Gebet, eine
fortwährende Anbetung. Wenn es nicht so lang wäre, würde
ich Ihnen jetzt das Gedicht „Segen Gottes in der Einsamkeit"[1] abschreiben. Nie kann vollkommener wiedergegeben
werden, was ich empfinde. Indessen habe ich einige schreckliche Tage durchlebt, auf die sich das was auch immer geschehe (was Sie vielleicht mißverstanden haben) bezog, mit
jenen Angstzuständen, die bisweilen zu Wahnsinn oder Selbstmord führen, aber Gott hat sich meiner erbarmt. Ich wollte
Ihnen sagen, daß, welches auch meine gegenwärtigen oder
künftigen Leiden sein sollten, Sie nichts bedauern dürften,
denn Sie haben mir mehr Gutes getan, als Sie mir je Schlimmes zufügen könnten. Sie haben alle Bande, die mich noch
mit der Welt verknüpften, endgültig zerrissen, und Sie haben

[1] Gedicht von Lamartine, über das Liszt später seine gleichnamige
Klavierkomposition schrieb.

in meiner Seele die allgemeine Menschenliebe erweckt, jene
Liebe zu allen, die in mir erstickt war durch das Gefühl meiner
eigenen Schmerzen, die ich unaufhörlich Gott zum Opfer
brachte im Glauben, daß Verzicht für mich die einzig mögliche Tugend sei und alle anderen ersetzen müsse. Möge Sie
dieser Gedanke bis zu Ihrer letzten Stunde trösten. In diesen
so traurigen Tagen habe ich mir unaufhörlich *Kehret wieder,
holde Träume*[1] wiederholt, wer sich erhöht wird erniedrigt
werden. Aus dem Schmetterling wird eine Raupe, aber kann
die Raupe nicht ihre Flügel wiederfinden?

Hier das Graduale der heutigen Messe: Über eine kurze
Weile wird die Welt mich nicht mehr sehen; ihr aber werdet
mich sehen, weil ich lebe und ihr auch lebt ...

Versuchen Sie, leserlicher zu schreiben. Erzählen Sie mir
von Charlotte. Besitzen Sie die Etüde von Moscheles? Ich
bekomme eben einen Brief vom General Alava[2], der mir berichtet, daß Herz von den schönen Damen, für die er ihm
Briefe mitgegeben hatte, sehr gut aufgenommen worden ist
und daß er der allgemeinen Meinung nach alles übertrifft, was
man bisher in London gehört hat.

Sagen Sie mir, wem gegenüber Sie von den herrlichen Epitheta Gebrauch gemacht haben, die vor meinem Namen haltmachen sollten ... Was sind das für schreckliche Dissonanzen
und fürchterliche Lügen, Herr Liszt!

---

Croissy, 20. Mai 1833, Sonntag abend 11 Uhr

Im Augenblick, da ich den Ball eröffnen wollte, hat mir
Herr S. F. Ihren Brief gegeben. Wir geben heut den Bauern
ein Fest, und im Augenblick bin ich allein in meinem Zimmer
und schreibe Ihnen bei dem Klang der Violine und der Klarinette.
Wie glücklich sind diese Leute, und wahrscheinlich beneiden
sie mich ... ich bin für sie ein Anlaß zur Freude, ich, die ich
von nichts und niemand mehr Freude erwarten kann. Ach,
wie mußte ich über Ihren Brief weinen. So kurz, so kalt, so
unzureichend für mein Herz! Aber Sie haben recht, die Luft

[1] Goethe.
[2] Spanischer Gesandter in London.

52

hier ist so rein, das Grün so schön, was brauche ich mehr? Ich fürchte, daß dieser Arbeitshunger Ihre Gesundheit untergräbt, Sie aufreibt; Sie hatten mir versprochen, sich zu schonen ... aber ich weine heut abend so viel, daß ich Ihnen nichts Vernünftiges sagen kann.

Erzählen Sie mir wenigstens von Adele[1]. Was kann man ihr denn noch Schlechtes antun, Sie wissen, daß ich sie liebe.

Wenn Sie es über sich gewinnen können mir zu schreiben, so schicken Sie den Brief in einem Paket oder in einem Buch in die Rue du Petit Musc, Hotel de la T... zum Postwagen nach Ferrières, vor vier Uhr; ich bekomme ihn dann am selben Abend um 8 Uhr.

Ich fahre wahrscheinlich Montag oder Dienstag in 8 Tagen nach Paris, und ich denke, ich werde Sie trotz des Verbotes sehen können.

Es ist ein recht ungewöhnliches Leben, das ich hier führe und das niemand verstehen könnte: vollkommenste Einsamkeit nach dem Trubel der Welt, keine Seele, der ich die meine erschließen könnte, nicht einmal der Wunsch, mich einem andern Lebewesen mitzuteilen, keine Briefe, die mich interessieren, keine Erinnerung, die mich fesselt, nichts als ein einziger Gedanke, der alle meine Kräfte beansprucht, mich erhebt, mich erniedrigt, mich bedrückt, mich belebt, mir Verzweiflung und Hoffnung bringt. Leben Sie wohl, Sie wollen viel wissen.

Geh, sorge Dich nur um die Ewigkeit.

Auf die Knie, Franz, auf die Knie, beten Sie für mich, retten Sie mich.

One fatal remembrance, one sorrow.
*Wer nie sein Brot mit Tränen aß,*
*Wer nie die kummervollen Nächte*
*Auf seinem Bette weinend saß,*
*Der kennt euch nicht, ihr himmlischen Mächte.*

Montag morgen

Aber ich bin ja blöd, Sie haben recht, mir nicht mehr zu schreiben, aber sehen Sie, das kommt davon, daß ich Sie

[1] Wahrscheinlich die Komtesse de Laprunarède.

manchmal ganz dumm liebe, und in diesen Augenblicken verstehe ich nicht mehr, daß ich für Sie kein so völlig beherrschender Gedanke sein kann und soll wie Sie für mich.

Croissy, 26. Mai 1833

Gulliver trifft auf seinen Reisen einen Mann, der ihm auseinandersetzt, einer der Hauptgründe für das Traurige und das Unglück in diesem Leben sei, daß die Sonne während eines großen Teils des Jahres verschwinde (daher Winter, Kälte, dunkle Tage, Mißernten), aber er hat ein wunderbares Heilmittel gefunden: eine Kristallphiole, in der er Sonnenstrahlen einfangen wird, die er dann nach Belieben herauslassen kann! Ich habe auch meine Kristallphiole, die ich mit allen Strahlen gefüllt habe, die Ihre Seele entsendet. Meine Tage waren dunkel geworden, weil mir Ihr Blick, Ihr Lächeln fehlte, um sie zu beleben; jetzt sind Sie da, ganz tief in meinem Herzen, rings um mich her, in allem was ich sehe, in allem was ich atme.

Ich habe die Herzogin nur 10 Minuten gesprochen. Sie sagte mir lachend, daß sie Sie in der Gegend von Croissy umherirrend glaubte, daß man in der Gesellschaft Sie zwischen mir und ihr teile. Da sagte ich ihr, daß man es höchst lächerlich gefunden habe, auf welchen Fuß man sich in den Salons mit Ihnen stelle, die Vertraulichkeit usw. usw. Worauf sie ihr herzogliches Haupt stolz erhob, um mir zu zeigen, daß sie niemals nur einen Schritt breit dem dummen Gequake dieser Frösche nachgeben würde und daß bei ihr die liebenswürdigen Leute immer recht behielten. Man stellt ihr Saint-Beuve vor.

Es ist abgemacht, daß Sie mir Sonntag durch den kleinen Musc schreiben, wie und um welche Zeit Sie Dienstag kommen wollen, denn wenn Sie einen Teil des Wegs zu Fuß zurücklegen müssen, komme ich Ihnen im Wagen entgegen...

Leben Sie wohl...

Sonnabend, 7 Uhr morgens.

## II

### Januar bis April 1834

#### LISZT AN GRÄFIN D'AGOULT

Also habe ich Sie gestern nicht sehen können und kann Sie heute nicht sehen. Heute, wo es allen Leuten gut geht und alle Leute Bonbons essen, huste ich und trinke Gerstenwasser. Was hat das für eine Vorbedeutung für das Jahr 1834? Schreiben Sie mir doch eine Zeile. Nur Sie auf der Welt sind für mich das Leben, und ich bin verzweifelt, Sie nicht sehen zu können. Schreiben Sie mir. Erzählen Sie mir von gestern, von heut nacht. Wie trugen Sie das Haar? Haben Sie gehustet? Haben Sie getanzt? Sagen Sie mir das alles. Lassen Sie meine Krankheit wie eine Reise sein, wie zwei Tage fern von Ihnen. Damit ich etwas von Ihnen zu lesen habe. Heut morgen geht es mir besser. Ich möchte gern morgen ins Théâtre des Italiens. Mit andern Worten, ich möchte, daß es mir möglich ist, Sie zu sehen. Wann werde ich Sie sehen? Verfluchter Husten. Wenn nicht mein Bruder an der Schwindsucht gestorben wäre. Es gab eine Zeit, da ich begeistert gewesen wäre, wenn eine kleine Erkältung mich vom Leben befreit hätte. Jetzt würde ich verzweifelt sein, wenn ich sterben müßte. Warum? Ich liebe Sie. Ich will noch Ihre blonden Haare und Ihre blauen Augen sehen, Sie noch sprechen hören und Ihre Briefe noch lesen. Ich will leben. Ich liebe Sie. Und sehen Sie, ich werde leben, weil ich Sie liebe. Man soll eine Krankheit nur fürchten, wenn sie einen im Augenblick überfällt, wo das Herz leer von Liebe ist. Wenn man hundert Jahre liebte, würde man hundert Jahre leben. Also, wenn Sie je krank sein sollten, bin ich zur Stelle. Sie, die Sie nicht lieben,

wenigstens sagt man so. Aber nicht wahr, das ist eine Ver-
leumdung. Schreiben Sie mir, um es zu beweisen. Zwei, drei
Worte, rasch, ganz rasch. Sind Sie nicht für mich in Croissy,
da ich Sie nicht sehe. Lassen Sie mich sehen, ob Ihr Brief-
papier dasselbe ist wie im Jahr 1833. Wollen Sie immer noch,
daß roter Siegellack Mode bleibt? Wollen Sie immer noch,
daß ich es bleibe? Nun leben Sie wohl, ein Hustenanfall läßt
den Mann der Mode nicht weiterschreiben. Leben Sie wohl,
und schreiben Sie mir zwei Worte.

---

Sie waren es, nicht wahr, die diese Worte unterstrichen hat:
„Die Liebe ist nicht nur eine Wiedergeburt, sondern eine gebieterische, unabweisliche Pflicht; den Menschen, die sie nicht
gekannt haben, fehlt immer etwas." In derselben Zeitschrift
stehen auch zwei Fragmente von W . . ., die mir Eindruck
gemacht haben. Ich bitte Sie, als Zitat die englischen Verse
zu nehmen: There are souls in sympathy with sounds.

---

Seit gestern leide und schmachte ich. Die heilende und be-
lebende Kraft hat meine Brust verlassen; wann werde ich
Sie wiedersehen?

Ramonon wird Sie heut vormittag gegen $^1/_2 2$ besuchen.
Ich möchte, daß Sie gut zu ihr sind; sie hat mich so oft schwach
und mit dem Tode ringend gesehen! Legen Sie auch ihr
schönes Buch auf Ihren Tisch.

Ich werde den ganzen Tag viel schreiben, obgleich ich nicht
mehr an ein mit meinem Namen gezeichnetes Meisterwerk
glaube. Sie können sich nicht vorstellen, wie viel Traurigkeit
und Bitternis die dummen Träume von Ruhm und Ehrgeiz,
die mich fast bis Ende letzten Jahres aufrechterhielten, in
meiner Seele zurückgelassen haben. Ich werde nur noch arbeiten, um zu arbeiten; das ist beinahe christlich. Soll ich mich
darüber beklagen oder mich dazu beglückwünschen? *Sie
werden mir doch immer bleiben – Lebewohl.* Ich freue mich schon
auf den schönen Artikel, den Sie mir schreiben werden.
Machen Sie ihn jedoch nicht zu gut, denn dann würde ich Sie

unaufhörlich quälen. Ich habe die Sainte Baume[1] gelesen, die Chevreuil Ihnen morgen bringen wird, wenn ...

Haben Sie im Temps den Bericht von der Vorstellung der Marquise gelesen und die Erklärung, die die Priester in Rom unterschreiben müssen?

Montag morgen

Ach! Endlich zwei Worte, wie Sie sie mir früher sagten! ... Danke ... Ich fühle sie, ich verstehe sie, ich bewahre sie! ...

Sagen Sie mir nicht mehr: glücklich diejenigen, die nichts zu verbergen haben! ... Ganz falsch! ... Die nichts zu verbergen haben, wissen nichts, sie bleiben Kinder und Dummköpfe ... Haben Sie nicht bis jetzt alles verborgen, alles vergraben? ... Alles, alles was in Ihnen heilig, rein, unaussprechlich war? ... Und was soll man sagen, mein Gott, was kann man sagen! ... Alles hinnieden wandelt einem geheimnisvollen Ende zu! ... Lernen wir warten! ...

In meinem Brief sind mehrere Ausdrücke des Unwillens gegen Thoug ... Ich nehme sie zurück.

---

Sie werden wahrscheinlich schon mit der Post meinen Brief von heut morgen bekommen haben. – Adolphe Nourrit[2] kann unmöglich. Bei Rubini[3] fürchte ich, daß dieselben Gründe ihn gleichfalls verhindern; – bleiben also die Mittelmäßigkeiten, aber ich denke, daß Sie sich darum keine Sorgen machen.

Ich habe gestern einige Bruchstücke aus Ahasverus (der Dichter – und die Auftritte mit Rahel) wieder gelesen, ich fühle auch ein wenig von diesem tiefen Glanz in mir strahlen und sage mir, daß ich noch mehr als fröhlich sein würde, wenn ein bißchen weniger Kleinmut in meinem Herzen wäre, aber das wäre zu viel – dann könnte ich nicht mehr leben.

Wäre es Ihnen möglich, mir Ihr Schubertheft zu schicken – ich behalte es nicht länger als 8 Tage.

Der kleine Kuhn sitzt hier am Klavier; er hat mir viel von der Schloßherrin von Croissy erzählt.

[1] Werk von Joseph d'Ortigue (1834).
[2] Berühmter Operntenor (1801–37).
[3] Berühmter italienischer Tenor (1793–1854).

Das Konzert von Frau Merlin ist auf nächste Woche verschoben. Frau von P . . . wird Ihnen den Tag mitteilen.

Die beiden Bände Herder, nach denen Sie fragen, habe ich noch nicht, statt dessen schicke ich Ihnen hiermit zwei andere, die Sie vielleicht interessieren werden. Danke und Verzeihung für alles übrige.

In Ihrem Brief ist ein Irrtum. Wir werden ihn richtigstellen, denn man wartet hier seit länger als einer Stunde auf mich.

Ich möchte sehr, sehr gern, daß Sie die Briefe von Rodrigues[1] wieder lesen. Es ist ein großes Buch.

*Morgen nicht zu spät.*

—————

'Offen gesagt war dieser Ausgang am Morgen für mich sehr lästig, und ich danke Ihnen sehr, daß Sie mich davon entbunden haben. Ich hatte gehofft, Sie heute abend beim Quartett der Brüder Müller wiederzutreffen, vielleicht entschließen Sie sich noch dazu? Wenn ich mit Sicherheit wüßte, daß Sie um $1/_2 9$ Uhr zu Hause sind, würde ich noch einmal aufs andere Ufer kommen, auf alle Fälle werde ich es versuchen – ich habe Ihnen viel von Ihren beiden Freundinnen, der Herzogin und der Marquise, zu berichten.

—————

Verzeihung und abermals Verzeihung (das ist das größte Wort, das die menschliche Zunge auszusprechen vermag). Ich fühle besser als jeder andere, wie alle diese Mätzchen lächerlich, albern und verächtlich sind! Aber so viele Dinge bewegen sich und stoßen sich verworren in mir! Ich leide so sehr. – So sehr. – Ach, viel mehr, als ich je lieben kann! – Gott erbarme sich meiner! Sie wissen, es gibt jetzt für mich nur einen Blick, nur ein Antlitz, nur eine Seele auf der Welt! Erbarmen auch Sie sich meiner!

Vergessen Sie – vernichten Sie mich nicht mehr so – es bleiben mir vielleicht nur noch wenige Tage. – Leben Sie wohl. – Mit Gott. – Mein Herz bricht in der Erinnerung an diese Stunde. – Stille. – Ruhe. – Bald.

—————

[1] Briefe an die Saint-Simonisten von Benjamin Rodrigues, Finanzmann und Nationalökonom (1794–1881).

Ich habe eine lästige Aufgabe heut abend, die ich schwer aufschieben kann. Wenn Sie nicht anders bestimmen, werde ich die Ehre haben, mich morgen im Laufe des Vormittags, gegen 12 Uhr, zu Ihnen zu begeben. Ich bitte Sie, gnädige Frau, mein Bedauern und den Ausdruck meiner Ehrerbietung entgegenzunehmen.

_____

Der Graf von La B... wird pünktlich zur Verabredung kommen; das Ratzenloch war heut bewohnt, aber allein. Vielleicht auf heut abend bei Frau von Bellissen. Ich muß unbedingt auf eine Viertelstunde hin.

_____

*Ich bin schon wie tot, aber wenn ich an Sie denke, so hoffe ich noch einige Stunden von entsetzlichem Glück – Gott erbarme sich unser!*

Frau von Flavigny[1] ist viel zu gut. Die Eingebung bleibt noch in mir gefangen und wie abgestorben!... Gott wird sie vielleicht eines Tages wiedererwecken, wenn ich nicht mehr allein und verlassen sein werde... Dank für Ihr gutes Gedenken! Es ist recht, daß Sie Mitleid mit mir haben, denn ich habe nicht einmal mehr Willen genug, um mich zu beklagen. – Physisch (und ist das nicht das Wesentliche unseres armen Lebens!) bin ich heute morgen weniger schwach – ich hoffe auf Besserung heut in 14 Tagen.

Anbei der erste Band von Herder und eine Nummer der Revue Encyclopédique. Ich rate Ihnen, den ersten Artikel über den Ursprung des 18. Jahrhunderts zu lesen. Auf morgen also.

Haben Sie an Thougt geschrieben?... Sehen Sie zu, ihn nach und nach zu einem tätigen und beschaulichen Leben zu führen...

_____

Der gestrige Tag ist sehr schlimm für mich gewesen – morgens und abends bin ich durch Ihre Straße gegangen, ohne den Mut aufzubringen, die 6 Stufen hinaufzusteigen.

[1] Gräfin d'Agoults Mutter.

Da Sie mir heute morgen eine halbe Stunde schenken wollen, werde ich bestimmt die Verabredung einhalten. Schubert werde ich mitbringen.

Danke vielmals für den schönen schwarzen Band; ich brauche ihn, denn ich habe ihn vielleicht seit 6 Monaten nicht mehr gelesen.

––––––––

Ich verlasse soeben Commeci-Commeça[1]. – Er war geistvoll und freundschaftlich. – Ich habe ihn doch recht gern, ein wenig auf die Art, wie ein gewisser Jemand aus meiner Bekanntschaft einen gewissen Diebes- und Polizeispitzel gern hat, jedoch mit einem Unterschied; aber was liegt an der Art oder an den Unterschieden, ich bin der Ansicht, daß man sich nur ganz grobe und gewöhnliche Dinge sagen sollte. Die feinen und zarten Nuancierungen, Ausschließungen, Abschätzungen verderben und zerstören alles. Hätte ich eine Lehre zu verkünden, so wäre es diejenige des Schweigens und der Einfachheit. Das ist sehr erbaulich, besonders in meinem Alter, nicht wahr? . . .

Welch ungeheure Menge Dummheiten haben wir gestern abend gesagt – der Tag war so traurig, so bitter für mich gewesen. Durch ein merkwürdiges Zusammentreffen schreibt mir die Marquise heute morgen: ein reizender Brief, unterschrieben Marquisette von Croissy.

Ach! Wenn ich mich fähig fühlte usw. usw. . . . wie würden alle meine Qualen, all mein unbestimmtes Sehnen mit Extrapost abziehen. Indessen würde es mir nicht einfallen, deswegen in die Hölle zu kommen; auch würde sie wohl sehr unzufrieden mit mir sein . . . Was ist, ist. Man versuche das Beste daraus zu machen, das ist der kurze Inhalt sehr vieler Philosophie- und Moral-Lehrbücher.

Wenn Sie Ihren Leuten keine andre Anweisung geben, werde ich noch einmal gegen 9 Uhr, wenn ich von Lamartine komme, versuchen, zu Ihnen zu kommen. Also auf gleich.

––––––––

[1] Wahrscheinlich Chopin.

60

Das beabsichtigte Duell wird wohl unterbleiben. Die Herausforderung war denn doch zu dumm und Thoughtfuls[1] Antwort zu ausführlich, um Folgen zu haben. Nachdem ich die Herzogin verlassen hatte, habe ich bei der Marquise angeklopft, um sie zu beruhigen. Sie waren grade weggegangen. Danach großer und ungeheurer Erfolg bei Miss Clarke[2] in der Abbaye-aux-Bois. Tiefe und süße Trauer im Innern Thougthfuls, Glaubensfeuer, Hoffnungsbeben: die Welt und Gott in einem einzigen Leben.

Thoughtless wird sich nicht umbringen, es bleibt ihm nicht genug Leben, um es zu zerstören.

Heut abend komme ich gegen $^1/_2$11 zu der Gräfin und Sängerin. Dank für Ihr freundliches Gedenken. Auf bald.

---

Ridiculous, ridiculous, most ridiculous!... Danken Sie dem Zahnweh, denn sonst würden Sie recht viel zu hören bekommen über Com... Com...

Hier schicke ich Ihnen Othello, der Pirat, Don Juan, bis alle meine schönen Kunstwerke kommen, die mindestens fünfzig Folianten füllen werden.

Ich komme um 1 Uhr, auf die Gefahr hin, Sie sehr zu langweilen, aber was wollen Sie, gnädige Frau, ich bin so verwöhnt. Auf gleich.

## GRÄFIN D'AGOULT AN LISZT

Croissy, Sonntag, den 28. April 1834

„Je tobender und lärmender unser Herz ist, um so mehr wird es von Frieden und Ruhe angezogen. (Chateaubriand)"

Dieser Ort hier ist schön, weit, traurig; bei meiner Ankunft wurde ich von Leuten umringt, für die meine Gegenwart eine Hoffnung ist, und, so hoffe ich, eine Wohltat sein wird. Nur 6 Meilen entfernt von jener Welt, die so viel Lärm, Prunk und Betriebsamkeit in ihre Sorgen und ihr Unglück legt, bin ich

[1] Spitzname, den Liszt sich selber gibt.
[2] Mary Clarke, die den Orientalisten Jules Mohl heiratete. Sie hatte einen literarischen Salon.

allein, allein mit einem großen Gedanken, und dieser Gedanke sind Sie! ... Sie, den ich so groß, so gut, so göttlich sehe, daß ich mich zuweilen darüber hinwegsetze, so nichtig zu sein. Ich kann Ihnen nichts sagen, was Sie nicht sicherlich schon gedacht haben ...

Ich fühle eine unbesiegbare Neigung zur Grübelei, eine Art Wunsch, Sie nie wiederzusehen. Aber ich liebe Sie von ganzer Seele. Lassen Sie sich von Théophile die Seite seines Romans geben, die so anfängt: „Luise und ihr Mann fuhren in der Post den Weg nach Paris."

Das verzerrte Gesicht ist jetzt meins.

Leben Sie wohl, wenn Sie einen gut versiegelten Brief schicken und die A d r e s s e mit kleiner Schrift und einem c. schreiben können, versäumen Sie es nicht.

# III

## Mai bis Oktober 1834

Wie im vorigen Abschnitt besteht eine Unsicherheit über die genauen Daten, an denen die meisten der Briefe von Liszt geschrieben wurden. Sie scheinen indessen alle in die Zeit von Mai bis Oktober 1834 zu fallen.

### LISZT AN GRÄFIN D'AGOULT

Sie fühlen es, Sie wissen es. Für mich gibt es in allen Dingen nichts als Trauer, Verdruß und bittere, beklemmende Betrübnis. Immerhin bin ich nicht vollkommen erloschen; wie dürr und einförmig auch der Weg sein mag, ich werde ihn bis zu Ende gehen.

Ich werde noch etwa zehn Tage in Paris bleiben müssen, dann fahre ich in die Normandie. Glücklicherweise bin ich in der Lage, einem Freund (P. Erard) einige kleine Dienste zu leisten; das beschäftigt mich und macht mir Freude. Gestern habe ich vor seiner Majestät dem Bürgerkönig und seiner erhabenen Familie im Saal der Ausstellung auf seinem Klavier gespielt. L. Ph. fand mich sehr verändert, ich habe mir erlaubt, ihm zu antworten, daß sich auch sehr viele Dinge sehr verändert hätten. Eine Stunde danach ging ich zum Essen zu Janvier. Lamartine, Lacordaire, der Abbé Gerbet[1] und Dubois vom Globe waren auch dort. Lacordaire, der sich seit einiger Zeit von Lamennais getrennt hat, hat sich viel mit mir unterhalten. Wenn ich mich nicht täusche, würde sein Katholizismus Sie sehr erbauen und ein wenig langweilen. Mir kam er recht vollkommen vor. Was den Abbé Gerbet betrifft (Verfasser des prachtvollen Buches über das zeugende Dogma der katholischen Frömmigkeit, das ich Ihnen empfehle, immer und

[1] Schüler von Lamennais, löste sich von ihm los und starb als Bischof von Perpignan (1798–1864).

immer wieder zu lesen), so ist er, glaube ich, eine sehr schöne Seele, im tiefsten christlich, und christlich noch an der Oberfläche. Das ist wenigstens der Eindruck, den er auf mich gemacht hat, Sie wissen, daß ich mir nicht anmaße, Menschen zu beurteilen, weder nach dem ersten noch nach dem hundertsten Zusammensein. Die Worte eines Gläubigen[1] sind gestern erschienen. Wenn Sie es wünschen, werde ich mir ein Vergnügen daraus machen, sie Ihnen zu schicken. Eine kleine Frage, gnädige Frau; haben Sie den Atlas von Lesage mitgenommen? Wenn nein, darf ich ihn dann bei Ihnen holen und bis zu Ihrer Rückkehr behalten? Ich werde sehr darauf achtgeben, meine Mutter wird ihn in graues Papier einschlagen, wie das Album. Bei grauem Papier fällt mir ein, daß ich einen schönen Band weißes Notenpapier hier habe, den ich diesen Sommer vollschreiben will und den mein Buchbinder netterweise grau eingebunden hat, ohne daß ich es ihm gesagt hätte ... Das machte mir eine kindische Freude ... Ich fühle manchmal ein unaussprechliches Verlangen nach Poesie, gesundem Menschenverstand, Leben ... dann scheint mir, als ob das alles in Ihnen wäre, und ich träume und grüble ohne Ende...
... *Nicht eines Engels, nicht Gottes, nur Dein.*

Ich habe eine recht schöne Bibel für 40 gefunden. Ich hätte sie gern für Com ... Com ... gekauft, aber ich werde Ihre Befehle abwarten. Auf bald.

5. Mai 1834

8 Tage! ... und kein Wort ...
und Sie wissen, daß (unleserlich) an Sie glauben!
*Nicht eines Engels, nicht Gottes.*

Jetzt fühle ich, wie sehr alle diese elenden Qualen mir geschadet haben – ich bin noch ganz stumpf davon – es ist mir fast unmöglich, an Sie zu denken. In der Tiefe meines Herzens hat sich nichts verändert, weil dort nichts veränderlich ist –

[1] Werk des Abbé Lamennais, das am 30. April 1834 erschienen ist.

64

Gutes oder Schlechtes –, aber ... Sehen Sie, wenn Sie sich noch die Mühe geben, dies alles durchzudenken und nach der Logik, die darin ist, zu suchen, so werden Sie wahrscheinlich zu dem Schluß kommen, daß ein schicksalhafter Charakter, wie Sie sagen, niemals bei den metaphysischen Feinheiten der Liebe haltmachen wird ... daß er notwendigerweise das Leben in seiner Ganzheit umschlingen muß, so trügerisch, so bitter es auch sei ...

Ich werde Ihnen die Worte eines Gläubigen (das Werk von Lam.) schicken, aber sagen Sie mir wie, mit welcher Gelegenheit.

Com ... Com ... ist gestern abend fortgefahren. Wir sollen uns schreiben. Das ist entschieden der vernünftigste unter Ihren leidenschaftlichen Anbetern.

Ist es nicht eine armselige Dummheit, mir zu sagen: ,,Nie wird Frauenliebe Ihnen genügen, Sie trösten''?

Gerade darum handelt es sich. Wehe denen, die ihre kleinen Ergebenheiten hätscheln, berechnen, pflegen. Es gibt Dinge, die man ein für allemal abwirft. Ich begreife keine Liebe mehr ohne Seelengröße. Das ist kein Vorwurf und keine Anmaßung.

Ich möchte Ihnen tausend Dinge sagen, aber ich fühle mich traurig, und jetzt bekomme ich Besuch. Leben Sie wohl, auf bald. Ich reise heut in acht Tagen.

––––––––––

Es gibt Augenblicke, in denen ich nicht begreife, wie es kommt, daß man nicht sofort ein Ende macht.

Sie haben Thoughtless richtig geantwortet. Sie konnten kaum etwas anderes sagen. Denken Sie nicht etwa, daß ich mich über die Last beklage, die Sie auf mich geladen haben; wie schwer und bedrückend sie auch sein oder werden mag, ich werde sie immer mit Stolz tragen. Das ist keine Redensart, sondern nur ein einfacher Blick in die Zukunft. Wenn es möglich wäre, einen einzigen Tag zu streichen ... würde ich es denn wollen? Mag also das Unglück kommen, es wird nur noch meinen Leib als Fraß vorfinden.

Ich sage es nochmals (aber diesmal ohne Zorn und Bitterkeit), Sie haben recht ungeschickt, recht unhöflich mit der Marquise gesprochen, Frau Gräfin. Das unverzeihlichste Unrecht ist allerdings auf meiner Seite; ich war hundertmal zu heftig und zu grob, als Sie mir davon sprachen, aber heute, da ich mich ruhig, geduldig und stark fühle, werde ich, auch wenn ich Ihnen verächtlich oder töricht vorkommen sollte, den Mut haben, Ihnen laut zu sagen, daß Sie so rasch wie möglich nicht Ihr Unrecht, aber Ihre Ungeschicklichkeit wieder gut machen sollten; mit einem Wort (denn ich kenne nichts Abgeschmackteres als vage und unbestimmte Ratschläge), Sie müßten zunächst ein paar gute Worte an die Marquise schreiben, die, ich bin dessen gewiß, glücklich sein wird, von Ihnen Nachricht zu bekommen, und dann müssen Sie es nach und nach so einrichten, daß Sie wieder auf einen freundschaftlichen Fuß mit ihr kommen. Dieses Opfer sind Sie Ihrer Rolle als Weltdame und vielleicht auch als Mutter schuldig. Jetzt steht es Ihnen frei, zu explodieren, Ihre Lippen zu zerbeißen, und vor allem, von alledem nichts zu tun. Jedoch sollten Sie in allen diesen erbärmlichen Verdrießlichkeiten gegen mich keinen Verdacht haben. Ich glaube nicht, Sie jemals über Ihre Beziehungen zur Familie und zur Gesellschaft getäuscht zu haben; Gott sei Dank war ich grade und konsequent genug, im Bösen, wenn Sie wollen, das ist gleich; lange im voraus habe ich verstanden, daß man jede Chance, jede unerbittliche Notwendigkeit hinnehmen muß. Habe ich jemals versagt? Vor wem werde ich jemals zurückweichen oder erröten? ... Wissen Sie nicht, daß Sie mir gegenüber Gewalt über Tod und Leben haben? ... Sagen Sie ja, und es wird ja sein, nein, und es wird nein sein! ... Ach, Gott weiß es, ich liebte Sie. Sie waren meine Kraft, mein Leben, mein Schmerz, meine Tugend und meine Hoffnung. Für Karoline war ich nichts als ein blödes Kind, für Adele nichts als ein feiger und elender Hasenfuß. Für Sie allein fühle ich mich jung und als Mann ... Ich habe seit einem Jahr viel geweint, sehr schmerzlich nachgedacht. Werden wir nun endlich voneinander lassen? ...

Aber das sind alles nur unnütze Wiederholungen. Noch ein Wort über die Marquise. Allen Ernstes, ich halte diese Frau immer noch für gut, trotz der Bemerkungen des Barons und der Gründe von V. C. Ich halte sie sogar für fähig, zu bereuen. Ich flehe Sie an, auf diesen Brief nicht zu antworten; alle Ihre Einwände sind mir bekannt. So begründet sie scheinen, ist es mir nicht möglich, sie zuzulassen. Thoughtless liebe und schätze ich; aber vielleicht muß man den Umständen ein wenig Rechnung tragen.

Was Sie mir über die Bitterkeit Ihres Lebens sagen, schmerzt und betrübt mich noch mehr; das darf Sie in Zukunft nicht davon abhalten, stets aufrichtig zu sein. Das ist alles, worum ich Sie in Demut und Stolz bitte. Das Maß ist noch nicht voll, und ich ahne, daß ich noch viel werde leiden müssen.

*Nicht eines Engels, nicht Gottes, nur Dein.*

———————

Mittwoch

Wahrscheinlich sind Sie heut schlechter Laune, denn ich fühle mich tief bekümmert und von Traurigkeit niedergebeugt.

In meinem Herzen ist gewöhnlich ein unbestimmbares Gefühl von Reue, das mich dumpf und nach Belieben quält – zuweilen sage ich mir, daß tausend andere das gleiche empfunden haben. Zuweilen wiederum entlädt sich die Wolke, und dann brechen alle meine Schmerzen und all mein Groll wütend hervor ... dann kehren einige Liebesträume wieder, die Wonne, die Hoffnungen, die Tatenlust und die Begeisterung der Jugend, und ich fange wieder an anzubeten und zu weinen ... aber:

Im Grunde allen Seins, in seinem eignen Geist,
Mag auch der Dichtung Macht beglückend ihn berauschen,
In seinen Liedern selbst, in den Gedanken auch,
Die voller Freudigkeit in seinem Busen keimten,
Tritt ihm entgegen stets, in trauervoller Kälte
Die Sehnsucht nach den Dingen, die einst gewesen sind.

Hatte ich Sie nicht schon darum gebeten, mich auf keine Weise an meine melodramatischen Phrasen und die Frauen, an die ich sie hätte richten können, zu erinnern? Sollten Sie es vergessen haben, so wiederhole ich diese Bitte. Ein einziger kleiner Scherz über Ihren Namen hat mir Ihren Brief vergällt. Sie sind sicher unzufrieden mit demjenigen, den ich Ihnen wegen der Marquise geschrieben habe; aber es würde mir sehr schwer fallen, etwas davon zurückzunehmen. Es gibt bestimmte Schlüsse, zu denen ich immer gelange. Äußerste Heftigkeit wie strengste Mäßigung, Gehenlassen des Geistes ebenso wie zäheste Überlegung, alle verschiedenen Bahnen, alle erdenklichen Wege, grade oder gewundene, alles führt mich dorthin. Es ist eben eine Verschrobenheit oder eine Schwäche. Sprechen wir also nicht mehr darüber, aber begreifen Sie mich immer mit Ihrem Herzen.

Ihre Ratschläge für meine Lektüre sind ausgezeichnet. Ich hatte mir schon vorgenommen, Montesquieu, H. . . . (den Skeptiker), ein oder zwei deutsche Historiker, Niebuhr und Müller, einige griechische und lateinische Autoren und schließlich Michelet, Lacretelle und Sismondi ernsthaft durchzulesen; innerhalb von drei Jahren werde ich mich etwas entgröbert haben. Was La Harpe, Schelling und die philosophischen Mittelgrößen anbelangt, so freue ich mich, sie kennenzulernen, das macht mir Spaß. In den letzten Tagen habe ich die Institutions Républicaines von Saint-Just gelesen. Dort findet sich das schöne Wort: „Ein Unglücklicher steht über den Regierungen und den Mächten der Erde. Er muß als Meister mit ihnen sprechen." Was eine Orgie des Geistes betrifft, – kennen Sie Diderots Der Neffe des Rameau? Lesen Sie es nicht – obgleich es mir riesigen Spaß gemacht hat. Ich würde den Hochmut und das Unbedingte (ohne sie als berechtigt anzuerkennen) mit dem Bedürfnis nach Würde und Richtigkeit erklären, wenn Sie mir nicht oft vorgeworfen hätten, daß ich zu viel erkläre.

Lamartine habe ich ziemlich häufig wiedergesehen; im ganzen war es gut für mich, mehrere Menschen kennenzulernen, mein Urteil hat sich geändert und seine ungerechte Schärfe verloren. Hier verteidige ich immer den Dichter-Deputierten mit großer Wärme, wenn man ihn angreift, was ziemlich oft vorkommt, denn der arme L . . . hat das Schicksal aller gemäßigten Leute gehabt, er hat zunächst alle Welt unzufrieden gemacht. Alfred de V(igny) hat sehr geistreich gesagt: „L . . . macht keine Opposition, er begnügt sich mit Widerspruch." Das Wort trifft ins Schwarze, also wollen wir es nicht wiederholen.

———————

13. Mai 1834

Die Wolke ist zerrissen, entschwunden. Ich lese immer wieder Ihre letzten Worte. Die Kraft kehrt zurück. Ich glaube wieder an dieses Leben, an Sie, an Gott. Seien Sie dafür bedankt. Sie werden vielleicht in meinen beiden letzten Briefchen einige Bitterkeit finden, sie tragen ihr Datum. Sie wissen es, ich fühle nur noch in Extremen. Leben Sie wohl. Tausend Freuden und Segenswünsche. Wir sind beide recht klein gewesen. Wir wollen wachsen! Wachsen fürs ewige Leben. Auf morgen.

———————

Ich hatte den ganzen Tag lang keine erträgliche Minute. Ach, nicht wahr, Sie werden fortan keine Besuche mehr zu machen haben?

Ich fühle, daß ich auf tragische Weise unserm armen Freund Ideolo[1] gleiche. Auch ich hätte es sehr nötig, mein Leben mit Ihnen zu verbringen . . . Für mich gibt es weder Geist, noch Leben, noch Phantasie, noch Traum, noch Hoffnung mehr, wenn nicht in Ihnen. In Ihnen ganz und gar. Alle meine Fibern reißen, mein Herz steht beinahe still, ich bin nicht einmal traurig . . . Ach, könnte ich mich aus dem Leben streichen, ohne eine Spur zu hinterlassen. Ich weiß nicht, warum ich mir einbildete, daß Saint-B(euve) gestern gekommen sei . . . Das passiert mir schon zum zweitenmal, und dabei bin ich kein Hexenmeister . . . Beim Wiederdurchlesen Ihrer Worte mußte ich unwillkürlich zwei Dinge vergleichen, die gar keine Beziehung zueinander zu haben scheinen . . . ich werde mit Ihnen darüber stammeln. Sie werden sich wieder einmal über den guten Alten[2] lustig machen. Aber ich schreibe zu schlecht, um einen Gedanken zu äußern.

[1] Wahrscheinlich Alfred de Musset.
[2] Noch ein Spitzname von Liszt.

Ach, kommen Sie, kommen Sie bald, wenn Sie nicht wollen, daß ich vergehe.

————

Ich habe einen großen Teil meiner Tage mit P. E....[1], Rue du Mail, verbracht; hier, in seinem Salon, schreibe ich Ihnen. Der Himmel ist trübe, düster: mein Herz ist noch trüber und noch düstrer, aber was tut's? Jenes elende kleine Billett ist gewiß nichts Wichtiges; dennoch hat es mir weh getan. Ich bitte Sie, zögern Sie nicht, mir ein paar Worte zu schreiben. Sagen Sie mir, daß Sie sehr töricht, sehr ungerecht waren, und ich werde mir einbilden, daß ich Sie höre, Ihnen zusehe, und alles wird gesagt, vergessen, mehr als vergessen sein.

Wenn Sie Lamennais' Buch lesen, werden Sie bei Seite 80, 81, 82 verweilen. Sie werden Sie wahrscheinlich an jemand erinnern. Da stehen auch die schönen Worte: „Und wenn eure Hoffnungen nicht siebenmal, sondern siebenzigmal sieben getäuscht sein sollten, verlieret doch niemals die Hoffnung."

————

Ich reise fort. Der Himmel ist grau und drohend wie an dem Montag, als Sie abreisten ... Ich fühle mich ruhig ... Die letzte Nacht habe ich im *Ratzenloch* zugebracht ... Ich hätte gern beim Nachhausekommen zwei Worte von Ihnen vorgefunden.

Leben Sie wohl ... *Nicht eines Engels, nicht Gottes, nur Dein.*

————

Gestern hatte ich kein Abendgebet zu sagen. Es schien mir, als hätten wir uns noch nicht getrennt. Dein Blick leuchtete noch zauberhaft am Himmel. Dein Atem war noch auf meinen Lippen und meinen Lidern; die Schläge Deines Herzens hallten ständig in meinem wider und verlängerten ins Endlose dieses doppelte, intensive Leben, das Du mir offenbart hast, das wir einer dem andern offenbart haben; den ganzen Tag über glaubte ich inmitten zahlloser Chöre von Engeln und himmlischen Geistern (die von der Erde nichts bewahrt hatten als eine Spur namenlosen Leids und Mit-

[1] Pierre Erard, Inhaber der gleichnamigen Klavierfabrik.

gefühls) an irgendeinem geheimnisvollen, neuen und zugleich ewigen Fest teilzunehmen . . .

Da gab es weder Raum, noch Zeit, noch Worte . . . aber Unendlichkeit, Liebe, Vergessen, Lust, Erbarmen!! Mit einem Wort: Gott!!!

. . . Gott, wie meine Seele ihn sucht . . . Gott, wie Verzweiflung und Schmerzensübermaß ihn zuweilen darstellen . . . den alliebenden und allmächtigen Gott.

Sonntag

In Seraphita von Balzac sind mehrere Stellen, die Ihnen gefallen würden: hier zwei, die mir bemerkenswert erschienen. „Die Übereinstimmung, die das Wesen der guten Ehen auf Erden ausmacht, ist der gewöhnliche Zustand der Engel im Himmel . . . die Liebe ist das Licht ihrer Welt. Sie tauchen beständig im Licht und sind stets mit Gott vereint, der sich ihnen unaufhörlich vermählt. Die ewige Verzückung der Engel kommt von der Gabe, die Gott ihnen verleiht, ihm die Freude, die sie selber empfinden, zurückzugeben. Diese gegenseitige Beziehung zur Unendlichkeit bildet ihr Leben im Himmel; sie wachsen."

———

Ich kann unmöglich bis morgen warten, um Ihnen ein paar Worte zu schreiben. Dabei habe ich Ihnen nichts Neues zu sagen, aber ich fühle, daß Sie viel leiden müssen! Ach meine Träume, meine Träume! . . .

Ich flehe Sie jedoch an, lassen Sie sich nicht niederdrücken – schon klärt der Horizont sich auf – wir werden vielleicht noch ein paar schöne Tage haben. Leben Sie wohl, muß ich Ihnen sagen, daß ich Sie nie verlassen werde?

Auf morgen, $^1/_2$12. ———

Es versteht sich ganz von selbst, es bleibt dabei, daß jede Zeile, jedes Wort von Ihnen mir teuer und wertvoll sind, jedoch könnte ich Ihre Vorwürfe und Ratschläge nicht hinnehmen, die Sie mir betreffs des Buches von Lamennais machen.

Bisher haben weder der große V., der in den Worten

eines Gläubigen, was Gehalt und Form betrifft, nur ein mittelmäßiges Werk, eine vollkommen gedankenarme, mit überflüssigem Wortschwall beladene Nachahmung sieht, noch Lamartine, der dem edlen Priester von der Veröffentlichung abgeraten hat, noch die groben Artikel des Constitutionnel (dieser gute Constitutionnel, er erinnert sich noch der Worte des berühmten Schriftstellers: „Ich werde eines Tages zeigen, was ein Priester ist", und bemerkt sehr fein dazu, daß er in dieser Apokalypse der Anarchie – ein Ausdruck, der nicht von ihm stammt und der großen Erfolg gehabt hat – gezeigt habe, was ein schlechter Priester ist), noch die dummen Deklamationen von La Quotidienne oder L'Ame de la Religion, usw. usw., noch die schlechten Scherze von Com-Com., nicht einmal die Widerrufe und die Angst des edlen Faubourg meine Überzeugung erschüttern können. Sie halten mir boshafterweise entgegen, daß die Worte eines Gläubigen nicht evangelisch sind, erlauben Sie mir, Ihnen mit dem Evangelium zu antworten. „Das Himmelreich leidet Gewalt, und nur die Gewaltigen tragen den Sieg davon!" Der Menschensohn ist nicht gekommen, um den Frieden zu bringen, sondern das Schwert. Welch merkwürdiges Christentum bei gewissen Leuten, deren angebliche Mäßigung schließlich nichts ist als ein Mäntelchen für ihre Feigheit. Ein Christentum des Schweigens und der Knechtung, das sich höchstens um Suppenverteilungen und Pfennigalmosen kümmert, einige abgedroschene Formeln blöd stammelt und angesichts der zahllosen Leiden, der schreienden Ungerechtigkeit der Gesellschaft herzlos, ohnmächtig und unbeholfen am Boden liegt. Ach, käme jetzt der Menschensohn, wo, meinen Sie, würde er den Glauben finden?...

Ich verstehe alle Einschränkungen, alle weisen Bemerkungen, die man über dieses herrliche Buch machen kann. Aber auf Ehre und Gewissen, steht es mir zu, steht es Ihnen zu, steht es uns zu, den ersten Stein auf den hohen Priester zu werfen, der mit seiner feurigen Zunge und seiner ehernen Feder Freiheit und Gleichheit, diese beiden großen Dogmen der Menschheit, verkündet?

Ich habe keinen Augenblick mehr für mich; dauernde Anstürme von Wohlwollen und Freundschaft. Ich schreibe Ihnen in Gesellschaft ganz vortrefflicher Leute. Übrigens (ich quäle Sie immer wieder), haben Sie noch einmal mit Com. Com. über die mittelmäßigen Verse der Frau Jal... gesprochen? Ich reise Freitag in die Normandie. Hier meine Adresse: bei Frau D'Haineville, Schloß Carentonne bei Bernay, Departement Eure. Wir haben lange mit dem Abbé geplaudert, der mich gestern besucht hat. Leben Sie wohl. Ich hatte Léone vor Ihnen gelesen. Hier ein schöner Ausspruch von Frau Sand: „Halten Sie mich nicht für eine tugendhafte Frau, ich weiß nicht, was Tugend ist. Ich glaube daran, wie ich an die Vorsehung glaube, ohne sie zu verstehen oder sie zu erklären."

---

Ich bin endlich mit großer Mühe auf demselben Punkt wie am zweiten Tag nach Ihrer Abreise. Ich hoffte es wirklich nicht mehr. Werden wir es bis zu sieben mal siebenzig bringen? ...

Eine einzige Kleinigkeit ärgert mich in Ihrem Billett von Samstagabend, nämlich, daß Sie meine Worte über „die armen kleinen Zuneigungen, die sich hegen und liebhaben", auf sich persönlich beziehen. Das war wirklich nicht für Sie gesagt. In meinem Hirn und in meinem Herzen ist sehr oft eine Leere, aber niemals, verstehen Sie wohl, niemals weder ein Vorwurf, noch ein Bedauern, noch ein Spott.

Sainte-Beuve sagte mir neulich abend: „Ich habe wohl Liebesportionen, aber das ist nicht mehr Liebe...", auch wieder eine Beziehung auf Sie, nicht wahr? A propos, behandeln Sie meine armen verschämten Zärtlichkeiten nicht zu grob; das tut mir weh. Ich möchte, daß Sie mich gut (oder ziemlich gut) kennen, aber es gibt Dinge, die ich Ihnen nicht sagen kann noch will. Es genüge Ihnen zu wissen, daß ich nicht nur göttlich bin.

Ich werde erst Freitag von hier abfahren, hier nochmals meine Adresse: „Herrn Thoughtful, bei Frau D'Haineville, Carentonne bei Bernay, Departement Eure.

Com. Com. ist wahrscheinlich in seine endlosen Betrachtungen vertieft. Es wäre drollig, wenn er mir vorher schriebe. Seit Ihrer Abreise hatte ich drei Billette, zwei von ihm, ich werde sie Ihnen schicken.

Trotz Ihres Verbots habe ich Mittwoch mit der Marquise diniert. Zum tausendstenmal, sie ist keine hassenswerte Frau. Werden Sie rasch böse. Sie wartet sehr ängstlich auf einen Brief von Ihnen. Versuchen Sie, Ihr keine Beleidigungen zu sagen. „Die liebe Marie, sie macht sich über uns alle lustig; ihr Bruder, ihre Mutter, ihre Schwägerin, selbst ihre Kinder (sie hat einige Zweifel sogar bei Claire), alles ist ihr gleichgültig, sie liebt sie nicht. Für sie gibt es nur Thoughtful auf der Welt", und als ich anfing, zweifelnd zu lachen: „Ja, ja, so ist es, Sie sind ein Dummkopf, wenn Sie es nicht wissen . . .", usw. usw.

Ich werde den kleinen Goldreif wieder tragen. Ich werde ihn nicht mehr ablegen, aber zerbrechen Sie ihn nicht. Leben Sie wohl.

———————

Ich begleitete Armand beim Spazierengehen. Wir waren fast auf halbem Wege nach Bernay, als uns die Botenfrau mit ihrem Packesel voller kleiner Pakete entgegenkam. Ich halte sie sofort an, wie Sie sich denken können, und rufe ihr zu: „Briefe für mich, Briefe!", und sie gab mir erst einen von meiner Mutter und dann einen anderen. Ich kann mich nicht daran gewöhnen, Ihre Briefe zu bekommen. Am Morgen der Tage, an welchen ich einen erwarte, kommen erst tausend Unruhen, tausend vage und quälende Sorgen, dann fange ich an herumzulaufen, bereite mich auf irgendeine tüchtige und schwere Enttäuschung vor, meine alte Bitterkeit kommt wieder über mich, schließlich, wenn ich ihn in Händen halte, zittre ich an allen Gliedern, wage kaum, ihn zu öffnen, gewöhnlich reiße ich ihn auf, und die Worte: „Also werde ich leben!!" entschlüpfen mir fast immer, ehe ich eine Silbe gelesen habe. Manchmal ärgere ich mich über den Anfang, dann antworte ich sofort, ehe ich weiterlese, dann, und dann . . . kurz, es sind für mich armen geschundenen Hund

schwere Ereignisse! Ach, wie lächerlich bin ich, nicht wahr?...
Hören Sie diese zwei hübschen Verse:
Deine Hölle, Gott der Hölle, wünsch' ich mir als höchstes Gut,
Denn die schlimmste aller Höllen ist der Liebeshölle Glut!!!
  Aber Ihnen ist vielleicht gar nicht zum Lachen zumute? Sie
brauchen Kraft und Hoffnung – Ihr Herz verzagt und jammert
dumpf in Ihrem Innern – welch herzzerreißende Worte in
diesem letzten Brief. Wie scheinen Sie niedergeschlagen und
kraftlos! und ich finde nicht die Worte des ewigen Lebens,
jene Worte, die wieder zum Himmel emporsteigen und die von
den Engeln wiederholt werden – und wir bleiben allein mit
unserem Glauben, allein mit unserer Hoffnung, allein mit
unserer Liebe voller Verzweiflung und Hingabe!... Ach, wir
müssen bis zum Ende durchhalten, und dann werden wir ge-
rettet sein!...
Alles hienieden wandelt einem geheimnisvollen
    Ende zu!
Nicht vergebens werden wir geweint, gelitten, ver-
    geben, gewartet haben.
  Ich habe Ihnen wenig über unsere Gespräche mit dem Abbé
zu sagen; Ihr Name ist mehrmals genannt worden, aber auf
ziemlich bedeutungslose Art. Gewöhnlich treiben wir hohe
Metaphysik. Am Abend vor meiner Abreise habe ich ihn zu
Ballanche gebracht. Die Briefe für Fräulein Bert sind mir zu-
gegangen. Ich danke Ihnen tausendmal, ich glaube, sie werden
ihr nützlich sein. Der Atlas von Lesage ist zu meinem großen
Bedauern bei Ihnen geblieben. Da Joseph am Abend, als ich
in die Rue de Beaune kam, schlief, hat er mir nicht aufgemacht.
  *Nicht eines Engels*... Sie werden sagen, daß ich immer dasselbe rede, das ist mir gleich, aber ich werde es nicht zu Ende
reden. Gute Nacht. Es ist spät.

––––––––––

  Ich müßte mich hier wohl und glücklich fühlen: Frau
D'Haineville und ihre Tochter sind voll freundschaftlicher Aufmerksamkeit zu mir; ihr Sohn, ein alter Seemann von 30 Jahren,
mit dem ich von morgens bis abends und manchmal von
abends bis morgens diskutiere, hat mich aufrichtig gern, und

auch ich hege freundschaftliche Gefühle für ihn – er ist so gut, so vortrefflich! – meine ganze Zeit ist mit Üben und Lesen ausgefüllt, – die Umgebung ist entzückend, mein Zimmer erinnert sehr an das, das ich in Croissy bewohnt habe, der Kamin und mein Bett stehen ebenso ... Ach, warum kann ich nicht weinen, in Ihrem Schoß weinen! ... Mein Kopf brennt ... ich brauchte Ihre Hand, hier, auf meiner Stirn, in meinen Haaren ... Ich höre, ich fühle, ich sehe weder die Bäume, noch die Menschen, die vorübergehen und sich bewegen, noch den Himmel ... Den Himmel! ... er ist klar und wolkenlos! Hohn! Verzweiflung! Unverständlichkeit! ... Werden wir denn niemals leben! ... und wir wissen nicht, was sterben ist!

Schweigen
und Anbeten!
und abermals schweigen!

Morgen werde ich hoffentlich ein Wort von Ihnen bekommen – erzählen Sie mir ein bißchen, wie Sie Ihre Tage einteilen, sagen Sie mir offen, ob Sie diesen ganzen Haufen Schwierigkeiten und Verdrießlichkeiten, die das Leben ausmachen, leicht ertragen. Was mich betrifft, so sage ich mir, daß ich arbeiten muß, und ich arbeite! Ich habe ein unermeßliches Bedürfnis (unermeßlich klingt recht ehrgeizig) nach Wissen, nach Kenntnissen, nach Vertiefung – ich fange alles wieder von vorne an. Ich lese Bayle, die Bibel, die Geschichte der Philosophiesysteme und jenen braven Klassiker La Harpe, den ich noch nie den Mut hatte, von Anfang bis Ende zu lesen. Der große V. sagte mir einmal, es wäre eine ungeheuerliche Ansammlung von Albernheiten, aber das ist mir gleich! Ich spiele auch viel Kadenzen, Oktaven und Triller – das bringt meinen Kopf zum Zerspringen. Ich habe Etüden von Hiller, von Chopin und von Keßler hier. Die Hillerschen scheinen mir sehr stark, sehr beachtlich, aber ich bezweifle, daß sie Erfolg haben werden; das brave Publikum und die dilettantischen Kenner sind noch nicht so weit. Sagen wir ruhig, daß es sehr schön sei, vielleicht wird man es nachsprechen. Ich werde kaum vor einem Monat schreiben, bis dahin muß ich eine Menge Korrekturen machen – zu Beginn des Winters werden 7 oder 8 Werke von mir gedruckt sein. Das alles macht noch viel Mühe, glauben Sie mir.

Bis auf die Stunden des Spleens geht es mir übrigens recht gut. Viel Unbeständigkeit und Neigung zu Extremen, wie Sie wissen. Jetzt bin ich ruhig und beinahe fröhlich. Vor 5 Minuten war ich am Verenden ... Da fällt mir ein schönes Wort von Chateaubriand ein: „Ich beugte meine Stirn, sie war noch nicht beladen von jenen Sorgen, die so fürchterlich lasten, daß man am liebsten das Haupt nicht mehr erhebt, das man zu Füßen des Altars geneigt hat" ... und dennoch hoffe ich noch und fühle, daß ich immer hoffen werde.

Warum sagen Sie mir, daß ich gewisse Dinge niemals fühlen werde? Das kränkt mich und gibt mir eine zu schlechte Meinung von mir. An Adele habe ich nicht geschrieben. Ziemlich alles, was ich zu sagen hatte, habe ich Frau Laborie gesagt, daß ich die Briefe zurückgeben werde, nicht aus Pflicht noch aus Religion usw. usw. Ich habe es ihr trocken, mit Bitterkeit und Verachtung gesagt, so daß die arme Charlotte tief betrübt war und Tränen in den Augen hatte. Vielleicht werde ich ihr nach Ihrer Rückkehr schreiben, ich weiß es aber nicht, und dabei liebe ich diese Frau!

Ach, Sie verstehen mich manchmal recht falsch! Frau L ... sorgt sich sehr darum, zu erfahren, ob ich nicht irgendeine Abschrift dieser Briefe aufhebe, sie möchte ganz gern, daß das Heiratsversprechen nicht verbrannt würde. Ich sage Ihnen das alles, weil ich jetzt weiß, daß Sie sich über mein Schweigen ärgern ... Eine Schwäche. Sprechen Sie nur wenig über Adele mit mir, aber bitte, erwähnen Sie niemals andere Namen, das schmerzt mich, schmerzt mich tief. Wenn Sie es wollen, werde ich Ihnen ein letztes Mal von meinem Leben 1830–33 erzählen. Es ist sehr einfach und sehr traurig, sehr wenig donjuanhaft – aber trotz all Ihres durchdringenden Verstandes können Sie es unmöglich ganz richtig beurteilen; auch Gewitzigtere würden sich noch irren. Das ist fest abgemacht, nicht wahr? ... Einige Tage vor meiner Abreise habe ich Hortense wiedergesehen. Dieses arme, schöne junge Mädchen hat mich recht beschämt ... sie ist so rein, so bescheiden ergeben geblieben.

Hegel konnte mit Recht auf seinem Totenbett sagen: „*Ein Einziger hat mich verstanden, und auch dieser* . . .", aber was könnte ich sagen, und was habe ich zu sagen? Aber ich denke nicht mehr an mich, ich vergesse mich, und ich arbeite daran, mich zu vergessen und mich mehr und mehr zu vergraben . . . Die Liebe verzehrt und peinigt mich in der Vereinsamung, in der ich lebe . . . aber im Grabe werde ich etwas Erfrischung finden.

Schweigen
und Anbeten
und abermals Schweigen.

———

Donnerstag, 11 ½ Uhr abends
Sie wissen es, ich kann unmöglich reden oder schreiben. Diesen Morgen habe ich geweint, als ich Ihre beiden Briefe las, die ich gleichzeitig bekam, dann bin ich im Garten herumgegangen, – ich fühlte mich belebt, ganz in Liebe, in unendlicher Liebe entbrannt . . . die Sonne sandte ihre glühenden Strahlen auf meine langen Haare . . . meine Seele war der Ihren nahe . . . ich sprach nicht, noch lachte ich . . . die Erinnerung stieg auf, Sie waren beinahe da . . . kaum regte sich ein ungefähres und geheimes Hoffen langsam in meiner Brust . . . Gott habe Mitleid mit uns und segne uns; er lasse das Licht seines Antlitzes über uns leuchten: „Die Erde wird Frucht tragen, der Gott, den wir anbeten, wird uns mit Freude überschütten" (Ps. 56).

Freitag morgen
Ich erinnere mich, daß ich Ihnen auf eine Menge Dinge Antwort schulde. Beginnen wir also, und zitieren wir:
„Übrigens sagen Sie mir doch, was Sie an Ad . . . geschrieben haben. Ich möchte nicht gern, daß auch nur der Anschein eines Vorwurfs darin enthalten wäre." Es ist unmöglich, daß ich ihr einen solchen mache, vor allem nach zwei Jahren des Schweigens. Ich habe es für besser gehalten, ihr im Augenblick nicht zu antworten. Frau Lab . . . wird ihr so ziemlich unsere ganze Unterhaltung abschreiben, das genügt. Der Wunsch,

sie zu sehen, aus der Tiefe meiner Seele zu ihr zu sprechen, quält mich manchmal, aber selten ...

Habe ich Ihnen übrigens gesagt, daß Herr von Calvières[1] mich neulich bei Frau von Virieu anredete und zu mir sagte (es war das erste Mal, daß wir miteinander sprachen): „Ich glaube, Herr Liszt, daß wir dieselbe Dame kennen", usw., und ich mußte lachen, wie Sie sich denken können.

Wenn Sie zurück sind, werde ich Ad... antworten. Sie werden meinen Brief lesen, aber ich werde Ihnen vielleicht das Recht absprechen, auch nur eine Silbe hinzuzufügen oder zu streichen.

Immer noch Lamennais und die republikanische Polemik? Ich weiß nicht, was in Sie gefahren ist; aber Sie können nicht anders, als mir Grobheiten sagen – meinetwegen unter gewissen Bedingungen. Gott sei Dank hatte ich das Glück, lange genug Tag für Tag die Entwicklung Ihrer h o h e n Intelligenz und Ihrer großen Aufopferungsfähigkeit verfolgen zu können, um mich nicht mehr über Ihre politischen und religiösen Ansichten zu täuschen. – Erlauben Sie mir, Ihnen auch zu sagen, daß ich die allerbestimmteste Überzeugung habe, daß in dieser Hinsicht k e i n e r l e i Meinungsverschiedenheit, k e i n e r l e i e r n s t h a f t e r Gegensatz zwischen uns sein kann. Um ganz offen zu reden (und nur zu Ihnen allein kann ich so reden), Lamennais' Werk scheint mir keineswegs ein e n d g ü l t i g e s und d o g m a t i s c h e s Werk zu sein; es sind nur hingeworfene Worte; Worte voll zerschmetternder Entrüstung gegen die Großen und Mächtigen der Welt, – Worte, wie ein Priester, in dessen Herzen Verständnis und Mitgefühl für alle Schmerzen, alle Ängste des Volkes wohnt, sie aussprechen m ü ß t e. Aber nur von Gott allein erwarte ich die Befreiung, und die Zeiten sind noch nicht gekommen. Ich werde also nicht versuchen, Sie zu überzeugen, weder von diesem noch von jenem. Meine Überzeugungen sind wenig zahlreich; ich glaube ein wenig an mein Werk, und viel an Gott und die Freiheit. Wissen Sie, daß mich diese Altweiberneckereien manchmal kränken ... warum widersprechen Sie

[1] Politiker, Royalist.

mir heftig, wenn ich nichts gesagt habe, was Sie im Grunde nicht auch gedacht haben? Genug davon. Noch ein Wort. Ich habe, wie Sie, das Matthäusevangelium wieder gelesen: was Sie auch darüber sagen mögen, ich könnte mich noch an andere Stellen halten, aber Sie haben den allgemeinen und fast absoluten Sinn des Buches vollkommen verstanden. Ich fühle und verstehe es ebenso wie Sie. Aber steckt nicht im Grunde in jeder Parabel eine Art Appell an die menschliche Vernunft, die zur Zeit, da Christus kam, noch in den Windeln lag? Haben Sie nicht das Kommende, die Zukunft, die Befreiung der Welt in mehreren dieser Worte gefühlt, die von Gott selber gesprochen zu sein scheinen? ... Darüber werden wir noch einmal reden. Aber keine schlechten Scherze mehr, nicht wahr? Diese Dinge sind schwer und ernst, und ich wünsche von Herzen, daß wir uns ein für alle Male gut verstehen. Es liegt viel an mir, wenn wir nicht besser übereinstimmen, ich weiß es ... ich habe in meine Diskussionen hundertmal zuviel Heftigkeit, Unziemlichkeit und Zorn gelegt; vielleicht haben Sie ein bißchen Unehrlichkeit geheuchelt? ...

Wenn ich es wagte, würde ich mich ein wenig über Ihre außerordentliche Kürze beklagen – aber das wenige, das Sie mir geben, ist schon viel für mich. Wie Sie mir richtig sagten, mein Geist ist ein Mikroskop, er vergrößert, vergrößert ... Übrigens, glauben Sie immer noch, daß ich Geist habe? ... und doch ist es falsch, vollkommen falsch. Ich fühle mich entsetzlich dumm und kraß unwissend.

Vorgestern schrieb ich folgendes:

„Ich fühle es tief, mein wirkliches Leben, mein Herzensleben, kurz, mein erträumtes Leben wird sich nicht ausbreiten, ich kann mich nicht mehr an neue Gesichter noch an neue Freundschaften gewöhnen; fortan wird meine Seele weder ihr Unglück noch ihre Reue noch ihre Hoffnung ausschütten. Wenige werden mich verstanden haben. Die Zahl derer, die verstehen, verzeihen und lieben können, ist recht klein. Jedoch beklage ich mich nicht, und jene wenigen, die mir ergeben sind, werde ich bis ans Ende lieben, ich werde sie in meinem Inneren tragen, ich werde sie lieben mit meiner ganzen Lebens- und Liebeskraft ... Für sie ... Gott allein wird mich hören! ..."

Dann folgen meine unverständlichen Theorien, Pathos, Phiolen, Phöbus, Ungereimtheiten, usw. usw. ...

Letzten Sonntag mußte ich zur Orgel von Bernay hinaufsteigen, was ein Ereignis für die Stadt war. Herr Haineville und andere sprechen von einer Abendveranstaltung für die Armen. Selbstverständlich mache ich keine Schwierigkeiten und werde mein Bestes dafür tun.

Trotz alles freundschaftlichen Entgegenkommens, das man mir freundlicherweise erweist, lebe ich sehr einsam. Armand verbringt einen großen Teil des Tages in meinem Zimmer. Wir lieben uns sehr. Manchmal gehen wir zusammen spazieren und zanken uns wie Rasende. Er ist sehr gut, sehr gläubig, sehr legitimistisch, aber mit Höflichkeit und einem Anschein von Mäßigung. Ich erschrecke und entsetze ihn. Neulich sagte er mir: „Wissen Sie, daß es für mich ein schrecklicher Kummer sein wird, Sie gekannt zu haben, Sie sind für viel Unglück vorbestimmt." Von Frauen oder Damen sehe ich keine und will auch keine sehen. Es ist ein physischer Widerwillen, außer Hermine V. und Hortense sind sie mir alle unerträglich. Ich bin darin lächerlich übertrieben.

Ein Bräutigam aus der Normandie sagte von seiner Zukünftigen: „Was ihr Äußeres anlangt, ist sie dumm, und was ihr Inneres betrifft, hat sie keinen Pfennig." Ist das nicht hübsch? Kennen Sie die Mazurkas von Chopin, die Frau Freppa gewidmet sind? Sie sind bezaubernd. Ich spiele eine Unmenge Kadenzen und Triller. Ich hoffe, Sie werden einen Fortschritt merken. Oft genug erwacht der Gedanke an meinen Vater in meinem Herzen. Oh, ich werde riesig arbeiten müssen. Leben Sie wohl.

---

(Beim Lesen ihres ersten Paketes, das ich nicht erwartete.)

Weg mit allen Rechtfertigungen! Diese melodramatischen Phrasen habe ich Ihnen nur aus Nachgiebigkeit gesagt, und immer mit einer gewissen Scham. Was Sie heute fühlen, verstehen, erraten, das habe ich vorher gefühlt, verstanden, erraten. Hören Sie doch! Alle Briefe sind an dieselbe Person gerichtet – die beiden Namen gehörten gleichfalls ihr – nur der letzte war für ihre Mutter –, die Überschrift „Madame", ich wiederhole es, beruhte auf einem Familienübereinkommen. . . .

Ich hatte keinerlei Geheimnis verborgen. Ich habe alles gesagt, aber Ihnen hat es an Energie gefehlt. Für Sie ist die Liebe nur eine Schwäche, für mich ist sie eine Kraft. Noch einmal, hören Sie doch, und besinnen Sie sich! . . .

Ein ordinärer und falscher Mann, wie Sie vermuten, daß ich einer sei, würde Ihnen nicht gesagt haben: „Ich habe an Liebe nur, was Sie mir geben!" Ich streiche kein Jota von meinem vergangenen Leben, so beschämend, so bitter es gewesen sein mag! . . . Kein Jota. Ich nehme alles hin, und wäre ich hundertmal verbrecherischer, würde ich auch alles auf mich nehmen, denn ich will, daß die Frau, die ich liebe, glücklich darüber sei, mir zu verzeihen. Nur von ihr werde ich die Verzeihung entgegennehmen.

Sie haben auf recht kleinliche Art gelitten, aber Sie haben viel gelitten – ich fühle und verstehe es jetzt. Wenn ich Sie 5 Minuten hätte sehen können, wäre alles ohne Herzzerreißen und Schluchzen gesagt worden.

Glauben Sie nicht, daß Ihr Herz gebrochen sei. Sie sind noch gar nicht zum vollen und hohen Leben erwacht. Marie! (Nachher.)

All das ist jetzt vorbei, möge es zum letztenmal sein, ich beschwöre Sie, meinetwegen und Ihretwegen.

Ich bin schuldig, ich weiß es, aber weder jetzt noch jemals gegen Sie; ich habe meinen Stolz, meine Wunden und meine Hoffnung auf Sie gesetzt. Sie taten gut daran, mir zweimal zu schreiben. Ich hatte es nötig. Jetzt ist mir wohl. Ja – wohl –, versunken in meine tiefen oder, wenn Sie das lieber wollen, hohlen Harmonien.

Leben Sie wohl. Für morgen andere Einzelheiten. Ich werde viel Arbeit haben. Aber leben Sie wohl. *Nicht eines Engels . . .*

———————

Es ist 4 Uhr. Ich habe nur Zeit, Ihnen dreimal zu sagen, lächerlich, lächerlich und abermals lächerlich!!... Ich weiß nicht, durch welchen Zufall alle diese Briefe, mit deren Rücksendung Sie mich beehren und die Sie besser ich weiß nicht wohin getan hätten, sich in diesem unglücklichen Kasten vorgefunden haben. Sie sind alle vom Jahr 1831 datiert – also von der Zeit, da meine Mutter und Frau D. ... um meine Überspanntheit zu beruhigen, mich mit aller Gewalt mit jenem guten Fräulein verheiraten wollten, die ..., aber ich will nichts Eingebildetes sagen. Das war auch die Zeit von Hor... und ein bißchen von Frau G...., eine Zeit des Kampfes, der Angst und einsamer Qualen – die Zeit, wo ich Adelens Liebe mit Gewalt zerbrach, zerstörte, vernichtete. Damals schrieb ich: „Ich bin und möchte nicht sein. Ich muß leiden, einsam leiden ... aus Mitleid für dich, laß, laß mich" (Sie erinnern sich vielleicht nicht, denn Sie haben ein schlechtes Gedächtnis, daß wir seit langem im selben Hause wohnten, daß ihre Mutter mit meiner intim, mehr als intim war, daß das arme Fräulein alle Etappen durchgelaufen war, usw. usw.); jedoch, wie die Marquise sagen würde, trotz des Duzens war keine Sünde dabei. Muß ich mich wirklich noch vor Ihnen rechtfertigen? ... und wie soll ich meine Sache vertreten? Ach, das ist so bitter und ließe mich selbst das Mitleid Gottes weit von mir weisen, um das Sie noch flehen. Haben Sie denn nicht jene ersten Worte verstanden: This is to be!! Haben Sie denn nicht begriffen, daß es von diesem Augenblick an für mich keine Vergangenheit gab!!! Wenn Sie wenigstens richtig gelesen hätten, so würden Sie am Schluß eines zerrissenen Briefes gesehen haben: „Fortan kann es nichts Gemeinsames mehr zwischen Ihnen und mir geben." Dieser Brief wurde 6 Wochen nach dem ersten geschrieben, im Oktober 1831. Seitdem habe ich trotz aller schönen Verzweiflungsausbrüche und selbst einiger Drohungen dieses junge Mädchen nicht ein einziges Mal wiedergesehen, das ich gar nicht liebte, aber die ich einen Augenblick lang zu heiraten gedachte, um mich wieder mit meiner Mutter zu versöhnen und weil ich all meiner

Torheiten müde war. Meine Mutter!... Sie wissen, was mir dieses Wort bedeutet!... Sie hat nie an mir gezweifelt! Aber um des Himmels willen, verzichten Sie ein für allemal auf alle diese schönen Entdeckungen, sie sind gar zu grotesk. Weder Sie noch ich werden jemals ein Kolumbus oder ein La Pérouse sein. Noch einmal will ich es Ihnen wiederholen: das Wahre ist wie es sein kann und hat kein anderes Verdienst als das zu sein, was es ist. Gott ist mein Zeuge, ich bin bestimmt wahr gegen Sie gewesen, wird einer von uns eines Tages erröten müssen?

Möge dies alles vergessen sein, ich brauche Ihnen nicht einmal zu verzeihen, obgleich es schlecht von Ihnen ist. Antworten Sie mir bald.

*Nicht eines Engels, nicht Gottes, nur Dein.*

---

Was bedeuten jene nachlässig am Ende eines Briefes hingeworfenen Worte: „Das ist für die Angelegenheit von Lyon von Wichtigkeit."

Es steht seit zwei Monaten fest, daß ich nicht nach Le Mortier[1] komme, sprechen Sie also nicht mehr davon ... aber sagen Sie mir, was das für ein Plan mit dem Maskenball war?

Verzeihung, tausendmal Verzeihung für diese entsetzliche Schmiererei... (das ist fast wie der Schluß eines Köchinnenbriefes!) ... meine Federn sträuben sich wie wild gewordene Pferde. Leben Sie wohl.

Ich werde um den 20. Juni in Paris sein.

---

Dienstag

Ich beabsichtige, Ihnen ein wenig ausführlicher zu schreiben, aber nun muß unser Bote fort, und ich habe nur 5 Minuten Zeit. Ich habe Ihre beiden Briefe erhalten, den einen vorgestern, den andern gestern. Zwei Festtage. Noch ein paar Worte der Polemik, es sollen die letzten sein (ich muß Ihre Worte abschreiben, da Sie sich an nichts erinnern: „Es liegt auf der Hand, daß Christus nur den Krieg gegen uns selber und unsere Leidenschaften gepredigt hat, die Vergewaltigung

[1] Besitzung von Frau von Flavigny.

unserer verderbten Natur", usw. ...). Glauben Sie nicht, daß
diese Gleichgültigkeit, dieses gotteslästerliche Vergessen des
Schicksals unserer unglücklichen Brüder, das unser aller
Inneres ausgedörrt hat, auch eine Folge unserer korrumpierten
Natur ist, der man Gewalt antun muß? ... Begreifen Sie ganz
das zehrende und allmächtige Feuer der Nächstenliebe, die
sich unaufhörlich in einem Kreis von Egoismus hin und her
dreht? „Ach, wenn Sie wüßten, was lieben heißt." Sollten
Sie etwa der Ansicht des teuren Barons sein, der mir neulich
abend ernsthaft sagte (beim Boulangerkonzert): „Das Evangelium hat nur zum Individuum gesprochen und nicht
zu den Massen!!! Jedoch wohlgemerkt, wir wollen den
Kampf nur, wenn sonst alles verloren ist. Wir wollen
ihn nicht heut noch morgen, denn die Stunde hat noch
nicht geschlagen. Die Worte eines Gläubigen sind nur
eine Warnung an die brutalen Regierungen, die uns de-
mütigen und zermalmen. Bevor wir zu den Waffen rufen, werden wir alle friedlichen und allmählichen Mittel erschöpfen.
Aber wenn schließlich der Tag kommt, da es allen ganz klar
wird, daß es eine absolute Unmöglichkeit ist, die Vorrechte einiger mit dem Wohlsein der Allgemeinheit zu ver-
einigen – wenn man dann kämpfen muß –, so werden wir
kämpfen, wenn man sterben muß, so werden wir zu sterben
wissen ..." Das ist, wie Sie sehen, (wenigstens für mich) nur
ein äußerster Entschluß, ein alleräußerster und schrecklicher ...
aber vielleicht notwendiger Entschluß.

Der Vorwurf, den Sie mir der Marquise wegen machen,
ist recht bitter. Darf ich Ihnen sagen, daß er mir ungerecht
erscheint. Wenn ich mich nicht täusche, war ich würdig und
verständig. Ich hatte nur Unrecht, mit Ihnen von ihr zu
sprechen.

Meine Auseinandersetzungen mit dem Abbé usw. ... auf
ein anderes Mal.

*Nicht eines Engels.*

_____

Sie haben mir ein kleines Meisterwerk an Briefstil geschrieben; man konnte auf meine Schmähungen und Wutausbrüche

unmöglich besser antworten. Der Standpunkt, den Sie bezüglich M.s einnahmen, erschien mir immer würdig, aber ein wenig kalt; es wäre durchaus nicht nötig, ihm zu sagen, daß Sie ihn zärtlich lieben, ... einige freundliche und wohlwollende Worte würden genügen. Sie behaupten, daß Ihnen das unmöglich sei, ich glaube es nicht; was Sie auch tun und was Sie auch sagen mögen, ich werde Sie verstehen und Sie billigen. Dieser gleichförmige und ständige Schmerz, den Sie an mir kennen, gibt mir ein wunderbares Verständnis für das Herz der anderen ... Ich teile Ihre Ansicht über die Art, kleine Dinge zu lenken; jedoch würde es mir schwerfallen, in der Vergangenheit nicht zu entschuldigen, was ich für die Zukunft ausdrücklich und uneingeschränkt verdammen würde. Ich habe nur eine sehr mäßige Achtung für geschickte Leute ... Gewisse Fehler und Unvorsichtigkeiten haben mich viel mehr beeinflußt, als Sie denken. Kurz, alles dies sind nur konventionelle Schicklichkeiten; eine allerdings wichtige, aber immerhin untergeordnete Sache. Ich wünsche sehr, daß wir uns von jetzt an nicht mehr über den Zwang und die genauen Vorschriften der Gesellschaft hinwegsetzen. Die Familie, und vor allem unsere beklagenswerte Mittelmäßigkeit, macht uns das wenn nicht zur Pflicht, so doch zur Notwendigkeit. Ich habe wenig Anrecht darauf, von diesen Dingen zu reden; ich fühle bitterer als je, wieviel Unrecht und Unterlassungssünden ich mir habe zuschulden kommen lassen ... Aber beruhigen Sie sich, Sie werden mir nächsten Winter keine Vorwürfe dieser Art mehr zu machen haben. Ich bin recht müde und ganz am Ende mit allen meinen Kindereien, die ernst zu nehmen ich die unbegreifliche Albernheit hatte. Da setzen sich eben zwei kleine Vögelchen auf mein Fenster. Habe ich Ihnen vom Tode meines guten Vaters erzählt? ... In derselben Weise schlugen wenige Tage vorher Raben mit den Flügeln an unser Fenster ... für mich fürchte und hoffe ich nichts mehr ...

> Whatever sky's above me
> Here is a heart for every fate ...

Was Sie mir über Rousseaus Stil sagen, wundert mich nicht.

Es ist mein zweiter Schutzheiliger, wie Ad ... behauptete, aber ich rufe ihn kaum mehr an als den ersten.

Ich werde hier viel zu sehr gefeiert und gehätschelt, um so lesen zu können, wie ich möchte ... Heut in 8 Tagen (Donnerstag, den 19.) soll es eine Art Konzert geben, es wird scheußlich sein, aber das ist gleich, es wird dabei hoffentlich ein Tausend-Frankschein für die Armen abfallen. Ich fahre am 23. wieder nach Paris. Sagen Sie mir recht genau, wann Sie zurückkehren; es gibt zu viel schweigend vereinbarte trostlose Dinge zwischen Ihnen und mir, um ... aber möge es so spät wie möglich sein ... ich habe nicht den Mut, mehr darüber zu sagen. Leben Sie wohl.

––––––––––

Ich habe nur noch drei Tage hier zu verbringen. Unser Armenkonzert ist auf morgen festgesetzt. – Samstag um 1 Uhr steige ich in die Postkutsche – wenn sich nichts Außergewöhnliches ereignet, schreibe ich Ihnen nicht mehr aus Carentonne. Sobald ich in Paris angekommen bin, werde ich zwei Worte für Sie in die Post werfen. Sie haben immer die Möglichkeit, mir durch Frau V. ... zu schreiben, oder durch Thoughtless.

Diese verzweifelte Traurigkeit, die Ihren letzten Brief so ganz erfüllt, ist mir etwas sehr Gewohntes. Trotzdem scheint es mir, als ob ich ein wenig weiter bin als Sie. Ich glaube fast nicht mehr daran. Noch 20 Tage. Ist es denn so notwendig, daß Sie bis Mitte Juli dort bleiben? ... Und Sie werden durch Paris nur durchfahren ... Und ich werde bald danach nach La Chênaie reisen ... So immer von 14 Tagen zu 14 Tagen! Wie gut geordnet, wie gut eingerichtet! Einer meiner alten Freunde aus Genf hat mir gestern zwei Zeilen geschrieben, um mir seine Ankunft in Paris anzukündigen, er verspricht mir Einzelheiten über die Abenteuer der Frau von Laprunarède. Das wird mir viel Spaß machen, und da ich weiß, daß Sie neugierig sind, werde ich Sie Ihnen Wort für Wort wiedersagen.

Ich habe nicht in Prosa geschrieben[1], ohne es zu wissen, sondern schlechte und wirre Musik gemacht. Thoughtful wird

[1] Anspielung auf Molières Bourgeois Gentilhomme, Akt II. Szene 6.

also kaum die (übrigens wenig umfangreichen) Kritzeleien des Mannes aus Carentonne an M.... schicken können.

Nebenbei ein kleines Zitat und eine kleine Frage: „Obgleich ich nicht sehr ultramontan bin, würde ich ebenso wenig zur Anhängerin von L(amennais) werden, wie ich zur Jüngerin von Luther oder Calvin geworden wäre." Wäre es sehr indiskret, meine Gnädige, Sie zu fragen, was Sie sind oder zu sein beabsichtigen? Deistin wie Rousseau, nein, Pantheistin wie Goethe und Schelling, noch weniger... also „Nichtsistin"? Das auch nicht. Bayle sagte sehr richtig: „Sie wissen, daß ich Protestant bin, das heißt, daß ich gegen alles, was gesagt oder getan wird, protestiere." Aber Sie würden nicht wagen, ebenso zu denken.

Ein falsches Bedürfnis vereint uns und wird uns trennen. Hoffentlich wird Gott uns in seiner Barmherzigkeit und seiner unendlichen Liebe wieder vereinen und ganz in sich aufnehmen.

Ich fühle mich sehr schwach und fast vergehend... und wir werden auferstehen, und unsere Häupter werden den Grabstein sprengen.

Ich werde in diesem unglückseligen Schloß mit Höflichkeiten, Einladungen und Verdrießlichkeiten überschüttet. Ich habe kaum Zeit gehabt, einige Tonleitern laufen zu lassen. Trotzdem bedaure ich diese Reise nicht allzu sehr. Meine Gesundheit hat sich sehr gebessert. Man findet mich dicker geworden und weniger müde... Sehr wichtig, nicht wahr?

---

Sonntag, 11 Uhr

Angekommen. Das Herz voller Unruhe, Qual... und Hoffnung. Ich mache mir keinen Vorwurf mehr, aber ich leide bei dem Gedanken, daß ich Sie habe betrüben können, etwas drängt mich, immer noch zu wünschen und zu glauben, und doch fühle ich mich verdorrt und verwelkt.

Kommen Sie bald. Alle Dinge werden wieder aufleben und schwingen, wenn ich Sie wiedersehe. Ich habe Hunger und Durst... Sie müssen kommen, vergessen, verzeihen und sich erbarmen.

Noch 20 Tage.

Es kommt mir vor, als hätte ich einen Monat auf dem Lande verbracht. Habe ich gelebt, habe ich gearbeitet, habe ich gefühlt? Ich weiß es nicht. Der Horizont bezieht sich mit Ungewißheit und Kummer. Wie dem auch sei, Gott wird gut sein. Ich werde warten. Was nützen die eitlen Worte der Menschen! Ich werde viele Dinge zu tun haben, ich möchte, daß sie gut werden, vor allem Ihretwegen. Ach, kämen doch endlich die Tage des Glaubens und der Befreiung! So hinzuschmachten ist zu viel, so zu altern, zu beschämend.

Der Abbé predigt heute nachmittag; ich werde ihn hören. Ich gebe meine Priesterpläne nicht auf (ich bin auch bockig, wie Sie sehen), ist es nicht eine Kinderei von mir? ... Ach, beten Sie zu Gott, verstehen Sie mich, täuschen Sie sich nicht mehr über mich.

Das famose Konzert in Bernay hat stattgefunden. Es war wirklich merkwürdig. Ich habe mich ein dutzendmal ans Klavier gesetzt, man fand mich reizend, wunderbar usw. Schönsten Dank!

V. H. hat mir eben ein reizendes Billett geschrieben. Das ist eine Aufmerksamkeit, für die ich ihm sehr dankbar bin. Auch er ist unglücklich und gehaßt, aber er ist groß und mächtig! Leben Sie wohl. Bald.

––––––––

Th ... muß also morgen noch arbeiten, ohne Belle zu sehen. Sehr traurig, aber was tun?

Ich füge einen prachtvollen Artikel über Abbé Deguerry bei, schicken Sie ihn ihm als Zeichen Ihrer Bewunderung, es wird ihm Freude machen.

Ich vermute, daß die Antwort Horatios unsere teure Kranke ein wenig verdrossen hat, vielleicht werden sogar die Folgen ärgerlich sein, wollen wir indessen hoffen, daß sich das alles aufs beste einrenken wird.

There are more things in heaven.

––––––––

Dienstag, 1. Juli
Ich würde gern nicht mehr an den Brief denken, den ich vorgestern geschrieben habe, und dennoch halte ich ihn für

zutiefst wahr empfunden. Seit Sonntag habe ich zwei von Ihnen bekommen (den ersten noch nach Bernay adressiert und den andern mit der Romanze, die nebenbei bemerkt nicht schlecht ist, sondern nur ungeschickt und unfrei); alle beide haben mich mit ihrer großen Liebe betrübt ... Ich kann weder glauben noch zweifeln; ich möchte sterben; sagen Sie mir, daß ich sterben soll.

Herr von Balzac hat mich wieder gefragt, ob ich Sie häufig sehe, ich habe ihm mehr als kühl geantwortet. Übrigens behauptet dieser gute Herr von Balzac, daß ein Mann erst mit sieben Frauen, deren Aufzählung hier folgt, ein vollständiger, wirklich vollständiger Mann wäre:

1. die Frau fürs Heim;

2. die Frau fürs Herz;

3. die Frau für den Geist;

4. die Frau für die Wirtschaft (die die Wäsche zeichnet, das Haus besorgt usw.);

5. die Frau für die Launen und Torheiten;

6. die Frau, die man haßt; und

7. endlich die Frau, auf die man lauert, der man immer nachläuft und die man niemals, niemals hat. Sie sehen, was für ein traurig unvollständiger Mann ich noch bin.

Sainte-Beuve, mit dem ich gestern einige Stunden verbracht habe ... (ich lasse mich wieder verführen, mit Ihnen zu plaudern ... aber ich kann es kaum ... doch weiter), Sainte-Beuve, sage ich, hat mit großer Auszeichnung von der Gräfin d'Agoult gesprochen. Er hat mich gefragt, ob Sie heiter oder traurig seien ... Er hat Ihnen einen bemerkenswerten Takt zuerkannt.

Ach, bitte sagen Sie mir wieder, daß Sie nicht wünschten, ohne mich leben zu können. Es belästigen mich hundert Dinge und tausend Leute, aber ich werde Sie doch wiedersehen.

Ein andermal erzählen Sie mir nicht mehr von Ihren Träumen; ich könnte mich niemals entschließen, mit Ihnen in einer so gearteten Gesellschaft meinen Platz einzunehmen.

Was meine Betragenslinie betrifft, falls nicht ganz neue

Umstände eintreten, wäre es mir ebenso lieb, Sie nicht mehr davon sprechen zu hören. Diese Dinge ärgern mich manchmal. Das müssen Sie mir verzeihen. Ich wiederhole es Ihnen zum hundertsten Male, es wäre mir unmöglich, mich anders zu zeigen. Chopin würde kaum die Musik machen, die Sie von ihm haben wollen. Dessauer wird erst im Herbst zurück sein. Vielleicht mache ich sie Ihnen.

---

Fortan wird es uns leicht sein, ähnliche Tage wiederzufinden. Die grauen und schwarzen Wolken sind völlig verschwunden. Unsere Herzen werden niemals wieder irgendeinen Hintergedanken hegen können. Was auch kommen möge, wir werden uns lieben, heilig und mutig, von Gott den Tag der Befreiung erwartend.

Ich habe während mehr als zwei Stunden mit seltener Gewissenhaftigkeit in allen horizontalen und vertikalen Richtungen nach dem bewußten unglückseligen S... gesucht. Meine Nachforschungen waren so eifrig und beharrlich, daß ich mich zum Schluß vollkommen verirrt habe. Erst nach vielen Wegen und Umwegen (auf schwankenden Beinen, sonnverbrannt und erschöpft vor Müdigkeit) ist es mir gelungen, das Gitter zu erreichen. – Glücklicherweise habe ich dort einen Omnibus gefunden, der mich bis zu unserem Café vom Père La Chaise zurückbrachte, wo ich, in Erinnerung schwelgend, ausgezeichnet gefrühstückt habe ... Wieviel große und kleine Ereignisse in unserem kaum begonnenen Leben! ...

Von da bin ich zu Obermann gegangen! Diesmal mit Rührung und überströmendem Herzen. Ich glaubte in ihm alle meine alten Tage der Verzweiflung und der elenden Angst personifiziert und in verklärter Vergrößerung zu sehen. Wir haben wieder über Christentum gesprochen, unser gewöhnliches Thema. Er gab mir mit seinem überzeugten Lächeln zu bedenken, daß es für die angeblich klügelnden Gläubigen vor allem eine kleine Schwierigkeit gäbe, nämlich daß das Evangelium kein Wort vom Christentum und noch weniger vom Katholizismus sagt. Ich gestehe, daß es mir eine gewisse Verlegenheit bereitete, auf mehrere seiner Einwände zu antworten, und dennoch fühle ich meinen Glauben täglich mehr und mehr zunehmen.

Sie wollen, daß ich Ihnen wieder von Maria erzähle; also hören Sie.

Ich habe sie heute morgen wiedergesehen, sie war ganz niedergeschlagen, ihre Augen standen voller Tränen, und ich hörte, wie sie mir aus der Tiefe ihres Inneren zurief: Lieben Sie mich, retten Sie mich. Wie ehemals Adele. – Ich habe ihr nichts geantwortet. Sie schien mein Schweigen zu verstehen. „Aber gehört Ihr Leben", fügte sie nach einigem Zögern hinzu, „denn ganz und gar dieser Frau? Dieser Frau . . ." Jawohl; ihr, . . . dem Grabe . . . Gott!

Das soll, ich schwöre es Ihnen, der letzte bedeutungslose Zwischenfall in unserm von edlen und reinen Dingen überströmenden Leben sein, von jetzt an werde ich Ihnen keine Geschichte mehr zu erzählen haben, reden wir nicht einmal mehr darüber. Die Zukunft wird strahlend von Reinheit und Würde sein.

---

Ich muß es Ihnen voller Scham gestehen, ich habe mich erst nach recht langem und peinlichem Zögern dazu entschlossen, Ihnen auf Ihren letzten Brief zu antworten.

Bis jetzt ist mir keine Geschichte und kein Geschichtchen dieser Art zu Ohren gekommen. Ich glaube nicht einmal, daß jemals irgendwer sich einbildet oder es wagt, mich von diesen winzigen Einzelheiten zu unterrichten . . . das ist einer der Vorteile meines angeblich spöttischen und heftigen Charakters. Wenn man sich trotzdem so weit vorwagte, würde die Antwort mich kaum in Verlegenheit setzen, und Sie können es sich vollkommen ersparen, sie mir vorzusagen.

Die Dinge, soweit sie das Wo, Wann und Wie betreffen, sind noch sehr annehmbar, auf jede Art vollkommen annehmbar. Man könnte sogar aus dieser Lage Vorteil ziehen und allen keuschen Entrüstungen, allen feinen Scherzen des edlen Faubourg nachdrücklich und kräftig antworten . . . Sie verstehen mich wohl, aber da Sie überhaupt nicht wollen, stark wollen können, neigen Sie das Haupt und sagen: „Ich kann es nicht."

Ich muß Sie sehen und mich mit Ihnen aussprechen. Der Rat des Herrn von Sainte-B(euve) scheint mir gut, ja mehr, er scheint mir der bestmögliche zu sein. Im übrigen hat sich die Frage für mich seit dem Anfang des Winters keineswegs geändert. Die Gesellschaft, die Familie und die Welt haben damit nichts zu tun. Es ist und bleibt immer ausschließlich eine religiöse Frage; das heißt zwischen Gott und dem Gewissen.

Zuweilen fühle ich auch schmerzlich, daß ich eine Last auf Sie geladen habe, die Sie nicht werden tragen können. Ich muß weinen, mein Herz fließt über vor Angst und Verzweiflung ... Ich habe Mitleid mit Ihnen ... ich weiß nicht, welche Reue mich durchdringt und mich bis ins Knochenmark erstarren läßt ... und doch erlahme ich nicht. Ich nehme nicht nur freudig meine Leiden und meine Schmerzen auf mich, sondern auch die Ihren ... Nur wenn ich Ihre Briefe wiederlese ... ach! Ihre Briefe bringen mich um ...

Ja, es gibt Worte, die niemals vergeblich gesagt werden, wenigstens zu bestimmten Stunden. Das Wort Trennung ist immer wieder von mir und von Ihnen ausgesprochen worden. Wie elend und feige mir auch oft die Tugenden der Dame der Gesellschaft erscheinen, es sind die einzigen, die Ihnen fortan anstehen. Außerdem haben Sie zwei Töchter, gnädige Frau, und die Zukunft wird dunkel ...

Eine letzte Schwäche, Marie, ich verspreche Ihnen vor Gott, daß es wirklich die letzte sein soll. Wir müssen uns noch einmal sehen, ich habe mit Ihnen zu reden. Lassen Sie es bald sein. Sobald Sie nur können.

---

*Könnten Sie mir eine andere Adresse nach Monnaie geben – bleibende Post oder jemand Bekannten, denn ich fürchte, die Briefe werden ʒu ʒahlreich.* Ich bin weder heiter noch traurig, weder unruhig noch ruhig. Diese negative Einstellung wird mir sehr zur Gewohnheit. Ich schreibe Ihnen, wie ich mein Morgengebet sagen würde. Die Zeit enteilt und flieht ständig. Es ist mir unmöglich zu lesen oder zu arbeiten, wie ich es gern möchte. Trotz meines schönen Entschlusses, nicht zu schreiben, habe ich einige Seiten hingeschmiert, was mich nur noch mehr gestört hat. Sie werfen mir meine zu große Kürze vor; ich erinnere mich, das jemand anders den gleichen Vorwurf erhoben hatte, und frage mich, ob aus denselben Gründen... Es ist keinerlei Bitterkeit in dem, was ich sage. Gebe Gott, daß meine Wirksamkeit sich eines Tages entfaltet, und wäre es erst in zwanzig Jahren. Ich werde warten. Die Träume regen mich auf und bringen mich um, ich bekomme keine Luft mehr, ich lebe nicht mehr, überall Abgründe oder schmutzige Gräben. Die Familie trennt uns so sehr.

Lamennais ist von seinem Bischof mit dem Interdikt belegt worden; der Bannstrahl aus Rom wird nicht auf sich warten lassen.[1]

Wird er den Mut haben, ihn hinzunehmen? Ich hoffe es, ohne jedoch daran zu glauben. Wäre es nicht an ihm, zu sagen: „Rom ist nicht mehr in Rom, Rom ist ganz da, wo ich bin."

Ein großer Teil meiner Tage geht mit Streitereien hin. Die Leute, bei denen ich wohne, haben es sich zur Aufgabe gemacht, mich zu bekehren, und verlieren keine Gelegenheit, mich zu überzeugen, daß man an die heilige Kirche und die Legitimität Heinrichs V. glauben muß. – Die ganze Familie ist höchst bewundernswert gläubig, aber das berührt mich kaum – ich fühle, daß ich noch lange allein leben muß.

Ich werde wegen dieser kleinen Summe von Lyon an meine Mutter schreiben. Wenn Sie noch 6 Tage länger hätten warten können, hätte ich es selber übernommen. Leben Sie wohl. Bleiben Sie ruhig und voll Gottvertrauen. Von jetzt an adressieren Sie Ihre Briefe direkt an Thoughtful. Er bekommt sie dann eher, und das wird besser sein.

„Was sind das für Unterhaltungen mit Frau Laborie." Ach, du lieber Gott, wissen Sie das nicht alles seit Jahrhunderten? Außerdem gab es gar keine Unterhaltung – ich habe geredet,

[1] Die Enzyklika „Singulari nos", welche die Lehren Lamennais' verdammt, ist vom 25. Juni 1834, sie wurde aber nicht vor dem 19. Juli in Paris bekannt.

94

und man hat sehr gut daran getan, mir nicht zu antworten. Adele hat mir seitdem nicht geschrieben. Ich werde ihr wohl kaum antworten. Was habe ich ihr zu sagen?... Und was ich ihr sagen würde, könnte sie es verstehen?...

---

Ich fühle manchmal eine schreckliche Undankbarkeit gegen diejenigen, die ich am meisten liebe; dann verwechsle ich alles, vergesse alles mit einem begreiflichen Stumpfsinn. Die heiligsten, die göttlichsten Dinge sind für mich nichts als tönende und phantastische Noten. Kaum kann ich an den Schmerz glauben! Den Schmerz, jene große Wirklichkeit des Lebens!... Aber wir wollen lieber abbrechen.

Ihre Befürchtungen scheinen mir kaum begründet − seit etwa 14 Tagen hatte ich auch ähnliche Träume wie Sie. Sie können vollkommen ruhig und unbesorgt wegen meiner Unbesonnenheiten sein, sie haben ihr Ende erreicht. In Ihren Einschränkungen und Bemerkungen liegt jedoch ein Gefühl, das ich nicht teile. Vielleicht werde ich ihm ohne allzu großen Eifer nachgeben. Das müssen Sie mir, wie vieles andere, verzeihen.

Ich habe V. H., Chopin und Berlioz mit richtiger Herzensfreude wiedergesehen. Wenn ich einige Stunden mit V. H. zugebracht habe, fühle ich, wie sich in der Tiefe meines Herzens eine Menge ehrgeiziger Pläne heimlich regt. Gestern sagte er mir etwas sehr Hübsches: „Wir sind in der Zivilisation in jenem Alter, wo Fehler häßlich, sehr häßlich sind." Nächsten Sonntag soll ein Artikel von ihm über einen Arbeiter in der Revue de Paris erscheinen. Die Schlußfolgerungen sind ganz und gar religiös, erzreligiös. Es ist wohltuend und tröstlich zu sehen, wie sich heute alle höherstehenden Menschen um jene paar Wahrheiten sammeln, außerhalb deren es kein Heil für diese Welt gibt. Chopin nimmt sich bestimmt vor, einige Tage in Croissy zu verbringen, sobald Sie so freundlich sein werden, ihn aufzufordern. Was mich betrifft, so mache ich weder Pläne noch Versprechungen. Seit meiner Rückkehr nach Paris fühle ich mich fast ganz sicher in meiner Traurigkeit. − Wahrscheinlich, weil ich bald am Ende meiner Verbannung bin.

Sie hatten gleichfalls Unrecht, mein Lob des Marquisenbriefs nicht ernst zu nehmen und meinen Überlegungen wegen „alle vierzehn Tage" irgendwelche Wichtigkeit beizumessen; ob alle vierzehn Minuten oder Stunden oder Monate, was macht es, wenn es nur wird.

Ich habe viel Korrekturen und Etüden zu machen. Aber ich bin gar nicht bei der Sache. Ich verliere so gut wie meine ganze Zeit. Ich errege und quäle mich vergeblich ... und dann finden mich einige Leute trocken und kalt oder hochtrabend.

Wolf hat mir eine kleine Skandalgeschichte über Herrn von Ginestous und Adele erzählt, sie schloß mit Schlägen mit der Reitpeitsche, die Adele ergeben hingenommen hat. Sie soll sich seitdem nicht mehr in der Gesellschaft gezeigt haben. Die Geschichte hat mir Spaß gemacht. Ich erwarte Ihre Anweisungen bezüglich unserer großen Szene. Scheint Ihnen das nicht sehr unvorsichtig zu sein? Meine gute Mutter sagte mir neulich: „*Ich weiß nicht, warum du immer das Apartement Ratzenloch heißt, es sind doch keine Ratzen darin. Du solltest mehr Respekt haben dafür ... Es kostet 200 Franken*". Wäre es nicht besser, wenn wir uns dort wiedertreffen? Übrigens ist Antony viel romantischer. Das heißt also, daß ich es vorziehen würde.

---

Mein letzter Brief wird wahrscheinlich das bißchen Gute des vorigen zerstört haben; so sind die menschlichen Alternativen – Wann werde ich Sie endlich ruhig und stark für immer wissen.

Sie haben sich geirrt, als Sie jene wenigen Worte für Vorwürfe genommen haben, die von einem mir, wie Sie wissen, gewohnten Gefühl bitteren und verächtlichen Verzichts diktiert waren. Als wir uns das letztemal verließen, glaubte ich, daß es zwischen uns fortan nur noch ganz belanglose Mißverständnisse geben könnte. Sollte ich mich getäuscht haben? Ich glaube es noch nicht. Wie dem auch sei, ich bewahre immer ein kleines getrocknetes Blatt, das am letzten Abend, als ich Sie sah, grün und in Blüte war. Alles in allem wären Sie eher die letzte der Balzacschen Frauen (jene, auf die man immer wartet, der man immer nachläuft und die man niemals erlangt) als die erste. Es gibt gewisse Dinge, die wir niemals sagen sollten ... Sie sehen, daß ich Sie noch viel zu gesprächig finde, ich schwärme für Kürze (der Stil hat ihn komisch verstopft) (sic) und besonders für Schweigen. Wenn Sie mir regelmäßig alle zwei Tage einen unbeschriebenen Briefbogen mit der Unterschrift Mariotte geschickt hätten, würden Sie mir viel Freude bereitet und viel Kummer erspart haben ... aber warum ihn nur ersparen? ... Ich bin überrascht von Ihrer Abneigung gegen Sainte-Beuve, wenn ich nicht so sehr sein Lob gesungen hätte, würden Sie ihn vielleicht mehr lieben. Sein Buch erscheint in 5 Tagen.[1]

Ich habe kaum Zeit viel Menschen zu sehen; ich treffe nur dann und wann einige der Leute, die ich achte und schätze. Ihr Freund Janvier gehört zu denen, die ich seit unserer Rückkehr nicht gesehen habe ... da gibt es auch eine Frau Janvier, von der ich Ihnen nicht erzählt habe ... Nächsten Donnerstag machen der große V...[2] und seine Frau eine Eselspartie ins Bois de Vincennes; ich soll dabei sein, nur Mal ... und Mariotte werden fehlen. Übrigens wird gesagt, daß der arme C. C. entsetzlich traurig sei; vor acht Tagen habe ich einen Brief an ihn entworfen, der noch nicht abgeschickt ist. Ich kann unmöglich mit Zärtlichkeiten schließen. Ich kenne jemand, der ein bewundernswertes Talent dafür besitzt, aber leider ziehe ich keinen Nutzen aus den zahlreichen Lektionen... und dann liebe ich Nachahmungen nicht, und noch weniger Wiederholungen. Also leben Sie wohl, weiter nichts als: Leben Sie wohl. Thoughtless ist herrlich, göttlich, Thoughtful hätte große Lust, es zu werden. Hatte ich Ihnen übrigens gesagt, daß ich einen Mazeppa gemacht habe, der im wilden Galopp losstürmt? Mir schwirrt der Kopf von der vierten Probe der Berlioz-Symphonie. – Ich bleibe dabei, es ist eine grauenhafte Sache.

[1] „Volupté" (1834).
[2] Victor Hugo.

Gestern abend war ich in Lukrezia Borgia, heute sollen wir eine Eselspartie mit V. H. und seiner Frau ins Bois de Vincennes machen.

Also zwei Annäherungen. Lesen Sie doch seinen Claude Gueux in der Revue de Paris vom Sonntag[1]. Es ist schrecklich schön. Er sagte mir gestern, daß er diese Ader weiter ausbeuten wolle ... Entsinnen Sie sich unseres Spazierganges in den Vorstädten und meines Verlangens nach einem volkstümlichen Roman oder einer volkstümlichen Novelle? Ich bin recht froh, einen meiner Träume durch eine so starke Begabung wie V. H. verwirklicht zu sehen.

Die Vereinsamung ist schlecht für mich; ich sagte mir täglich, daß ich das, was die andern Glück nennen würden, kaum lange aushielte, mein Leben würde mir fast unerträglich vorkommen. Selbst in den stärksten Leiden gibt es eine Art ausreichenden Trostes; warum sollten wir ihn verschmähen? ...

Leben Sie wohl. Wenn kein Zwischenfall oder Ereignis eintritt, schreiben Sie mir drei Tage vor Ihrer Abfahrt nur einige Worte ... Ich werde Dienstag oder Freitag einige Zeilen an Thoughtless schreiben.

PS. – Ich erhalte Ihren Brief vom Mittwoch abend. Ich könnte ihn wohl noch mit einer Litanei über die guten Eigenschaften, Überlegenheiten, Verdienste und Tugenden von Mariotte beantworten, aber das würde so lang, wenn nicht endlos werden, daß ich darauf verzichte.

Es ist lieb von Ihnen, daß Sie mich fragen, wie ich meine Abende verbringe, Sie vergessen wohl, daß ich dreißigtausend Leute in Paris kenne und wohl oder übel einige über mich ergehen lassen muß.

Montag abend hat Obermann eine kleine Gesellschaft bei sich in der Rue de la Cerisette ...

C. C. denkt überhaupt nicht mehr an Mariotte, ich bin dessen gewiß.

———

16. Juli 1834.

## LISZT AN HERRN JULES DE SAINT-FÉLIX
### BEI FRAU VON FLAVIGNY, MONNAIE

17. Juli 1834

Ein dreistündiger Spaziergang mit Sainte-Beuve hat mich daran gehindert, Ihnen gestern morgen ein paar Worte zu schreiben, wie ich es versprochen hatte. Außerdem gab es am Abend eine musikalische Gesellschaft, bei der Thoughtful auftreten mußte, was ihn gehindert hat, noch den 5-Uhr-Kurier zu erreichen. Es tat mir leid, und Gott weiß, wie Sie diese vierundzwanzig Stunden Verspätung ausgelegt und übertrieben haben werden. Obgleich ich Ihnen nichts zu sagen habe, fühle ich ein außerordentlich starkes Bedürfnis, mit Ihnen zu reden. Es ist mir unmöglich, mit Ihnen von den Leuten zu sprechen, die ich sehe (obgleich es Berühmtheiten sind), noch von den Dingen, die ich treibe oder denke oder sage (sie erscheinen mir alle so unbedeutend), noch von den hohlen Plänen, die sich in meinem hohlen Hirn bilden. Solch ein Mensch ist recht langweilig, nicht wahr? Aber was läßt sich dagegen machen?

Mehrere Leute haben versucht, mit mir über Sie zu sprechen (denn seit 18 Monaten scheint es eine abgemachte Sache zu sein, daß . . .).

Ich kann Sie versichern, daß ich sie tüchtig habe abfahren lassen. V. H. . . . hatte auf unserm Ausflug einen Unfall, der ihn gezwungen hat, 36 Stunden das Bett zu hüten. Herr von Balzac stellt eine Theorie über die Engel nach Swedenborg auf; er soll sie heute bei Thoughtful entwickeln, der bestimmt nicht versäumen wird, sich über Mariotte erzählen zu lassen. Manchmal amüsiert mich das, und ein andermal macht es mich wütend. Schnell einen kleinen Ratschlag wegen meiner Unvorsichtigkeiten, Torheiten usw. usw. Das brauche ich. Ich bin ein so widerwärtiger, so indiskreter Mensch!

Leben Sie wohl, schreiben Sie mir Sonntag zwei Worte.

## LISZT AN GRÄFIN D'AGOULT

Sonntag abend 11 Uhr

Ich fühle keine Kraft mehr in mir. Alle meine Erinnerungen verlöschen langsam eine nach der andern; ich zähle sie mit

Bitterkeit. Was sind sie? Verblaßte Schatten eines Schattens. Was wird aus ihnen? Was aus uns selber wird: Staub oder Gott... Wechsel ohne Ende, Handlung ohne Zweck, allgemeine Undurchdringlichkeit, das ist alles, was wir wissen. Und uns wird gesagt, daß wir glauben und hoffen müssen!...

In Ihrer Nähe vergaß ich zuweilen alles – allerdings riefen Sie nachher oft recht grausam die Erinnerung wieder wach... Aber nein!... Außerdem ist es meine Schuld. Ich bin so wunderlich, so bitter, so unbedingt. Sie sagen, daß Sie schon ganz in die Stunde versunken sind, wo wir uns wiedersehen werden!

Ach! Gerade das empfand ich auch abends und morgens in den ersten Tagen. Warum haben Sie diese Hoffnung in mir zerstört... Jetzt, soll ich es Ihnen sagen?, seitdem Sie mir jenen unglückseligen Brief geschrieben haben, der alle meine Wunden wieder geöffnet und vertieft hat, denke ich nicht mehr daran, wünsche ich nicht... auf dem Lande werde ich wieder aufleben. Es wird nichts sein, aber diese Nichtse töten und entzaubern das Leben und den Tod! Es scheint mir manchmal sogar!... Ach! Das ist schrecklich!...

Ich bin weniger allein als je. Ich sehe fast nur ausgezeichnete und vortreffliche Leute. Man findet mich besser aussehend, dicker geworden oder weniger mager. Die Traurigkeit erscheint selten auf meinem Gesicht, ich bin nur zerstreut. Ich habe heute morgen und heute abend das prachtvolle Plaidoyer von V. H. gegen die Todesstrafe gelesen[1] (und werde es vielleicht gleich nochmals lesen). Das macht mir immer Eindruck. Dort werde ich viel lesen. Schreiben Sie mir manchmal. Ich kann so nicht mehr leben. Wozu mir immer wieder gewisse unbedeutende Albernheiten wiederholen?... Was sind abhängige oder unabhängige Meinungen über meine Lage?... Die Gerechtigkeit oder Ungerechtigkeit der Welt in bezug auf mich verletzt und betrübt mich nicht. Aber ich habe noch die Schwäche, durch das zu leiden, was Sie mir sagen. Trotzdem, sagen Sie es nur. Leben Sie wohl.

---

[1] In Claude Gueux.

Abbé von Lamennais schreibt mir soeben, daß er mich Anfang September, vom 3. bis zum 7., erwartet. Wenn es Ihnen möglich ist, mir nächste Woche vier oder fünf Tage in Croissy zu schenken, würde ich hinkommen. Richten Sie das geschickt ein, denn ich möchte Ihnen in Zukunft jede Unannehmlichkeit ersparen.

Frau Sand ist dieser Tage angekommen. Alfred de Musset hat mir vorgestern viel von ihr erzählt. Er soll mich ihr vorstellen, wenn er sie wiedersieht. Inzwischen reist er, um die Ufer des Rheins zu besehen. Wir werden die kleine theologische Diskussion über Obermann mündlich wieder aufnehmen. Mariotte hat noch nicht so vollkommen recht, wie sie es sich eingeredet hat.

Morgen sind es 7 Jahre her, daß ich meinen Vater in Boulogne-sur-Mer verloren habe. Beten Sie ein wenig für mich.

*Samstag vielleicht und wahrscheinlich die künftige Woche ganz. Schreiben Sie mir bald.*

_____

Ihre letzten Briefe zeigen eine ungewöhnliche Wärme und Tiefe des Gefühls. So hatten Sie mir niemals geschrieben. Meine Briefe sind sehr trocken, ich fühle es, aber was kann ich dazu tun? Täglich stumpfe ich mehr ab und verhärte mich mehr. Ich lebe in einem Zustand äußerster Unzufriedenheit. Meine vergangenen Jahre scheinen mir so beschämend, so jämmerlich! Und so viel Fesseln und Ketten in der Gegenwart!... Ach! Versuchen Sie nicht, mich zu trösten, selbst Sie könnten es nicht... Aber wenn Sie wiederkommen, lassen Sie mich Sie sehen. Und Sie immer wieder sehen, und dann werde ich Ihnen sagen, daß ich glücklich bin, und ich werde es auch sein.

Der Abbé von Lamennais hat mir soeben ein Billett geschrieben, über das ich vor Freude außer mir bin. „Bitte", sagt er, „richten Sie sich ein, das Glück, das ich Ihnen verdanken werde, so sehr wie möglich zu verlängern. Denken Sie daran, was ich leiden werde, wenn wir uns trennen müssen", und weiter: „Kommen Sie rasch, liebes Kind, damit ich Sie an meine Brust drücke, die in diesem Augenblick von neuem Leben erfüllt sein wird." Ich liebe diesen Mann.

Sie werfen mir vor, daß ich Ihnen nicht auf alle Ihre Fragen antworte, und mir kommt es vor, als täte ich überhaupt nichts anderes. Fortan wird Thoughtful darauf achten, nur noch alle drei Tage zu schreiben; wahrscheinlich wird es nur noch zweimal geschehen, denn morgen in acht Tagen wird er von hier abreisen. Wenn Mariotte die Gründe für dieses Drei-Tage-Abkommen auf klare und genaue Weise dargelegt hätte, so würde Thoughtful ihr alle diese kleinen Unannehmlichkeiten, unter denen er mehr leidet als sie, erspart haben. Also auf Mittwoch, dann auf Samstag, und hernach Schluß. Mariotte ist reizend, daß sie mir die Lektüre von Plutarchs berühmten Männern empfiehlt. So erfahren Sie denn, gnädige Frau, daß ich sie gelesen habe, was ein ausgezeichneter Grund dafür ist, sie wieder zu lesen. Ich nehme gern die gute Vorbedeutung von Gui d'Arezzo und dem heiligen Augustinus an, obgleich ich wahrscheinlich kein Notenliniensystem erfinden und nicht heilig gesprochen werde ... was eine Ungerechtigkeit ist. Der Vergleich zwischen E-Moll und D-Dur ist entzückend. Glauben Sie, daß ich frech genug war, mich für D-Dur zu halten? Habe ich Ihnen nicht übrigens letzten Winter diesen selben Vergleich (es war vielleicht F-Dur oder G-Moll) gemacht?

Mazurka, Mazurka von C. C.!

Kürzlich stand in einem Feuilleton des Quotidienne (eine Zeitung für die Dummen und nicht eine dumme Zeitung, wie Herr von Eckstein[1] sagte): „Bald wird man von den Seestücken von S ... sprechen, wie man von den Seestücken von Vernet spricht." Das hat mir außerordentlichen Spaß gemacht.

Es wäre sehr freundlich, wenn Sie mir die kleinen Bosheiten des Barons abschreiben wollten. Die Meinung Mendelssohns war mir bekannt, was mich nicht abhielt, Ihnen (wie jedermann) gegenüber seine Kompositionen zu loben. Hiller,

---

[1] Ferdinand Eckstein, genannt „der Baron von Eckstein", Däne, jüdischen Ursprungs, Publizist und Literat aus dem Kreis der Romantiker, den man heute wieder zu studieren beginnt (1790–1861).

Berlioz und viele andere (mit einigen Unterschieden) teilen diese Meinung. Unsere Harmonie wird Lamartine gewidmet; ich werde sie erst allein veröffentlichen, später werde ich ein halbes Dutzend davon schreiben.

Ein Wort über Théophile. Ich bin überzeugt, daß er Tassos Clorinde liebt; die Indiskretion, die Sie ihm zutrauen, würde mich wundern ... jedoch: „der Geist ist stark, und das Fleisch ist schwach." Ich werde ihn bei meiner Rückkehr sehen. Er hat Ehrgefühl und auch Zartgefühl. Er ist nicht imstande, etwas Schlechtes zu tun. Ich werde Ihnen trotzdem raten, ihn zu schonen.

_____

13. September 1844

Seit Dienstag tue ich nichts als Korrekturen lesen. Hugo sagte mir gestern, es sei eine wahre „Prüfung", seine Zeit mit einer solchen Aufgabe zu verbringen. Gott bewahre Sie auf immer davor, wenn das möglich ist. Wenn Mariottes Roman beendet und gedruckt sein wird, werden Sie doch wohl Thoughtful mit dieser Aufgabe betrauen; er wird Sie auf Knien darum bitten, wenn es sein muß.

Ich reise heute abend um 5 Uhr wieder ab. Meine Seele scheint mir fast ruhig und mein Kopf sozusagen klar zu sein. Ich habe niemals einen solchen Reichtum an Gottvertrauen und, soll ich es sagen, ein solches Übermaß an Liebe für Mariotte empfunden. Ich frage nicht mehr, ich zweifle nicht mehr, ich verwünsche nicht mehr; in meinem Herzen ist jetzt kein Raum für Spott oder Eitelkeit oder Enttäuschung oder düstere Reue oder Angst vor der Zukunft oder wilde Verzweiflung. Nein, nichts von alldem ... Ich lasse mich durch den Strom treiben, der mich fortträgt und der mich, ich fühle es im voraus, eines Tages verschlingen wird. So scheint mir mein Leben schön, und ich segne Gott.

Übrigens bitte ich um ein Lob. Sagen Sie, daß ich sehr folgsam bin. Ich war heut morgen beim Zahnarzt; er hat mir mein armes Gebiß wunderbar zurechtgemacht. Das bißchen Fäule, was Sie so erschreckt hat, war so gut wie nichts. Übrigens hatten Sie recht: ein zahnloser Thoughtful würde fast so schlimm sein wie ein Thoughtless mit einer Perücke!

Lesen Sie doch den Brief eines Reisenden von Frau Sand (Revue vom 15. Mai). Sie werden dort zwei Stellen finden, die sehr gut auf Thoughtful passen (bis das Monstremeisterwerk kommt, das ihn in saecula saeculorum berühmt machen wird); hier ist die eine, deren ich mich entsinne und die sein Leben im Winter 1834 vollständig zusammenfaßt:

„Ich fühlte in mir eine erbärmliche Müdigkeit und eine noch erbärmlichere Kraft, keinerlei Hoffnung, keinerlei Wunsch, ein tiefes Unbehagen, die Fähigkeit, alles Gute und alle Leiden hinzunehmen, zu viel Kleinmut oder Trägheit, um, was es auch sei, zu suchen oder ihm auszuweichen, einen Körper, der gegen Ermüdung abgehärteter ist als der eines Büffels, eine reizbare, düstere und stolze Seele mit einem trägen, schweigsamen Charakter, so ruhig wie das Wasser dieser Quelle, deren Oberfläche faltenlos ist, die ein Sandkorn aber aufwühlt."

Gott und noch jemandem sei Dank dafür, daß die Dinge heute sehr verändert sind, aber vor allem wollen wir nicht rückwärts schreiten ... ich habe Lust, zwei ganze Seiten voll Pünktchen zu füllen ... denn Sie kennen meine lächerlichen Beunruhigungen ... das ist mindestens der dreißigste Satz, den ich wiederkaue. Leben Sie wohl.

Der unnennbare Mann drückt der ungenannten Frau die Hand.

Farewell. God bless you.

Hiller ist seit vorgestern zurück. Schreiben Sie ihm bald, wenn Sie ihm eine große Freude machen wollen.

Er hat mit mir wiederum von Gräfin d'A ... gesprochen, mit einer Art Begeisterung, die dennoch nicht derjenigen von Thoughtless gleicht. Seine Träumereien sind endgültig Ihnen gewidmet.

Ich habe den Abbé wiedergesehen, der mich ernst und auch traurig gefunden hat. Ich habe ihm gesagt, daß ich 8 Tage bei der Gräfin d'Agoult zugebracht habe, die sich sehr lebhaft mit Literatur und hoher Philosophie beschäftigt.

---

Montag abend. Postamt von Rennes

Immer ein einziger und alleiniger Gedanke in meinem Herzen: Sterben, Sterben. Immer ein einziges und ständiges Bild in meiner Seele: Sterben, Sterben. Nichts als eine Erinnerung, nichts als eine Hoffnung, als ein Wunsch: Sterben, Sterben, Sterben...

*Oh, wie heiß und glühend ist noch Dein letzter Kuß auf meinen Lippen! Wie himmlisch, wie göttlich Dein Seufzer in meinem Busen... Ja, Dir alles, Herzliebste, für Dich alles.*

Aber wir wollen plaudern oder vielmehr, erlauben Sie mir, einige kurze Bemerkungen über meine unglückselige Reise hinzuwerfen. Gott sei Dank weiß Mariotte genügend Bescheid in Thoughtfuls Gedanken und Gefühlen, um sehr gut auch ohne eine regelmäßige Verbindung auszukommen. Es werden also einige Worte der Zusammenfassung genügen.

Samstag, 5 Uhr, Abfahrt aus Paris (unbestimmte Traurigkeit, aber ziemliche Ruhe; seltsam, wie seit einiger Zeit alle meine Unruhen verschwinden). Meine Mutter küßt mich zärtlich. Die Postkutsche fährt durch die Rue de Mai, in der Nähe der Petits Pères (Einsegnung), die Rue des Petits Champs bis neben dem Ratzenloch, dann über die Place Vendôme (Kindheitserinnerung, Klavierstudium, Heirat), dann nahe zur Louis XVI.-Brücke (die Marquise, Croissy, Torheiten, Unvorsichtigkeiten!). Ich habe alle diese Erinnerungen wie teure Geister an den Türen der Häuser wiedergefunden... Der Himmel war ruhig, durchsichtig, ungetrübt. Seitdem ist er wolkenlos geblieben. Ich war in Träumen tief versunken. Dann begann ich den Orpheus von Ballanche zu lesen, den ich heut abend beenden will. Das ist ein herrliches Buch, das meinem armen, so verwirrten, so bedrückten Herzen während dieser ganzen Reise recht hilfreich war. Gegen $^1/_2$10 fiel ich in einen schweren und unruhigen Schlaf. Am nächsten Morgen (Sonntag) fühlte ich mich beim Erwachen zunächst durchdrungen von jener majestätischen Stille, jener frommen Ruhe des Tags des Herrn. Bei der Ankunft in Saint-Maurice ($^1/_2$10) ging ich in die Kirche beten. Der Friedhof war nebenan. Ich blieb dort eine Weile. Dann ging ich weiter und las wieder im Orpheus. Gott, wie viel große und herrliche Dinge: „Was tut es, ob der Mensch glücklich ist, wenn er nur groß ist! Die Binde der dichterischen Begeisterung ist auch ein Diadem. Der Dichter ist der lebendige Ausdruck Gottes, der Natur und der Menschheit. Wenn er in ihrer Nähe war, war es wie eine schmerzliche Freude, die ihm eine Art Schrecken einflößte, der dem Unglück der Abwesenden ganz ähnlich war. Ach, jener trügerische Strahl war die Opferbinde und nicht das Hochzeitsband. Oh, ich beteure es bei den Wundern der Schöpfung, ich beteure es bei der Größe und der Güte Gottes, ich beteure es bei dem menschlichen Denken, ich beteure es bei den Schmerzen und der Liebe des Menschen, die Seele ist unsterblich!!!" Ich lese weiter, bis zur Essensstunde. Aber jetzt kommt eine ganz andere Szene. Als ich in Alençon angekommen und kaum im Gasthof abgestiegen war, beginnt einer dieser guten Gendarme mit Thoughtful eine kleine Unterhaltung vor Zeugen, die ich Ihnen wörtlich übermitteln werde.

Der Gendarm: „Ihr Paß, mein Herr." Thoughtful: „Mein lieber Freund, Sie verlangen da etwas von mir, was ich Ihnen schwerlich geben kann, da ich keinen habe." Der Gendarm: „Wie, mein Herr, Sie haben keinen Paß?" Thoughtful, mit ironischem und spöttischem Gesicht (angeblich): „Nein, mein Herr." Der Gendarm: „Aber bitte, mein Herr, zum Reisen braucht man einen Paß." Thoughtful: „Jetzt reise ich seit drei Jahren in Frankreich, und noch nie hat man einen verlangt." Der Gendarm: „Das ist merkwürdig, sind Sie denn noch nicht durch Alençon gekommen?" Thoughtful: „Ach, ist denn die gute Stadt Alençon noch fortgeschrittener in der Zivilisation und mit noch mehr Freiheiten ausgestattet als die andern?" Der Gendarm schneidet ein Gesicht und murmelt einige unverständliche Worte, dann fängt er wieder an: „Was ist Ihr Beruf?" Thoughtful: „Ich habe keinen." Der Gendarm: „Was tun Sie denn?" Thoughtful: „Am Morgen lese ich, und am Abend gehe ich spazieren." Der Gendarm zeigt mehr und mehr seine schlechte Laune; mehrere Leute wollen für Thoughtful antworten, aber Thoughtful nimmt das nicht an und sagt mit schallendem Gelächter: „Sehe ich etwa aus wie ein Verschwörer oder ein Dieb? . . ." Bei diesem Wort gerät der gute Gendarm in Wut und befiehlt Thoughtful im Namen des Gesetzes, ihm zu folgen. Thoughtful zögert nicht und läßt sich vergnügt von zwei Gendarmen zu dem Kommissar führen. Einer der beiden bemerkt unterwegs, daß Verlegenheit und Leugnen in seinen Antworten zu erkennen gewesen sei. Daß er sich erst für einen Mann ohne Beruf, dann für einen Musiker, dann für einen Künstler ausgegeben habe . . . Thoughtful mochte ihm so viel er wollte in die Ohren schreien, daß er nicht einmal die Anfänge der französischen Sprache kenne, daß für ihn Künstler und Musiker oder Maler oder Seiltänzer ein und dasselbe sei . . . Der gute Gendarm verstand nichts von allem und versicherte ihm ganz ernsthaft, daß es nur eine Sorte Künstler gebe, die Tierarzneikünstler (dieses wörtlich). Schließlich sollte, nach tausend Erklärungen, der arme Thoughtful ins Gefängnis abgeführt werden, wenn nicht glücklicherweise ein Notar, Herr Masson, ein im Lande sehr geachteter Mann, ihm zu Hilfe gekommen wäre. Ohne Thoughtful zu kennen, hatte Herr Masson (dessen Sohn sehr gut mit mir bekannt ist) eins meiner Bilder zu Hause. Die Ähnlichkeit schien ihm verblüffend, er umarmte mich sofort, forderte mich auf, bei ihm zu essen und zu schlafen, mindestens 8 Tage bei ihm zu bleiben, bot dem Gendarmen und dem Kommissar alle erdenklichen Garantien an, führte sie in sein Haus, damit sie das Porträt Thoughtfuls sehen könnten, sagte ihnen, was für ein großer Mann das sei, usw. usw. . . . und schließlich wurde dank seinen Bemühungen der unglückliche Thoughtful wieder in Freiheit gesetzt.

Eine Viertelstunde später fuhren wir wieder ab, – das Abenteuer machte in der Postkutsche, wo Thoughtful schon aufgefallen war, großes Aufsehen, man plauderte, man lachte . . . und schließlich schlief man ein. Der heutige Tag ist viel weniger gut gewesen. Das Wetter war genau ebenso schön, ebenso klar, das Land, durch das man fuhr, noch fruchtbarer und noch anmutiger, aber ich war nicht mehr mit Ballanche und auch nicht mit meinen Träumen. Ein Abbé, der die Postkutsche in Laval bestieg, zwang mich, mit ihm über Herrn von Lamennais zu diskutieren. Ich prahlte mit meinen Gemeinplätzen, die für Nichteingeweihte so befremdend sind. Ich wurde sehr ungeduldig und langweilte mich sehr, aber es gab keine Möglichkeit auszuweichen. Des Kampfes müde stieg ich auf das Wagenverdeck, aber dort erwartete mich ein anderes Unglück. Stellen Sie sich vor, daß ich da oben eine Art gewerbemäßigen Lebemann wiederfinde, einen Mann der Lieder, der Soupers, des Champagners und der galanten Abenteuer, dessen Redefluß nicht versiegte. Ich mußte die Qual seiner Geschichtchen, Verhältnisse usw. usw. über mich ergehen lassen. Unmöglich, Ballanche oder Mariotte wieder vorzunehmen. Lassen Sie mich Ihnen jetzt sagen, daß ich ein maßloses Bedürfnis nach einigen Worten, wenn möglich nach vielen Worten von Ihnen habe. Schreiben Sie mir sofort, ich flehe Sie an, ich vergehe vor Erwartung und Verlangen. Manchmal bin ich ziemlich ruhig; aber ich weiß, es ist noch Gift in dieser Ruhe, wenn Sie nicht da sind. Schreiben Sie mir wenigstens. Adressieren Sie an den Abbé in La Chênaie über Dinan (Côtes-du-Nord).

Ich bin unruhig, gequält, hunderttausendmal glücklich und elend. Bedauern Sie mich nicht. *Ich kann Dich noch lieben.* – *Lebe wohl.*

----

Dienstag, 6 Uhr morgens

Gott sei gesegnet. – Ein Brief (und ein guter, recht unzusammenhängender, recht entmutigender, recht Mariottischer Brief) von der Gräfin d'A ... Endlich kann sich meine Brust weiten und mein Herz aufatmen wie in den vergangenen, immer so sehr gegenwärtigen Stunden. Und auch Sie waren traurig, auch Sie mußten Tag für Tag, Stunde für Stunde „diese ganze Freude, diesen Taumel, dieses unaussprechliche, namenlose Entzücken" wieder gutmachen, sühnen ... L e b e n und l e i d e n rief liebevoll eine tiefreligiöse Seele aus, der das herrliche Wort der heiligen Therese (Leiden oder sterben) noch zu sehr nach feigem Verzicht klang ... Leben und leiden ... immer leiden ... immer ... ach! Wollten Sie doch eines Tages Gott mit unserem Leiden verherrlichen!

Ich würde Ihnen gern ein wenig von La Chênaie und Lamennais erzählen, was, das sehe ich ganz klar, Sie viel mehr interessiert als meine sentimentalen Hohlheiten. Sie stellen sich vielleicht vor, daß La Chênaie ein kleiner Weiler oder wenigstens ein kleines Dorf mit einem Pfarrer, einem Bürgermeister und einem Gastwirt sei; aber nicht im geringsten. Wir müssen eine gute halbe Stunde gehen, um die Messe zu hören (in Sankt Peter), und wenn uns die Lust ankäme, einen Schoppen zu trinken, müßten wir ebensoweit gehen, um eine Schenke zu finden. Es gibt wohl einige zwischen den Feldern hier und da verstreute Häuser, aber ihre Vereinigung unter einen Namen ist rein ideell. Wir werden also das Haus des guten und erhabenen Abbé, meines Wirtes, la Chênaie nennen. Dieses Haus ist nicht sehr gut erhalten, wenig ansehnlich, aber ziemlich bequem eingeteilt. Das Eßzimmer und das Wohnzimmer sind im Erdgeschoß; das Zimmer des Abbé und Thoughtfuls Zimmer im ersten Stock; außerdem gibt es ein drittes Zimmer und einen Anhang zur Bibliothek (denn hier ist alles vollgepfropft mit Büchern), die augenblicklich von einem außerordentlich einfachen und bedeutenden jungen Mann bewohnt wird, Herrn Boré, Assistent des Professors der armenischen Sprache an der Bibliothek. Im zweiten Stock befinden sich einige Mansardenzimmer, die alle, wie die des ersten Stocks und wie das Eßzimmer, auf ein kleines Gemüsebeet gehen – von etwa dreißig Schritt Länge, an dessen Ende sich eine ganz kleine, recht bescheidene, von melancholischen Tannen des Nordens eingerahmte Kapelle befindet. Herr von Ker (-tanguy), ein dreiundzwanzigjähriger junger Mann, und zwei andere junge Leute (der eine fünfzehn, der andere dreizehn Jahre alt) bewohnen diese Zimmer. Das sind schon alle Bewohner des Hauses, die gar nicht lieber und angenehmer sein könnten. Außerhalb der ziemlich engen Umfriedung befindet sich ein großer, von Bäumen umgebener und von Felsen umsäumter Teich, wo Neufundland (unser Hund) zum großen Vergnügen des Abbés und der ganzen Gesellschaft Schwimmkünste vorführt. Thoughtful zappelt auch von Zeit zu Zeit darin herum, und das tut ihm sehr gut. Ringsherum liegen Wälder, die unser guter Pater uns jeden Tag prestissimo durchwandern läßt; selbst Thoughtful mit seinen langen Beinen kann ihm manchmal kaum folgen. Er hat einen nervösen, ruckweisen, immer gleichbleibenden Schritt, den Schritt eines Genies, wie er nur Lamennais zu eigen ist. Mehrere Waldalleen, und gewiß nicht die am wenigsten malerischen, sind von ihm bepflanzt worden. Er hat auch schon seine Grabstelle unter einem der Felsen des Teiches ausgesucht. Dort sitzen wir bisweilen und plaudern von Gott und den Schmerzen der Menschheit. Das ganze Land hier ist außerordentlich hügelig, abwechslungsreich, voll reizender Landschaftsbilder; es ist beinahe eine kleine Schweiz, und ich glaube, Sie würden sich hier behagen.

Jetzt folgt auf die Topographie die Ethnographie. Und zunächst, unser Leben ist sehr eintönig. Thoughtful, der gut schläft, steht ungefähr um dieselbe Zeit auf wie sein berühmter Zimmernachbar, der nicht, oder wenigstens sehr selten, schläft. Etwa vor 7 Uhr (heute hat er diese Stunde etwas verschoben, um an Mariotte zu schreiben) bis 8 Uhr spielt Herr Th . . . den Faulen; er schmökert, bindet seine Krawatte, klimpert ein bißchen Klavier. Schlag 8 Uhr bringt man ihm seinen Kaffee. Gewöhnlich kommt der Abbé, um ihn im tête-à-tête mit ihm zu trinken, was, wie Sie sich denken können, diesem schon so geistigen Stoff noch eine ganz andere Geistigkeit gibt. Dann fängt der gute Pater recht häufig an, lebhaft in seinem Zimmer auf und ab zu gehen und dabei sehr laut und ausgiebig zu reden; das ist so sein Tic. Kaum beginnt die Unterhaltung sich zu beleben, und das dauert nicht länger als zwei Minuten, so läuft er schon im Sturmschritt hin und her, und das oft stundenlang, ohne daß er es überhaupt merkt, glaube ich. Das richtige Perpetuum mobile! Ich denke manchmal, daß diese Art der Unterhaltung für Mariotte recht unerträglich wäre, die nicht leiden kann, daß die Leute stehen, und die mir oft Angewohnheiten gleicher Art vorgeworfen hat; es ist richtig, daß ich das, was sie rechtfertigt und charakteristisch macht, nicht liebe. Von 9 bis mittag übt Th . . . im Wohnzimmer, und der Abbé bleibt in seinem Zimmer. Um 11 Uhr mittags trinkt er alle Tage seine Tasse Schokolade, und Thoughtful frühstückt ganz allein. Ein wenig später treffen wir uns und gehen gewöhnlich ein wenig zusammen spazieren, dann setzen wir, jeder für sich, unsere Arbeit fort, bis zum Diner, das pünktlich um 5 Uhr serviert wird. Das ist die einzige Mahlzeit, die wir alle gemeinsam einnehmen, denn die anderen Herren frühstücken um ½ 10, was weder Thoughtful noch dem Abbé paßt. Unser Essen nimmt immer dreiviertel Stunde in Anspruch, und obgleich es in seiner Einfachheit sehr reichlich ist (eine Einfachheit, die indessen Rebhühner und feines Geflügel nicht ausschließt), ist es kaum mehr als ein Vorwand für die immer sehr lebhafte Unterhaltung zwischen Th ... und dem Hausherrn. Herr Boré und Herr von Kertanguy sind außerordentlich schweigsam, was Th ... sehr angenehm ist. Gleich nach dem Nachtisch nimmt der Abbé (stets mit einem sehr häßlichen, grauen, abgeschabten Gehrock bekleidet, immer mit denselben blauen groben Bauernstrümpfen und riesigen, selten gewichsten Schuhen, die vollkommen zum übrigen passen), unser guter Pater, seinen ganz abgenutzten und an mehreren Stellen sogar zerrissenen Strohhut (ein Hut, den er seit etwa acht Jahren trägt) und sagt mit voce simpatica: „Kommt Kinder, kommt, wir wollen spazierengehen", und dann stürmen wir für viele Stunden in die Welträume. Er ist wirklich ein wunderbarer, erstaunlicher, ganz ungewöhnlicher Mensch. So viel Genie und so viel Herz. Erhebung, Aufopferung, leidenschaftlicher Eifer, durchdringender Geist, tiefes und umfassendes Urteil, kindliche Einfalt, Erhabenheit der Gedanken und der Seelenkräfte, alles, was den Menschen zum Ebenbild Gottes macht, ist in ihm vereint. Noch niemals habe ich ihn das Wort ich sagen hören. Immer Christus, immer Selbstaufopferung und freiwilliges Aufsichnehmen der Schande, der Verachtung, des Unglücks und des Todes! Aber darüber kann ich Ihnen nichts schreiben. Alles ist noch zu wirr in meinem Kopf. Glücklicherweise habe ich ein kleines Memento unserer Plaudereien für Sie gemacht, daß wir bald zusammen durchgehen werden, denn ich werde nicht mehr lange hierbleiben. Ich leide hier, und Sie wissen warum, Sie, die Sie mir ganz dumm sagen: *„Ich liebe Dich, wie Du mich."*

Bevor ich nach Paris zurückkehre, werde ich nach Saint-Malo und vielleicht nach dem Mont Saint-Michel gehen. An diesen

Küsten der Bretagne sind die Tag- und Nachtgleichen herrlich, und diese Musik muß ich hören. Ich werde auch einen Tag in Laval bleiben; dort ist ein Trappistenkloster, das ich mir ansehen will. In gut 14 Tagen werden wir uns wiedersehen. Dank für Ihren guten Brief. Jawohl, Sie ärgern mich mit Maria. Ich werde Ihnen niemals mehr etwas sagen . . . aus einem sehr einfachen Grunde, den Sie erraten. Beten Sie ein wenig für mich. In meinem Zimmer ist ein Betstuhl, wo ich oft niederknie.

Ich bin sehr froh, daß Sie den Essai zur selben Zeit wieder gelesen haben wie Th . . ., der den ganzen Lamennais und Ballanche wieder liest. Ich hätte Ihnen die Kommentare von La Chênaie gewünscht, die das Buch viel interessanter machen. Alles in allem ist es eine außerordentlich bemerkenswerte Arbeit von starker Überzeugungskraft. Sie täten gut daran, glaube ich, es stellenweise nochmals zu lesen. Das Kapitel „Bedeutung der Religion für den Menschen" ist wunderbar. Die Diskussion mit J. J. erstaunlich.

Die Verse Lamartines, nach denen Sie mich fragen, befinden sich im ersten Band der Betrachtungen (in der an Herrn von Lamennais gerichteten: Gott).

Ein reizender Ausspruch des Paters: „Lamartine kommt in der Politik nicht weiter als seine Karosse." (Mariotte könnte ähnliches sagen, meinen Sie nicht?)

Neulich sagt er uns: „Ich würde viel geben, um Louis Philipp in Laffittes leerem Koffer die Seine herabtreiben zu sehen; in die Mitte würde ich statt des Mastes einen Polizeiknüppel setzen, an dessen Ende ich als Segel gern die Krawatte befestigen würde, mit der sie den unglücklichen Herzog von Bourbon erwürgt haben."

„Was eure Augen sehen, was eure Hände berühren, sind nur Schatten, und der Klang, der an euer Ohr schlägt, ist nur ein grobes Echo der inneren und geheimnisvollen Stimme, die im Schoße der Schöpfung verehrt und betet und stöhnt. Denn alle Kreatur stöhnt, alle Kreatur ist in Kindsnöten und bemüht, zum wahren Leben zu erwachen, aus der Finsternis zum Licht zu kommen, aus dem Bereich des Scheins in das der Wirklichkeiten.

Die so strahlende, so schöne Sonne ist nur das Gewand, das Sinnbild der wahren Sonne, welche die Seelen erleuchtet und erwärmt.

Diese so reiche, so blühende Erde ist nur das blasse Leichentuch der Natur; denn die gleichfalls sündige Natur ist wie der Mensch in das Grab gestiegen, wird aber wie er daraus emporsteigen. Unter dieser dichten Hülle des Körpers gleicht ihr einem Reisenden, der nachts in seinem Zelt Geister vorüberziehen sieht oder zu sehen glaubt. Die wahre Welt ist euch verschleiert. Wer sich in sich selbst zurückzieht, ahnt sie von ferne. Fürchterliche Mächte, die in ihm schlummern, erwachen für einen Augenblick, lüften eine Ecke des Schleiers, den die Zeit mit ihrer gefurchten Hand festhält, und das innere Auge ist entzückt von den Wundern, die es betrachtet. Ihr sitzt am Ufer des Ozeans der Wesen, aber ihr dringt nicht in seine Tiefe. Ihr geht des Abends am Meer entlang, und ihr seht nur ein wenig Schaum, den die Flut ans Ufer wirft."

Womit soll ich Sie noch vergleichen? Sie sind wie das Kind im Schoß seiner Mutter, das auf die Stunde seiner Geburt wartet wie das beflügelte Insekt in der kriechenden Raupe, Sie trachten danach, dieses irdische Gefängnis zu verlassen, um Ihren Flug in die Himmelsgefilde zu nehmen.

Schreiben Sie oft. Der Postdienst kann hier nicht regelmäßig sein. Wir müssen die Briefe vier Meilen weit holen lassen, und nicht an bestimmten Tagen, so daß wir von Glückszufällen abhängen (ich glaube daran), um keine Verspätung erleiden zu müssen. Ich antworte immer sofort, von einem Tag zum andern.

———

9 Uhr

Heute habe ich selber Ihren Brief in Empfang genommen. Stellen Sie sich, wenn Sie können, meine Freude vor! Wir waren gerade mitten in einer Partie Ecarté (Thoughtful und der Abbé). Ich hatte den Treffkönig aufgelegt, als unser hinkender Bote aus Dinan ankam. Auf das Paket springen, es aufschnüren, einen Haufen Briefe, die darin waren, herausziehen und weitergeben, war die Sache eines Augenblicks. Endlich,

immer noch atemlos, erblicke ich auf dem Boden den von M . . .
Ach dieser, sage ich hastig zu L . . ., dieser ist nicht für Sie,
obgleich er Ihre Adresse trägt.

Mein Gott, welch hübsches kleines Siegel, – und dann noch
welch reizende kleine Schrift! . . . (nicht eine Verbesserung,
nicht ein Klecks), und endlich, welch köstlicher, welch ent-
zückender, welch wunderbarer Briefstil! Welche Wunder an
wahrster Liebenswürdigkeit, Geist und Anmut! . . . Wirklich,
in Wahrheit, ohne jeden Zweifel, ohne irgendeine Art von
Zweifel (wie mein erlauchter Wirt häufig sagt), Mariotte ist
eine unvergleichliche Frau.

Dennoch muß ich ihr einen kleinen Vorwurf machen. Warum sagt sie mir nichts von dieser so lächerlichen, so komischen
Idee, von der in dem ersten Sendschreiben die Rede war? . . .
Aus Neckerei oder aus Zerstreutheit? . . . Nun, ich lege riesigen,
unbedingten Wert darauf. Vergessen Sie also nicht, ich beschwöre Sie, sie mir in Ihrem nächsten Brief mitzuteilen, den
ich Sie an Herrn Masson, Notar in Alençon (Departement
Orne), zu adressieren bitte. Ich werde spätestens nächsten
Donnerstag dort sein. Wollen Sie es glauben, ich kann das
wunderbare Leben, das ich hier führe, schon nicht mehr
aushalten. Th . . . kann nicht so lange fern von Mariotte
bleiben. Lachen Sie darüber, wenn Sie wollen, die Tatsache
stimmt. Mir ist mein stumpfes und verhaßtes Dasein in
Paris, mit all seinen elenden Anstrengungen, seinen Foltern
und seiner hohlen und abgründigen Langeweile, aber mit
dem Gedanken, dort von Zeit zu Zeit die arme M . . .
wiederzusehen, tausendmal lieber als dieses ununterbrochene
Fest des Geistes und der Seele, diese tätigen, ernsten, ab-
wechslungsvollen und eigentümlich kräftigenden Tage von
La Chênaie, wohin sie nie gekommen ist, wohin sie nie
kommen wird, wo ich schließlich hinsieche, weil ich sie
überall suche und nach ihr frage. Ach mein Gott, wie jämmerlich leide ich!!! Morgen reise ich nach Dinan, von dort
nach Saint Malo dauert es nicht länger als 2 Stunden. Der
Dampfer wird mich Freitag morgen hinbringen. Diesen und den
ganzen folgenden Tag werde ich mich nicht vom Strand weg-

rühren, ich fühle einen unsagbaren Durst nach dieser Musik des Ozeans. Auf meine Pläne mit dem Mont Saint-Michel werde ich leider verzichten müssen, denn ich habe keine Erlaubnis und ziemlich wenig Geld. Sonntag morgen komme ich hierher zurück. Dienstag, Mittwoch oder Donnerstag morgen werde ich wieder abreisen. Ich werde in Laval halten lassen; das Trappistenkloster (der Hafen des Heils) ist 2 Meilen von dort entfernt, und am nächsten Abend wird man mir den Brief von M . . . in Alençon überreichen. Wahrscheinlich wird man mich dort 2 Tage dabehalten. Ich werde sie dazu benutzen, eine neue phantastische Ungeheuerlichkeit zu vollenden, von der ich $^2/_8$ in La Chênaie geschrieben habe; das übrige ist fertig in meinem Kopf, aber ich habe wirklich nicht mehr den Mut, länger in diesem Zimmer zu bleiben; dieses Leben in der Entfernung bringt mich um. Es kommt mir vor, als würde es mir in Alençon hundertmal besser gehen. Dort werden uns nur noch 50 Meilen trennen. Ach, wenn ich über Chartres fahren könnte . . . Was wollen Sie, ist es meine Schuld, wenn Sie mich so dumm machen . . .

Also, wenn alles gut klappt, werde ich Sonntag abend am 14. Oktober wieder vom Ratzenloch Besitz ergreifen . . . Uff . . . uff . . . Ich werde versuchen, mich recht zu entsublimieren, um die edle Schloßherrin nicht zu beunruhigen, und ich werde friedlich darauf warten, daß sie mir freundlichst Tag und Stunde anzugeben geruht . . . Aber vor allem schreiben Sie mir noch einmal über Alençon. Ich wäre zu traurig, so zurückzukommen!

Was Sie mir über Ihre Träume sagen, freut mich außerordentlich. Ich tröste mich sehr leicht über die meinigen, die (mit sehr wenig Ausnahmen) schrecklich alltäglich und manchmal gräßlich sind. Stellen Sie sich vor, daß ich letzte Woche geträumt habe, daß Frau von G . . . (das übrige läßt sich nicht schreiben), kurz . . . es ist abscheulich, aber Sie lachen darüber, und ich lache jetzt auch darüber. Aber beim Erwachen war ich wirklich betrübt.

Pflegen Sie den geliebten C. C. gut, und versuchen Sie, dem Künstler Roastbeaf nicht zuviel Dummheiten zu sagen.

Denken Sie daran, daß ich ihn darauf vorbereitet habe, daß Ihnen niemals eine entschlüpft.

*Lebe wohl, lebe wohl, mein Herz . . . ich liebe Dich wie Du mich,* in der Hoffnung auf Besseres.

———

Mittwoch morgen

Hier der Anfang eines Briefes, den ich eben einem Freund geschrieben habe:

„Selbst hier ist mein Herz bedrückt, mein Kopf voller Unruhe und fieberhafter Leidenschaften. Die Gegenwart der Menschen ermüdet mich, und es geht mir schlecht, wenn ich allein bin. Alle Tage dieses Monats waren wunderbar heitere und schöne Sonnentage. Aber fast ohne sie auszukosten, verdorrte ich, wie diese Pflanzen und diese Früchte hier vor mir . . . kaum haben sie gegrünt, kaum haben sie geblüht . . . Herr, wir schreien zu dir aus der Tiefe unseres Unglücks, wie die Schwalbe, die beim Flug über das Meer ermattet hinabgefallen ist und gegen die Wellen kämpft. Wie jener, der zur Stunde, da es Nacht wird, bei einem Kirchhof einem grauenhaften Gespenst begegnet, schreien wir zu Dir, Herr, wie der von der Geißel seines Herrn gepeitschte Sklave, wie Christus am Kreuz, als er rief: ‚Mein Vater, mein Vater, warum hast Du mich verlassen . . .‘

Vor einigen Tagen liefen bittere Tränen aus meinen Augen und fielen auf das Notenpapier . . . ich unterbrach mich und schrieb langsam Wort für Wort: ‚Ich weiß es, nichts, nichts wird jemals den gierigen Abgrund meines Herzens ausfüllen. Aber ein Strahl ihrer Augen würde mich noch erwärmen, beleben, verjüngen. Marie, Marie, lege Deinen Arm auf mein Herz, Dein Herz an meine Brust. Ich bin nackt, ich friere, hülle mich ganz in Deine Liebe . . . Laß mich wieder in unendlichen Gluten brennen . . . befreie mich für einen Augenblick von allem Elend der Zeit . . . laß meine Seele auferstehen . . .‘ "

———

Mittwoch abend

Hier sind drei wunderbare Gedanken von Lamennais:

Das Gefühl, das wir von den Dingen haben,

wechselt je nach unserem inneren Zustand, und unser innerer Zustand selber wechselt nach den Eindrücken, die wir von außen empfangen, so daß unsere unaufhörlich bewegte Seele weder in der Freude noch im Schmerz ausruhen kann.

Habt ihr jenes lange schwarze, mit Tränen besäte Tuch auf einem Sarge gesehen? ... Das ist das Sinnbild des Lebens.

Die Alten schlossen Schätze in den Gräbern ein, aber den größten Schatz, den sie für ein so unglückliches Wesen wie den Menschen bergen, ist der Tod.

Ich liebe den Abend, sagte er mir neulich beim Spazierengehen, am Abend steigen die Träume aus dem Grab, um jene zu trösten, die nichts mehr vom Leben zu erhoffen haben.

---

*Alençon, den 11., 8 Uhr 34: Noch zwei Tage. Montag früh zwischen 6 und 7 bin ich zurück – bis dahin – leiden* und in einer Qual brennen, die meine Kräfte fast übersteigt.

*Deinen Brief habe ich heute früh erhalten; er hat mein Herz fast ganz ergötzt.*

Ich sehe eben in einer alten Zeitung von 94 eine Beschwerde der Gemeinde Croissy. Weiter unten stand die Rede eines Abgeordneten, die so endet:

„Der Pfarrer von – – – ein echter Bürger, hat die Bürgerin – – –, arm an Barmitteln, aber reich an Hoffnungen, geheiratet. Anstatt daß er Seelen mystisch Gott zuführt, wird der Bürger der Republik Körper schenken. (Einstimmiger Beifall.)"

Ich kann unmöglich fortfahren, – mir ist eben ein blöder Unfall zugestoßen, der mich hindert, zu den Trappisten zu gehen – es ist nicht interessant genug, um es Ihnen schriftlich zu erzählen.

Ich komme an.

Ich danke Dir, Gott, es schien mir, daß fortan die armen und traurigen Realitäten des Lebens mir nicht mehr erträglich sein würden, und dennoch bin ich noch da, – nicht zu niedergedrückt, nicht zu überlastet. Dank Dir, Gott – segne sie – segne sie jeden Tag, jede Stunde!

Ich sehne mich nach einigen Worten von Ihnen – ich dürste danach, – ich bin endlich allein – allein, unruhig, von Hoffnungen zermürbt!

Ich fühle zuinnerst, daß ich nur durch Sie glücklich bin, daß es ohne Sie nichts Wahres, nichts Göttliches gibt ...

Dank Ihnen stumpft die Reue über die Vergangenheit in meiner Seele nach und nach ab. Die vergiftete Wurzel verdorrt, sie wird sterben.

Ach, Erbarmen, Erbarmen für mich. *Bleiben Sie mir immer.*

———

16. Oktober 34

Ihren Befehlen gemäß, gnädige Frau, habe ich mich wenige Stunden nach meiner Ankunft in die Wohnung des Herrn Adolphe Nourrit in der Rue de Clichy begeben. Ich muß Ihnen leider eine Absage, oder wenigstens eine halbe Absage, übermitteln. Seit einiger Zeit schon hat mein Freund Adolphe vollkommen darauf verzichtet, für Geld in Konzerten zu singen. Es wäre ein wahres Vergnügen für ihn gewesen, mit mir einen halben Tag in dem schönen Schloß Croissy zu verbringen, um dort ein wenig mit Ihnen, gnädige Frau, zu musizieren. Aber leider sind die Proben zur Jüdin zu weit vorgeschritten und die Sonntagsaufführungen in dieser Saison zu häufig, als daß es ihm möglich wäre, wegzufahren. Er beauftragt mich, Ihnen sein Bedauern auszudrücken und Sie zu bitten, Ihnen bei Ihrer Rückkehr nach Paris seinen Besuch machen zu dürfen.

Nach dieser kleinen Niederlage schien es mir nötig, Ihre Karte Herrn Massart[1] zu übergeben; sollten Sie jedoch immer noch die Absicht haben, an einem Sonntag vormittag zu musizieren, so haben Sie bitte die Güte, mich zu benachrichtigen. Ich zweifle nicht daran, daß er mit Begeisterung annimmt.

Darf ich Sie bitten, mich Herrn d'Agoult zu empfehlen, und darf ich hoffen, daß Sie mir bald Ihre Ankunft ankündigen werden.

[1] Lambert Massart, Violinist, Lehrer am Konservatorium (1811–68).

# IV

## Oktober 1834 bis Juni 1835

### LISZT AN GRÄFIN D'AGOULT

Doppelte Attrappe! Doppelte Enttäuschung! keine Herzogin, keine Gräfin! wahrscheinlich wird es heut abend noch ebenso sein, aber wollen Sie mir wenigstens Nachricht geben, zwei Worte, ein einziges (wenn Sie zu faul sind) genügt.

———

Was habe ich zu sagen? Und was kann der Mensch zu solchen Leiden sagen? ... Meine Seele ist sehr traurig, mein Schmerz tief, und dennoch weine ich nicht, noch verzweifle ich. Gott wird Erbarmen und Liebe für uns haben, das fühle ich tiefinnerst. Was liegt am übrigen? ...

———

Ihr Billett würde mir leichtes Spiel für meine Argumente geben, aber ich will sie Ihnen gerne schenken. Es ist ein zu elendes Ding, die Richtigkeit seiner Vermutungen durch die Leiden derer, die man liebt, bestätigt zu sehen, als daß ich mich darüber freuen könnte, Sie meinen ganzen Scharfsinn bewundern zu lassen.

Ich habe, seit ich mit Ihnen war, Frau Sand nicht wiedergesehen. Es war dieser Tage viel von einer Diebesbande die Rede, zu der ich wahrscheinlich gehören werde. (Ihnen verdanke ich es, daß ich mich noch mit all diesen schönen Dingen beschäftige!) Wir werden bei Ihrer Rückkehr darüber reden. Mein inneres Leben trübt und verdüstert sich mehr und mehr. Ich beklage mich nicht und werde mich auch nicht beklagen, es sei denn über mich selbst. Der Lärm von außen amüsiert und erregt mich manchmal, von Zeit zu Zeit stumpft er mich auch ab, was besser ist.

Ihre beiden Worte haben mich den ganzen gestrigen Tag über fröhlich und lebendig gemacht. Heute morgen ist die Mattigkeit wieder über mich gekommen. Leben Sie wohl. Ich verlasse Sie, um den großen Victor nicht zu verfehlen, mit dem ich eine Frühstücksverabredung im Café Anglais habe. Er hat mir vorgestern einen hübschen Ausspruch über Beethoven gesagt: „Der größte Denker dieser so träumerischen Kunst!"

Ich lache schmerzlich, wenn ich an den Vorwurf der Trockenheit und des Egoismus denke, den Sie mir gewiß wieder machen werden ... aber warten Sie ab.

Heute morgen fühle ich mich ruhig und stark. Ich schäme mich fast meiner Traurigkeit und jener außerordentlichen Niedergeschlagenheit von gestern. Wenn es Ihnen möglich ist, Ihrem armen Freund Thought einige Worte zu antworten, würde er sehr glücklich darüber sein.

———

Ich werde erst morgen abend abreisen; wahrscheinlich werden Sie heute keine Minute für mich übrighaben, daher will ich nichts verlangen. Wenn Sie jedoch so freundlich wären, mich zwei Worte über Ihre Erkältung oder Ihr Fieber wissen zu lassen, wäre ich Ihnen sehr dankbar dafür.

Kümmern Sie sich nicht mehr um den Roman von Frau Sand; ich habe ihn in einem Einband bestellt, der Ihnen gefallen wird. ———

Im Bett

Ich habe mich eben hingelegt – aber ich werde heute abend gegen 7 Uhr wieder aufstehen. Es ist nichts als übergroße Müdigkeit. Ich bin bis 2 Uhr morgens im tête-à-tête mit Frau Sand geblieben, sie leidet fürchterlich. Wir wollen morgen darüber sprechen. Ich werde Ihre schöne Krawatte umbinden – die mir nicht allzu elegant für Thoughtful vorkommt.

Leben Sie wohl. God bless you.
*Morgen halb 1 Uhr.* ———

Ich habe heute morgen eine Menge Wege zu machen. Entschuldigen Sie mich daher, wenn ich nicht zur vereinbarten

Stunde komme, um das Duo von Moscheles mit Ihnen zu wiederholen. Wenn Sie irgendeinen Auftrag für mich haben, so schicken Sie bitte ein Wörtchen zu Erard, ich werde um ½6 dort sein.

Gehen Sie morgen in Notre-Dame? ... Ich möchte Ihnen sehr gern im Laufe des Vormittags eine Viertelstunde stehlen. Von Mittag an bis 2 Uhr und sogar ein bißchen später bin ich vollkommen frei, lassen Sie mich wissen, ob Sie es können.

Meine Tage sind recht traurig, recht erfüllt von Sehnsucht ... ich weiß nicht, warum ich das alles gewollt habe – aber bitte, machen Sie mir keine Vorwürfe mehr – mein Herz bricht bei dem geringsten bittern Wort, das von Ihnen kommt.

————

*Ich bin wach und müd.*

Wenn es wahr ist, daß jeder Tag seine Plage hat, so gibt es auch Annehmlichkeiten, für die der Tag nicht ausreicht. Gestern sind mir durch Sie jene Worte von Christus lebendig geworden: „Der fast bis ins ewige Leben widerhallt."

Auf die Gefahr hin, Sie nicht allein zu finden, komme ich gegen $^1/_2$3. Ich muß Sie sehen. Kein Abschiedswort.

*Denn wir verlassen uns niemals.*

————

Montag um Mitternacht

Sei gelobt, mein Gott, sei immerdar gelobt. Da schreibt sie mir heut abend und verläßt vielleicht ihre Tochter. Dank, Dank. Meine Brust weitet sich wieder!

Auch ich war sehr verzweifelt. Alles was man leiden kann, habe ich gelitten! Jetzt strömt mein Herz über vor Freude und Stolz.

Ach, ich kann Ihnen nicht schreiben? Ich weiß nicht einmal, ob ich Sie werde sehen können, so sehr ist mein armes *Herz mit Leiden und Liebe geschlagen.*

Sie sagen, Sie haben während dieser beiden Tage ständig an mich gedacht. Sie haben gestern und heute an Luisens[1] Bette

————

[1] Älteste Tochter von Gräfin d'Agoult, die eben gestorben war (Dezember 1834).

an mich gedacht . . . Verzeihen Sie, Marie, daß ich in diesem Augenblick so alle Ihre Schmerzen und alle unsre Leiden vergesse und nur von mir spreche und von diesen Worten: „Ich habe immer an Sie gedacht."

Arme und verzweifelte Mutter, verzeihen Sie am Totenbett Ihrer Tochter diesen Ruf nach dem, was das Lebendigste, das Innigste und das Mächtigste in unseren Seelen und in unserem Innern ist.

Verzeihen Sie mir, Marie, und erlauben Sie, daß ich Sie jetzt segne, wie ich eben Gott gesegnet habe . . . Dank und immerdar Segen über Sie, Marie, Marie!!!

Ach, nicht wahr, Sie verstehen mich, Sie fühlen, wie ich in Ihrem Innern und in Ihrem Fleisch und in Ihrem Blut lebe? Sie verstehen heute dieses innerste Bedürfnis, in allen Dingen nach dem Schmerz zu wühlen und zu graben, – Sie verstehen vielleicht auch, wie ich mich lange schon gemüht habe, Ihre Seele für das Unglück zu formen und sie darauf vorzubereiten.

Bitte hören Sie mir nicht zu, lesen Sie auch nicht, was ich schreibe. Ich glaube, daß ich verrückt werde, aber ich liebe Sie so sehr und so stark und so erhaben . . .

Ein Wort lassen Sie mich Ihnen sagen. Ihre Kammerzofe hat mir gesagt (und ich denke, ihre Erzählung ist sehr ungenau), daß Sie die Herrschaft über sich verloren haben, daß Sie davon sprachen, ins Wasser zu gehen, Claire[1] nicht mehr wiederzusehen usw. usw. Das hat mich geschmerzt (um des Himmels willen, halten Sie mich nicht wieder für egoistisch und kalt!!). Wenn das wäre . . .

———

Donnerstag morgen

Mein Herz fließt über von Rührung und Glück! Ich weiß nicht, welch himmlisches Sehnen, welch unermeßliche Wollust mich durchdringt und völlig verzehrt. Es scheint mir, als hätte ich niemals geliebt, als wäre ich niemals geliebt worden!!! Sagen Sie mir, woher kommt mir denn diese geheimnisvolle Unruhe, diese unsagbaren Vorahnungen, dieses göttliche Liebesbeben. Ach, das kann nur von Ihnen kommen, Schwe-

[1] Claire-Christine, zweite Tochter von Gräfin d'Agoult.

ster, Engel, Frau, Marie! ... Es kann bestimmt nichts anderes sein als ein gemilderter Strahl Ihrer Feuerseele oder vielleicht eine heimliche, rührende Träne, die Sie hier tief in meiner Brust versenkt haben.

Mein Gott, mein Gott, trenne uns niemals, erbarme dich unser! Aber was sage ich, verzeih meiner Hilflosigkeit, du uns trennen! Du würdest nur Erbarmen mit uns haben ... Nein, nein! ... nicht vergeblich beleben sich bereits unser Fleisch und unsere Seele und werden unsterblich durch dein Wort, das in unserm Innern ruft: Vater, Vater ... nicht vergeblich verschmilzt und versinkt unser ganzes Wesen in deiner ewigen und unendlichen Liebe ... Nein, nein, nicht vergeblich rufst du uns, hältst uns deine Hand hin, nicht vergebens haben sich unsere gebrochenen Herzen zu dir geflüchtet ... O Dank, Segen und Anbetung dir, mein Gott, unser Gott, für alles, was du uns gegeben hast, und alles, was du für uns in Bereitschaft hältst ...

This ist to be – to be!

---

Der Friede und der Segen Gottes sei mit Ihnen.

Gestern rief ich die lebenspendende Kraft an, die plötzlich aus den Tiefen meines Seins emporschoß.

Heute erinnere ich mich nicht mehr an mich. Ich lebe und verharre ganz und gar in Ihnen, in Ihnen aufgehend, und fast Gott geworden durch Sie.

Dank, Sie waren, Sie sind edel und groß und göttlich.

Danke! Marie, ich reiche Ihnen die Hand ...

Die Kälte hat mich den ganzen Tag nicht verlassen; alle Augenblicke füllen sich meine Augen mit Tränen; ich wünschte, Sie könnten diese Nacht gut ausruhen – tun Sie es um meinetwillen – ich beschwöre Sie. Versuchen Sie, diese arme Maschine ein bißchen ins Gleichgewicht zu bringen (es ist das erstemal, daß ich so zu Ihnen spreche!).

Oh! Sie machen mich so stolz, so hochmütig ... aber genug der Worte ... horchen Sie, wie die Seele Ihrer Tochter Sie von ihrem himmlischen Aufenthalt aus segnet und tröstet!!!

---

Bisher hat keine noch so feste und bestimmte Entschließung vor einem einzigen Ihrer Blicke standgehalten ... lassen Sie mich also Sie noch einmal wiedersehen, und wenn es geht, nochmals mit Ihnen sprechen.

Was Sie mir sagen, ist im allgemeinen durchaus richtig und verständig, aber gewisse persönliche Behauptungen kann ich nicht hinnehmen. Wenn ich nicht irre, steht in diesem Augenblick Ihr ganzes Leben auf dem Spiel. Es lohnt also, reiflich zu überlegen und lange nachzudenken.

*Trachten Sie herzukommen, heute oder morgen, um welche Stunde Sie wollen.*

---

Marie! Marie!

Ach lassen Sie mich diesen Namen hundertmal, tausendmal wiederholen; jetzt sind es drei Tage, daß er in mir lebt, mich bedrängt und in mir brennt. Ich schreibe Ihnen nicht, nein, ich bin bei Ihnen. Ich sehe Sie, ich höre Sie ... Die Ewigkeit in Ihren Armen ... Himmel, Hölle, alles, alles in Ihnen und abermals in Ihnen ... Ach, lassen Sie mich verrückt, wahnsinnig sein ... Die kleinliche, vernünftige, enge Wirklichkeit genügt mir nicht mehr, wir müssen unser ganzes Leben, unsere ganze Liebe, unser ganzes Unglück erleben!... Ach, nicht wahr, Sie trauen mir Opfermut, Tugend, Mäßigung, Religion zu? Also reden wir nicht mehr davon ... Ihre Sache ist es, zu fragen, zu erraten, zu retten. Lassen Sie mich verrückt und wahnsinnig sein, da Sie nichts, nichts für mich tun können. Meine Sache war es wohl, Ihnen das jetzt zu sagen.

This ist to be! to be!!!

---

Marie!

An dem Tage, an dem Sie mir aus voller Überlegung, aus vollem Herzen, aus voller Brust und voller Seele sagen können: „Franz, wir wollen alles, was vielleicht Unvollkommenes, Betrübendes und Kleinliches in der Vergangenheit war, auslöschen, vergessen, für immer verzeihen; wir wollen einander alles sein, denn in dieser Stunde verstehe ich Sie und verzeihe Ihnen ebenso, wie ich Sie liebe."

An jenem Tage (möge er bald kommen) werden wir weit weg sein von der Welt und allein leben, lieben und sterben!

Basel, Mai 1835

*Von 6 bis 8 Uhr führt mich Herr Knopp auf Land.*
Before or after-wards.

————————

## GRÄFIN D'AGOULT AN LISZT

Basel, 2. Juni 1835

Lassen Sie mich gleich den Namen Ihres Gasthofs und Ihre Zimmernummer wissen. Gehen Sie nicht aus dem Zimmer. Meine Mutter ist hier; mein Schwager nicht mehr. Wenn Sie das lesen, werde ich gesprochen haben, bis jetzt habe ich noch nichts zu sagen gewagt.

Es ist eine letzte und harte Probe, aber meine Liebe ist mein Glaube, und ich dürste nach dem Märtyrertum.

Mittwoch. *Drei Könige.*

————————

## LISZT AN GRÄFIN D'AGOULT

Basel, Juni 1835

Hier bin ich, da Sie mich gerufen haben.

I shall not go out till I see you. – My room is at the Hotel de la Cigogne number twenty at the first etage – go at the right side.

Yours.

# V

## April 1836 bis Juli 1836

In Basel trennte sich Gräfin d'Agoult von ihrer Mutter und fuhr zusammen mit Liszt im Juni 1835 von dort fort. Nach einigem Umherreisen in der Schweiz ließen sie sich im August desselben Jahres in Genf, Rue Tabazan Nr. 1, nieder. Der Herbst wurde mit Ausflügen nach Genf und nach Freiburg, gemeinsam mit dem jungen Hermann Cohen, Adolphe Pictet, George Sand und ihren Kindern, ausgefüllt. Im April 1836 fährt Liszt von Genf nach Lyon, wo er Konzerte gibt, und danach zu einem kurzen Aufenthalt nach Paris. Dort spielt er in Privatkonzerten bei Pleyel und Erard und kehrt Anfang Juni 1836 nach Genf zurück. Im Juli 1836 gibt er Konzerte in Lausanne und in Dijon.

### LISZT AN GRÄFIN D'AGOULT

Bellegarde, April 1836

Ich wage kaum, Ihnen auf so entsetzlichem Papier zu schreiben. Glücklicherweise habe ich Ihnen nur gute Nachrichten zu geben. Mein Paß hat keine Schwierigkeiten gemacht, und mit meinem Reisegefährten habe ich es wunderbar getroffen: er ist taubstumm. Trotz dieses Hindernisses unterhalten wir uns ausgezeichnet. Bisher scheint mir die Fahrt sehr angenehm, und Michelet und Mignet interessieren mich sehr.

Ich denke nicht mehr an Sie, aber ich trage Sie immer im Sinn. Denken (wenn nicht unter ganz besonderen Umständen) ist etwas Unfruchtbares und gar zu Begrenztes. „Im Sinne tragen" ist unbegrenzt und meiner armen Natur, die so wenig natürlich ist, angemessen.

Leben Sie wohl, lieber Saas. Im Wagen sitzt ein Abbé und ein gewisser Herr Catelin; zwei Buchstaben zuviel, nicht wahr?[1]

Pierre Wolf würde nicht verfehlen, Ihnen vom Verlust der Rhône zu erzählen und diese Landschaft mit seinem Genie

[1] „Catin" heißt „Frauenzimmer".

zu vergleichen, das augenblicklich in Mittelmäßigkeit versinkt, aber was mich betrifft, so habe ich nicht genug Geschmack, um im richtigen Augenblick die Ähnlichkeiten wahrzunehmen.

Ich bin übrigens zur Zeit ohne Mantel; schicken Sie doch Fanchette zur Postkutsche, um nachzusehen, ob sie ihn etwa dort gelassen hat: aber ich glaube es nicht. Das wahrscheinlichste ist, daß er ganz einfach in der Rue Tabazan geblieben ist. Erkundigen Sie sich, und beruhigen Sie mich.

Leben Sie wohl, leben Sie wohl, ich muß essen und abfahren. I would go to little Salève!

Ich werde nunmehr bestimmt Hotel de Milan, Place des Terreaux, wohnen. ————————

Lyon, 21. April 1836

Ich habe Ihnen nichts zu sagen, außer dem dringenden Wunsch, Ihnen etwas zu sagen, zu Ihnen zu sprechen, Ihnen zu schreiben, was weiß ich?

Mein Platz auf dem Wagenverdeck trägt mir ein von der Luft und der Sonne ganz verbranntes Gesicht ein und als Ausgleich eine höchst malerische Fahrt. Von Bellegarde bis Nantua habe ich wirklich genossen (so sehr ich das ohne Sie kann). Ich bin sicher, daß diese zugleich ernste, sanfte, ruhige und etwas gleichförmige Landschaft Ihnen sehr gefallen würde. Es liegt dort irgendwo ein kleiner See, der mich an unser so geliebtes Wallenstadt erinnert hat! Ach!, es ist für mich ein unaussprechliches Glück zu denken, daß wir bald zusammen reisen werden! Ich glaube, ich bin dessen jetzt würdig; allmählich werden das resignierte Leiden und das gehobenere Leben, das Sie mich schätzen gelehrt haben, mich läutern. Ich bin im Inneren noch nicht sauber; mein Fleisch und mein Blut müssen sich noch erneuern und frisch beleben. Schenken Sie mir zuweilen etwas Mitleid, und haben Sie Erbarmen mit meinen Schwächen.

Ich schreibe Ihnen bei Frau Montgolfier[1], die ich noch nicht gesehen habe. Die Post geht in einer halben Stunde ab.

[1] War Liszts Schülerin in Genf.

Ich wohne also bestimmt im Hotel de Milan. Ich habe ein nettes kleines Zimmer im fünften Stock, das auf die Place des Terreaux geht. Schreiben Sie mir bald, sobald wie möglich. Hätte ich nicht Furcht vor Genfer Redensarten, so würde ich Ihnen sagen, daß ich nach einigen Worten von Ihnen schmachte. Sagen Sie mir, was Sie denken (denn Sie, Ausnahmewesen, haben die Fähigkeit zu denken), was Sie reden und was Sie tun. Vergessen Sie vor allem Bernard nicht und das ganze interessante Kapitel, das wir alle beide auswendig kennen und das uns immer so lebhaft interessiert. Sie haben ganz recht, wir sind die interessantesten Leute der Erde.

Leben Sie wohl, mein guter Saas. Es klingelt.

————————

Lyon, 23. April 1836 (nach Genf)

Guten Tag, guter Saas! There are Salonplaudereien: Frau Montgolfier und die Familie Pavy haben mich sehr gut aufgenommen. Sie haben das Konzert schon vorbereitet, und das erste wird wahrscheinlich nächsten Samstag stattfinden. (Infolgedessen und beiläufig, schicken Sie mir so bald wie möglich die Konzertbillette, die in der Rue Tabazan sind, und bitten Sie Puzzi[1], Ihnen mein Duo zu geben oder wenigstens die Stimme für das zweite Klavier, die für sich abgeschrieben ist.)

Ich wohne im sechsten Stock. In einer Ecke steht ein kleines, gerades Klavier. Bis jetzt habe ich noch keine Torheiten begangen, aber ich bin in toller Versuchung, welche zu begehen.

In Ihrem nächsten Brief, den ich übermorgen erwarte, erzählen Sie mir noch von dem Schal, den Sie wünschen, denn ich möchte lieber keine Dummheit machen.

Ich habe eine Fantasie von Thalberg[2] über die Straniera vom Blatt gespielt, die sehr mäßig ist; sie hat außerdem den Fehler, ihren Vorgängern kläglich zu ähneln. Ich glaube end-

[1] Spitzname für Hermann Cohen, Schüler von Liszt, der später in den Barfüßerorden eingetreten ist (1820–71).

[2] Sigismund Thalberg, Pianist und Komponist, den man Liszt als Rivalen gegenüberstellte (1812–70).

gültig, daß dieser Mensch nichts im Leib noch im Kopf hat. Wir werden ja sehen.

Rudolph Apponyi schreibt mir einen reizenden Brief, wo er mir von Thalberg berichtet (natürlich!). Er sagt mir, daß er eine Reise nach England unternehmen wird, als Künstler, d. h. mit dem Entschluß, dort soviel Geld wie möglich zu verdienen. Sie sehen, daß Herr Sigismund nicht so sehr aristokratisch ist! Ich werde Ihnen diesen sehr anmutigen Brief von Apponyi mitbringen. Einen von meiner Mutter habe ich gestern zur Post gebracht. Ihre Schuhe sind hier, sagen Sie mir, ob Sie sie sofort haben wollen.

Fräulein Mérienne[1] hat mich wiederum bitten lassen, mein Porträt machen zu dürfen; ich werde es Ihnen als Überraschung mitbringen. Das von Frau Montgolfier hat sie ausgezeichnet gemacht.

Sie bekommen übermorgen einen sehr langen Brief. Verzeihen Sie diese unaufhörlichen Nebensächlichkeiten, aber ich kann Ihnen nicht nur wenige Worte schreiben. Antworten Sie mir bitte, ich liebe Sie so sehr. Ich bin ständig der Ihre und bei Ihnen. Guter, lieber Saas; reiten Sie?

Bernard, Bernard ... Leben Sie wohl. Schicken Sie mit dem Duo auch die Apparitions. Puzzi hat sie.

Schicken Sie mir bitte möglichst bald die zwei oder drei Kleinigkeiten, um die ich gebeten habe, ins Hotel de Milan, Place des Terreaux.

-------

Lyon, 25. April 1836

Sie schreiben mir nicht; das macht mich ganz untröstlich. Sie wissen, daß ich ohne einige Worte von Ihnen nicht leben kann. Liebe Marie, wir brauchen einander so nötig!

Die Vorbereitungen für mein Konzert beschäftigen mich ziemlich viel. Herr Cattin hat gestern abend einen ungeheuren Erfolg bei der Montgolfier gehabt. Ganz Lyon ist zur Zeit Feuer und Flamme. Jeder macht mir wunderbare Versprechungen. Wir werden sehen, ob es wie in Genf enden wird.

[1] Nancy Mérienne hat eine Kreidezeichnung von Liszt gemacht, die sich im Konservatorium von Genf befindet.

Vorläufig werden wir den Preis der Eintrittskarten auf 5 Franken festsetzen.

Zwei alte Vettel (die eine ist Sängerin am Theater) laufen hinter mir her. Ich habe mir auf die Zunge gebissen, um nicht laut loszulachen, als ich sie tief grüßte. Sie kennen sie vielleicht? Ich glaube, es ist eine Schülerin von Herz, Fräulein F.

Fräulein Mérienne, die übrigens taub ist, soll heut mein Porträt beginnen. Das wird wieder viel verlorene Zeit werden. Ich tue es wirklich nur Ihretwegen. Ich meine, daß es Ihnen Freude machen wird, ein hübsches Bild del Cretino zu haben. Für mich gibt es nichts Langweiligeres als zu sitzen, besonders für eine Taube von 40 Jahren.

Ich hätte gern diese unglücklichen Soirées de Rossini hier fertiggemacht, aber man läßt mir keine Ruhe. Ich habe Ihnen manchmal von meinem Wunsch erzählt, eine Tournee durch die Provinz zu machen. Nun, meine Vermutungen waren vollkommen richtig. Innerhalb von 8 Tagen werde ich eine sehr volkstümliche Persönlichkeit in Lyon geworden sein. Sie fühlen, wie viel Spaß mir das machen muß.

Zum Glück habe ich Ihr Tagebuch hier, um mich über all diese lästigen Zerstreuungen zu trösten. Alle Abende nach dem Nachhausekommen lese ich mit Andacht einige Seiten daraus. Das ist mein Gebet, meine Dichtung, meine Erneuerung.

Lieber, lieber Saas. You are such a sublime.

Schreiben Sie mir täglich, wenn das möglich ist. Erzählen Sie mir von sich oder von anderen, ganz gleichgültig, aber erzählen Sie mir etwas!

Leben Sie wohl.

Es ist schon von einem zweiten Konzert die Rede; vorläufig muß man sehen, was aus dem ersten wird.

————————

Lyon, 1836

Ihre beiden Briefe habe ich erhalten, lieber Saas. Tausend Dank für alle Einzelheiten, die Sie mir berichten.

Ich bin Ihnen sehr dankbar für Ihren Entschluß zu reiten. Saas muß auf die eine oder die andere Art galoppieren; und

Sie begreifen, daß ich die am wenigsten metaphorische Art sehr vorziehe.

Schreiben Sie mir, welches Ihre Reitstunden und Ihre gewöhnlichen Spazierritte sind usw. usw., denn ich möchte alles gern wissen.

Sie erzählen nichts von Ihren Klavierübungen. Warum schlagen Sie mir diese Bitte ab?

Ich bin so traurig in dem Gedanken, daß ich die indirekte Ursache einer Entbehrung dieser Art bin? Ich beschwöre Sie, versteifen Sie sich nicht, arbeiten Sie gleich von heute an wieder ein bißchen; acht oder zehn Tage genügen reichlich, damit Sie wieder in Übung kommen, und mir würde es so unbeschreiblich viel Freude machen! In meinem Lyoner Leben gibt es kaum etwas, das Sie interessieren könnte. Indessen weiß ich, daß Sie auch auf die unbedeutendsten Einzelheiten freundlicherweise Wert legen, wenn Sie irgend etwas mit dem Crétin zu tun haben. Also gebe ich Ihnen hier eine Übersicht über meine vier Tage.

Samstag: Um 9 Uhr aufstehen. Präludium bis 10 . . . Frühstück im Café Grand (eine Tasse Kaffee). Herr Pinondel holt mich ab, um mich nach den Kirchen Saint-Jean und Saint-Nizier zu führen. Ich kannte beide Kirchen. In der ersten habe ich eine riesige steinerne Uhr bewundert, im Geschmack derjenigen, die Dumas in seinen Reiseeindrücken (Bern) beschreibt, mit vier Evangelisten und einer Prozession von Aposteln usw. usw. Sie ist im Jahr 1786!!! stehengeblieben, und der Katholizismus auch!

In Saint-Nizier befindet sich ein prachtvoller Altar (modern) aus weißem Marmor. Das ist alles. Von 2 bis 3 beim Notenstecher und bei der Notenstecherin, die mich um die Wette verwünschen. Um 3 Besuch bei Fräulein Mérienne, die mich wieder haben wollte.

Um 5 Diner bei Fräulein Pavy (tête-à-tête zu drei oder vier Personen), unbedeutendes Gespräch über Lamartine, Jocelyn usw. Um 7 mit Frau Montgolfier ins Konzert von Herrn Cherblanc (Violine)[1]. Man beginnt auf Vecchio[2] auf-

[1] Violinist am Grand-Théâtre von Lyon.
[2] Spitzname von Liszt.

aufmerksam zu werden, der seinen dicken Spazierstock zum großen Ärgernis des Publikums zweimal fallen läßt.

Nach der Rückkehr vom Konzert, das wir beim dritten Stück verließen, spielt Crétin der Montgolfier zwei oder drei Stücke eigner Komposition (die Jüdin, die Braut und ein Stückchen Clochette) vor, die darüber in aufrichtigste Bewunderung gerät.

Sonntag: Crétin arbeitet am Morgen an den Soirées de Rossini (eine Aufgabe, die ihn anödet), um 1 Uhr geht er baden und trinkt in seinem Bad Schokolade, zu Ehren della Fina; von 2 bis 5 bei der Montgolfier, wo Vecchio mehrere Stücke vom Blatt spielt und mit Herrn Montgolfier über Musik spricht; um 5 Diner im tête-à-tête mit der M. und ihrer Tochter (die jung verheiratet ist); nach dem Essen ins Café und danach Abendgesellschaft bei der M., wo sich die Honoratioren der Stadt versammelten. Über Vecchios Spiel fällt eine Dame in Ohnmacht (die Frau des bedeutendsten Pianisten von Lyon, Herrn Mokers), und er erregt eine schwer zu beschreibende Begeisterung. Herr Cattin wird von drei oder vier Leuten wiedererkannt, die ihn, der eine bei Herrn Coste, der andere bei Tilmont usw. usw. . . . gesehen hatten. Um auf das Konzert zu kommen, am nächsten Morgen herrlicher Artikel im Courrier de Lyon, wo man die Ankunft des Maëstro Cretino feierlich ankündigt. Besuch des Herrn Cherblanc um 8¹/₂ Uhr morgens. Man geht zum Theaterdirektor, um mit ihm alles zu verabreden. Er ist nicht in Lyon. Es muß bis Dienstag 2 Uhr gewartet werden. Vecchio sitzt Fräulein Mérienne, die taub ist. Um 5 Uhr Diner bei Fräulein Pavy, mit Fräulein Mérienne, Herrn Arlès, einem Kaufmann, der sich selber eingeladen hatte, da er wußte, daß ich kommen sollte, und Herrn de la Polinière, einem Arzt. Tiefgründige Unterhaltung über den Saint-Simonismus. Herr Arlès steht in Briefwechsel mit Enfantin, den er seit 25 Jahren kennt. Er liest uns einige Bruchstücke aus dem letzten Brief Enfantins vor (für den er die höchste Bewunderung hegt). Hier eins davon, das ich Ihnen aus dem Gedächtnis aufschreibe, es ist bemerkenswert: „Ein großer Mensch ist, wer hinaufsteigt und immer hinaufsteigt. Doppelt groß ist, wer hinauf- und hinabzusteigen weiß. Dreifach groß, wer, je nachdem es Gott will, hinauf-, hinabzusteigen und stillzustehen weiß." Der Brief ist einige zwanzig Seiten lang.

Selbstverständlich schließt Herr Arlès mich in sein Herz, und wir reden von Lamartine (den er auch genau kennt) und mehreren anderen Leuten dieser Art.

Crétin fühlt sich nach Tisch unbehaglich, weil er Radieschen gegessen hat. Man läßt ihm Tee kochen und verhätschelt ihn. Herr Arlès bittet ihn, den Rest des Abends bei ihm zu verbringen (ohne Klavier). Vecchio nimmt an; man plaudert recht angenehm bis 10 Uhr, Zeit des Schlafengehens del Cretino. Lektüre del Memorandum de Belle!!!

Dienstag: Verhandlungen mit dem Direktor, der Vecchio nicht den Saal des Foyers geben kann, aber ihm vorschlägt, sich im Theater hören zu lassen. Vecchio und der Direktor verlangen beide 24 Stunden Bedenkzeit. Die Sache wird sich morgen entscheiden, wahrscheinlich positiv. Ich bekomme die Hälfte der Einnahmen, wie Ole Bull[1] und Haumann[2]. Übrigens hat Haumann hier ein sehr häßliches Andenken hinterlassen, und Ole Bulls Erfolg hat ihn als Wirkung totgemacht. Mein erstes Konzert im Theater wird wahrscheinlich nächsten Montag stattfinden, und am Donnerstag oder Freitag darauf das zweite. Auf diese Art geht es sehr viel rascher und unabhängiger. Ich werde nicht vor die Tür gehen, außer um zu proben oder zu spielen. Alles ist bereit, im voraus geregelt; und was die Einnahme betrifft, so wird es, wenn überhaupt, keinen großen Unterschied machen.

Um 6 Uhr großes Diner bei Fräulein Pavy. Herr Arlès und seine Frau, Herr Bonnefonds, der Maler (Direktor des Museums von Lyon), und mehrere andere Persönlichkeiten. Vecchio ist ein bißchen leidend und spricht fast gar nicht. Um 5 Uhr geht er nach Hause und liest nochmals den Brief del Saas. Glück und leere Träume!

[1] Berühmter norwegischer Violinspieler (1810–80).
[2] Théodore Haumann, belgischer Violinspieler, geboren am 3. Juli 1808 in Gent.

Heute morgen hat man mir Ihren zweiten Brief und den
der Ratte[1] gebracht, ich werde beide morgen beantworten.
Jetzt drängt mich Fräulein Mérienne. Ihr Porträt ist ausgezeichnet angelegt. Ich hoffe, Sie werden damit zufrieden
sein.

Leben Sie wohl, lieber Saas, lieben Sie mich immer, ich werde
mich bemühen, es zu verdienen.

Fortsetzung morgen, aber bitte setzen Sie sich wieder ans
Klavier.

Lyon 1836

Ich könnte nichts Besseres tun, um Ihnen die Gefühle meines
Herzens getreulich auszudrücken, als Ihre Briefanfänge Wort
für Wort abzuschreiben, indem ich für Saas Cretino setze.
Wenn ich Ihnen heute nicht so vieles zu sagen hätte, würde
ich wirklich dieses Mittel auf gut Glück versuchen, aber ich
müßte fürchten, mit meiner Korrespondenz, die umfangreich
sein wird, nicht rechtzeitig fertig zu werden.

Ich habe mit Herrn Provence, dem Theaterdirektor, für
nächsten Montag abgeschlossen. Wir werden die Einnahme
nach Abzug der Unkosten (nämlich 350 Franken), die ich
ihm geben muß, teilen. Der Preis der Plätze wird ein wenig
höher sein als gewöhnlich, die ersten Plätze fünf Franken. Ich
habe mich für diese Regelung entschlossen wegen der vollkommenen Unabhängigkeit, die sie mir sichert. Ich brauche
zu niemandem mehr hinzugehen, keine Musiker mehr einzuladen, brauche keine Plakate und Zeitungsannoncen mehr
usw. usw., und wie ich Ihnen schon gestern sagte, in finan-
zieller Hinsicht werde ich dabei nur sehr wenig, wenn überhaupt etwas, verlieren.

Ich hoffe, mindestens 1200 Franken in diesen beiden Konzerten zu verdienen (600 Franken in jedem); das ist angesichts
der Saison und des Stils eines Grandseigneurs, den ich hier
angenommen habe und beizubehalten gedenke, annehmbar.

Übrigens werde ich Ihnen alle Einzelheiten darüber gleich
Dienstag morgen mitteilen. Wenn nichts Unvorhergesehenes

---

[1] Noch ein Spitzname von Hermann Cohen.

eintritt, werde ich am ersten Abend das Concerto von Weber und die Braut spielen, am zweiten den Alexandermarsch und Mon Divertissement. Sollte man sich über ein drittes Mal einigen, so wird man weiter sehen.

Sie haben aus dem Brief meiner Mutter gesehen, daß Schlesinger[1] sich weigert, den Artikel von Em. Prym. einzusetzen. Der v... Lümmel wird mir das büßen! Jetzt ist es für immer aus mit Artikeln von Vecchio in der Gazette Musicale.

Zwei Worte noch über meine Reise nach Paris.

Zunächst habe ich nicht die geringste Lust, in diesem Augenblick nach Paris zu gehen. Die zwei oder drei Leute, die ich zu anderen Zeiten vielleicht mit einem gewissen Vergnügen wiedergesehen hätte, sind mir höchst antipathisch und fremd geworden (denken Sie nicht, daß ich übertreibe, und hüten Sie sich vor allem zu denken, daß in meinem Herzen die leichteste Bitterkeit wäre gegen... ich kann nicht fortfahren...).

Thalberg ist seit 10 Tagen nicht mehr dort. Frau Montgolfier hat mir nichts Bemerkenswertes über ihn gesagt, und die neuen Kompositionen, die ich von ihm gesehen habe, sind entschieden mäßig. Wenn ich Sie wiedersehe, werden wir ausführlicher darüber sprechen.

Oh! da diese Versuchung jetzt vorüber ist und für immer, will ich Ihnen ohne Umschweife gestehen, daß mich zwei oder drei Tage lang ein zügelloses Verlangen maßlos gequält hat, nach Paris zu fahren und mich gleich am Tage meiner Ankunft zum Thalberg-Konzert ins Parkett des Italiens zu setzen. Ich fühlte, ich wußte, daß der Zuschauer die Aufmerksamkeit des Saals mehr auf sich ziehen würde als der Hauptdarsteller. Das wäre eine Art Rückkehr von der Insel Elba gewesen. Ich hätte ihm gern Beifall klatschen und ihm hochmütig „Bravo" zurufen mögen, denn jetzt fühle ich etwas Höheres, Stärkeres in meinem Busen schlagen. Ich wäre höchstens sieben Tage geblieben. Ich hätte die Leute, die, wie Adolphe Nourrit, eine

[1] Maurice Schlesinger, Musikverleger, Direktor der im Jahre 1834 begründeten Gazette Musicale.

Art Rivalität zwischen uns erdichtet haben, mit meinem Hochmut zum Schweigen gebracht?

Aber jetzt, ich wiederhole es, ist all das weit weg. Darf ich Ihnen sagen, daß mir dieses kleine Opfer, das im Grunde recht jämmerlich ist, wegen Ihrer zweideutigen Einstellung zu einer Reise nach Paris recht schwer geworden ist. Es war mir unmöglich, Ihnen unrecht zu geben, aber ich habe darunter gelitten. Das Gefühl der Freundschaft, das Gefühl des tätigen und ein wenig zärtlichen Wohlwollens ist damals endgültig zerstört und auf immer zerstört worden. Ich bin Ihnen dankbar dafür, Sie taten recht daran, so zu sein. Auch waren die wenigen Freundschaften (die ich bis dahin schüchtern genährt hatte, und einzig aus einer Art Pflichtgefühl heraus) recht linkisch, recht wenig passend und fast unerklärlich!

Heute habe ich durch Sie meine scheue Freiheit und meine unzähmbare Unabhängigkeit wiedergewonnen. Ich bin nicht mehr mit der Last der Vergangenheit beladen, ich fühle mich von ihr durch eine geheimnisvolle Tat meines Willens befreit, die machtvoll alles verneint und mit höchster Liebesfreude vernichtet, was nicht Sie ist.

Ich habe lange gelitten, gekämpft und gezögert. Jetzt bin ich siegreich und frei.

Es ist also abgemacht, daß ich nicht bloß keinerlei Lust mehr habe, nach Paris zurückzukehren, sondern daß mir diese Reise sogar sehr widerstrebt. Indessen scheinen mir drei Gründe der Mühe wert, ernsthaft geprüft zu werden:

1. Die Angelegenheit mit meinem Klavier. Ich sagte Ihnen schon, daß der Verleger de La Hante und Erard ziemlich nah miteinander verwandt sind. Ich habe kaum einen Zweifel, daß ich mich mittels der (unleserlich) sowohl mit dem einen wie mit dem andern anständig einigen könnte, denn er ist der Eigentümer dieser vor 12 Jahren veröffentlichten Stücke. Ich würde dabei doppelt gewinnen, indem ich die Kosten des Stechens vermeide und das Klavier sozusagen umsonst erwerbe. Diese Angelegenheit kann, so wie wir zueinander stehen (Erard und ich) und wie ich weiter zu ihm stehen will, kaum schriftlich richtig verhandelt werden.

2. Die Angelegenheit der Orchesterstimmen, die ich auf meine Reisen mitnehmen muß. Ich besitze eine ziemliche Menge davon, die ich brauchen könnte. Die Durchsicht einiger alter Manuskripte, mehrere mit drei oder vier Verlegern abzuschließende Geschäfte, die ich beauftragen werde, meine Musik gegen einen gewissen Gewinnanteil zu verbreiten.

3. Schließlich die Angelegenheit della Madre, die nicht verfehlen wird, Sie jetzt in Genf zu belästigen, und die ich vielleicht besser vorher dort besuchen sollte.

Dieser letzte Grund scheint mir aus Sparsamkeitsrücksichten fast entscheidend. Außerdem werden Sie vielleicht einige Besorgungen, diplomatische Aufträge, Anordnungen für mich haben ... ich weiß nicht welche, aber Sie kennen mich ... ich hoffe es wenigstens. Wie dem auch sein mag, zweierlei ist gewiß:

1. Ich werde nicht abreisen, ohne daß Sie es mir in aller Form befehlen, und Sie wissen, was ich darunter verstehe, nämlich, daß Sie überzeugt davon sind, daß es besser ist, wenn ich reise.

2. Ich werde in keinem Fall länger als höchstens vier oder fünf Tage dort bleiben, was meine Rückkehr nur bis ungefähr zum 15. Mai verschieben würde, denn ich kann Lyon nicht vor etwa 10 Tagen verlassen. Auf keinen Fall denke ich daran, mich dort öffentlich oder privat hören zu lassen. Solange Thalberg dort war, schön; jetzt wäre es mehr als kindisch. Selbstverständlich werde ich dort auch niemanden sehen als meine Händler.

Aber nochmals, mir liegt an nichts, was nicht Sie sind, einzig Sie, und ich hoffe sogar, daß ich bald das Gefühl für das Vorhandensein der äußeren Dinge vollkommen verlieren werde. Ich werde durch das Wirken del Saas Fichtist werden.

Liebe Marie, verzeihen Sie mir alle diese dummen Einzelheiten und Überlegungen. Sagen Sie mir, was Ihnen gut dünkt, das heißt, was Sie wünschen, daß ich tun soll, und es wird nie mehr davon die Rede sein.

Übermorgen werde ich Pascal besuchen; wenn ich von ihm zurückkomme, werde ich Ihnen ganz ausführlich schreiben.

---

Hier ist die Liste der Stücke, die ich in meinen beiden Konzerten spielen werde, bei denen ich fünfzehnhundert Franken
(was mit den fünfhundert von gestern zweitausend machen
würde) zu verdienen hoffe. – Adagio und Finale des Concerto von Chopin. – Alexandermarsch. – Septett. –
Morceau del Saas (Rubini). – Duett aus Semiramide von
Mayseder.

Leb wohl, mein guter, mein sehr guter Saas. Ich bin traurig, ohne Sie leben zu müssen. Ich sehe nicht recht, wozu das
gut ist, und ich brauche viel Vernunftargumente, um mich
darein zu finden ... Höchstens noch zehn Tage.

Ich glaube, daß ich Ihnen gestern abend einen sehr dummen
Brief geschrieben habe, aber daran müssen Sie gewöhnt sein.
Seit langem wissen Sie, daß ich keine Spur von Geist habe,
wenn Sie nicht bei mir sind.

Mein Porträt ist fertig. Ich brauche nur noch eine Woche
für die Sitzungen. Ich hoffe, daß Sie damit zufrieden sein werden. Ich werde sie darum bitten, Ihr Porträt zu machen, wenn
sie wieder in Genf ist.

Leben Sie wohl, ich küsse Sie metaphysisch eine Million mal
täglich, aber das genügt nicht.

Kümmern Sie sich ein bißchen um Puzzi. Wie fanden Sie
den Brief, den ich ihm geschrieben habe? Glauben Sie mir, wir
können nichts Besseres tun als uns weder um Juden noch
Christen zu kümmern.

Schreiben Sie mir oft. Sie sind mein einziges Leben, meine
einzige Hoffnung und mein alleiniger Ruhm. Warum wollen
Sie sich das denn nicht merken.

Ich mache es wie die Köchinnen und bitte Sie, nicht auf
meine Orthographie zu achten. Aber es wäre mir ganz unmöglich, einen meiner Briefe an Sie nochmals durchzulesen.
Vergeben Sie mir also ein für allemal die orthographischen
Fehler und die Dummheiten, die ich täglich ein wenig dümmer
wiederkäue.

Machen Sie doch etwas oder jemand aus mir – – –

Ich will, daß Sie die Bedeutung dieser drei Striche erraten!
Leben Sie wohl. Bald auf Wiedersehen. Ich schreibe Ihnen
übermorgen.

———————

Lyon, 30. April 1836

Ich fürchte, daß mein Brief von gestern Sie betrübt hat. Ich
fühle mich traurig und in meinem Innern verwirrt. Ich brauche
Sie zu notwendig. Ich werde nie lernen, zehn Tage fern von
Ihnen zu bleiben.

Es war mir unmöglich, heute irgend etwas zu tun . . . selbst
Fräulein Mérienne ist unzufrieden mit mir; sie sagt, daß ich
schlecht sitze. Ich hoffe, daß Sie mir morgen schreiben werden. Ich habe mehr als viermal in meinem Hotel gefragt, ob
kein Brief für mich da sei.

Morgen werde ich Pascal besuchen. Ich mache mir ein
wahres Fest daraus. Ich bringe nicht den Mut auf, Ihnen von
meinen Lyoner Besuchen zu erzählen. Bisher bin ich noch
niemandem begegnet, der die Mühe gelohnt hätte, bemerkt
zu werden.

Frau Montgolfier ist immer vollendet gut und freundlich
zu mir. Sie ist entschieden eine ungewöhnliche Frau. Ich werde
Ihnen ein andermal mehr von ihr erzählen.

Haben Sie sich wieder ans Klavier gesetzt? Ich plage Sie
sehr, aber wenn Sie wüßten, wie mich das quält.

Heute abend werde ich der Ratte schreiben, der Katze werde
ich morgen antworten. Mein Konzert soll immer noch am
Montag stattfinden.

Ich arbeite fast gar nicht wegen meiner Sitzungen und der
drei oder vier Besuche von Musikern, die ich täglich empfangen muß. Trotzdem hoffe ich, die Soirées de Rossini zu
beenden, die der Montgolfier außerordentliche Freude machen.
Sie hat mich gebeten, sie ihr zu widmen.

Morgen werde ich ein Wort von Ihnen haben! Das wird
mir sehr wohl tun. Seit drei oder vier Tagen bin ich nicht wohl.
Es ist fast der Beginn eines gastrischen Fiebers; aber beunruhigen Sie sich nicht darüber. Wenn es nach mir ginge, würde
ich morgen abend bei Ihnen sein. Ich kann mich nicht in diese

seltsame Einsamkeit schicken. Ach! nicht wahr, ich werde Sie niemals wieder verlassen. Ich leide und zerfalle.

Leben Sie wohl. Ich werde in irgendeine Kirche beten gehen.

———————

Lyon, 1. Mai 1836

Heute morgen zwei Briefe von Ihnen auf einmal, alle beide gute und tief liebevolle Briefe. Verzeihung, hundertmal Verzeihung, meine schöne Heilige, für den lächerlichen und mürrischen Brief, den ich Ihnen vorgestern geschickt habe. Werfen Sie ihn sogleich ins Feuer und bewahren Sie keine Erinnerung daran. Ich selber weiß nicht mehr, was ich Ihnen damals geschrieben habe, denn es ist mir vollkommen unmöglich, die Briefe, die ich Ihnen schicke, durchzulesen.

Ich werde endgültig, unwiderruflich, nicht nach Paris fahren. Ich hätte mit Ihnen niemals von dieser unglücklichen Reise gesprochen, wenn Sie mir nicht den Gedanken daran eingegeben hätten. Jetzt könnten mich der Erzengel Michael und Satan selbst nicht dazu bringen, hinzufahren. Die drei Angelegenheiten, von denen ich Ihnen sprach (auf die ich gerade soviel Wert lege wie auf irgend etwas, das nicht Sie ist), werden sich übrigens sehr gut ohne mich erledigen lassen. Nochmals, verzeihen Sie noch einmal den Kummer, den ich Ihnen bereitet habe, und erhöhen Sie ihn nicht, wie gewöhnlich, durch endlose Betrachtungen. Mir scheint, daß es überhaupt gar nichts mehr zu betrachten gibt.

Wenn ich einen kleinen Satz Ihres letzten Briefes richtig verstanden habe, so könnte es scheinen, als ob Sie es nicht für ganz unmöglich hielten, eine kleine Spritztour hierher zu unternehmen. Lieber, lieber Saas, wenn ich es wagte, würde ich Sie so sehr bitten, beschwören und quälen, daß Sie nachgeben müßten. Wenn Sie wüßten, welches rasende, sehnsuchtsvolle Verlangen ich nach Ihnen habe! – Aber ich will Sie nicht drängen ... das ist mir übrigens niemals gelungen ... erinnern Sie sich an Bex und die kleinen Hügel, auf die Sie nur aus Gefälligkeit kletterten?

Ach mein Gott, ich tue nichts anderes als an Sie denken, ohne daß ich zu jemandem davon reden kann, und zu Ihnen

selber noch weniger als zu andern. Ach wenn ich Sie nur halb
so glücklich wüßte wie mich selber, wenn ich Sie morgen, übermorgen, irgendwann hier wiedersähe, würde ich nicht zögern
Ihnen zu sagen: „Kommen Sie, kommen Sie", denn... sehen Sie,
es hört sich dumm an, aber wirklich, ich könnte daran sterben.

Warum sind Sie denn so kalt, so teilnahmslos, so wider-
spenstig. Gott weiß vielleicht, daß es Ihnen gleichgültig ist,
mich zwei Tage eher zu sehen. Marie, Marie, ach geben Sie
mir das Leben, geben Sie mir Ihre Liebe zurück, neige Deine
schöne Stirn wieder zärtlich auf meine, laß Deine köstlichen
Tränen mein armes, ganz verdorrtes, ausgebranntes Herz wie
mit himmlischem Tau erfrischen.

Hören Sie also nicht mehr hin, wenn ich zu Ihnen von etwas
anderem als von Liebe und Glück sprechen werde; zerreißen
und verbrennen Sie alle Seiten meiner Briefe, auf denen sich
zufällig ein anderer Name findet als der Ihre, ein Gedanke, der
Ihrer nicht würdig ist; werfen Sie weit in den Staub der Wege
und in den Schmutz der Gosse jede Erinnerung, jede Zuneigung, alles Elend, die sich in meinem Leben gekreuzt und
gestoßen haben, in meinem Leben, das, bevor ich Sie traf, so
nackt, so kraftlos, so voller Unheil war.

Marie, Marie, lehre mich die geheimnisvolle Sprache Deiner
Seele, laß uns im Schlummer miteinander reden, laß unsere
tief bewegten Herzen einander Antwort geben, ohne irgendein
äußeres Zeichen. Lege Deine Hand in meine und laß Dein edles,
so blondes, so goldiges Haar wieder meine bedrückte Brust
weich umschmeicheln.

Geh, verzweifle nicht. Unsere Körper sind noch jung, die
Liebe kann sie verklären! Und unsere Seele (denn wir haben
beide zusammen nur eine) ist zu großen und herrlichen Freuden ausersehen. Der Tag wird kommen, da wir klar sehen und
verstehen werden, was wir in unserer irdischen Finsternis nur
ahnen und hoffen können. Die Liebe wird uns die göttlichsten,
die schrecklichsten Mysterien offenbaren!, und dann wirst Du
Dich jener flammenden Worte entsinnen, die weder Du noch
ich zurückhalten konnten, denn sie hätten unsere Glieder zerschmettert und unser sterbliches Leben vernichtet, jene Worte,

die wir eines Nachts sprachen ... dort in jenem Zimmer, in das Du kamst ...

Liebe Seele, warum habe ich Dich verlassen? Warum hast Du mich gehen lassen? Ach, wir sind so kläglich vernünftig! Ach, wenn Du den leisesten Wunsch verspürst, mich wiederzusehen, so komm, Du wirst mich einsam, einsam finden! Denn ohne Dich gibt es für mich weder Blick, noch Sonne, noch Natur, noch Gott, noch Heiligtum, noch Leben.

Indessen wage ich nicht, Dich so darum zu bitten, wie ich es gerne möchte. Die Reise könnte Dich ermüden. Es könnte Dir vielleicht irgendein Unglück zustoßen ... und außerdem werde ich Dich in etwa zehn Tagen dort wiedersehen ... Ja, in zehn oder zwölf Tagen werde ich in Genf sein. Meine Angelegenheiten hier werden morgen in acht Tagen oder spätestens Dienstag beendet sein ... und dann brauche ich nur vierundzwanzig Stunden ... Aber wenn Du kämst – wir würden zusammen leben ... wir würden uns vielleicht tausend Dinge sagen, die wir niemals Gelegenheit hätten, uns wieder zu sagen, und dann, siehst Du, ich glaube, daß wir glücklich sein würden, sehr glücklich, tausendfach glücklich. Jetzt ist Dein Monat, Marie, Du weißt, ich liebe ihn Deinetwegen. Du mußt wieder jung werden und aufleben. Wir müssen immer zusammen spazierengehen, lesen, arbeiten und schlafen ...

Aber wenn Du kommst, hörst Du, mußt Du allein kommen. Ich möchte keinesfalls Puzzi, noch irgend jemand anders sehen. Nimm den Paß von Gilles und sage allen Freunden, daß Du aufs Land fährst, nach Mornay zum Beispiel, oder sonstwohin. Komm so bald wie möglich, aber allein; nimm fast nichts mit. Was solltest Du hier brauchen? Wir werden höchstens fünf Tage bleiben.

Aber nochmals, mache nur, was Du selber willst.

Lebewohl, ich werde Dir alle Einzelheiten vom morgigen Konzert schreiben, das vielleicht mäßig sein wird. Lebewohl, ich küsse Dich millionenmal.

Ich konnte Samstag nicht in die Sainte-C... gehen. Es hat diese beiden Tage unaufhörlich geregnet und geschneit.

———

Ich sage es nochmals, Ensa die Schlaue ist nichts als ein Schaf und ein ganz böser Mensch. Konnte sie sich wirklich einreden, daß ich lange kämpfen und zögern mußte, ehe ich mich entschließen konnte, und wozu? die Leute nicht wiederzusehen, die mein Leben gehemmt, bedrückt und abgehetzt haben. Wie konnte sie sich auf diese seltsame Weise irreführen lassen und nicht verstehen, daß eine Rückkehr nach Paris für mich weiter nichts als eine Frage der Eitelkeit war, nichts mehr und nichts weniger. Ich hatte wirklich gar nicht den Wunsch, diesen oder jenen wiederzusehen, sondern nur ein wenig Wasser in den Wein der Herren so und so zu gießen. Übrigens ist mein Zweck bereits vollständig erreicht. Thalberg soll in seinem letzten Konzert, dessen Programm nichtswürdig zusammengestellt war, weniger Eindruck gemacht haben. Lassen Sie die Zeit arbeiten, und alle diese Fluten frenetischen Beifalls werden sich legen, und Herr Sigismund wird neben den Herren Kalkbrenner[1] und Herz Platz nehmen. Aber das alles sind nur Kindereien, mein guter, lieber Saas. Es liegt mir Ihretwegen viel mehr daran als meinetwegen. Das ist mein einziger Reichtum, mein einziger Titel, mein einziger Besitz, und ich will nicht, daß irgend jemand daran rührt. Mein Künstlerruhm ist mir fortan kostbar, ist er nicht ein Kleinod, das Ihnen Spaß machte?

Ich möchte Ihnen nochmals sagen, daß Sie nicht hierher kommen dürfen, wenn Sie nicht schreckliche Lust haben, mich wiederzusehen. Wenn das der Fall sein sollte, so ist mein Zimmer Nummer siebenunddreißig im fünften Stock. Benachrichtigen Sie mich nur vorher durch zwei Worte, und vor allem, bringen Sie Puzzi nicht mit, das wäre mir unangenehm.

Ich bin nicht mehr unpäßlich. Heute abend soll ich im Theater das Stück von Weber und die Braut spielen. Morgen früh sollen Sie einen ins einzelne gehenden Bericht erhalten. Wir werden auf diese Weise unsere gegenseitigen Salonplaudereien wieder aufnehmen, die weder abwechslungsreich noch interessant sind.

[1] Pianist und Komponist (1784–1849).

Guten Abend, lieber Saas. Die Zeit drängt. Aller Wahrscheinlichkeit nach werde ich morgen in acht Tagen hier abfahren, und Mittwoch morgen werden wir uns in unserer teuren und sehr geliebten Tabazanerie wiedersehen.

Geben Sie mir Nachrichten von Filliotte[1]. Kümmern Sie sich ein wenig um Puzzi, und sagen Sie seiner Mutter ausdrücklich, daß man sie auf keinen Fall haben will.

---

Lyon, 3. Mai 1836

Seit gestern scheint mir dieses so gewöhnliche, so bürgerliche Hotelzimmer völlig verändert. „Vielleicht kommt sie", sage ich mir beim Weggehen, beim Heimkehren, beim Arbeiten ... und eine unsagbare Poesie, weit wie die Welt, unendlich wie Gott, überströmt mein Herz bei diesem einen Wort: „Sie!"

Ich möchte indessen nicht, daß Sie in eine so prosaische Fabrikstadt kommen wie Lyon, es sei denn, daß Sie sich von etwas Stärkerem, Unwiderstehlicherem getrieben fühlen ...

Das Konzert gestern war gut. Vecchio hatte einen ehrenvollen Erfolg. Parkett und Ränge haben wenig verstanden, das schadet nichts; dafür waren die Künstler und die Intelligenz (die immer in der Minderheit sind) bewegt. Mein Anteil an der Einnahme betrug 529 Franken. Die Gesamteinnahme belief sich auf 1500. Aber die Unkosten, aber die Armenabgaben, aber die Rechnungen vom Direktor ... kurz — man kann nur mit den Achseln zucken und ruhig seine Pfeife rauchen, ohne überhaupt nur zu reklamieren oder zu streiten.

Das Stück von Weber ist nicht verstanden worden. Die Braut behagte diesen widerspenstigen, empfindsamen Herzen besser.

Im ganzen ist es ein beachtlicher und, ich wiederhole es, ehrenvoller Erfolg. Nächsten Donnerstag wird wahrscheinlich ein zweites Konzert im Theater stattfinden, wo ich wieder spielen werde, und Samstag werde ich meinen letzten Abend im Hôtel du Nord geben. Montag oder spätestens Dienstag werde ich nach Genf abreisen. Ich werde P. bestimmt vor Ende

[1] Blandine, älteste Tochter von Liszt und Gräfin d'Agoult.

der Woche wiedersehen, aber ich kann wegen der tausend unvermeidlichen Hindernisse, die ein Konzertplan immer mit sich bringt, noch keinen bestimmten Tag festsetzen.

Bitte, reden Sie mir nicht mehr über meine Pariser Reise. Sie ist ins Wasser gefallen, ertrunken und erstickt. Soeben bekomme ich einen Brief von meiner Mutter, die mir mitteilt, daß sie durch den Aufschub, um den ich sie gebeten habe, 15 Franken bei der Post verloren hat: ihr Platz war für den 1. Mai bestellt.

Mein Leben ist fabelhaft eintönig, gleichförmig und farblos. Ich habe eingeführt, daß ich niemand sehe, bis auf ein halbes Dutzend Künstler, die mich morgens gleich beim Aufstehen abholen.

Die beste Stunde des Tages ist durch Ihre Freundlichkeit die des Frühstücks, zu dieser Zeit bringt man mir Ihre Briefe.

Seit sieben Tagen habe ich ein ausgezeichnetes Café (das Café de la Perle) gefunden, wo man alle Zeitschriften und eine Menge französischer, englischer und deutscher Zeitungen findet. Ein richtiger Klub.

<br>

Paris, 14. Mai 1836

Liebe Geliebte!

Sie wissen, daß meine Reise traurig gewesen ist. Unsere Herzen bluteten, als wir uns verließen. – Wie werden wir uns wiederfinden? Nicht wahr, Sie werden wieder Sie und ich wieder ich sein, aber Sie und ich auf immer unlöslich vereint. Lassen Sie mir diese Hoffnung, die einzige, mit der ich mein nutzloses Leben ausfülle.

Haben Sie meinen Brief in Genf wiedergefunden? Haben Sie mir geschrieben? Ich habe nicht bis Montag warten können, wie ich es Ihnen gesagt hatte, und obgleich ich Ihnen absolut nichts zu sagen habe, bilde ich mir ein, daß diese wenigen Zeilen, die mir ein wenig Erleichterung verschaffen, Ihnen auch lieb sein werden. Meine Mutter findet mich betrübt und nachdenklich. Es ist mir unmöglich, mich hinzusetzen, selbst beim Frühstück nicht, ich laufe immerzu im Zimmer herum. Chopin, den ich heute morgen gesehen habe, liebt mich zärtlich und ausschließlich. Die Art, wie er heute mit mir sprach, hat mich außerordentlich beglückt. Er übt ein gewisses Maß von Kritik an Thalberg und kann vor allen Dingen nicht zulassen, daß man auch nur den geringsten Vergleich zwischen uns beiden zieht.

Es wird mir ein Brief von Herrn von F . . .[1] gebracht. Ich schreibe ihn Ihnen wörtlich ab:

„Meine Schwester schreibt mir, daß Sie eine Zusammenkunft mit mir wünschen und daß sie selber es auch sehr wünscht; indem ich jedes andere Gefühl als das meiner lebhaften Sorge um sie beiseite schiebe, werde ich morgen abend zwischen 8 und 9 Uhr bei Ihnen sein. Sollte sich dieser Begegnung irgendein Hindernis entgegenstellen, so bitte ich Sie, es mich vorher durch ein Wort wissen zu lassen."

Der Zweck meiner Reise ist also erfüllt, und ich bedaure sie nicht mehr. Übermorgen, Montag, werde ich Ihnen über das Ergebnis unserer Zusammenkunft berichten, die hoffentlich für alle drei befriedigend sein wird.

In geschäftlicher Beziehung hat sich noch nichts entscheiden können, wie Sie sich wohl denken. Aber was auch kommen mag, ich bin entschlossen, nicht länger als zwölf Tage fern von Ihnen zu bleiben. Aller Wahrscheinlichkeit nach werde ich Samstag wieder abfahren.

Die fünf oder sechs Leute, die ich schon getroffen habe, waren voller Wohlwollen für mich. Meyerbeer besonders, den ich zufällig in einem Geschäft erblickte, schien mir sehr freundlich zu sein. Er hat mir ein Billett für die Hugenotten angeboten, da es unmöglich ist, sich eins zu beschaffen, und er Wert darauf legt, daß ich nur auf ein Freibillett hingehe.

Wenn ich nicht irre, wird dieser kurze Besuch von sechs oder sieben Tagen, der an sich unbedeutend ist, in Paris einen guten Eindruck von mir hinterlassen.

Ich weiß nicht, ob ich Ihnen viele Einzelheiten werde schreiben können, denn ich bin nicht sehr geschickt im Abfassen von Briefen. Auf alle Fälle werde ich es sobald wie möglich nachholen. Schreiben Sie mir alle zwei Tage, wenn Sie können.

[1] Maurice de Flavigny, Bruder von Gräfin d'Agoult.

Geben Sie mir wieder Ihre Aufträge, fügen Sie neue hinzu. Ich wäre so glücklich, wenn ich hier etwas für Sie tun könnte!

Leben Sie wohl, ich bin heute tief bekümmert. Morgen oder später werde ich einige Worte von Ihnen erhalten, die mir das Leben wiederschenken werden.

Leben Sie wohl. Adesso e sempre.

---

Paris, 18. Mai 1836

Seit drei Tagen kann ich nicht mehr schlafen. Was ich empfinde, ist nicht eigentlich Traurigkeit – es ist mehr; aber sorgen Sie sich deshalb nicht – noch acht Tage, und alles wird zu Ende sein. Die Tage erscheinen mir recht eintönig, sie nehmen kein Ende, trotz der riesigen Menge Leute, die ich sehe. Ich habe weder eine Einladung zum Diner noch zu Abendgesellschaften angenommen.

Meine Kompositionen und mein Spiel haben großes Aufsehen gemacht. Das materielle Ziel, das ich mir beim Unternehmen dieser kurzen Reise gesetzt hatte, scheint mir durchaus erreicht. Ich habe nicht den Mut, Ihnen von diesen Dummheiten zu erzählen, die wirklich ohne Interesse sind. Bisher habe ich noch keine berühmten Bekannten wiedergesehen – bis auf Horace, der krank im Bett liegt –, er hat mich freundlich und herzlich empfangen. Ich würde mich ihm gern anschließen, wenn ich hier wohnte, aber ich finde ihn nicht gerade amüsant – ich weiß nicht warum, denn er ist sicherlich sehr geistvoll. Er soll mich morgen besuchen und mir einen Brief für Sie mitbringen.

Meine Mutter wird tun, was wir wollen. Sie ist begeistert über meine Ankunft. Ihre kleine mütterliche Eitelkeit ist befriedigt.

Heute vormittag um 12 Uhr wird eine große und letzte Sitzung bei Erard sein. Das Ergebnis scheint mir nicht zweifelhaft. Wenn nicht mein Gehrock und mein Frack wären, die erst morgen abend oder übermorgen früh fertig werden, würde ich vielleicht Freitag abgereist sein. Ich muß auch die Hugenotten hören, die man bisher wegen der Unpäßlichkeit von Fräulein Falcon nicht geben konnte.

Ich habe erst ein winziges Wort von Ihnen. Ich bin ruhig und voll Zuversicht in unsere Zukunft.

Paris inspiriert mich überhaupt nicht. Meine ganze Zeit geht irgendwie ohne mich hin.

Ich werde in meinem Innern ganz stupide.

Leben Sie wohl, lieben Sie mich.

———

Paris, Mai 1836

Ich weiß nicht mehr, was ich denken soll. Warum lassen Sie mich in dieser Ungewißheit? Fürchten Sie, daß diese unglückliche Reise nicht hart genug für mich bis zum Ende zu ertragen ist? – Sollten Sie krank sein? – Irgendein Unglück ... Ach! Gott, nein! – Aber wie kommt es denn, daß Sie mir keine einzige Zeile schicken (denn das kleine Briefchen, das ich in den ersten Tagen meines Hierseins bekam, zählt nicht).

Ach, mein Gott, was habe ich getan, daß Du mich so strafst? – Und jetzt weiß ich nicht einmal, ob Ihr Brief noch zur Zeit kommen kann – das schadet nichts, schreiben Sie mir auf gut Glück, schreiben Sie mir.

Paris ist für mich unerträglich. Es ist mir nirgends so schlecht gegangen wie hier – und trotzdem bin ich entschlossen, meinen Aufenthalt noch um acht Tage zu verlängern. – Aus folgendem Grunde: Der Abbé von Lamennais kommt zwischen dem 26. und dem 30. Mai hierher. Ich habe ihm gestern geschrieben, um den genauen Tag seiner Ankunft zu erfahren, und habe gedacht, daß Sie meinen Entschluß gutheißen werden. Er kostet mich viel, – vor allem jetzt, wo ich nicht mehr die Hoffnung habe, auch nur ein einziges Wort von Ihnen zu erhalten. Alles hier lastet auf mir und schmerzt mich. Obgleich meine Angelegenheiten sich gut anlassen und ich hier mit Komplimenten und Elogen und sogar mit ziemlich aufrichtigen Freundschaftsbezeigungen überschüttet werde, könnte ich in Paris nicht leben ... oder vielmehr ohne Sie nicht leben. Es ist das alte Lied, wie Sie sehen, aber ich bin zu alt und zu (unleserlich), um neue zu lernen. Ich lebe in einer Art seelischer Stumpfheit, die ich nicht zu beschreiben wüßte. Es ist nicht Traum noch Wirklichkeit – es ist wie der Alpdruck eines zum

Tode Verurteilten. Es scheint ihm, daß es so leicht sein würde, zu leben, daß es nur von ihm abhinge, zu tun wie die andern, – und aus – alles aus –, keine Familie mehr, keine Kinder, keine Liebe.

Ich könnte Ihnen nicht sagen, was ich mache, noch wen ich sehe. Alles ist für mich ein wirrer Wirbel, meine Nächte sind schlecht. Ich schlafe nie vor 2 oder 3 Uhr morgens ein. Mein Hirn verdorrt. Ich bin schrecklich abgemagert.

Warum schreiben Sie mir denn nicht? Wissen Sie denn nicht, daß ich nur durch Sie leben kann?

Von Herrn von Flavigny habe ich nichts mehr gehört, wahrscheinlich wird er wieder abgereist sein. Ich werde Ihnen Ihre Kiste mit Briefen und alles, was Sie von mir zurückverlangt haben, mitbringen.

Wie werde ich Sie wiederfinden?

---

Paris, 22. Mai 1836

Guten Tag, Marie. Ich bin niedergeschlagen, aber weniger verzweifelt als gestern. Ich sage mir, daß Sie mir wahrscheinlich in den zwei oder drei Tagen, die ich noch hier bleiben sollte, nicht schreiben wollten, und jetzt vermuten Sie mich gewiß in der Postkutsche. Und dort wäre ich in der Tat ohne diesen unglücklichen Brief, den ich an den Abbé geschrieben habe, als ich durch Boré erfuhr, daß er kommen sollte! Ach, wenn Sie wüßten, wie schwer es mir wird, meinen Aufenthalt so zu verlängern! aber ich will mein Opfer nicht zu sehr rühmen. – Obgleich ich noch keine Antwort aus La Chênaie habe, fürchte ich, daß ich noch mindestens acht Tage darauf warten muß. Ich weiß nicht, was in dieser Zeit aus mir werden soll. Drückende Hitze, ständig bewegte Tage. Nicht der Schatten eines tröstlichen Gedankens, und niemand, niemand zu sehen ... wenn Sie mir wenigstens schrieben!

Meine Mutter geht auf alles ein. Ich glaube, daß Sie damit völlig zufrieden sein werden. Es braucht nur noch der Zeitpunkt ihrer Ankunft bestimmt zu werden. Sie beabsichtigt, einen großen Teil meiner Möbel zu versteigern; das scheint ihr vorteilhafter, jedoch ist in dieser Hinsicht noch nichts entschieden.

Ich schrieb gestern ... raten Sie, an wen? an die Herzogin ... und zwar folgendes:

„Wenn die Herzogin von Rauzan die Güte hätte, mir einen Tag und eine Stunde anzugeben, wo ich sie allein antreffen könnte, käme ich bereitwilligst, um ihr erneut meine ehrerbietige Dankbarkeit zum Ausdruck zu bringen."

Ich habe drei Tage nachgedacht, ehe ich mich zu diesem Schritt entschloß. Ich weiß nicht, wie das Ergebnis sein wird, aber mir scheint, daß es viel besser ist, dieser Frau nicht aus dem Wege zu gehen. Und dann werden wir eine nette Unterhaltung miteinander führen. Ich fühle mich so stark, so stolz all diesen Leuten gegenüber!

Die Matinee am Mittwoch, von der ich Ihnen erzählte, war herrlich. Das Stück von Rubini, das aus der Jüdin und die Orgie sind von fabelhafter Wirkung. Niemand war, wie man mir sagt, auf derartiges gefaßt. Das ist sehr schmeichelhaft für mich. Berryer ist außer sich vor Entzücken, mehrere meiner alten Gegner haben umgeschwenkt und sind nahe daran, mich aufzunehmen. Schönsten Dank!

Ich bin entsetzlich müde von alldem, und ein Monat Ruhe in Genf wird nicht zuviel sein, um mich wieder ein bißchen zu erholen.

Soeben antwortet mir die Herzogin:

„Ich werde sehr glücklich sein, Sie wiederzusehen, es ist sehr freundlich von Ihnen, daß Sie bei Ihrem kurzen Aufenthalt hier an mich gedacht haben. Kommen Sie Montag, Sie treffen mich bestimmt ...", usw.

Ich werde Ihnen unsere Begegnung schildern. Leben Sie wohl, Liebe, Liebe, lieben Sie mich stets. In zehn bis zwölf Tagen sehn wir uns wieder.

---

Paris, Mai 1836

Liebe Marie.

Es ist 1 Uhr morgens, ich habe eben Horace bis nach Hause gebracht. Ihr Zimmer war erleuchtet. Tausend wirre Erinnerungen bewegen mich. Ich fühle mich fast glücklich. Endlich kann ich Ihnen wenigstens schreiben.

Vielleicht haben Sie mich heute erwartet! Ach, wie notwendig brauche ich Sie, aber Sie, was denken Sie, was machen Sie, wie leben Sie? Scheint Ihnen meine Abwesenheit ebenso lang, ebenso traurig wie mir? Aufrichtig gesagt, möchte ich eine solche Reise nicht wieder machen, ich bin ganz tot davon!

There are little and grand Salonplaudereien. Erstens habe ich mit Musset gefrühstückt, der offen, und wie es sich gehört, mit mir gesprochen hat. Wir sind vollkommen ausgesöhnt. Er hat ein reizendes Wort del Saas zitiert, nämlich dieses: „Was man die Welt nennt, bedeutet in der Welt so wenig." (Auszug aus einem Brief von Belle an Horatio, der ebenso wie Cretino seine Briefe zeigt.) Alfred soll diesen Ausspruch mehreren Leuten gegenüber, die ihn entzückend fanden, wiederholt haben; wahrscheinlich kommt er diesen Sommer nach Aix. Ich habe ihm versprochen, ihn Ihnen vorzustellen? Ich denke, Sie werden sich gegenseitig gefallen.

Ich hatte eine lange Zusammenkunft mit der Herzogin[1], deren Ergebnis mir gut zu sein scheint. Ich habe ihr gesagt, daß mich ihre Neugier letzten Sommer verletzt hatte und daß ich deshalb gar nichts anderes tun konnte, als mich über sie lustig machen. Als ich das Zimmer betrat, nannte ich deutlich Ihren Namen. Sie hat mehrere Fragen über Sie, Ihre Beschäftigungen, Ihre Pläne usw. usw. gestellt . . . Ich weiß nicht, ob Sie mich dafür tadeln, daß ich diese Verantwortung auf mich genommen habe, aber ich bin überzeugt davon, daß Sie mit dem guten Alten zufrieden sein werden, wenn ich Ihnen unsere ganze Unterhaltung im einzelnen wiedergeben werde, was schriftlich nicht möglich ist. Ich habe Herrn von Montalembert dort wiedergesehen, der sehr höflich zu mir war. Ich habe streng und offen mit ihm gesprochen. Mein Besuch hat im ganzen zweiundeinehalbe Stunde gedauert. Als ich fortging, bedankte sich die Herzogin voller Teilnahme für meinen Besuch. Im ganzen habe ich das Bewußtsein, recht getan zu haben.

Bisher keine Antwort von Herrn von Lamennais, aber man erwartet ihn von Tag zu Tag. Sobald er angekommen ist,

[1] Herzogin von Rauzan.

werde ich meinen Platz im Postwagen bestellen, denn ich kann es nicht mehr aushalten.

Ich kann Ihnen nicht sagen, in welch nervös-fieberhaften Zustand dieses Fehlen von Briefen mich bringt. Ich kann weder lesen, noch schreiben, noch arbeiten, noch an Sie denken, noch nicht daran denken, noch leben, noch sterben. Auf morgen hoffen und dann wieder auf morgen!! Was auch geschehe, Ihnen gehört mein Herz und mein Leben. Habe ich etwas für mich zurückbehalten? Bin ich Ihnen nicht völlig ergeben? Haben Sie nicht ein bedingungsloses Recht auf jede meiner Stunden? Wohin sollte ich jetzt gehen, wenn nicht zu Ihnen? Habe ich es Ihnen nicht hundertmal gesagt: Gott selbst würde für mich nicht Sie sein?

Leben Sie wohl, liebe, geliebte Marie. Ich werde Dir morgen früh schreiben. Versuche ein bißchen zufrieden, ein bißchen glücklich zu sein, wenn Du kannst. Geh spazieren, reite, beschäftige Dich und laß Dich nicht in Deiner Einsamkeit niederbeugen. Sie ist für mich noch bitterer.

Nochmals lebe wohl. Auf bald, und auf ewig und immer.

Wenn Du sofort einige Zeilen antworten würdest, bekäme ich sie vielleicht noch (tue es). Schreibe mir auch nach Dijon postlagernd. Ich werde dort ein paar Stunden bleiben müssen. Ach, verabsäume es nicht, Du brauchst es erst Sonntag oder Montag (spätestens) in die Post einzuwerfen. Sag Puzzi tausend liebe Grüße und kümmere Dich um ihn. Meine Briefe kommen Dir wahrscheinlich sehr leer, sehr uninteressant vor. Aber was willst Du? Du bist nicht hier, Du wirst auch nicht mehr hier erwartet, für mein Herz ist alles farblos, traurig und düster. Vielleicht werde ich beim Berichten über einige Leute, die ich hier gesehen habe, jene Wärme des Herzens und der Phantasie wiederfinden, die Du allein mir immer wieder gibst.

Aber im Augenblick bin ich tot, dreimal tot.

Paris, Mai 1836

Liebe Geliebte!

Eines tröstet mich in der tiefen Traurigkeit, die mich in dieser Stadt überfällt, das ist die Art, wie ich hier angesehen und aufgenommen werde. Gestern habe ich Lamartine aufgesucht, der von vollendeter Liebenswürdigkeit zu mir war. Ja, noch mehr, Joannès, der eigentlich nicht zu unseren Freunden gehört, hat mit einer Zuvorkommenheit und Hochachtung mit mir geredet, über die ich überrascht war.

Wir haben beim Fortgehen natürlich von Ihnen gesprochen. Ich habe als erster Ihren Namen genannt, als Antwort auf folgende Frage, die er an mich richtete: „Was gedenken Sie jetzt zu tun?" Ich habe ihm gesagt, daß mein Leben einem einzigen Menschen absolut gewidmet und geweiht sei – einer einzigen Sache relativ und nebensächlich –, nämlich Ihnen und der Kunst, usw. usw. – Er hat sehr Ihr Lob gesungen; obgleich er den Entschluß, den wir gefaßt haben, mißbilligt, denkt er, daß alle hochdenkenden Menschen Ihnen Achtung und Sympathie schulden. Kurz, er hat gut gesprochen, und ich habe ihm in angemessener Weise geantwortet. Das ist jetzt der fünfte Mensch, gegen den ich Ihren Namen ausgesprochen habe. Chopin, Schoelcher, die Herzogin, Musset und Joannès. Ich vergesse Horace, der wunderbar zu uns ist.

Ich fühle mich entsetzlich müde; alle Welt langweilt mich (wie Saas sagt, wenn Vecchio nicht da ist), aber Gott sei Dank geht alles seinem Ende zu. Der Abbé von L . . . hat mir noch nicht geantwortet, was wahrscheinlich heißen soll, daß er in zwei oder drei Tagen ankommen wird. Die nächste Woche wird also nicht zu Ende gehen, ohne daß wir uns wiedergesehen haben.

Ich schlafe immer noch sehr schlecht. Wenn ich nicht irre, bekomme ich einen Weisheitszahn, durch den ich sehr leide.

Mein Aufenthalt in Paris hat viel Gutes getan; ich bin Ihret- und meinetwegen zufrieden und stolz, daß ich hergekommen bin.

Ich hoffe für morgen noch auf einen Brief von Ihnen. Auf jeden Fall versäumen Sie nicht, mir nach Dijon postlagernd zu schreiben. Ich wäre zu untröstlich, wenn Sie mir nicht ein einziges jener Worte sagten, die Sie allein nur sagen können.

Leben Sie wohl, liebe Geliebte, übermorgen schreibe ich Ihnen.

---

Endlich! Ich weiß, daß Sie noch leben, daß Sie mich lieben, daß Sie für mich leiden! Mehr verlange ich nicht. Drei Worte von Ihnen sind genug, auch ich kann Ihnen nicht schreiben, meine Hand zittert, ich fühle mich fast krank. Sie erzählen mir von Filliotte, danke, arme Mariotte, arme Marie!

Niemals, niemals hatte ich ein so brennendes und schreckliches Verlangen nach Ihnen. Noch zehn Tage, ohne Sie zu sehen. Ach, das ist eine Ewigkeit.

Ich habe Nachrichten von Abbé von Lamennais erhalten. Seine Reise hat sich um einige Tage verzögert. Er kommt erst am 1. Juni. Wenn ich das eher gewußt hätte, wäre ich abgereist, aber jetzt scheint es mir besser, wenn ich fünf oder sechs Tage länger bleibe. Ach, das kommt mir sehr hart an.

Wir werden uns nie mehr trennen, nicht wahr? Benachrichtigen Sie niemand von meiner Rückkehr, die ich Ihnen genauer angeben werde; denn ich will während der ersten Tage niemand, niemand sehen. Ich brauche Sie und Sie allein!!

Morgen schreibe ich Ihnen mehr. Ich war seit vier Tagen ganz krank.

Schreiben Sie noch einmal, was es auch sei, aber sofort, das wird mich etwas aufmuntern. Die Reise ist so lang.

Leben Sie wohl.

---

Paris, Mai 1836, Samstag um Mitternacht
Ihre vier Zeilen haben mir das Leben wiedergegeben. Ich fühle mich ein wenig erleichtert. Meine Brust atmet wieder freier. Ach Marie, wie liebe ich Sie!

Nach dem, was der Abbé von Lamennais mir schreibt, fürchte ich, daß ich noch mindestens etwa acht Tage hier bleiben muß. Das ist schrecklich. Da ich aber schon diese acht Tage gewartet habe, glaube ich, daß es trotzdem besser ist, bis zum Schluß auszuharren. Ich frage Sie nicht um Rat in alldem, aber ich denke, daß Sie mein Betragen in Paris in seiner Gesamtheit und in seinen Einzelheiten billigen werden. Ich bin innerlich überzeugt davon.

Ich bin traurig, daß ich Sie noch um einige Zeilen bitten muß. Ich möchte Sie so sehr, so sehr gern wiedersehen! Aber schreiben Sie mir sofort, und wenn es sein kann, mit einigen Einzelheiten, tun Sie es aus Mitleid.

Guten Abend, Marie, ich liebe Sie glühend.

Sonntag

Ich hoffte, meinen Brief heute morgen weiterschreiben zu können, aber jetzt warten schon zwei Besuche seit einer Stunde auf mich, und außerdem muß ich bei Boré frühstücken, der Sie sehr schätzt. Er ist wirklich ein vortrefflicher Mensch.

Ich schleppe mich nur mit vieler Mühe, liebe Marie. Auch sorge ich mich sehr um Sie. Ihr letzter Brief hatte etwas so Grausames.

Ach, nicht wahr, Sie werden zu mir nicht verändert sein? Ich bin Ihnen so dankbar für Ihre musikalischen Anstrengungen. Welch Glück wird es für mich sein, wieder einige Stücke mit Ihnen vierhändig zu spielen. Ich beschwöre Sie, diese kleine Arbeit in Erwartung des Glückes, das mir dadurch bereitet wird, fortzusetzen.

Aber noch einmal, schreiben Sie mir sofort ein paar Worte. Horace hat Masern. Théophile sagte gestern, es sei das erstemal in seinem Leben, daß er erröte.

Ich werde Ihnen einen Brief von ihm mitbringen. Wenn ich nicht irre, sind wir zufrieden miteinander.

Leben Sie wohl. Ich schreibe Ihnen übermorgen.

---

Paris, 31. Mai 1836

Ich hatte nicht die Absicht, Ihnen heute zu schreiben, mein lieber Engel, aber Ihr Brief ist so gut und tut meinem armen Herzen so wohl, daß ich vor Freude weine. Sie sagen: All das würde Sie interessieren, alles, leider geht es mir nicht ebenso, und mir ist, ganz wörtlich genommen, alles zum Überdruß. Indessen blicke ich noch manchmal rund um mich herum, um bestimmte Eindrücke gewissenhaft aufzunehmen, die ich Ihnen in einigen Tagen mitteilen werde. Schriftlich könnte ich es nicht, inmitten des turbulenten Lebens, das ich hier führen muß ...

Ich gehe so oft wie möglich durch die Rue de Beaune und die Rue de la Sourdière. Das ist die einzige Freude, die ich manchmal noch habe.

Ich bin sehr froh, daß Herr von Flavigny Ihnen über unsere Zusammenkunft einen freundlichen Brief geschrieben hat. Wenn Sie ihm antworten, so geben Sie ihm leise zu verstehen, daß ich gewöhnlich etwas weniger s c h ü c h t e r n bin als an jenem Abend. Ich war tief bewegt. Wenn ich Sie wiedersehe, werde ich Ihnen Wort für Wort unsere lange Unterhaltung wiedergeben.

Mein Aufenthalt hier wird selbst für Sie nicht nutzlos gewesen sein; dieses Gefühl allein hält mich aufrecht, aber wenn Sie mir glauben, werden wir uns fortan niemals mehr trennen.

Ach, ich habe keine Sorge mehr um Sie. Ein Jahr Sühne und Prüfung, das ist doch genug, nicht wahr? Wir werden von nun an ruhig sein. Ja, ruhig und gefestigt. Sie finden meine Briefe kurz und schlecht, und doch erschließt sich meine ganze Seele in ihnen – aber ich kann weder schöne Worte machen noch Sätze bauen, mit andern Worten, ich kann nicht schreiben.

Ich segne Sie aus der Tiefe meines Herzens.

Noch acht Tage!

## GRÄFIN D'AGOULT AN LISZT

31. Mai, Genf (nach Paris)

Ich weiß nicht, ob Sie dieser Brief noch erreichen wird, was macht's, ach, welche Ewigkeit dauert diese Reise! aber es mußte sein, und ich betrachte es als ein Glück, daß wir nichts vorher gewußt haben, denn niemals, niemals hätte ich den Mut dazu aufgebracht.

Ich werde versuchen es so einzurichten, daß wir in den ersten Tagen niemand sehen. Mir ist, als würde ich mich niemals an Ihnen satt sehn. Ach, wenn Sie wüßten, wie schwer es mir wird, nicht zu verzweifeln . . .

Aber Sie lieben mich so sehr, und ich fühle es so gut, was kann ich im Himmel und auf Erden anderes verlangen als Sie!

Leben Sie wohl, ich küsse Sie aus tiefster Seele.

Gott sei mit Ihnen.

Dienstag.

Genf, Mittwoch abend. 2. Juni 1836

Ich glaube, ich habe Ihnen heute morgen einen recht schlimmen Brief geschrieben. Das quält mich, und ich kann mich nicht enthalten diesen nachzuschicken, damit er den Eindruck des ersten verwischt. Ich war sehr traurig, ich habe den ganzen Tag im Bett verbracht, einzig, weil ich keinerlei Grund sah, mich anzuziehen, und mein Brief ließ spüren, daß ich von irgendwelchen Teufelchen gequält wurde. Denken Sie nicht mehr daran, und versetzen Sie sich in meine Lage. Seit drei Wochen bin ich von allem, was Sie tun, ausgeschaltet. Alle Ihre Worte, alle Ihre Gedanken sind für mich verloren. Ich schleppe mich von Hoffnung zu Hoffnung, und stets kommt ein Brief von Ihnen und legt sich wie ein sengendes Eisen auf mein Herz. Seit gestern habe ich allen Mut verloren, ich kann nicht einmal mehr etwas wünschen. Ich fühle, daß ich sehr traurig sein werde, wenn ich Sie wiedersehe, und dennoch macht mich alles so glücklich, was Sie mir über Ihren Pariser Aufenthalt gesagt haben. Wie sollte ich nicht alles billigen, was Sie gesagt und getan haben? Haben wir denn zweierlei Herzen? haben wir zweierlei Interessen, zweierlei Gedanken, zweierlei Leben?

Sie wissen, daß ich Ihre Erfolge als Künstler genieße und mir alles zu eigen mache, was Sie als Mensch an Geltung gewinnen, so kann ich nur Stolz und Freude über Ihre Reise empfinden. Ich kann hier über alle Menschen und Dinge nur Löbliches berichten. Die Eselsmilch bekommt mir. Die Gebirgsblumen entzücken mich (ich lege ein Herbarium an). Ich spiele mit Vergnügen das Stück von Schad[1]. Ich entziffre J. Paul ziemlich gut. Mein täglich erscheinender Ronchaud ist allerliebst. Herr Mallefille[2] hat mich lebhaft interessiert. Die Montgolfier schreibt mir reizende Briefe, und es ist warm.

Die Zeit hat viele Wunden vernarben lassen, es geht mir also gut, sehr gut, und ich bin bereit, so lange in Genf zu bleiben, wie es Ihnen paßt, aber ich fühle, daß ich nicht mehr die

[1] Deutscher Pianist und Komponist, geboren 1812.
[2] Félicien Mallefille, Dramatiker und Romanschriftsteller (1813–68).

Kraft haben werde, mich von Ihnen zu trennen. Auf welche Probe haben Sie meine Liebe zu dem Abbé von Lamennais gestellt! Wie würde ich jeden andern als ihn hassen.

## LISZT AN GRÄFIN D'AGOULT

Paris, 2. Juni 1836

Der Abbé von Lamennais ist angekommen, wir haben uns gesehen und gesprochen. Meine Aufgabe ist jetzt Gott sei Dank beendet. Alles ist jetzt in bester Ordnung. Morgen, Freitag, um 5½ Uhr abends, fahre ich wieder nach Genf ab. Montag abend sehe ich Sie wieder, – benachrichtigen Sie niemand von meiner Rückkehr – legen Sie sie auf Donnerstag abend –, damit wir zwei oder drei Tage vollkommen allein bleiben können.

Lebe wohl, einzig und völlig Dein.

---

Paris, 3. Juni 1836

Dem Himmel sei Dank. Eben ist Ihr letztes Billett gekommen. In zwei Stunden fahre ich ab – und dann auf immer – auf ewig.

Montag abend!

Noch einige Stunden Mut, und dann wird das Leben wieder machtvoller aus unserem verdorrten Inneren strömen.

Leben Sie wohl.

---

12. Juli 1836, Lausanne

Guten Tag, mein guter Saas. Das Konzert ist auf nächsten Freitag festgesetzt. Wenn Sie mir bis Samstag einen guten Brief schreiben können, werde ich darüber sehr glücklich sein. Schreiben Sie wie Sie sprechen, aber schreiben Sie ein bißchen mehr als Sie sprechen, mein schöner Engel. Ich werde dasselbe Zimmer beziehen, das Sie letzthin bewohnt haben. Ich bestand darauf, obgleich es das kleinste ist. Ich werde wenig oder gar nicht ausgehen, außer für Besorgungen, die, denke ich, nicht sehr zahlreich sein werden. Sollten bis Samstag irgendwelche Privatbriefe ankommen, so öffnen Sie sie, und machen Sie mir, statt sie mir zu schicken, einen ganz kleinen Auszug davon, so zusammengedrängt wie möglich. Sie wissen, daß es mir etwas Unmögliches ist, Briefe zu lesen, die nicht dell Fellow sind.

Pflegen Sie sich gut, körperlich und seelisch, tun Sie das im Gedenken an mich. Sie wissen, daß ich außerordentliches Gewicht darauf lege.

Ich träume nur noch von unserer Schweizer Reise. Ich sage mir unaufhörlich: noch einige Tage, noch einige Stunden, und dann wird all diese Quälerei vorüber sein, and then we shall play, Fellow. Lebe wohl, mein guter Saas. No tea and no coffee. Never never! Ich küsse Sie, diese Unterstreichung gebührt Ihnen seit langem! Lebe wohl, there is no Vergangenheit . . . of C . . . adesso e sempre.

_____

GRÄFIN D'AGOULT AN LISZT

Juli 1836, Monnetier
Mittwoch, 7 Uhr abends
(nach Lausanne)

Lieber, wunderbarer Alter, da kommt Puzzi in wollgrauer Bluse und bringt mir Ihren Brief. Ronchaud ist seit 9 Uhr morgens hier. Wir haben einen sehr schönen Tag zusammen verbracht. Die Luft dünkte mich sehr rein, der Himmel sehr schön, die Erde sehr jung, mein Herz überfließend wie in meinen besten Tagen . . . und Ihr Bild strahlend und verklärt, wie es vielleicht im Himmel sein wird.

Hier schicke ich Ihnen einen allervortrefflichsten Folianten von George, die sich für den 1. August anmeldet, falls wir noch hier sind. Ich werde ihr sofort antworten. Ich bin entzückt über die Aussicht auf diesen Gefährten.

Leben Sie wohl, ich bekam vorhin eine rasende Lust, nach Lausanne zu fahren, aber das würde wieder ein Verstoß gegen meine Kur sein, und ich bin darauf erpicht, gesund zu werden.

Tutta vostra di cuore. Wissen Sie, was ich von unseren letzten Gesprächen behalten habe? „Das Leben mit Ihnen ist für mich so süß und so lieb." Das ist die Msuik, die mich jede Stunde, jede Minute verfolgt. Ach, Sie kennen nicht den Zauber Ihrer Worte.

_____

22. Juli 1836, Dijon

Noch ein Aufschub! Ich sterbe vor Angst, daß Sie Freitag in Genf geblieben sind, aber bitte zürnen Sie mir deshalb nicht, und schelten Sie mich nicht bei meiner Rückkehr. Die ehrenwerten Bürger von Dijon waren dermaßen erstaunt über meine Kunststücke, daß das Comité der Philharmonischen Gesellschaft geschlossen zu mir gekommen ist, um mich zu bitten und zu beschwören, in ihrem Konzert, das morgen, Samstag, stattfinden wird, ein Stück zu spielen, für dreihundert Franken (eine unerhörte Summe in diesem Land, wo Lafont[1] sich für hundert Franken den Abend verpflichtet). Ich habe edelmütig geruht, ihren inständigen Bitten nachzugeben. Nach reiflicher Überlegung schien es mir, daß dreihundert Franken gut mitzunehmen wären; Sie wissen, daß ich allmählich zum Juden werde – und dann behalte ich das Notwendige im Auge, – dreihundert Franken sind gerade das, was ich brauche, – wofern nicht die Geliebte den Freigebigen spielt.

Ich habe übrigens hier Ihren alten Brief gefunden, wo sehr viel von Mallefille die Rede ist; ich empfinde darüber eine Freude, also eine Freude ... die nur durch den Gedanken gemildert und zerstört wird, daß Sie wahrscheinlich in diesen letzten Tagen gelitten haben.

Ich weiß nicht, warum der Gedanke mich verfolgt, daß Filliotto vielleicht krank ist. Ich weiß nicht, welch Bild mir durch den Kopf geht. Ich fühle mich unruhig und fiebrig. Wenn Sie mir ein paar Zeilen hätten schicken können, wäre es anders gewesen, aber das war ja nicht möglich.

Da rückt mir dieser unglückliche Herr Grognet (der Verfasser des letzten Gedankens von Hérold) auf den Leib, ich kann meinen Brief nicht weiterschreiben. Wenn die Post nicht fort ist, werden Sie zwei Briefe auf einmal bekommen. Sonst erst morgen. Ich fahre endgültig Sonntag morgen. Montag gegen 5 Uhr werde ich in Genf sein. Gegenüber Master Rousillon, bei dem Spediteur Laffitte. Sehen Sie zu, ob Sie

---

[1] Berühmter französischer Geiger (1781–1889).

herunterkommen können, aber ich schreibe Ihnen gleich ausführlicher, ich weiß nicht was, aber das tut nichts.

Adesso e sempre.

_____

Dijon, 23. Juli 1836, Samstag, 4 Uhr

Ich habe einen schlechten Tag verbracht. Traurigkeit und Sehnsucht nagen an meinem armen Herzen. Die Musik habe ich über, die Menschheit langweilt mich, und die Natur ohne Sie ist nichts als unaufhörliche Zerstörung und Neuerschaffung ... Kurz, an meinem Firmament sind weder Sonne noch Sterne. Ich muß Sie wiedersehen und endlich ernstlich ein neues Leben beginnen. Ich verlange nach Ruhe, tiefer Ruhe. Ich ersehne ich weiß nicht was für ein bizarres und schlichtes, zugleich alltägliches und mystisches Dasein. Ein ganz ideales, ganz einsiedlerisches Dasein ... ganz in Ihnen und in Gott, so wie ich ihn fühle und anbete ... Ach, geben Sie mir Ruhe ... geben Sie mir Ihren Frieden, wie Christus seinen Frieden den Aposteln gab.

Ich fühle ein unwiderstehliches Verlangen nach Ihnen ... Ich liebe Sie tief ... aber ich kann Ihnen das nicht so sagen, wie Sie es gerne möchten. Warum fordern Sie auch von mir, daß ich Ihnen meine Seele übersetze und in schöne Sätze zerlege? Kann ich das tun?

Ich bin noch nicht recht von der Vergangenheit geheilt. An gewissen Tagen brennen meine Wunden. Legen Sie dann Ihre wohltuende Hand auf meine Brust, und lassen Sie mich in Ihrem Schoße schlafen ... dort, wohin ich alles vergraben habe, was an Schmerz, Genie und Zärtlichkeit in mir war. Ach, wenn Sie wüßten, was ich Ihnen zahllose Male gegeben habe; welch unendliches Streben, welch erhabene Seufzer, welche Wünsche und welche Träume in Ihnen sich verloren haben.

Ach, könnten Sie sie eines Tages zutiefst in Ihrem Sein sich prachtvoll regen spüren, könnten Sie sie sehen, sie befühlen, Ihr Sein damit erfüllen ... denn wie soll ich sie in Worte kleiden, sie erklären, sie beschreiben? Das ist unmöglich.

Obgleich ich seit gestern abend unpäßlich bin, werde ich doch in zwei oder drei Stunden meine Kunststücke vorführen. Dieses Handwerk ermüdet mich sehr, und dennoch ist es vielleicht gut, daß ich es ausübe.

Morgen um ½11 Uhr werde ich in die Postkutsche steigen. Montag um 5 Uhr komme ich bei dem Spediteur Laffitte und Caillard gegenüber von Herrn Roussillon an. Werden Sie dort sein . . .

Leben Sie wohl, es ist traurig, daß diese unglücklichen Worte „ganz der Ihre" so beschmutzt und bestaubt sind. Es sind die einzigen, die mir wahr scheinen würden, und Sie wissen, daß ich ohne Wahrheit nicht auskomme.

Jeden Tag werde ich lehrhafter. Wahrscheinlich werde ich bald bei dem Schweigen der Karthäuser anlangen, und das wird weise sein.

Nochmals, leben Sie wohl, lieben Sie mich.

# VI

## Februar 1837 bis April 1837

Im Dezember 1836 kommt Liszt mit Gräfin d'Agoult nach Paris, angezogen von der Neugier, Thalberg kennenzulernen, den man ihm als Rivalen gegenüberstellte. Sie wohnen alle beide dem Konzert von Berlioz am 18. Dezember 1836 bei, in welchem Liszt spielte. Ende Januar 1837 begibt sich Gräfin d'Agoult nach Nohant, wohin Sie George Sand eingeladen hatte. Liszt bleibt in Paris, vom Kampf in Anspruch genommen, den er mit Klavier und Feder gegen Thalberg ausficht. Im Mai trifft er sich mit Gräfin d'Agoult in Nohant.

### LISZT AN GRÄFIN D'AGOULT

Paris, Februar 1837, Samstag
mitternacht (nach Nohant)

Ich komme an, und jetzt bin ich bei Klein-Zyo. Der Abend war herrlich für mich; ich bin noch niemals so verstanden und so beklatscht worden. Das Publikum entscheidet sich offenbar für uns. Thalberg war starr vor Staunen. Er sagte ganz laut vor mehreren Leuten, die dort waren, daß er nie etwas Ähnliches gehört habe. Er hat sogar hinzugefügt, „daß er unfähig wäre, auch nur vier Zeilen meines Stückes zu spielen". Wenn ich nicht irre, muß er recht betrübt sein. Indessen will ich meinen diesbezüglichen Vermutungen nicht freien Lauf lassen.

Ein recht seltsamer Zwischenfall des Abends war, daß Herz zu mir kam, um mir die Hand zu drücken und mir zu sagen, daß er mich niemals besser habe spielen hören. Nun wissen Sie, welche Artikel ich über Herz geschrieben habe. Was Thalberg anbetrifft, so hüllt er sich in seine enge Feierlichkeit. Mir ist es lieber so, obgleich ihn das teuer zu stehen kommen wird, und nicht zu knapp.

Ich kann nicht fortfahren, der Husten erstickt mich.

Ich nehme meinen Brief wieder da auf, wo ich ihn gestern gelassen hatte, aber nicht etwa, um Ihnen von der musikalischen Soirée zu erzählen, noch vom Konzert, das ist seit einem Jahr vorbei, so kommt es mir vor, sondern um eine Minute mit Ihnen zu schwatzen.

Jetzt müssen Sie eingerichtet sein. Ihre Kamelien stehen gewiß schon auf Ihrem Kamin; ich stelle mir Ihr Zimmer groß und niedrig vor, mit blauen Vorhängen, ganz blauen Möbeln...

Mein Zimmer ist recht verlassen, seitdem Sie nicht mehr darin sind. Die Poesie ist aus meiner Klause entflohen, wie ich neulich abend dem Allerweltsfreund del Crétin gesagt habe, der mich besuchen kommt. Ich habe ihm die Vision von Hebal[1] zu lesen gegeben, um ihm ein wenig die Gedanken zu verwirren. Wir sollen einige Theater zusammen besuchen: uns Bizze und Pauvre (sic) usw. ansehen. Ich werde Ihren Brief durchsehen, um ihn Sonntag an Le Monde und an die Gazette zu geben. Ich nehme an, daß er viel Erfolg haben wird. Ich wäre Ihnen recht dankbar, wenn Sie das Geheimnis zur Hälfte wahren wollten, wenigstens George gegenüber.

Sagen Sie mir, welche Zeitungen Sie dort bekommen, damit ich Ihnen diejenigen schicken kann, die Sie wünschen. Temps und Monde bekommen Sie wohl durch George, sagen Sie mir, ob Sie La Presse haben wollen.

Meine Gesundheit ist gut, bis auf einen abscheulichen Husten, der Miene macht, nicht weichen zu wollen. Ich hoffe, Ende des Monats zu Ihnen zu kommen; das wird mir sehr lieb sein.

----

Paris, Februar 1837

Verbieten Sie mir nicht zu schreiben. Das ist die einzige Freude, die mir bleibt. Wie gut und liebreich von Ihnen, daß Sie ein wenig glücklich sind über das, was ich nicht sagen kann!

Ich werde mit Besuchen überschüttet. Den ganzen Tag lang Erklärungen, Verhandlungen, Migränen und Predigten! Es ist um sich aus dem Fenster zu stürzen.

[1] Werk von Ballanche, französischer Philosoph (1776–1847).

Sagen Sie George, daß Schlesinger unbedingt nur 500 Franken geben will und sogar findet, daß das enorm bezahlt ist. Ich mache mich anheischig, 600 dafür zu bekommen, falls sie mir sofort (aber so bald wie möglich!) zwei Zeilen schreibt, die ich Maurice zeigen kann, worin sie mir ausdrücklich verbietet, ihre Novelle für weniger als 600 herzugeben. Ich habe ihm schon gesagt, daß es die Pension von Solange sei, aber dieser häßliche Jude behauptet, daß man nichts sagen würde, wenn ich nur 500 Franken schickte. Bitten Sie sie also, mir sofort diese beiden offiziellen Zeilen zu schreiben. Man macht sich keinen Begriff davon, wie schwer es ist, diesen Halunken von Kaufleuten Geld zu entlocken. Ich glaube, daß er die Porträts von Calamatta[1] kaufen wird. Das wird ein gutes Geschäft für unseren Künstler. Ohne Zweifel wird Cal... Ihr Porträt machen, wenn Sie zurückkommen. Etex soll eine Medaille von mir machen. Ich gehe morgen hin. Die (übrigens sehr einfache) Art, in der er mich gebeten hat, zu sitzen, hat mir sehr geschmeichelt.

Sie haben hundertmal recht, den Brief für den Charivari nicht zu schreiben. Bei der Abreise aus Paris wird ein Bakkalaureusbrief genügen, der so viel sein wird wie: (Musik) und dessen natürlicher Platz in der Gazette musicale ist.

Danke hundert und aber hundertmal für Ihre Gefälligkeit. Seien Sie versichert, daß ich Ihnen höchst dankbar dafür bin. Spätestens in zwölf Tagen, nicht wahr? Ich werde Ihnen Geld schicken, und jemanden dazu, wenn es möglich ist. Zärtliche Grüße.

Ich bin dabei, Dummheiten zu machen!

Massarts Konzert gestern abend war sehr gelungen. Meins in der Oper findet endgültig Sonntag, den 19., statt.

Lebe wohl, liebe Geliebte ... adesso e sempre.

Eben bringt man mir Le Monde. Er enthält den großen Artikel von Herrn Floran[2], den Sie kennen. Ich stehe immer noch ausgezeichnet mit den Herren von Le Monde. Didier

[1] Kupferstecher, Maler, geb. in Civitta-Vecchia im Jahre 1802.

[2] Über den ersten Abend von Liszt, Batta und Urhan, in Le Monde vom 5. Februar 1837.

hat mir Fortoul[1] vorgestellt, der mir recht gefällt, aber ich habe ihn nur kurz gesehen. Auch Schlesinger wagt sich ein wenig für mich vor; er kam neulich abend um 11 Uhr, um mir zu sagen, daß meine Abende unbedingt gepfropft voll sein müßten, und wäre es nur, um Thalberg einen Schabernack zu spielen, usw. usw. Ich habe ihm hundert Billetts übergeben, die er verteilt hat (denn der Samstag vor Ostern ließ uns wenig Aussicht auf Publikum), und der Saal war voll, und das Stück aus der Jüdin wurde mit Beifall überschüttet. Und da soll mir noch einer sagen, daß es keine Kameradschaft gibt! Wenn ich mich verkaufen wollte, würden meine Erfolge sich verdoppeln, aber dann hätte ich auch keinerlei Aussicht mehr auf Dauer. Ich werde mich also beharrlich von allen unabhängig halten, mit der Freiheit, mich je nach Gelegenheit des einen oder des andern zu bedienen.

Leben Sie wohl, liebe Geliebte. Ich erzähle Ihnen heut viel von Geschäften, aber Sie wissen, daß es mich wenig beschäftigt. Italien, Italien! . . . und die Ruhe, und unsere lieben und schönen Studien, und unser Kind, und unsere Liebe!

Bestellen Sie George so viel schöne und gute Grüße wie Sie mögen; glauben Sie, daß sie Zopin[2] unterbringen könnte, der Bursche hat Lust hinzukommen . . . er spricht fortwährend davon.

Versuchen Sie, tüchtig zu arbeiten. Tun Sie es im Gedenken an mich.

———

Paris 1837

Das ist ein sehr böser Brief. Vier Tage Verspätung, es ist zum Verzweifeln! Ich weiß nicht warum, aber es scheint mir, daß Sie mir nicht wohlgesinnt sind. Sie verstehen, was ich damit sagen will.

Vielleicht wollen Sie mir auch eine Überraschung bereiten und kommen morgen oder Sonntag. Ich hoffe es ein wenig. Warum sagen Sie, daß ich nicht nach Orleans kommen soll?

[1] Hyppolite-Nicolas-Honoré Fortoul, Schriftsteller, Politiker. Schrieb im Jahre 1837 die literarischen und musikalischen Kritiken in Le Monde.
[2] Chopin.

warum bringen Sie mich um dieses kleine Glück? Das für mich ein wirkliches Glück war. Lieber Gott, wie werden Sie verständig. Es ist wirklich Zeit, daß das aufhört. Ich gehe den entgegengesetzten Weg.

Ich weiß noch nicht, was ich tun werde, bevor ich hier abreise. Jullien scheint nicht recht Wort zu halten. Das erklärt Ihnen mein Schweigen über Ihren Artikel, mit dem ich sehr zufrieden bin. Meine drei neuen Musikabende sind aufgeschoben.

Ich glaube, daß ich die 600 Franken für George herausgeholt habe; es war nicht leicht. Ich bin auch sehr zufrieden. Ich habe Calamattas wegen mit Musset gesprochen, aber die Kritik über den Salon in der Revue schreibt Barbier. Wenn sie es wünscht, werde ich ihn aufsuchen. Ich kenne ihn genügend, um das tun zu können. Calamatta ist dabei, das Geschäft mit Schlesinger abzuschließen, der sechs Porträts von ihm haben will.

Sagen Sie George, daß sie sich betreffs der Geschäfte mit Le Monde absolut nicht von Didier[1] breitschlagen lassen soll. Der Preis, den sie fordert, ist sehr gering, und sie kann nicht ohne Nachteil davon abgehen.

Ich habe zwei Wohnungen für Sie. Eine neben mir, Rue Neuve des Mathurins (das ist die hübschere und billigere), die andere Hotel de Hollande, Rue de la Paix. Das beste was Sie tun könnten wäre, ganz einfach zu mir zu kommen und acht oder zehn Stunden zu bleiben. Von da können Sie die beiden Wohnungen ansehen und diejenige wählen, die Ihnen zusagt.

Ich bin heut morgen traurig und niedergedrückt. Wann werden wir abreisen? Bald, nicht wahr? Wenn noch Zeit dazu ist, schreiben Sie mir, mit welcher Post Sie ankommen, ich werde Sie abholen, auch um 6 Uhr morgens, wenn ich nur weiß wo.

Auf Wiedersehen, lieber Engel. Lieben Sie mich.

Ich habe Ihren Artikel zu Coste[2] gebracht. Ich hoffe, daß

1 Charles Didier, Literat, französischer Journalist (1803–64).
2 Jacques Coste, französischer Journalist (1798–1859).

er ihn bringen wird. Die Verbreitung des Temps ist augenblicklich sehr groß. Das Format ist verdoppelt, und die Inhaltsangabe ist eine ausgezeichnete Erfindung von Coste.

Bei Ihrer Ankunft werden Sie zwei lange lobende Artikel über mich finden, den einen in Les Débats, den andern im Temps. Ronchaud hat nicht gewagt, sie Ihnen zu schicken, aus Angst, daß sie zu spät kommen würden.

Leben Sie wohl.

———

Paris, 11. Februar 1837, Samstag mittag

Marie, Dank für das, was Sie mir schreiben; Ihr Lied hat mich tief gerührt. Ich werde es abschreiben, um es immer bei mir zu haben. Ich will mich niemals davon trennen.

Es ist mir unmöglich, in diesem Augenblick mit Ihnen zu sprechen. Ich habe eben geweint wie ein Kind. Die Verspätung meines Briefes ist unerklärlich. Ich habe ihn selber Sonntag zur Hauptpost gebracht, vor 3 Uhr.

Morgen früh schreibe ich Ihnen alles mögliche; nichts Schlechtes oder Beunruhigendes. Meine Gesundheit bessert sich. Ich bin diese Woche noch vier Tage im Bett geblieben; aber es war nichts von Bedeutung. Meine Mutter ist auch an einer sehr schweren Grippe erkrankt.

Leben Sie wohl, mein edler Engel. Ich muß ausgehen und mich um unseren Brief kümmern, der morgen in der Gazette musicale[1] erscheinen wird.

Leben Sie wohl, leben Sie wohl!

———

Montag, 13. Februar 1837 (nach Nohant)

Nun bin ich fast geheilt, liebe Schönheit. Ihr Brief hat mir außerordentlich wohl getan. Ich konnte dem Wunsch nicht widerstehen, ihn dem amico del Cretino zu zeigen, den ich doppelt liebe, wie Sie wissen. Meine Geistesverfassung ist recht gut, nicht zu kriegslustig, nicht zu mutlos, sondern erträglich, das heißt außerordentlich trocken und traurig. Was

---

[1] Briefe eines Bakkalaureus der Tonkunst an einen reisenden Dichter (Gazette musicale vom 12. Februar 1837).

wollen Sie? Ich kann ohne Sie nicht anders sein. Bin ich nicht verwaist und einsam auf Erden, wenn Sie nicht bei mir sind?

Meine Musikabende[1] gehen in bezug auf Wirkung und künstlerische Bedeutung immer crescendo. Der letzte war herrlich. Die Etüde von Moscheles (in chromatischen Tonleitern) mußte wiederholt werden, und der Mariottenwalzer gleichfalls. Ich werde allgemein gebeten, vier neue Abende zu veranstalten. Auf alle Fälle könnte das erst nach meiner Rückkehr aus Nohant sein. Ich sehne mich heraus aus diesem ganzen Tohuwabohu. Da Sie Einzelheiten lieben, folgen hier zwei oder drei:

1. Ein reizender Irrtum des Publikums, das letzten Samstag den Stil von Pixis[2] und von Beethoven mit unglaublichem Aplomb verwechselt hat. Das Programm nannte an erster Stelle das Trio von Beethoven und an letzter das von Pixis. Da Pixis mich beschworen hatte, ihn nicht zu opfern, kamen wir überein, die Reihenfolge umzukehren, und alle Welt klatschte dem angeblichen Trio von B... Beifall und meinte, daß das andere daneben recht blaß erscheine! ... Ist das nicht köstlich?

———————

2., 3. und 4. Thalberg! ...

Aber da gibt es so viel zu sagen, daß ich nicht weiß, womit ich anfangen soll. Wir wollen chronologisch vorgehen. Letzten Donnerstag sollte Pixis uns zum Essen zusammenbringen. Ich hatte alle Vorbehalte erklärt und war um 6 Uhr in der Rue Taitbout! Pixis hatte eben einen kleinen Entschuldigungsbrief vom berühmten Pianisten erhalten, der einen Rückfall erlitten hatte. Wir begnügten uns damit, vergnügt über seine Abwesenheit zu lachen und unser Diner, das freundschaftlich war, mit einigen Späßen zu würzen. Von Fremden war nur Chopin da. Am nächsten Tage erfuhren wir, trotz der Versicherungen seiner Freunde, positiv, daß er nur ganz leicht unpäßlich gewesen war. Im Grunde ist es mir lieber,

[1] Kammermusikabende, gegeben von Liszt, Urban und dem Cellisten Batta, am 18. Januar, 4., 11., 18. Februar.
[2] Deutscher Pianist und Komponist, geb. 1788.

daß es dabei bleibt; Sie werden mir sagen, das sei dumm, aber was soll man dabei machen? Thalberg ist ein sehr schwacher und sehr beeinflußbarer junger Mensch. Seine Freunde sind sehr mäßiger Art; das ist sein Schade. Fortan ist es recht schwer zu erreichen, daß wir uns begegnen. Übrigens wird sein Konzert, das auf den 24. Februar festgesetzt ist, wahrscheinlich die Gelegenheit zu einem neuen Artikel sein. Und außerdem wird sich Fétis[1] hineinmischen. Jawohl, Fétis, der würdige Professor (der, wie Chopin glaubt, von Herrn Dietrichstein, der sich augenblicklich in Brüssel befindet, bezahlt wird), soll in der Gazette musicale einen Brief wegen meines (oder unseres) Artikels über Thalberg[2] an mich richten. Schlesinger zeigte mir ein Billett, das er von ihm bekommen hat, wo er anfragt, ob es der Gazette passen würde, diesen Brief zu bringen, in welchem er, wie er sagt, alle einem so großen Künstler wie Liszt gebührenden Rücksichten zu wahren wissen würde.

Sie können sich wohl denken, daß ich Schlesinger vollkommene Freiheit gegeben habe, den Artikel von Fétis, der noch nicht geschickt worden ist, zu drucken. Je nach dem Inhalt des Briefes werde ich antworten[3], das kann lustig werden.

Ich weiß nicht, ob Sie dieses entsetzliche Gekritzel werden lesen können, aber stellen Sie sich vor, daß ich seit Samstag ein schlimmes Handgelenk habe, das mich am Spielen und am Schreiben hindert. Morgen werde ich den Chirurgen Cloquet konsultieren. Ich glaube, daß es nur ein ganz kleines Wehwehchen ist.

Das Konzert von Thalberg ist für den 24. Februar (verhängnisvolles Datum!) im Gymnase musical angezeigt. Ach, wie gern würde ich sofort danach abreisen! Wie sehne ich

[1] Belgischer Komponist und Musikschriftsteller, Direktor des Brüsseler Konservatoriums (1784-1871).

[2] Dieser Artikel ist in der Gazette musicale vom 8. Januar 1837 erschienen.

[3] Der Artikel von Fétis erschien in der Gazette musicale vom 23. April 1837, Liszts Antwort in derselben Zeitschrift am 14. Mai 1837, und die neue Entgegnung von Fétis am 17. Mai.

mich danach, Sie in meine Arme zu schließen! Wie verlange ich danach, Sie zu lieben. Der Löwe brüllt in meiner Brust!

Bei Löwe fällt mir ein, haben Sie die Artikel von Lamennais in Le Monde gelesen? Er schreibt zwei bis drei täglich; und einer ist immer schöner als der andere. Die Aktivität des lieben Abbé ist etwas Unerhörtes. Er hat jetzt ein kleines Arbeitszimmer in den Redaktionsräumen der Zeitung (Rue Montmartre), wo er sich von 12 Uhr mittags bis 3 Uhr einschließt, er kann sich kaum damit abfinden, bis zur Veröffentlichung des nächsten Tages zu warten. Wenn nur seine Gesundheit darunter nicht leidet!

Georges Brief ist gut. Ihre Mitarbeit ist der Gegenstand einer Menge schlechter Scherze gewesen. Ein legitimistisches Blatt, La France, hatte die Frechheit, folgendes zu drucken: „Wenn Frau Sand Witwe wäre, würde man wirklich nicht wissen, was aus ihrer Zusammenarbeit mit Herrn von Lamennais werden könnte."

Über mich ist meines Wissens kein Artikel von Wichtigkeit erschienen, ausgenommen der im Artiste, den ich nicht gelesen habe, der aber sicherlich wohlwollend ist. Ich beauftrage Ronchaud, Ihnen alles zu schicken. Ich habe ihm schon drei oder vier Zeitungsnummern übergeben.

Der Brief des Bakkalaureus ist gestern erschienen. Legouvé kam zu mir, um mir Komplimente darüber zu machen; er behauptet, daß mein Stil von Tag zu Tag gewinnt. Donnerstag, glaube ich, wird Le Monde ihn wiederbringen. Wenn ich nicht irre, muß er viel Erfolg haben. Wenn ich nach Nohant komme, werde ich zwei oder drei Artikel bei Ihnen bestellen. Klein-Zyo ist ein großer Schriftsteller, das steht fest!

Meine Abreise hängt vollkommen von Thalbergs Konzert ab. Wenn die Gelegenheit mir gut erschiene, würde ich vielleicht in einer Woche ein Konzert geben. Was meinen Sie dazu? Es ist beinahe eine Ehrensache. Außerdem wäre ich nicht böse, einen Tausend-Frankenschein einzustecken. In bezug auf Geld ist mit meinen Musikabenden nicht viel los. Ich würde mich sogar nicht wundern, zu hören, daß man mich um die Hälfte betrügt. Ich hoffe stark auf die Einnahme von nächstem Samstag. Die Sache ist auf gutem Wege. Alle Welt spricht davon. Das ist die Hauptsache. Jullien ist zurückgekommen. Sein Plan nimmt Form an. Man ist bereit, mir sehr schöne Vorschläge zu machen. Ich werde in gewisser Art der Chef des Programms sein. Sie werden vielleicht darüber lachen, aber man darf so etwas nicht vernachlässigen.

Ich komme von Cloquet. Mein Wehweh ist sehr unbedeutend, immerhin verbietet er mir, in den nächsten Tagen zu spielen. Ich bin traurig; ich brauche Sie.

Sagen Sie, teurer und edler Engel, wenn ich durch irgendwelche Umstände länger in Paris zurückgehalten werden sollte als ich dachte, würden Sie mir dann ein Opfer bringen? Würden Sie nach Paris zurückkommen, um hier vierzehn Tage zu verbringen? Ich wage kaum, es Ihnen vorzuschlagen; außerdem rechne ich sehr damit, nach Nohant zu kommen, aber ich weiß nicht, welch böser Schatten sich in mein Herz einschleicht. Sie wissen, daß ich erbärmliche Tage verbringe, und jetzt ist es bald einen Monat her, daß Sie fort sind. Hören Sie nicht auf mich. Ich bin schwach und bloß. Ach, warum kann ich nicht zu Ihnen kommen! Ich glaube wirklich, ich würde krank werden, wenn ich Sie nicht bald sehen könnte.

Sagen Sie mir, was Sie lesen und worüber Sie mit George reden. Ich selbst lese und rede nichts mehr, seitdem ich Sie nicht mehr habe. Nur mit Ihnen allein in der Welt kann ich manchmal sprechen. Sie haben mir so viel Gutes getan. Zu viel, sehen Sie, denn jetzt ist alles tot und farblos . . . Ich kann meine alten Freunde nicht mehr sehen und auch keine Frau. Die Principessa hat mir sagen lassen, daß sie trotz ihres Samstages zu meinem nächsten Musikabend kommen wird: ich bin nicht einmal hingegangen, um eine Karte bei ihr abzuwerfen.

Zopin ist immer sehr gut zu mir. Er wird Sie dieses Frühjahr besuchen.

Leben Sie wohl, liebe Geliebte, schreiben Sie mir bald. Ich brauche es.

Leben Sie wohl, leben Sie wohl.

————————

172

Paris, Februar 1837 (nach Nohant)

Soeben habe ich Thalberg gehört: das ist aber wirklich eine völlige Mystifikation. Von allen Dingen, die als höher gelten, ist das sicherlich das Mittelmäßigste, was ich kenne. Sein letztes Stück (kürzlich komponiert) über „God save the king" steht sogar noch unterhalb des Mittelmäßigen. Ich habe es Chopin gesagt: „Das ist ein verfehlter Grandseigneur, der einen noch verfehlteren Künstler ausmacht."

Heute morgen habe ich das Porträt bekommen; es war Zeit, denn Calamatta war sehr beunruhigt deswegen. Ich werde mich um die Artikel kümmern. Würden Sie übrigens für möglich halten, daß es mir unmöglich ist, Horace oder La Presse wiederzufinden; ich werde in den Redaktionen danach fragen.

Die zwei Worte, die das Porträt begleiten, haben mich gerührt ... Es besteht eine geheime Übereinstimmung zwischen uns. Auch ich (und vielleicht schon vor Ihnen) bin meiner Vereinsamung müde. Was mich bleiben läßt, ist die Notwendigkeit, gegen eine blöde Menge zu kämpfen, ist das Bedürfnis, nach und nach über alle Schwierigkeiten zu siegen, die sich der Entwicklung meiner Persönlichkeit entgegenstellen.

Liebe Geliebte, wann werde ich Sie wiedersehen? Ich weiß nicht, aber ich glaube, es wäre ein Fehler von mir, Paris in diesem Augenblick zu verlassen. Heute morgen ist Jullien zurückgekommen. Ich habe dreitausend Franken von ihm gefordert, um in vier Konzerten zu spielen. Er ist nahe daran, mir diese Summe zu bewilligen, die anständig ist, nicht wahr? Außerdem wird möglicherweise Schlesinger für mich ein Konzert in der Oper aufziehen, nächsten Dienstag, den 25. Februar; das würde nur tausend Franken einbringen, wäre aber schön. Thalberg ist beinahe aus dem Sattel gehoben; er weiß noch nicht, wo er sein Konzert geben wird. Das Gymnase musical scheint ihm nicht aristokratisch genug. Und außerdem will er viel Geld auf einmal verdienen. Seit zehn Tagen bedrückt ein Wort meine Brust, und ich wage nicht, es Ihnen zu sagen: kommen Sie!!!

---

Paris, Februar 1837 (nach Nohant)

Danke Marie, daß Sie mir so häufig schreiben. Das gibt mir Kraft. Ich werde immer noch von einer Menge Leute bedrängt. Mein Konzert in der Oper wird wahrscheinlich zustande kommen. Nochmals, ich glaube, es wäre ein riesiger Fehler, Paris in diesem Augenblicke zu verlassen. Thalberg ist ziemlich aus dem Sattel geworfen. Für sein Konzert steht noch nichts fest. Ich bemühe mich, nach allen Richtungen hin mich zu betätigen. Das muß einmal aufhören. Noch einen Monat, und alles wird erreicht sein. Aber ein Monat ohne Sie zu sehen, das könnte ich nicht mehr, kommen Sie also, und kommen Sie so bald wie möglich; und verstehen und lieben Sie mich.

Aber warum muß ich Ihnen das sagen? Gehöre ich Ihnen nicht ganz? Sind Sie es nicht, die meinen Ehrgeiz verhundertfacht? Streite und kämpfe ich nicht für Sie? Ach, Marie, Marie, Sie dürfen mich noch lieben. Trotz meiner vergangenen Fehler, trotz der Menschen und trotz allem werde ich Ihrer würdig sein.

Sollten Sie übrigens nicht Ende des Winters hierher zurückkommen. Sie werden hier jetzt Sehenswerteres vorfinden als später. Sie werden Th . . . sehen, der nächstens abreisen soll. Sie werden die neue Oper sehen (Klein-Zyo hat Erstaufführungen so gern). Sie werden ich weiß nicht was sehen, aber ich muß Sie wiedersehen. Wir müssen zusammensein. Es sei denn, daß Sie krank sind. Kommen Sie.


GRÄFIN D'AGOULT AN LISZT

Nohant, Montag abend, 20. Februar 1837

Eben erhalte ich Ihren Brief. Sie sind traurig, und Sie wollen, daß ich komme. Muß ich Ihnen sagen, daß der Wunsch, Sie wiederzusehen, mich verzehrt. Und doch glaube ich, daß ich noch nicht kommen werde. Meine Gesundheit ist noch nicht wieder hergestellt; diese Reise und das Pariser Leben würden mich wahrscheinlich krank machen, und außerdem habe ich eben mit George darüber gesprochen, die mir sehr

ernsthaft davon abgeraten hat, aus vielen Gründen, um die
ich mich nicht kümmern würde, falls sie durchaus nicht vor
Ostern kommen können, die jedoch ein gewisses Gewicht haben.

Können Sie sich nicht auf acht Tage zwischen zwei Konzerten freimachen? Das würde Verstand und Herz wieder in
Ordnung bringen, und etwa um die Karwoche käme ich für
vierzehn Tage nach Paris. Dann wäre meine Absicht, hier
recht lange zu bleiben und über Bourges und Lyon direkt
nach Genf zu fahren. Schreiben Sie mir oft, was es auch sei.
Wenn ich Ihre Schrift sehe, bin ich für den Rest des Tages
freudig bewegt, wenn nicht, verfalle ich in Traurigkeit. Sagen
Sie Ronchaud, daß er mir auch schreiben und sich nicht sorgen
soll, wenn ich ihm nicht antworte. Es ist mir ein Bedürfnis,
daß man mir schreibt, und selbst zu schreiben habe ich keine
Zeit.

Wo haben Sie denn Thalberg gehört?

Sie sagen mir alles immer nur halb; Ihr Ausspruch ist reizend, verbreiten Sie ihn so viel wie möglich. Sagen Sie Ronchaud, ich wäre nicht böse, daß er meinen Brief an Sie gelesen
hat; ich habe kein Geheimnis vor ihm.

Wir verbringen unsere Abende damit, Shakespeare, Plato,
Geoffroy, Saint-Hilaire, Molière zu lesen und Dummheiten
zu sagen.

George hat die Captive parodiert und läßt mich singen:
„Wenn ich nicht Gräfin wäre, liebte ich Pelican (Pelletan)".

Ihr Freund schreibt ihr reizende Dinge über das entzückende
Gesicht von Fräulein Liszt!

Grüße an Didier, Mallefille und Suzannet.

Schlesinger bietet sich George als Verleger für ihre Werke
an (erzählen Sie das nicht weiter, vielleicht ist es ein Geheimnis).

Ich küsse Sie.

_____

LISZT AN GRÄFIN D'AGOULT

Paris, 1837 (nach Nohant)

Ich komme heute mit einer Bitte, liebe Schönheit, das
kommt seit einiger Zeit recht häufig vor: es handelt sich um

einen Artikel über die vier Musikabende, den ich schreiben müßte und den ich nach dem riesigen Erfolg des Bakkalaureusbriefes, über den mir alle Welt Komplimente macht, nicht zu schreiben wage.

Der in Frage stehende Artikel, der unter meinem Namen erscheinen wird, müßte ungefähr folgendermaßen angeordnet sein:

Wie groß auch die Vorliebe des Publikums für frivole Dinge, seine Leidenschaft für glitzernde Mittelmäßigkeiten usw. usw. sein mag, gibt es dennoch in Paris eine recht beträchtliche Zahl von Menschen, die der Kunst einen ernsten Kult gewidmet haben und gewissenhaft an ihrer musikalischen Bildung arbeiten (im Grunde ist es Klein-Zyos Gedanke, siehe den ersten in Le Monde veröffentlichten Artikel über Berlioz)[1].

Wenn wir noch irgendwelche Zweifel an dem Vorhandensein eines solchen Publikums gehabt hätten, so würde der ausgewählte Zustrom zu den vier Musikabenden, deren Programm nicht danach war, Musikfexe und Dandys aus den Theaterrängen anzulocken, diese Zweifel beseitigt haben. – Dann noch ein oder zwei Sätze über die Machtlosigkeit der Hindernisse und über die Notwendigkeit des Fortschritts in der musikalischen Kunst Frankreichs.

Endlich zu den vier Musikabenden übergehen. Sagen, daß mit andächtiger Aufmerksamkeit und leidenschaftlichem Interesse bei Dingen gelauscht wurde, die wahrscheinlich in sehr viel Konzerten Gähnen hervorgerufen hätten. Selbstverständlich darf kein Wort von mir gesagt werden, sondern man muß sich darauf beschränken, in würdiger Weise das Talent und die Individualität Urhans zu loben; die Gewissenhaftigkeit und Schlichtheit des Künstlers betonen, daß Geiger wie Lafont und von Bériot ihn zwar an Eleganz des Striches übertreffen, aber was Ernst und Strenge anbelangt, keiner ihn erreichen kann. Niemand versteht die großen Werke tiefer, usw. ... auch

---

[1] Von Liszt gezeichneter Artikel über ein Konzert im Konservatorium, wo Harold und die Symphonie fantastique aufgeführt wurden (Le Monde, 11. Dezember 1836).

das Lob von Batta singen (der seit acht Tagen sich sehr nützlich zeigt); von der schönen Eigenart seines Tones sprechen
und vom Reiz seines Spiels. Endlich die schönen, vornehmen,
kerzenerleuchteten Salons von Erard loben und sein Klavier,
das zwei Eigenschaften vereint, die gewöhnlich einander aus-
schließen: Kraft und Weichheit des Tons. Wenn Sie wollen,
mag die Wirkung meines Spiels im Konservatorium und im
Théâtre des Italiens erwähnt werden, wo ich mit meinem
Klavier das Orchester übertönte; und gesagt werden, was
wahr ist, daß es mir mit keinem anderen Instrument möglich
gewesen wäre, diese Wirkung hervorzubringen.

Schließlich mit folgendem enden: Diese vier Musikabende
sollen eigentlich nur eine Vorbereitung bedeuten. Obgleich
schon fünf Trios von Beethoven gespielt wurden, bleibt noch
eine sehr beträchtliche Zahl von Sachen übrig, die nirgends
gespielt werden und die das Publikum unbedingt kennenlernen muß.

Ankündigen, daß diese Musikabende jetzt aufhören, aber
daß wir sie in der Karwoche wieder aufnehmen und drei
Tage dieser Woche (wenn Ihnen was einfällt, können Sie
einen kleinen Satz über die heilige Woche einflechten) ausschließlich der Aufführung von Kompositionen von Beethoven, Schubert und Weber widmen werden.

Den Schlußsatz können Sie machen wie Sie wollen; ich
würde es recht gern sehen, wenn Sie sagen würden, es sei
Zeit, daß hochgestellte Künstler endgültig das Handwerk des
Spaßmachers fürs Publikum aufgeben und es sich zur Aufgabe
machten, das Publikum in großen und edlen Sachen zu unterrichten und in sie einzuführen. Man täusche sich darüber nicht,
die Dauer ihres Rufes und die Bedeutung ihrer Stellung hängt
fortan davon ab.

Das wäre ungefähr der Grundriß des Artikels, der nicht
sehr lang zu sein braucht, es sei denn, daß Sie ihn lang machen
wollen. Er muß in meinem persönlichen Namen geschrieben
werden. Die Sache ist für mich wichtig. Es ist ein wirklicher
Dienst, um den ich Sie bitte. Sehen Sie zu, mir das in fünf
Tagen zu schicken, so daß ich ihn in die Gazette vom Sonn-

tag, dem 26. Februar, und auch in Le Monde setzen lassen kann.

Seit länger als einer halben Stunde warten vier Leute in diesem Zimmer, ich kann unmöglich weiterschreiben.

Lieben Sie mich, wie ich Sie liebe.

Morgen schreibe ich Ihnen zwei Worte.

Der Ihre, nur der Ihre.

---

Donnerstag morgens 1837

Liebe Geliebte, ich erhalte soeben Ihren zweiten Brief; ich weiß nicht, wie der Postdienst vor sich geht, aber eins ist gewiß, daß ich auf Ihren Brief sofort mit den beiden Worten, die Sie erwähnen, geantwortet habe. Ich glaube, die Post braucht länger als sechsunddreißig Stunden.

Meine Zeit ist immer außerordentlich besetzt durch Besucher, Freunde und Neugierige. Ihr Brief eines Bakkalaureus hat wirklich einen sehr großen Erfolg. Ich werde nichts mehr zu schreiben wagen. Aber warum rede ich von alledem? Nur eines ist mir notwendig, ich fühle es tief. Seit fünf oder sechs Tagen schon bin ich am Ende meiner Geduld – abreisen, abreisen!

Was Sie mir vom Leben in Nohant erzählen, erweckt in mir den starken Wunsch, einige Zeit dort zu verbringen. Indessen möchte ich lieber, daß wir vollkommen allein wären, wo es auch sei.

Werden wir durch Genf kommen? Werden wir Filliot wiedersehen? Ich habe Ihnen nichts Neues zu sagen, aber ich fühle ein lebhaftes Bedürfnis, mit Ihnen zu plaudern.

Das Konzert von Thalberg ist verschoben, sagt man! Mein Gott, ist das dumm. Dieser Idiot fängt an, mich heftig zu langweilen. Aber eines schönen Abends wird ja wohl das Spiel zu Ende gehen.

Ich weiß nicht, ob Sie meinen Entwurf für einen Artikel über die Musikabende haben entziffern können. Ich vergaß Ihnen zu sagen, daß ein lobendes Wort für Nourrit hinein muß, der die Sterne und Sei mir gegrüßt, sei mir geküßt gesungen hat. Bei dieser Gelegenheit könnten Sie zwei Worte über Schubert und die deutsche Sprache sagen. Ein Dankwort an Geraldy[1] wäre gleichfalls angebracht. Ich habe alle Veranlassung, mit ihm zufrieden zu sein; er hat sich als meinen warmen Anhänger bekannt.

Versuchen Sie, mir den Artikel sobald wie möglich zu schicken, wenn es geht, so daß ich ihn nächsten Mittwoch oder Donnerstag habe, ich wäre Ihnen dafür sehr dankbar.

Da kommen schon wieder Urhan und Batta.

Leben Sie wohl, liebe Geliebte.

---

Châteauroux, März 1837

Im Augenblick, da ich den Wagen bestieg, brachte man mir einen Brief von Hermann, der mir mitteilt, daß Jullien nach mir seufzt und daß sein erstes Konzert für den 17. dieses Monats festgesetzt ist.

Verzeihung, teurer Engel, daß ich Sie mit diesen Erbärmlichkeiten langweile; glauben Sie mir, daß auch ich Herz und Kopf in beide Hände nehmen muß, um gute Haltung zu bewahren, wie ich es seit drei Monaten tue. Schließlich findet alles bald sein Ende, Gott sei Dank! And there we shall be and far fellows at Italy! (sic) Wir hatten uns viel zu sagen, der Pfarrer und ich. Ich bin sehr zufrieden mit ihm; ich halte ihn für einen starken Charakter.

In einer Viertelstunde fahren wir nach Paris ab. Sie werden nicht länger als fünfzehn bis zwanzig Tage warten, nicht wahr? Der Ihre.

---

Orléans, 6. März 1837

Hier sitze ich in einer Kneipe mit Nachbarn, die Pikett spielen. Wir müssen eine Stunde hierbleiben. Ich will diese Zeit nicht verstreichen lassen, ohne Ihnen ein paar Zeilen zu schreiben. Der Ort eignet sich für zärtliche Ergüsse; obendrein habe ich eben eine ganze Sammlung von Zeitungen verschlungen.

Lamartine hat eine eigentümliche Rede gehalten. Die arme soziale Partei, wie purzelt sie herunter! Welche Ungeschick-

[1] Bassist.

lichkeit, so für nichts und wieder nichts die Unpopularität eines rückständigen Gesetzes auf sich zu nehmen. Der Charivari schreibt darüber recht drollig; er behauptet, Lamartine habe eine „Méditation“ in Versen verfaßt, und ohne die Phraseologie des Sängers Elvirens sehr zu ändern, fabriziert er höchst amüsante Verse. Die Lösung für das Rätsel dieser Rede könnte ganz gut eine doktrinäre Verbindung sein. In der Tat ist das der Plan von L ... Die andern bringt er damit nur in Verlegenheit.

Ich fühle mich im voraus durch meinen Pariser Aufenthalt ganz verblödet. Was nützt das, was ich dort tun werde? Trotzdem muß es zu Ende geführt werden. Zum Glück wird es nicht mehr lange dauern. Die ganze Aufmerksamkeit der Kneipe richtet sich auf mich, und eben kommt ein niedliches kleines Mädchen von elf Jahren und quält mich, daß ich ihr etwas abkaufe.

Für heute also lebe wohl. Dieser Brief soll Ihnen nur sagen, daß ich nicht gestorben bin und daß der kleine Zyo einen schrecklichen Charakter hat.

Paris, März 1837 (nach Nohant)
Ihre beiden Artikel kommen zugleich an. Welcher Fleiß, welche Leichtigkeit, lieber kleiner Zyo! Ich kann sie im Augenblick unmöglich lesen. Ronchaud und mein Herr Gay sind da und laufen in meinem Zimmer herum. Ich liebe alle beide. Und jetzt bricht der Taube in mein kleines Zimmer ein! Es schadet nichts, ich lasse nicht locker.

Ronchaud hat Ihnen von meinem Zusammentreffen mit Thalberg erzählt. Er ist ein Kind von vierzehn Jahren. Sein Konzert ist auf nächsten Sonntag festgesetzt, das meine (in der Oper) ist auf Sonntag in acht Tagen[1] verschoben. Werden Sie dabei sein können?

Ich versuche, den Tauben auf Abwege zu bringen und ihn zu Ihnen zu schicken. Er hat große Lust, aber seine Frau, aber ... noch was anderes. Ich tue von morgens bis abends

[1] Thalbergs Konzert fand am 12. März im Konservatorium statt, das von Liszt am 19. März in der Oper.

nichts als schwatzen. Mir tut der Kopf davon weh und die Brust ... Sagen Sie George, daß ich Schlesinger noch nicht aufsuchen konnte; aber daß ich hoffe, ihr in Kürze eine sehr günstige Antwort geben zu können.

Schlesinger hat sich mit Crosnier, dem Direktor der Opéra Comique, geschlagen. Keiner von beiden wurde verletzt.

Die Zeitungen haben berichtet, daß Lamartine bei der Gesandtschaft in Neapel ernannt werden sollte. Das wäre sehr angenehm für uns. Die Apponyis intrigieren (das Wort drückt es genau aus) für Thalberg und gegen mich. Morgen oder später werde ich wegen meines Passes hingehen. Es wird mir Spaß machen, unsern edlen Botschafter aufzuziehen.

Ich habe noch niemand Interessantes wiedergesehen, und ich gewöhne mich mehr und mehr an dieses Leben, nicht der Tätigkeit, sondern der Unruhe.

Kommen Sie bald; ich brauche es. Grzymala[1] werde ich morgen sehen. Ich werde versuchen, ihn zu einem Entschluß zu bringen.

Verzeihen Sie meine so dummen, so trocknen, so nichtssagenden Briefe. Ich kann unmöglich ohne Hemmung schreiben. Nun wird der Tag der Befreiung bald kommen. Das ist mein einziger Gedanke, meine einzige Hoffnung, mein einziges Leben!

Leben Sie wohl.

Würde George Sue empfangen?

Antworten Sie Ronchaud: ja oder nein, ich werde wissen, was das bedeuten soll.

GRÄFIN D'AGOULT AN LISZT

Nohant, 12. März 1837 (nach Paris)

Ich bekomme soeben einen Brief von Ronchaud, der mir schreibt, daß das Opernkonzert auf Palmsonntag verschoben ist. Wünschen Sie, daß ich hinkomme? Ich selber weiß nicht recht, ich fürchte, daß ich Sie an der Arbeit hindere, Sie störe, selbst sehr aufgeregt bin, Ihnen Unglück bringe, kurz, ich bin

1 Polnischer Schriftsteller, Freund von Chopin (1785–1871).

sehr unschlüssig, und ich glaube, ich würde lieber nicht dabei
sein. Antworten Sie mir in bestimmter Weise, daß ich kommen
oder nicht kommen soll, und wenn ich kommen soll, so reservieren Sie mir einen Platz in einer Loge. Ronchaud berichtet
mir auch über Ihr Zusammentreffen mit Thalberg. Was wird
aus der musikalischen Attacke? George hat Unstimmigkeiten
mit Le Monde. Da die Kürzungen des Abbés im „dritten
Brief an Marcie"[1] ihr einen Floh ins Ohr gesetzt haben, hat
sie ihm einen durchaus höflichen, sehr herzlichen und sehr verständigen Brief geschrieben, um ihm zu sagen, daß sie nicht
weiter auf gut Glück arbeiten könne, daß sie über die Scheidung und mehrere andere Punkte sprechen wolle und daß sie
vorher wissen müsse, welchen Spielraum der Abbé ihr lasse.
Darauf hat er mit einem ziemlich kühlen Brief erwidert. Er
will nichts über die Scheidung, er bittet sie um jene Blumen,
die ihre Hand fallen läßt, mit andern Worten, um Geschichten
und Piffoëladen. Überdies hat man ihren vierten Brief nicht
abgedruckt. Sie ist unzufrieden, ich weiß nicht, was daraus
werden wird. Ich habe auch einen Brief von Didier gelesen,
der unter anderem sagt: „Liszt weiß nicht, was er sagt; er weiß
von der finanziellen Lage der Zeitung nur das, was wir dem
Publikum sagen. Wenn Du wegen Deiner Geschäfte mehr
Vertrauen zu einem andern hast als zu mir . . ." usw. Diese eitle
Empfindlichkeit ist unerträglich; übrigens eine neue Warnung,
sich nicht zwischen George und Ihre Freunde zu stellen.

PS. – In dem Brief von George an den Abbé befindet sich
eine sehr schöne Stelle über die Ausnahmeliebe, die edle,
heilige und unvergängliche Liebe, ich glaube, daß wir an der
Eingebung dieser Stelle nicht unbeteiligt sind.

### LISZT AN GRÄFIN D'AGOULT

Paris 1837 (nach Nohant)
Heute vereinen sich die beiden Cretinos, um an Klein-Zyo
zu schreiben. Ich weiß wohl, ohne alle Eitelkeit, welcher der
beiden Briefe der erste sein wird!

[1] Werk von George Sand, das vom 12. Februar 1837 an in Le Monde
erschien.

Was das Opernkonzert betrifft, so tun Sie ganz, was Ihnen am besten paßt, ohne jede andere Rücksicht oder Erwägung. Wenn Sie vor Sonntag abreisen, werde ich Ihnen kaum entgegenkommen können. Wenn Sie aber erst nachher kommen sollten, sagen Sie mir an welchem Tage, und dann werde ich Sie in Orleans treffen. Das wird mir eine außerordentliche Freude sein. Schlagen Sie es mir nicht ab.

Seien Sie übrigens über den Erfolg des Opernkonzertes beruhigt, er wird sehr wahrscheinlich vollkommen sein. Sagen Sie George, daß sie mir ihren Schlesinger Brief schreiben soll, und vor allem, vor allem, daß sie nicht locker läßt wegen ihrer Ansprüche an Le Monde; das wäre die größte Dummheit. Didier irrt sich, wenn er sagt, daß ich die Lage der Zeitung nicht kenne. Ich weiß ungefähr die Zahl der Abonnenten usw. .... da ich Rey täglich sehe, der sehr unzufrieden mit ihr ist und hinter die Kulissen guckt. Der Preis von 350 Franken, den man ihr für ihre vier Briefe anbietet, ist eine Schande; 500 Franken monatlich sind wirklich mehr als vernünftig für Briefe wie die ihrigen.

Leben Sie wohl, liebe Geliebte. Schreiben Sie mir zwei Worte, damit ich weiß, was Sie beschlossen haben, denn ich müßte daraufhin die Wohnung bestellen.

Schlimmstenfalls könnten Sie immer ein oder zwei Tage in der Rue des Mathurins verbringen.

Leben Sie wohl. Tausend Küsse.

# VII

## Ende 1837 bis März 1838

Liszt und Gräfin d'Agoult weilten bis Juli 1837 in Nohant; von dort gingen sie nach Abstechern in Lyon, Chambéry, Saint-Point zu Lamartine und nach Genf. Ende Juli nach Italien. Gräfin d'Agoult ließ sich in Como nieder, von wo aus Liszt zahlreiche Reisen nach Mailand unternahm. Seine folgenden Briefe sind Ende 1837 und zu Beginn 1838 an Gräfin d'Agoult in Como, Hotel de l'Angelo, gerichtet worden.

### LISZT AN GRÄFIN D'AGOULT

Diesmal guten Tag, gute Marie, das wird das zweite Billett, das Sie heute von mir bekommen. Ich freue mich in dem Gedanken, daß dieser Tag für Sie ein wenig besser sein wird als der gestrige. G ... wird Ihnen obendrein einige Dutzend Austern mitbringen und die kleinen Kämme, die, wie man mir versichert hat, so sind wie Sie sie bestellt haben. Wenn Sie mir Ihrerseits einige Worte schreiben könnten, wird mir das eine besondere Freude sein. I would have ritratto di Mouzy und in Ermangelung vom ritratto wenigstens zwei oder drei Zeilen, von jenen guten und schönen Zeilen, wie nur er sie zu schreiben weiß. Ich fürchte sehr, daß mein Aufenthalt in Mailand sich bis Montag, vielleicht sogar bis Dienstag ausdehnt. Es sind nicht grade Geschäfte, wenn Sie wollen, aber es wird vielleicht nützlich sein. Sie haben mir für alles freie Hand gelassen, was die Art der Reklame anbelangt. Ich setze meinen Stolz darein, das nicht zu mißbrauchen, obgleich ich oft viel weiter getrieben werde, als ich gern möchte.

Leben Sie wohl, mein lieber, guter, engelhafter Mouzy ... lieben Sie mich stets und versuchen Sie vor allem, ein wenig zufrieden, ein wenig heiter, ein wenig glücklich zu sein, wenn es möglich ist.

Sie wissen es, das ist mein ganzes Streben, meine ganze Freude in dieser Welt.

Lieber geliebter Myoult!

Zwei Worte, um Ihren Weg ein kleines bißchen aufzuheitern. Versäumen Sie nicht, den Gastwirt um seinen gefütterten Fußsack zu bitten, sonst würde Mouzy Frostbeulen bekommen, und ihre kleinen Füßchen könnten sich dann nicht mehr so niedlich bewegen. Sie bekommen Ihr Zimmer im Marino, aber Sie bekommen mich nicht zum Diner. Ich mußte eine Einladung des Fürsten P... annehmen, dessen Bekanntschaft ich gerne pflegen möchte. Ich habe jedoch zur Bedingung gestellt, daß ich um 8 Uhr frei werde. Auf diese Weise werden wir den ganzen Abend für uns haben. Das Programm des Konzerts ist herrlich. Alle Lieder, Trios usw. ... werden im Kostüm gesungen werden mit Kulissen, was Sie sehr belustigen wird. Hier ist alle Welt überzeugt, daß es drückend voll wird.

Seit gestern bin ich ein ganz klein wenig unpäßlich, aber der Ruhm wird dieses leichte Unwohlsein vertreiben.

Wie ich mich danach sehne, mein guter Myoult, wieder in mein Schneckengehäuse von Como zurückzukehren. Ich kann nur auf eine Art leben, und Sie wissen, was das für eine Art ist. Sie haben sich lange über meine Bedürfnisse und meine Neigungen getäuscht. Aber jetzt kennen Sie mich gut, nicht wahr? Sie wissen bestimmt, daß ich mit Ihnen glücklich bin, und mit Ihnen allein. Leben Sie wohl, teurer Engel, decken Sie sich ganz fest zu, und stecken Sie vor allem Ihre Füßchen in den Fußsack. Immer und ewig nur der Ihre.

Donnerstag abend.

---

Ich habe es ganz besonders nötig, Sie wiederzusehen, liebe Marie, Sie können sich nicht denken, wie mich diese Verzögerungen verdrießen und betrüben. Morgen komme ich bestimmt nach Como. Indessen kann ich Ihnen noch nicht sagen, ob mit der Post oder mit einem Privatwagen. Martini hat mir angedeutet, daß er morgen kommen würde; in diesem Falle würden wir zusammen in seiner Kutsche kommen.

Auf Wiedersehen also, liebe Marie, Sie waren dieses Mal etwas hart mit mir. Seit acht Tagen haben Sie mir nur drei Zeilen geschrieben. Das betrübt mich wirklich.

Ich weiß Ihnen heute morgen nichts zu sagen, es sei denn, daß ich Sie innig liebe und daß ich immer mehr weiß, wie sehr mein Leben untrennbar von dem Ihren ist.

Leben Sie wohl.

———

Mailand, 1838

Ich sorge mich um Sie, mein guter Myoult, und werde bald zu Ihnen kommen. Ich wünsche lebhaft, daß Sie sich nach Ihren Wünschen in Como einrichten könnten, und möchte Ihnen gern in dieser Angelegenheit behilflich sein. Aber tauge ich jemals zu irgend etwas? Außer um Dummheiten zu sagen, weiß ich wirklich nicht, wozu ich in dieser Welt gut bin.

Gestern hatte ich eine erstaunliche „prima sera". Bei der Abfahrt färbte sich der Horizont in ein unbestimmtes Opalrot; nur der Mond und Venus leuchteten, aber in wunderbarem, fleckenlosem Glanz.

Mein Herz war voller Poesie. Ich dachte an unsere schöne Vergangenheit, ich fühlte noch deutlicher das, was ich Ihnen wenige Minuten vorher kaum zu sagen gewagt hatte, nämlich, daß auch wir Heilige sind, Auserwählte, daß auch uns die Säulen der Unsterblichkeit geschenkt wurden – Poesie und Liebe.

Dann entsann ich mich meiner alten Vorliebe für die Mittagsstunde und meiner Spaziergänge in praller Sonne und der tausend Harmonien von Leiden und Traurigkeit in meiner Jugend.

Haben Sie, die Sie so viele Dinge wissen, mir nicht einmal gesagt, daß die Blumen erst am Abend und in der Nacht ihren ganzen Duft ausströmen? Unser Abend wird schön, wunderbar schön sein, wie ein unendliches Konzert von Menschenliebe, Duft und Erinnerungen. Jetzt ist für uns noch Mittag, wir leiden, wir beklagen uns ... und dennoch sind wir recht glücklich, nicht wahr?

Wenn ich Sie wiedersehe, werde ich Ihnen einen Einfall

sagen, der mir gekommen ist (der an sich sehr unbedeutend ist wie alle meine Einfälle) und den ich nicht schriftlich auszudrücken vermag.

Der Mann, der Ihnen dieses kleine Billett bringen wird, ist ein fabelhafter Kutscher. Stellen Sie sich vor, daß er uns in drei Stunden von Como nach Mailand gebracht hat, er hat die Postkutsche um mehr als eineinhalb Stunden überholt. Sie können mir morgen durch ihn ins Agnello (wo ich ein kleines Zimmer im vierten Stock bewohne) eine Reisetasche mit allem Nötigen schicken und vor allem meinen Hut. Er fährt einen Tag um den andern von Como fort und fährt wie der Blitz, ich dachte daran, daß er Ihnen sogar in Como als Fuhrmann nützlich sein könnte, und habe schon kurz mit ihm darüber gesprochen, denn trotz all Ihrer Verleumdungen our Myoult does always think of the other.

Leben Sie wohl, liebe geliebte Schwester.

Ich werde meine Steuerbeiträge einziehen gehen und so schnell wie möglich meine Geschäfte erledigen. Lavoro, Belisario, lavoro.

Donnerstag morgen 8 Uhr.

————

Mailand, 1838

Guten Abend, liebe Marie.

Es war mir unmöglich, Ihnen heute morgen zwei Worte zukommen zu lassen. Den ganzen Tag über war ich wegen dieser Verspätung traurig und mitgenommen. Ich sagte mir, daß Sie vielleicht unruhig und gequält sein würden, und wieder durch meine Schuld! Werden Sie nicht müde, mir zu verzeihen!

Ich weiß nicht, warum eine so schwere Traurigkeit mich heute abend bedrückt. Dabei hat mir Ihr Brief so wohlgetan! Aber sehen Sie, ich bin unglücklich, daß ich nicht immer und ausschließlich mit Ihnen, und mit Ihnen allein, beschäftigt bin. Ich leide viel unter den Notwendigkeiten, den tatsächlichen Dingen, den unvermeidlichen Sorgen dieses armen Lebens. Warum habe ich Sie nicht in irgendeine, den übrigen Menschen unbekannte Einsamkeit geführt? Warum habe ich mich über unsere wahren Bedürfnisse getäuscht? ...

Dank, tausendfachen Dank, mein guter Engel, für alles Gute, was Sie mir antun. Aber ich möchte Ihnen auch gern ein wenig Gutes tun! Ich bin wohl oft sehr unbedacht, sehr kindisch, sehr schlecht? Ich mache mir darüber sehr viel Vorwürfe. Und trotz all meiner Fehler und all meines Unrechts haben Sie unser Zusammenleben so glücklich gestaltet.

O ja, liebe gute Marie, Sie sind ein Engel, und ich bin Ihrer gar nicht würdig. Sagen Sie mir also nicht, daß ich Ihnen zu Hilfe kommen soll – Sie sind es, die mir zu Hilfe kommen muß. Ihre Sache ist es, mich Ihrer von Tag zu Tag weniger unwürdig zu machen.

Lieben Sie mich, lieben wir uns. Das allein tut not. Und dann wollen wir auch hoffen. Gott wird uns nicht verlassen. Sie haben sich um den Himmel durch Ihre Tränen und Ihre edlen Schmerzen zu sehr verdient gemacht, um jemals zu verzweifeln.

Leben Sie wohl, der Ihre, einzig der Ihre. Seien Sie hundertfach gesegnet.

Donnerstag abend.

———————

Freitag, 2 Uhr morgens.                    Mailand, 1838

Ich weiß nicht, warum ich eine Art Befriedigung empfinde, wenn ich denke, daß Sie am gestrigen Tage gelitten haben. Ich selber war niedergedrückt und mutlos, wie es mir schon lange nicht mehr ergangen ist . . . Ach, wie unrecht haben Sie, liebe gute Marie, sich mit Dingen zu quälen, die Sie in mir verborgen wähnen und von denen Sie mich nie sprechen hören. Liebes schönes Kind, wenn Sie wüßten, welch tiefe Zärtlichkeit, welch unsagbare brüderliche und freundschaftliche Zuneigung für Sie hier im Grunde meines Herzens ruht! Ach, beunruhigen Sie sich nicht mehr, leiden Sie nicht mehr. Das wäre ungerecht und grausam von Ihnen. Seien Sie sich dessen bewußt, daß alles, was ich Ihnen Aufrichtiges und Liebevolles in meinem Leben sagen konnte, nur ein kalter und farbloser Schatten dessen ist, was Sie mich in meinem Innern begreifen und fühlen gelehrt haben. Ach wie gern möchte ich, daß Sie meine Brust öffnen und meine Seele und mein ganzes Leben in Ihre beiden schönen Hände nehmen und dort bewahren könnten!... In jenen Stunden des Entzückens und der Wonne, wo alles mir durch Sie so schön, so rein, so göttlich scheint, in denen ich rund um mich eine entzückendere Welt zu berühren und zu spüren glaube, als ein Mensch sie jemals erträumen könnte, in jenen Stunden, die ich mir unklugerweise zuweilen zurückzurufen suche, da ich Sie geliebt und ganz besessen habe, habe ich mich manchmal dieser Illusion hingegeben: mein Leben war nicht mehr in mir, ich hatte aufgehört für mich selber zu existieren, ich war ganz in Ihnen, wir sprachen von Seele zu Seele miteinander ... Sollte das eine Vorahnung unseres künftigen Geschickes sein? Lassen Sie mich daran glauben.

Leben Sie wohl. Ich falle um vor Müdigkeit. Nourrit hat bei Rossini das Duett aus Wilhelm Tell wunderbar gesungen. Er erntete begeisterten Beifall. Ich selber habe mit fabelhaftem Erfolg über Motive der gleichen Oper improvisiert. Ich bin auch dem Gouverneur vorgestellt worden. Aber mehr kann ich Ihnen wirklich nicht darüber sagen. Ich bin wie taub und blind, seit ich hier bin. Es wäre mir vollkommen unmöglich, Ihnen irgend etwas zu erzählen, und ich glaube auch, daß es nichts zu erzählen gibt. Wenn ich Sie wiedersehe, werde ich wahrscheinlich die Sprache wiederfinden. Wird das bald sein?, ich hoffe es. Schreiben Sie mir inzwischen. Spätestens Dienstag bin ich in Como. Erwarten Sie mich nicht vorher. Alle Ihre Besorgungen habe ich gemacht.

Versuchen Sie, nicht traurig zu sein. Bemühen Sie sich aus Liebe zu mir, ein wenig zufrieden zu sein.

————————

Mailand 1838

Ich habe mir während meiner Improvisation bei Rossini beinahe das Handgelenk verstaucht. Ich merkte es erst am nächsten Tage. Gestern den ganzen Tag habe ich ziemliche Schmerzen gehabt. Während einiger Stunden war es mir nicht möglich, die rechte Hand zu gebrauchen.

Ich bin äußerst verärgert. Francilla[1] tritt morgen zum

———
[1] Francilla Pixis, Adoptivtochter von Pixis, Opernsängerin.

erstenmal in der Cenerentola auf, und Pixis hat mich dringend darum gebeten, zu bleiben. Meine Angelegenheiten sind ziemlich beendigt, was aber nicht sagen will, daß ich Geld oder einen Wagen mitbringen werde. Ich hätte Ihnen so gern diese kleine Freude gemacht, aber ich wage doch nicht, ihn auszusuchen, ohne Sie vorher nochmals um Rat zu fragen. Ich glaube, es wäre etwas verrückt, sich zu sehr zu beeilen.

Sie haben mir dieses Mal fast gar nicht geschrieben, das betrübt mich etwas. Seit drei Tagen bin ich ein bißchen krank. Ich habe wieder mein schlechtes und trauriges Aussehen, was übrigens nicht hindert, daß ich sehr in Mode bin. Gestern habe ich bei A ... diniert. Ich wurde der Herzogin Litta, der Marquise D ..., den Trivulzis usw. vorgestellt, und wenn man dem öffentlichen Gerücht trauen darf, fehlt es mir wohl nicht an einem kleinen Erfolg. Dank, schönsten Dank!

Ich werde erst wieder Mittwoch morgen ein wenig aufatmen, nach dem reizenden Anstieg nach Como. Ich kann nicht mehr ohne Sie leben. Alles, was nicht Sie ist, macht mich leiden. Wissen Sie es auch wohl? Werden Sie immer an meine Liebe glauben? Wird Sie Ihnen genügen?

Leben Sie wohl, liebe Marie, wir wollen uns lieben und das übrige, da es sein muß, in Mitleid und Geduld hinnehmen.

In zwei Tagen!

Montag morgen.

# VIII

## April 1838 bis Mai 1838

Am 16. März 1838 verließen Liszt und Gräfin d'Agoult Mailand und den Comer See. Sie ließen sich in Venedig nieder. Im April erfährt Liszt durch eine deutsche Zeitung von den Zerstörungen, die infolge der Donau-überschwemmungen über Ungarn hereingebrochen sind. Am 7. April unternimmt er die Reise nach Wien, um dort Konzerte zugunsten der Betroffenen anzubieten. Gräfin d'Agoult erwartet in Venedig seine Rückkehr.

### LISZT AN GRÄFIN D'AGOULT

Guten Tag, liebe Marie. April 1838

Meine Reise ist traurig, aber friedlich. Nur Sie sind Inhalt meiner Gedanken und meiner Träume. Ich hoffe, Sie werden nicht zu traurig sein. Zerstreuen Sie sich so gut es geht, mir zuliebe. Morgen gegen Mitternacht werden wir in Wien sein. Das Land, durch welches wir bisher gekommen sind, ist sehr arm. In gewissen Teilen hat es eine scheinbare Ähnlichkeit mit der Umgebung von Freiburg. Noch keine Blätter an den Bäumen. Nur hier und da ein wenig Vegetation.

Heute morgen bin ich am Ufer eines köstlichen Sees auf-gewacht. Ich habe mich nach seinem Namen erkundigt, man sagte mir, daß es der Wörther See sei.

Leben Sie wohl. *Es ist schon eingespannt.*

---

Wien, April 1838

Ich schreibe Ihnen von dem Büro von Haslinger aus. Meine Ankunft in Wien hat sensationell gewirkt. Ich habe schon Amadé[1], Haslinger[2], Czerny[3] usw. usw. wiedergesehen. Alle

---

[1] Graf Amadé, ungarischer Magnat, einer der ersten Gönner von Liszt.

[2] Tobias Haslinger, großer Wiener Musikverleger.

[3] Charles Czerny, berühmter Klaviervirtuose, Komponist, dem Liszt seinen ersten Unterricht verdankt (1791–1857).

haben mich mit einer Art Begeisterung empfangen. Morgen werde ich meine paar Briefe abgeben. Es wird überhaupt nicht nötig sein.

Dietrichstein hat Thalbergs Klavier für mein Konzert anbieten lassen. Ich weiß nicht, ob ich es annehmen werde.

Ich werde Ihnen heute nacht ausführlicher schreiben. Jetzt muß ich diesen Wisch in die Post werfen, die abgeht.

Seien Sie glücklich, Geliebte, dreifach Geliebte, und lieben Sie mich stets.

Wien, 12. April 1838, Donnerstag morgen
Wir wollen diese zwei oder drei Tage ein wenig zusammen durchgehen, liebe Marie. – Meine Reise war viel weniger langweilig, als ich es fürchtete. Statt des Zimmermädchens hatte ich einen gewissen Herrn Bedini als Reisegefährten, der als Sekretär zum Nuntius nach Wien kommt. In den ersten beiden Tagen haben wir wenig miteinander gesprochen; aber gegen Ende unserer Reise ließ er sich zu einer Art freundschaftlichen und fast zärtlichen Vertrauens gehn, das mich beinahe gerührt hat. Ich habe kaum jemals einen so schlichten, fast möchte ich sagen, naiven Priester getroffen, ohne mit diesem Wort den gewöhnlichen schlechten Sinn zu verbinden ... In unserer zwei- oder dreistündigen Unterhaltung habe ich, wie gewöhnlich, zweiundeinhalb Drittel der Dinge und Gedanken geliefert. Dafür hat er mir zwei oder drei Reisegeschichten mit einer römischen Dame von sehr wenig romhaftem (sic) Interesse erzählt, aber in seinem Mund klang das recht drollig. Das alles untermischt mit Reminiszenzen an Melodien von Donizetti, Bellini und Ricci, die er mit recht angenehmer Stimme trällerte. Bei der Ankunft in Wien, um Mitternacht, Dienstag, haben wir die erste Nacht zusammen in einem zweibettigen Zimmer verbracht, aber wir waren zu zerschlagen von den Anstrengungen der Reise, um unsere Unterhaltungen wieder aufnehmen zu können. In einigen Tagen werde ich ihn besuchen, es wird eine der tausend und einer freundschaftlichen Beziehungen sein, die ich, durch die Welt ziehend, knüpfe und löse.

Wien, durch das wir gefahren sind, bietet nichts Bemerkenswertes, mit Ausnahme des Wörther Sees, der mir reizend und melancholisch schien (wir definieren die Worte nicht mehr, nicht wahr, liebe Marie, Sie wissen, was ich unter melancholisch verstehe, es hat nichts mit der Vorliebe der Herzogin zu tun . . .).

Die Chaussee, die an dem See entlang führt, ist von wunderbar malerischen Tannenwäldern eingesäumt. Als ich in diese schönen und traurigen Wälder hineinblickte, kamen mir ein paar Tränen; ich dachte lebhaft Ihrer, mein schöner Erzengel (so will ich Sie immer nennen). Tausend wirre Gedanken gingen mir durch den Kopf . . . Ich empfand wieder jene göttliche Unruhe, die Ihr Bild immer in meiner Brust erweckt, wenn ich fern von Ihnen bin. Dann, als ich diese immergrünen, immer traurigen, aber immer edlen und hohen Tannen starr ansah, sagte ich mir: Auch sie hat die Illusionen und die kindischen Freuden der andern Frauen nicht gekannt, auch für sie gab es keine Blüte und keine Entfaltung . . . nur Bitterkeit und Trostlosigkeit. Ach wie fühlte ich da alles, was Edles und Erhabenes in Ihnen ist!

Wirklich, Marie, es ist zuviel, vielzuviel . . . Ich höre auf, denn wenn ich fortführe, würde es so viele Pünktchen und !!! geben, daß Sie darüber lachen würden, und ich will Sie nicht zum Lachen bringen. In zwei Tagen hoffe ich auf einen Brief von Ihnen.

Die Einzelheiten über Wien spare ich noch auf. Nur so viel, daß meine Ankunft in allen Zeitungen angezeigt ist, und wenn ich mir nicht Illusionen so dick wie die Fäuste von Mallefille mache, werde ich einen unermeßlichen Erfolg haben. Wahrscheinlich gebe ich nächsten Mittwoch mein erstes Konzert für die Überschwemmten. In achtundvierzig Stunden werde ich Clara Wieck[1] (die meinetwegen hiergeblieben ist) gehört und auch einige der wichtigen Persönlichkeiten wiedergesehen haben, Metternich, Dietrichstein usw. Dietrich . . . wird das Klavier probieren kommen, das er mir hat anbieten lassen. (unleserlich) war entzückt, mich wiederzusehen. Meine

[1] Berühmte Pianistin, die im Jahre 1840 Robert Schumann heiratete.

Briefe an Haslinger und an . . . sind von mir selbst geschrieben,
sie sind von Hand zu Hand gewandert.

Leben Sie wohl, mein schöner Myoult, tausend gute Grüße
an Malazonni[1], den ich stets liebe.

Wien, 6 Uhr morgens, 13. April 1838

Auf meinem Weg von Venedig nach Wien lag Klagenfurt.
Ich weiß nicht, warum mir dieser Name auffiel. Sie wissen, wie
wenig oft dazu genügt, mich bis ins Innerste zu bewegen,
während ich ein andermal riesige Gewichte an Empfindlichkeit
und Melancholie lachend hebe. Klagenfurt, sage ich mir jetzt,
Klagenfurt, Klagenfurt, überall, wo sie nicht ist, überall, wo sie
nicht erwartet wird. Es ist ein Blödsinn in der Art des „Cerf
altéré qui bra . . . me . . .", aber viel trauriger und zärtlicher.

Gehen wir zu den Salonplaudereien über.

Von Leuten der Gesellschaft habe ich noch niemand gesehen außer Amadé und den beiden Dietrichsteins. Amadé ist
entzückt, er liebt Thalberg nicht und brennt schon vor Freude,
mich zu hören. Indessen glaube ich, daß er sich noch nicht
zu sehr bloßstellen will und daß die Dosis seiner Begeisterung
erst nach meinem Konzert vollständig sein wird. Dietrichstein,
Thalbergs Vater[2], ist ein weißhaariger Greis mit fürstlich
wohlwollenden Manieren, der gegen mich von außerordentlicher Zuvorkommenheit und Huld war. Der Ausdruck seiner
Gefühle über mich ist ein ganz anderer als der der Baronin.
Ihr Kummer über die Vergangenheit verrät sich in einer großen
Zurückhaltung in den Worten und einem gewissen Willen,
edelmütig und quasi heroisch gegen mich zu sein. Er sagte mir,
daß Thalberg ihm schon vor langem geschrieben hätte, um
ihn zu bitten, mir sein Klavier bei meiner Ankunft in Wien zur
Verfügung zu stellen. Er hat mir auch mitgeteilt, daß Thalberg
in Bordeaux gewesen war und daß er bei seiner Rückkehr
Konzerte in Tours und in Angoulême gegeben hat. Sie sehen,
daß wir wenigstens die Grandseigneurs spielen. Venezia, Napoli

[1] Graf Emilio Malazonni, von Gräfin d'Agoult in ihren Memoiren
Théodoro genannt.

[2] Fürst Dietrichstein. Thalbergs Mutter war die Baronin Wetzlar.

und Genova klingen im Ohr besser als Carpentras und Pondi-
chéry. Morgen um 3 Uhr esse ich bei dem Fürsten Dietrichstein. Sein Bruder, der Graf Maurice D.[1] schien mir ein hervorragender Mann. Wir werden, glaube ich, nicht zu häufige Beziehungen zueinander haben. Es wird sich wahrscheinlich auf
ein Diner beschränken. Valmoden und die Belgiojoso sind hier,
ich habe sie gesehen. Von meinen Empfehlungsbriefen habe
ich noch nicht viele abgegeben und noch niemand von den
Leuten gesehen, an die sie gerichtet sind. Morgen, Montag,
soll ich wieder bei der Fürstin Metternich vorsprechen, die
mich aus Etikettegründen das erstemal nicht empfangen hat.

Das Wichtigste ist getan. Mein Konzert für die Pester ist
auf nächsten Mittwoch festgesetzt und sogar schon angezeigt.
Wenn Sie diese Zeilen erhalten, werde ich schon die Wiener
Weihen empfangen haben. Vorgestern und gestern habe ich
vor einem Dutzend Künstler gespielt, Czerny, Mayseder,
Merk, Lachner (aus München), Clara Wieck, Haslinger, einem
gewissen Fischhof, Lehrer am Konservatorium, usw. usw. Es
war eine Begeisterung, von der Sie sich keinen Begriff machen.
Ohne Zweifel werde ich Mittwoch vormittag einen nieder-
schmetternden Erfolg haben. Ich habe den Vorschlag des
Fürsten D ..., Konzertstück von Weber, Puritaner-Fanta-
sie und Walzer und Etüde in G, angenommen; ich werde sie
auf einem Klavier von Graff spielen, mit dem ich sehr zufrieden bin. Die zarten und perlenden Läufe vor allem machen
sich wunderbar. Ich hoffe, daß Belgiojoso (Tonino) singen wird.
Ich werde dafür sorgen, daß Sie die Zeitungen bekommen.

Das beste von allem ist, daß ich sicher bin, die für meine
Rückkehr festgesetzte Zeit nicht zu überschreiten. Ich habe
die Dinge sehr beschleunigt und auch Leute gefunden, die
mir mehr als anderswo geholfen haben. Mein zweites Konzert
wird dem von Mittwoch ziemlich rasch folgen (acht Tage
später denke ich). Es sind schon Plätze für dieses zweite bestellt
und sogar für ein drittes. Ich rechne immer noch damit, ein
wenig Geld mitzubringen, was mich sehr freuen würde.

[1] Militär-, später Musikintendant am Hofe von Wien. Er war 1815
Erzieher vom Herzog von Reichstadt.

Ein einziges Wort über Clara Wieck – distintissimo (aber selbstverständlich nicht „uomo"!). Wir wohnen im selben Hotel „Zur Stadt Frankfurt", und nach dem Diner klimpern wir so gut wir können. Sie ist eine sehr einfache, sehr wohlerzogene, keineswegs k ... Person, ganz mit ihrer Kunst beschäftigt, aber auf vornehme Art und ohne kindisch zu sein. Sie war ganz verblüfft, als sie mich hörte. Ihre Kompositionen sind wirklich sehr beachtlich, besonders für eine Frau. Sie enthalten hundertmal mehr Erfindung und wahres Gefühl als alle früheren und jetzigen Fantasien von Thalberg. Sie hat hier die Frequenti palpiti mit unglaublichem Erfolg gespielt, zunächst in ihrem Konzert, dann bei einigen Musikabenden, und schließlich vor der Kaiserin, was für mich eine ganz neue Ehre ist.

Aber aus lauter Gewissenhaftigkeit in meiner Salonplauderei vergesse ich Ihnen zu sagen, mein schöner Erzengel, daß ich gestern Ihren Brief bekommen habe und daß dies die erste und einzige Freudenstunde war, seitdem wir uns getrennt haben ...

Schreiben Sie mir bald. Das ist mein einziges Glück!

Leben Sie wohl, leben Sie wohl, wir wollen uns immer lieben.

Adressieren Sie immer „bei Haslinger".

Wien, 18. April 1838

Konzertende. – 3 Uhr.

Die Post geht ab. Nur zwei Worte. Riesiger Erfolg. Lautes Zujubeln. Fünfzehn bis achtzehn Hervorrufe. Voller Saal. Allgemeines Entzücken. Th(alberg) existiert jetzt kaum noch in der Erinnerung der Wiener. Ich bin wirklich bewegt. Niemals habe ich einen ähnlichen oder annähernden Erfolg gehabt. Das hätte Ihnen Freude gemacht.

Liebe Marie, ich denke nur an Sie. Mögen Sie glücklich sein. Mögen Sie glücklich sein, das ist der einzige Wunsch meines Herzens.

Meine Gedanken sind wirr.

Möchten Sie nicht abreisen? Ist es zu spät?

196

Dieses Land würde Ihnen einige Tage lang Spaß machen. Die Reise ist allerdings ermüdend.

Ich rate Ihnen nicht sehr, mit Ihrem Wagen herzufahren. Es würde sehr teuer sein und die Annehmlichkeit in keinem Verhältnis zur Ausgabe stehen.

Machen Sie, was Sie für richtig halten. Ich glaube an Sie.

Mein zweites Konzert ist auf Montag abend festgesetzt. Alle Plätze sind im voraus bestellt. Nochmals, Sie können sich das Furore von heute vormittag nicht vorstellen. Wahrscheinlich werde ich noch mindestens zwei Konzerte geben.

Sonst nichts Interessantes. Ich diniere fast täglich in der Stadt, habe aber noch keine einzige interessante Bekanntschaft gemacht. Die Fürstin M(etternich) hat ganz den Reiz der Herzogin von Angoulême. Alle Welt ist jetzt liebenswürdig zu mir. Wozu das alles? Ich werde ein bißchen Geld bekommen. Das ist das beste an der Sache.

Leben Sie wohl, leben Sie wohl, liebe Marie. Lieben Sie mich stets.

Wien, 21. April 1838

Gleichzeitig bekommen Sie zwei Wiener Blätter, nach welchen Sie sich ein Bild von der Begeisterung meiner Landsleute machen können. Das Konzert bei der Kaiserin ist auf Mittwoch verschoben. Das Geschenk wird wahrscheinlich dürftig sein, aber dafür, glaube ich, geht etwas vor.

Amadé und andere sollen eine Auszeichnung für mich wünschen, und es wäre nicht unmöglich, daß man mich zum Hofpianisten der Kaiserin ernennt, mit zwei oder dreitausend Franken Gehalt, etwas, was noch für niemand gemacht worden ist. Als man mir davon sprach, habe ich erwidert: *„Die Ehre würde mir ungeheuer schmeicheln, aber um die Gnade bitte ich nicht.“* Man mag machen was man will, ich, von mir aus, bin entschlossen, um nichts zu bitten.

Sie können sich wohl denken, daß ich keinen Augenblick, keine Sekunde für mich habe. Alle Welt will mich sehen und haben. Es geht mir genau so wie letzten Winter in Paris. Ich magere ab, ich sehne mich, und manchmal kommen mir die Tränen in die Augen. *Du bist die Ruh', der Friede mild.*

Was wird aus Emilio? Sollte es etwas geben, das Sie mir verschweigen. Warum? Schreiben Sie mir recht viel.

Wenn Sie etwas Geld brauchen, kann ich Ihnen leicht welches schicken.

Leben Sie wohl, meiner schöner Erzengel, danke für das, was Sie mir schreiben, danke für das, was Sie mir sind. Leben Sie wohl, der Ihre, der Deine.

---

Wien, April 1838
Montag, 10 Uhr abends

Liebe Geliebte!

Verzeih, wenn ich Dir nochmals von meinen Wiener Erfolgen erzähle. Du weißt, daß ich wenig dazu neige, die Wirkung, die ich hervorbringe, zu übertreiben, aber hier ist ein Toben, ein Wüten, von dem Du Dir keine Vorstellung machen kannst. Vorgestern gab es schon keinen verfügbaren Platz mehr für das Konzert von heute, und morgen wird wahrscheinlich keiner mehr für das dritte übrig sein, das erst Sonntag vormittag stattfinden wird. Jedes dieser Konzerte wird ungefähr dreitausend *Zwanziger* einbringen, nach Abzug aller Unkosten. Es spricht nichts dagegen, daß ich noch mindestens zwei gebe, was im ganzen einen Gewinn von neuntausend Zwanziger ausmachen wird. Danach soll ich bei der Kaiserin spielen. Wenn Du nicht herkommen solltest, werde ich um den sechsten oder siebenten Mai wieder abreisen. Welche Freude es mir sein wird, Dich wiederzusehen, kann ich Dir nicht sagen. Ich bin schrecklich müde. Meine Nächte sind schlecht, und am Tage habe ich keine Minute Ruhe. Es ist viel schlimmer als je. Ich habe hier nichts sehen noch hören können. Jeden Tag bin ich zum Diner eingeladen, eher zweimal als einmal. Am Vormittag wird mein Zimmer nicht leer.

Die Thalbergisten (denn diese Vergleiche werden niemals aufhören), die zunächst ihren Stolz darein gesetzt hatten, sich unparteiisch zu zeigen, fangen an, ernsthaft verärgert zu sein. Seit Menschengedenken gab es keinen ähnlichen Erfolg in Wien, nicht einmal bei Paganini. Ich könnte bequem noch ein halbes Dutzend Konzerte geben, aber ich will mich auf zwei beschränken, das werden dann vier in drei Wochen sein. Wenn Sie nach Paris an meine Mutter schreiben, bitten Sie sie in meinem Namen, den Artikel von Saphir[1] übersetzen zu lassen, der hier großes Aufsehen macht.

Meine einzige Zerstreuung ist, ein paar wertlose Pfeifen zu kaufen, von denen ich entzückt bin. Im ganzen für zwei Napoleons, aber sie machen mir einen riesigen Spaß.

Heute abend habe ich meinen Verstand nicht beisammen. Mein Kopf tut mir schrecklich weh … *Ach! könnte ich ihn küssen und fassen ihn!*

Als ich mich heute abend ans Klavier setzte, habe ich Dich einen Augenblick in der Gondel gesehen!

Was mich sehr glücklich macht, ist der Gedanke, daß wir mit dem bißchen Geld, das ich hier verdient habe, diesen Sommer ruhig leben können …

Wenn Du herkämst, würde Dir die Stadt, glaube ich, gefallen. Der Frühling muß reizend sein.

Aber nein, es ist besser, daß wir uns in Venedig wiedersehen! Aber das dauert so lange! Noch vierzehn Tage. – Aber nicht länger – ganz bestimmt. – Ich werde nicht nach Ungarn fahren. – Wozu? Du bist mein Vaterland, mein Himmel und meine einzige Ruhe. Dein, immer Dein.

26. April 1838

Mittwoch, 8 Uhr.

Ich bin heute abend ein bißchen leidend. Das Wiener Klima bekommt mir nicht recht. Ich habe gestern und heute viel gehustet. Es wird nichts sein. Ich sehne mich und bin betrübt. Ihre Briefe machen mir einen tiefen Eindruck. Ich weiß nicht, was aus mir werden sollte, wenn Sie mir nicht so oft schrieben. Ich möchte Ihnen auch gern schreiben und so gute und lange Briefe wie Sie. Warum kann ich es nicht? Und verstehe es nicht? Verzeihen Sie mir, mein schöner Erzengel, und zweifeln Sie niemals an meiner Liebe. Gute Nacht, ich gehe schlafen. Ich bin schrecklich müde. Morgen werde ich meinen Brief weiterschreiben.

[1] Wiener humoristischer und satirischer Schriftsteller (1795–1858).

Donnerstag, 2 Uhr.

Ich liege noch im Bett, aber der homöopathische Arzt sagt mir, daß es in sechsunddreißig Stunden erledigt sein wird. Es ist eine starke Erkältung mit Migräne, also gar nichts. Was gäbe ich darum, Sie zu sehen. Wie nötig habe ich es, bei Ihnen zu sein!

Mein drittes Konzert ist auf Sonntag festgesetzt, und das vierte, für das auch alle Plätze reserviert sind, auf Mittwoch oder Donnerstag. Ich werde noch die ganze nächste Woche hier bleiben, wegen eines Konzertes für die Blinden, bei dem ich spielen muß. Ich hoffe in etwa zwölf Tagen abreisen zu können. Ich werde weder nach Pest, noch nach Preßburg, noch sonst wohin fahren. Das würde zuviel Zeit fordern, und ich habe es zu sehr nötig, Sie wiederzusehen. In vierzehn oder achtzehn Tagen werde ich also bei Ihnen sein.

Die schönen Tage werden wiederkehren, und wir werden wieder glücklich sein.

Leben Sie wohl, liebe Geliebte, lieben Sie mich stets.

---

28. April 1838

Ich bin jetzt beinahe wieder hergestellt, liebe Gute. Drei Pulver haben mich geheilt. Kleine Ursache und kleine Wirkungen. Der Postführer wird Sie auf meine Veranlassung besuchen. Ich habe ihn beauftragt, Ihnen von mir zu erzählen, ich weiß nicht recht warum. Ich hoffe, daß Sie ihm etwas für mich mitgeben werden. Das würde mir eine solche Freude machen! Wie er Ihnen sagen wird, glaube ich, daß ich noch mindestens vierzehn Tage hierbleiben muß. Ich mache sehr glänzende Geschäfte. Ich rechne damit, mindestens zehntausend *Zwanziger* mitzubringen – nach Abzug aller Unkosten. Ohne jede Übertreibung, niemals hat seit Paganini irgend jemand einen derartigen Eindruck gemacht. Mein viertes Konzert ist nächsten Mittwoch. Der Saal ist schon ganz ausverkauft. Das ist beispiellos, hier wie überall.

Eine große Neuigkeit: Thalberg ist gestern abend angekommen. Wir sollen heute bei dem Fürsten Dietrichstein zusammen dinieren, der mir hat sagen lassen, daß er entzückt wäre, Kastor und Pollux bei sich zusammenzubringen. Ich freue mich sehr über die Ankunft des Hunnen. Jetzt kann ich ohne großes Verdienst den Großmütigen spielen.

Würden Sie glauben, daß man bei Hofe dermaßen intrigiert hat, daß das Konzert bei der Kaiserin wirklich aufgeschoben worden ist. Durch den merkwürdigsten Zufall stehen Sie meiner Ungnade nicht ganz fern. Die Frömmigkeit der Kaiserin ist zugunsten irgendeiner kindischen Feindseligkeit ausgebeutet worden. Trotzdem ist es mehr als wahrscheinlich, daß der Hof mich vor meiner Abreise auffordern wird. Die öffentliche Meinung ist zu einstimmig für mich. Ich werde Ihnen die Manöverchen und die kleinlichen Intrigen im einzelnen erzählen, die man bei dieser Gelegenheit hat spielen lassen.

Ich habe hier keine Freunde gewonnen, bin aber immer von einem sehr zahlreichen Hof umgeben. Mein Zimmer wird nicht leer. Ich bin die große Mode. In vierundzwanzig Stunden sind fünfzig Exemplare meines Porträts gekauft worden. Sie tun mir doch nicht die Kränkung an, zu denken, daß mir das den geringsten Eindruck macht?

Ein einziger Wunsch, eine einzige Leidenschaft beherrscht mich ganz. Sie kennen mich in- und auswendig, nicht wahr?

Im ganzen bin ich ziemlich ruhig. Wenn Sie nicht abgereist sind, wenn diese drei Zeilen ankommen, so reisen Sie nicht mehr. Das ist sicherer. Aber lassen Sie mich hoffen, daß sie Sie vielleicht nicht mehr antreffen. Auf jeden Fall schreiben Sie mir oft. Ich brauche Sie, denn ich habe nur Sie. Immer der Ihre, immer Dein.

---

Wien, April 1838

Sonntag, 3 Uhr, Konzertende.
Liebe Geliebte!

Sie dürfen nicht mehr zögern. Sie müssen kommen. Reisen Sie so bald wie möglich ab. Ich werde hier alles bezahlen. Reisen Sie mit Ihrem Wagen, oder mieten Sie einen, oder nehmen Sie den *Eilwagen*, aber Sie müssen kommen, an Geld wird es uns nicht fehlen. Das Konzert heute vormittag war unerhört. Ich zweifle daran, daß Paganini in seinen besten Tagen eine so andächtige Zuhörerschaft gehabt hat. Wenn es Winter wäre, würde ich nicht daran denken Sie zu bitten, herzukommen. Sie würden zu sehr frieren. Aber jetzt ist es Frühling. Das Wetter wird schön. Ich möchte die Länder meiner Kindheit zusammen mit Ihnen, meine liebe Schwester, wiedersehen. Ich möchte dort, wo ich einstmals schon die Freuden und die Schmerzen, die Sie mir geschenkt haben, vorahnte, Sie in meine Arme schließen und Freudentränen vergießen. Ach meine liebe, meine schöne Marie, kommen Sie, kommen Sie auf der Stelle. Wir müssen zusammen die Donau sehen: diesen großen und schönen Fluß, der jetzt gerade aus seinen Ufern getreten ist. Kommen Sie, kommen Sie, wir werden zufrieden, werden glücklich sein, denn wir sind noch jung und stark.

So wie die Dinge laufen, besteht kein Grund, nicht noch fünf oder sechs Konzerte zu geben.

Also betrachten Sie meinen Brief von gestern als nicht geschrieben, und reisen Sie sofort ab. Sie werden mit dieser Stadt zufrieden sein ... und außerdem, was liegt an der Stadt? Wir werden Tag und Nacht zusammensein.

Leben Sie wohl, auf bald.

Leihen Sie sich im Notfall ein wenig Geld. Ich schicke Ihnen keins, das würde zu lange dauern.

————

Wien, 1838

Ich fürchte, daß Sie nicht genug Geld haben, liebe Marie. Hier schicke ich Ihnen noch zweihundert Gulden (sechshundert *Zwanziger*), die, denke ich, für Ihre Reise genügen würden. Aber vor allem zögern Sie nicht länger. Ich hungere und dürste danach, Sie wiederzusehen. Wie soll ich ohne Sie leben? In drei Wochen, einem Monat werden wir zusammen nach Italien zurückkehren. Aber jetzt muß ich Sie zu meiner schönen Donau und zu meinen schönen Wäldern führen!

Kommen Sie also, kommen Sie auf der Stelle.

Mit Thalberg stehe ich ausgezeichnet. Gestern hat er mir naiv und gutmütig gesagt: „Im Vergleich zu Ihnen hatte ich in Wien immer nur Achtungserfolge." Ein hübsches und wahres Wort. Aber warum, zum Teufel, erzähle ich Ihnen von dem Hunnen! Sehen Sie, das kommt davon, daß ich immer an diese unglücklichen Salonplaudereien denke! und dann sage ich niemals etwas, und dann, und nochmals ...

Hören Sie, ich schicke Ihnen noch zweihundert Gulden mehr, und reisen Sie ab. Das sind im ganzen zwölfhundert *Zwanziger*.

Leben Sie wohl, Liebe, auf bald.

---

Wien, 5. Mai 1838 (nach Venedig)

Vielleicht werden diese wenigen Zeilen Sie nicht mehr in Venedig antreffen. Ein bißchen hoffe ich es! Sie sehen, was ich für ein Kind bin! Da ich keine Briefe mehr von Ihnen bekam, bildete ich mir ein, daß Sie abgereist seien, und gestern abend habe ich Sie bis nach zwei erwartet, fest überzeugt, daß Sie ankommen würden. Liebe Geliebte, Sie werden niemals erfahren, wie sehr ich Sie liebe.

Wenn Sie hierherkämen, was unbedingt sein muß, würde ich Ihnen meine Reisepläne unterbreiten. Zunächst werden wir nach Ungarn fahren. Dann bleiben wir zwei Monate in Tirol, als wirkliche Zyy ...

Ich habe tausend Dinge in meinem armen Kopf – die ich Ihnen, wenn Sie kommen, sagen oder nicht sagen werde. Ich weiß nicht, warum ich mir einrede, daß Wien Ihnen gefallen wird. Packen Sie alles ein, und kommen Sie. Ich werde Ihnen auf halbem oder dreiviertel Wege entgegenkommen (wenn nicht das Hofkonzert dazwischen kommt). Nein, niemals hatte ich eine solche Freude. Sie allein, mein armer Erzengel, sind meine Freude und mein Schmerz, – und Sie wissen, daß ich beides von Ihnen verlange. Vor allem ermüden Sie sich nicht, und pflegen Sie sich.

Wenn es möglich ist, versuchen Sie, ein bißchen zufrieden zu sein, und suchen Sie Zerstreuung. Ich schreibe heute nicht an Emilio, aber versichern Sie ihn meiner ganzen Freundschaft. Ich bin zu jeder Stunde und bei jeder Gelegenheit für ihn da. Sie wissen, wie er mir sofort sympathisch war. Seine Briefe haben mich gerührt.

Nichts Neues, außer, daß ganz Wien über mich in Aufruhr ist. Das beste an der Sache ist, daß bereits zehntausend Franken bei Haslinger für mich liegen. Ich rechne noch auf mindestens vier- oder fünftausend Franken. Sie sehen also, daß wir es üppig haben.

Kommen Sie also, und lassen Sie uns glücklich sein. Bevor Sie Venedig verlassen, knien Sie in Sankt Marco nieder und denken Sie an mich.

Ich wohne immer noch *Stadt Frankfurt*.

---

Wien, 8. Mai 1838, Dienstag abend

Liebe Marie!

Ich kann Ihnen nicht sagen, wie traurig mich Ihre Briefe machen. Wissen, daß Sie krank sind, und nicht bei Ihnen sein können . . . um Stunde für Stunde, Minute für Minute jene schönen Schätze an Güte und unaussprechlicher Liebe aufzufangen. Nur einige Zeilen Ihrer Hand lesen zu können... Sie nicht zu sehen, Sie nicht leise, andächtig auf die Stirn zu küssen... Ihr Lächeln nicht mehr zu erwecken... nicht mehr den Klang Ihrer vielgeliebten Stimme hören zu dürfen... Ach, hören Sie, ich bin todtraurig. Jeden Augenblick frage ich mich, warum ich hierher gekommen bin, was ich hier zu tun habe, was ich mit diesem Jubel der Menge und diesem eitlen Lärm kindischer Berühmtheit anfangen soll . . . Jawohl, Marie, ich bin todtraurig. Nichts kann mich auch nur eine Viertelstunde lang vergessen lassen, daß Sie nicht da sind und daß ich niemals ohne Sie leben kann!

Es ist unglaublich, wie man mich bittet und bestürmt, damit ich nicht abreise. Ohne diese unglückliche Einrichtung mit dem Wagen, der nur alle Sonnabend nach Venedig fährt, wäre ich schon weit weg oder vielmehr ganz nah dort, wo ich sein sollte. Ich habe gestern versucht, einen Wagen zu leihen, aber niemand will darauf eingehen. Ich bin ermattet, erschöpft, traurig ... Ihr Brief von heute morgen raubt mir jede Hoffnung, Sie zu sehen. Da ich es nicht bin, der meine Konzerte arrangiert, habe ich schon Verpflichtungen gegen das Publikum übernommen, denen ich mich nicht ohne Nachteile entziehen könnte. Mein viertes Konzert heute vormittag (das eigentlich mein sechstes ist, obgleich die der Pester und der Redoute nicht zählen) war noch glänzender als das vorherige. Jedes Konzert bringt mir dreitausendfünfhundert *Zwanziger* (mindestens) ein. Das weiß ich von Haslinger, der alles für mich tut und mein Geld bei sich aufhebt. Das sind glänzende Geschäfte, wie Sie sehen ... aber um Gottes willen, werden Sie gesund, werden Sie gesund.

Ich denke stets an Filliot. Ich habe ein unermeßliches Verlangen danach, sie wiederzusehen. Hoffentlich wird sie Ihnen ähnlich. Ach, meine schöne Marie, ich möchte Dir gern alles sagen, damit Du im tiefsten Grunde Deiner Seele begreifst und fühlst, wie ich Dich liebe ...

Weißt Du, etwas Wunderbares in dieser Stadt ist der Stefansturm! Nach welcher Richtung man auch geht, in welchem Winkel der Stadt man auch sein mag, überall sieht man diese unbewegliche Masse den Horizont beherrschen. Das ist manchmal schrecklich, manchmal ernst und bedrückend ... Es ist das einzige Große, das ich hier kenne. Aber es macht einen fabelhaften Eindruck auf mich. Dieser Stefansturm verfolgt mich, beunruhigt mich, quält mich. Vergleiche sind im Überfluß vorhanden ... ich erlasse sie Ihnen.

Liebe, warum kann ich Ihnen nicht wenigstens etwas wohltun! Ich möchte es so gern.

Gib mir noch Aufträge. Ich werde so glücklich sein, Dir etwas mitzubringen, was Dir Freude macht. Aber noch verzichte ich nicht völlig auf den Gedanken, Dich hier wiederzusehen. Wenn Du kämst, würden wir folgendes machen (vorbehaltlich einer besseren Meinung, nämlich der Deinigen). Wir würden zunächst ein wenig nach Ungarn fahren. Am 26. dieses Monats sind in Pest Festtage. – Anfang Juni, um den zehnten herum, würden wir auf zwei Monate nach Tirol fahren, nur wir beide. Wir würden vorher oder nachher München sehen, und dann als Krönung an unseren lieben Comersee zurückkehren. Florenz würden wir für den Herbst lassen und unsere Rom- und Neapelpläne noch für den Winter aufsparen. Aber nochmals, das sind nur Luftpläne. Handle und verfüge ganz, wie es Dir gut scheint. Wie Sie wissen, habe ich keinerlei Zutrauen zu meinen Einfällen. Nur eins, antworte mir in bestimmtem Sinn auf diesen Brief. Ich werde in der Lage sein, acht oder zehn Tage nach dieser Antwort abzureisen. Für den Fall, daß Du mich in Venedig erwartest, werde ich weder nach Preßburg noch nach Pest fahren, aber darauf kommt es nicht an. In beiden Städten ist nur wenig Geld zu verdienen. Weswegen ich gern hinfahren würde, ist nur ein dummes Nationalitätsgefühl, das Sie kennen.

Nichts Interessantes oder Merkwürdiges zu berichten. – Mein Leben ist fabelhaft eintönig. Ich werde von aller Welt umschmeichelt, verhätschelt und gefeiert, mit Ausnahme von einem halben Dutzend übrigens ziemlich einflußreicher Leute, die sich über meine Erfolge ärgern. Die Fürstin M(etternich) ist freundlicher zu mir als in den ersten Tagen. Thalberg paßt solchen Leuten besser. Aber sie wissen nicht, was sie tun sollen. Es hat sich eine solche Masse einstimmig für mich erklärt. Der Hunne ist so sehr an zweite Stelle gerückt ... Ein Wiener Witz. „*L ... ist das Mandl, Th ... das Weibl.*" Haben Sie mein Bild bekommen? Es ist in einer riesigen Menge von Exemplaren verkauft worden. Augenblicklich sitze ich wieder Ammerling – unbestritten der hervorragendste aller Wiener Porträtmaler. Er macht nur einen mittelgroßen Kopf in Öl.

Bis wann? – Werden Sie nicht an den Wörther See kommen? Tausend Küsse auf Ihre Erzengelstirn.

Mein fünftes Konzert kann erst nächsten Montag stattfinden. Das sechste und das siebente wird bald darauf folgen, und dann ist hoffentlich Schluß, obgleich es mir in Wahrheit ein leichtes wäre, ein Dutzend zu geben.

---

Wien, Mai 1838, Sonntag

Folgendes also, liebe Geliebte, werden wir machen, wenn Sie nicht anderer Meinung sind. Morgen, Montag, findet mein fünftes Konzert statt, und am Sonntag darauf mein sechstes (heute in acht Tagen). Ich werde am Abend die Post nehmen und Dienstag gegen Mittag wahrscheinlich in Klagenfurt sein – werde ich Sie dort vorfinden, oder soll ich Sie dort erwarten? Das ist gleich. Wir müßten, soweit es irgend möglich ist, Donnerstag abend hier sein, denn Haslinger will, daß ich nach meinen sechs Konzerten noch drei Abende von zehn bis Mitternacht gebe, was für Wien eine fabelhafte Neuheit ist und mir wahrscheinlich noch sieben- bis achttausend *Zwanziger* einbringen wird. Diese drei Abende sind auf Sonnabend (gestern in vierzehn Tagen), Mittwoch und den darauffolgenden Sonnabend so gut wie festgesetzt. – Zu diesem Zeitpunkt, also in drei Wochen, hören meine Einnahmen in Wien auf. Wenn Sie mit mir zurückkommen, werden Sie noch diesen drei Abenden beiwohnen, die, ungeachtet aller vorherigen, fruchtbar zu sein versprechen.

Das erste Hofkonzert ist für die ersten Tage der Woche festgesetzt. Nach all den Intrigen, all den Kabalen, von denen ich Ihnen erzählen werde, ist dies ein wirklicher kleiner Triumph für mich. Ich brauche mich über diesen Gegenstand nicht mit Ihnen auseinanderzusetzen. Sie kennen mich ja.

Heut abend habe ich Zablanowsky gesehen. – Er hat mir beruhigende Nachrichten gegeben. Der Arzt, der Sie behandelt, ist auch der Arzt seiner Frau. Ohne diese unglückliche Idee, die ich mir in den Kopf gesetzt hatte, daß Sie mir eine Überraschung damit machen wollten, hierherzukommen, ohne mich vorher zu benachrichtigen, wäre ich jetzt schon bei Ihnen ... Aber nicht wahr, liebe Marie, Sie machen mir keine Vorwürfe! Nein, aber Sie würden mich mehr lieben ... Sie würden glücklicher sein, wenn wir nicht so getrennt wären. Sagen Sie mir, daß es wirklich das letztemal ist, daß wir uns trennen! Das tut uns beiden zu weh. Ich fühle, daß es unverzeihlich von mir ist, so lange fern zu bleiben. Haben Sie Mitleid mit mir, bedauern Sie mich, und lieben Sie mich!

Antworten Sie rasch, damit ich genau weiß, wann Sie abzureisen gedenken und welchen Weg Sie nehmen wollen. Noch acht Tage, aber nicht mehr, nicht wahr?

Der Ihre, der Deine, stets.

––––––––

Und auch ich, mein armer Engel, bin todtraurig. Ist nicht die Qual der großen Gedanken, der Durst nach dem Unmöglichen, das wilde und glühende Streben nach dem, was nicht sein kann, der brennendste Kummer unserer armen Natur? Nein, niemals habe ich so unter all meinen einsamen Verrücktheiten gelitten wie seit etwa acht Tagen. Dieser äußerliche Lärm des „Ruhmes" (so wird das genannt), diese tausend Blicke, die unaufhörlich auf mich gerichtet sind, lassen mich noch bitterer die vollkommene Vereinsamung meines Herzens fühlen. Warum bin ich denn nicht gleich in den ersten Tagen abgereist? Oder vielmehr, was hat mich bestimmt, hierherzukommen? Ich schwöre Ihnen, meine gute, meine einzige Marie, ich glaube, kein Unrecht begangen zu haben. Ich leide wie Sie, weniger edel, aber ebenso tief. Ich fühle mich Ihrer Liebe, Ihrer Teilnahme immer noch würdig.

Ich begreife nicht, was in meinem Brief an Emilio Ihnen einen so tiefen Schmerz bereitet hat. Er war, meine ich, freundlich und aufrichtig gegen ihn. Es ist richtig, daß ich nicht hätte schreiben sollen, sondern sofort abreisen. Man hat mich daran gehindert. Neulich abends habe ich einen Freund von Schubert dessen Lieder singen hören ... Ich habe nur drei oder vier angehört. Dann bin ich nach Hause gegangen, in Tränen aufgelöst. Zwei Gäste, die durch meinen so übereilten Weggang überrascht waren, suchten mich auf und haben seither in der ganzen Stadt verbreitet, daß Sie mich unerhört unglücklich machen usw. usw.... ich weiß nicht, warum mich dieses Bekanntwerden meiner heiligsten Gefühle so erzürnt hat.

Ich komme Ihnen bestimmt auf halbem Wege entgegen. Aber ich beschwöre Sie, erholen Sie sich, genesen Sie, und werden Sie wieder ruhig. In acht Tagen, sagen Sie? Scheint das wirklich möglich? Sie werden also kurz nach diesem Brief abreisen? Mein Gott, wie glücklich wäre ich doch, Sie wiederzusehen!

Sie sagen sich wahrscheinlich dasselbe, was ich mir morgens und abends mit tiefer Bitterkeit sage: Eigennutz und Eitelkeit beherrschen in Wahrheit das ganze Leben eines Mannes. Für die Liebe ist kein Raum darin...

Und dennoch liebe ich Sie, liebe ich Sie mit aller Kraft. Ich gehöre nur Ihnen. Sie allein haben ein Anrecht auf mein ganzes Sein, denn Sie allein besitzen das Geheimnis meines Lebens, meines Glücks und meines Unglücks.

Liebe Geliebte, ich leide, aber für Sie, Ihretwegen. Ich werde Ihnen morgen wieder schreiben. Leben Sie wohl.

In Klagenfurt werde ich Sie abholen.

———

Mittwoch morgen.                                    Wien, Mai 1838

Liebe, wie geht es Ihnen? Leiden Sie etwas weniger? Werde ich Sie gesund wiederfinden? Wenigstens beinahe? Mein Gedanke verläßt Sie nicht. Ich habe keinerlei Unrecht gegen Sie begangen. Das könnte ich gar nicht. Aber Sie machen sich kaum eine Vorstellung von den hohen Ansprüchen in diesem Lande und wie schwer es für mich ist, mich ihnen selbst am Ende dieser Woche zu entziehen. Es hat mir nicht an Energie gefehlt, es hat mir nicht an Liebe gefehlt, ich schwöre es Dir, meine schöne, meine einzige Marie, aber Füße und Hände waren mir gebunden. Das alles werde ich Ihnen in wenigen Tagen erklären, und Sie werden mein Verhalten sicherlich gerechtfertigt finden und mir verzeihen, denn ich liebe Sie über alle Maßen.

Samstag also (um die Zeit ungefähr, da Sie diesen Brief bekommen) werde ich abreisen und in der Nacht vom Dienstag zu Mittwoch bei Ihnen sein. Welche Freude! welche Erschütterung! welch tiefe Beruhigung meines Herzens wird es sein, Sie wiederzusehen. Das alles wissen Sie ja. Ich bin schrecklich müde, und jeder andere an meiner Stelle wäre halbtot. Der Gedanke, daß ich Sie noch vor acht Tagen wiedersehe, gibt mir eine unglaubliche Kraft. Ich könnte manchmal Berge versetzen...

Ich war nicht verständig, wie Sie gedacht haben, aber Sie wissen, daß ich nur trocken schreiben kann, verzeihen Sie mir den Schmerz, den ich Ihnen zugefügt habe, und vergelten Sie, wie immer, Böses mit Gutem.

Schreiben Sie mir also nicht mehr nach diesem Brief ...
denn ich werde nicht mehr da sein. Ich komme auf demselben
Wege zurück, nämlich auf dem direkten Wege, ohne Triest
zu berühren. Bis dahin habe ich noch folgendes zu tun. Morgen
vormittag Konzert für die grauen Schwestern. Ich spiele dreimal (auf Befehl der [Kaiserin] Mutter). Übermorgen mein
letztes Auftreten: Konzert um zehn Uhr abends, nach Theater-
schluß, und dann ...

Ach, ich will nicht denken, ich will nicht reden. Aber endlich werde ich Sie wiedersehen. Wir werden wieder zusammensein, und für immer, nicht wahr? Ach, sagen Sie sich, daß
wir uns niemals trennen werden, was immer geschehen mag.

Leben Sie wohl, mein schöner Erzengel, leben Sie wohl,
bewahren Sie mir Ihre Liebe, ich bin ihrer nicht ganz unwürdig.

---

### GRÄFIN D'AGOULT AN LISZT

Venedig, Donnerstag, den 24. Mai 1838 (nach Wien)

Ich verstehe überhaupt nichts mehr. Nach zwei Tagen
Pause habe ich Ihnen drei Tage hintereinander drei Briefe
geschrieben, die Sie Donnerstag, Freitag und letzten Samstag hätten erhalten müssen. Diese drei Briefe sagten Ihnen,
daß ich Venedig nicht verlassen konnte; dann erhielt ich
Ihren Brief, der mir Ihre Abreise für Samstag abend an-
kündigte. Ich habe Sie vorgestern, gestern, heute morgen erwartet ... endlich kommt Ihr Brief ... wann werden wir uns
dann wiedersehen?

Ich erwarte Sie, ich kann mein Zimmer noch nicht verlassen.

Um des Himmels willen, zögern Sie nicht länger.

# IX

## Juni 1838 bis Dezember 1838

Ende Mai 1838 kommt Liszt nach Venedig, von dort aus macht er mit Gräfin d'Agoult im Laufe des Sommers Abstecher nach Lugano und Genua. Dann folgen Landaufenthalte und Konzerte in verschiedenen Städten Italiens. In dieser Zeit sind Liszt und Gräfin d'Agoult zuweilen getrennt und wechseln Briefe bis zu ihrer Ankunft in Rom Anfang Januar 1839.

### GRÄFIN D'AGOULT AN LISZT

Genua, 25. Juni 1838

Ich liebe Sie unermeßlich, und um Ihretwillen. Ich glaube, daß Sie noch lieben können und infolgedessen auch lieben müssen. Ein Teil Ihres Herzens bleibt bei mir unbefriedigt. Meine Liebe zehrt Sie auf. Sie könnten, glaube ich, glücklich lieben; mich haben Sie stark geliebt.

Jetzt dauert es schon fünf Jahre, und vielleicht ist das genug. Lassen Sie mich meiner Wege gehen. Wenn Sie mich rufen, werde ich zurückkommen. Ich selber würde niemand mehr lieben können, aber warum sollte ich Sie einer Liebe berauben, die eine neue Lebensquelle für Sie sein könnte. Augenblicklich unterliegen Sie einem Zwang, und ich fürchte, daß dieses erstickte Bedürfnis schlimmere Spuren hinterläßt, indem es bei Ihnen eine seelische Erkrankung hervorruft. Man darf nichts aufhalten, was eine vollkommenere Entwicklung unserer Fähigkeiten herbeiführt. Wenn ich Sie nicht so andächtig liebte und nicht so hoch stellte, könnte ich nicht so zu Ihnen sprechen, aber ich habe eine tiefe Achtung vor Ihrer Freiheit.

---

### LISZT AN GRÄFIN D'AGOULT

Mailand, 30. August 1838

Ich schreibe Ihnen bei Emilio. Man sagt mir, daß der Brief vor 3 Uhr zur Post gebracht werden muß.

Ich habe gestern den ganzen Abend bis halb eins gearbeitet. Man hat mir ein Huhn gebracht; das war mein Diner. Ich habe nur vier Stunden geschlafen. Heute morgen sah ich Neipperg, Valmoden, Rossini, die Medici, die Brancas, Cicogna ... alle Welt ist bisher tadellos. Auch nicht der Schatten eines Streites. Heute abend gehe ich zur Samoyloff[1], die nach dem Theater empfängt; ich schreibe Ihnen, wenn ich nach Hause komme. Ich bin sehr einsilbig. Miris Gegenwart erklärt die Kürze meines Briefes, wenn man das einen Brief nennen kann. Er trägt mir tausend Grüße für Sie auf und beklagt sich sanft über Ihr Schweigen. Ihren letzten Brief hat er noch nicht erhalten. Ich werde Ihre Aufträge erledigen und Ihnen das ganze so bald wie möglich schicken.

Leben Sie wohl, ich liebe Sie.

PS – Es ist keine Rede von der Ankunft der Baronin I. I ... Ich hatte Ihnen gleich gesagt, daß es ein falscher Alarm sei. Dafür kommt Frau Vanotti angelaufen. Frau Goussard!! Rokoko! Frau Goussard 18. Jahrhundert!

Leben Sie wohl, leben Sie wohl ...

---

Liebe Geliebte!                    Mailand, 30. August 1838

Mein Brief von heute morgen hat Sie wahrscheinlich ungeduldig gemacht, dieser wird vielleicht dasselbe Schicksal haben. Wann endlich werden wir uns aufeinander verlassen können?

Miri kam mir gewissermaßen demoralisiert vor. Er war nett zu mir. Wir haben nicht viel geredet. Er war zu müde, um mit mir bis zur Post zu gehen, und mein Brief war eilig. Ich habe bei ihm mehrere Sachen wiedergefunden, die wir ihm geschenkt hatten, das hat mich besonders gefreut. Ich zweifle, daß Sie ihn mit dem abgeschnittenen Schnurrbart zu seinem Vorteil verändert finden würden. Mir kam er sehr verhäßlicht vor. Dafür bin ich blendend in meiner Attila, die Haslinger

[1] Gräfin Julie Samoyloff, von ihrem Mann geschieden. Ihre originellen Einfälle, ihr Musikverständnis hatten ihren Salon zu dem glänzendsten Mailands gemacht.

mir eben geschickt hat. Das ist mir endlich ein vestito, wie ich ihn brauchte! Wirklich herrlich. Ich freue mich wie ein Kind darauf, in diesem über jede Beschreibung schönen Wunder vor Hoheit Myoult zu erscheinen.

Bei Pixis habe ich im Tete-a-tete mit der Francilla und ihrem reizenden Vormund diniert. Fr sagte mir neulich töricht, daß er vorgezogen hätte, wenn ich überhaupt nicht von Francilla in jenem berühmten Brief[1] gesprochen hätte, als so leichthin und wie scherzend von ihr zu sprechen; das hat mich ein bißchen geärgert, und ich habe nichts erwidert. Später wird er mir das bezahlen, und ich werde es ihm hundertfach vergelten.

Freund Pescio ist hier. Immer derselbe. Weder Fürst Esterhazy[2] noch Frau Apponyi werden kommen. Die Hotels sind noch halb leer, und viele Mailänder, die ein Geschäft mit dem Vermieten ihrer Häuser machen wollten, werden reinfallen und sind schon sehr ängstlich. Neipperg möchte in seinem lombardischen Patriotismus am liebsten, daß alle Wohnungen leer blieben. Tatsächlich sind Hunderte zu vermieten. Was nicht hindert, daß Louis nirgends ein Zimmer zu einem vernünftigen Preis finden kann. Louis hat übrigens lange mit mir über unsere Reise gesprochen. Er sagte, er würde es übernehmen, Pferde für uns zu kaufen und zugleich als Kutscher und Kammerdiener zu dienen usw. usw. ... Wenn wir uns wiedersehen, werde ich im einzelnen darauf zurückkommen.

Um $\frac{1}{2}$7 habe ich der Herzogin Litta einen Besuch gemacht. Ein Haufen Botschafter und ordenbesäte Leute waren da. Sie war besonders liebenswürdig zu mir. Neipperg begegnet mir nie, ohne mich zu umarmen. Das freut mich jedesmal und macht mich zugleich etwas verlegen, um so mehr als ich ihn mit niemand sonst so sehe und es nicht in seiner Natur liegt.

½2 Uhr morgens

Ich komme von Frau Samoyloff. Sie empfängt jeden Abend nach dem Ballett in der Scala, das heißt von 11 bis 1 Uhr nachts.

[1] Brief eines Bakkalaureus der Tonkunst, vom 10. März 1838, über die Scala (Gazette-Musicale vom 27. Mai 1838).

[2] Wahrscheinlich Fürst Paul Esterhazy, bei dem Liszts Vater Güterverwalter gewesen war.

Ich habe dort eine Menge Leute getroffen. Alle Welt scheint mir freundlich gesinnt, mit Ausnahme eines Russen, der Stammgast in Cafés ist, wohin ich nie gehe. Zwei oder drei Russen, die mit Entischeff hier sind, sind sehr um mich beflissen. Ich glaube bestimmt, daß ich in Petersburg glänzende Geschäfte machen werde. Wolff hat mir soeben einen ziemlich langen, höchst freundschaftlichen und unbedeutenden Brief geschrieben. Sonst keine Neuigkeiten, keine Briefe von irgendwem, außer von Pascotini. Ich füge die Schiffstabelle bei, die er mir geschickt hat. Wir könnten am 1. oder am 16. Oktober abreisen. Ich glaube, der 1. wäre etwas früh, um alle unsere Angelegenheiten in Ordnung zu bringen.

Ich schicke Ihnen Ihre Pomaden und Ihr Barègewasser. Makassaröl ist unmöglich aufzutreiben. Ich mußte mich mit der Pomade begnügen, die denselben Zweck erfüllen soll. Puzzi, Neipperg, die M . . . , kurz alle Welt läßt Ihnen tausend Grüße bestellen . . . und ich selber sage Ihnen nichts. Mein Gesicht zieht sich schon in die Länge. Ich spiele ungeheuer viel Klavier. Haslinger hat mir mit der Attila Schumanns Kreisleriana geschickt. Ein außerordentlich bemerkenswertes Werk.

Gute Nacht, Liebe . . . _____

Mailand, 1. September 1838

Ich kann und darf nur mit Ihnen leben, meine gute Marie. Alles was gut, erhaben und lebensfähig in mir ist, siecht ohne Sie dahin. Ich gehe inmitten dieser Menge umher, das Herz schwer voll Unruhe, den Kopf leer, ich weiß wirklich nicht, weshalb ich hierhergekommen bin. Alles kränkt mich, verwundet mich, reizt mich. Selbst der Gedanke an Sie ist mir keine Besänftigung. Warum es so ist, weiß ich nicht. Einstmals waren Sie meine Zuflucht, mein Trost, mein stets sprudelnder Quell in dieser dürren Wüste, jetzt ist der Himmel ehern, die Nacht dunkel und kalt, bittere Tränen benetzen meine müden Lider. Marie, werden Sie mir bleiben? Sind Sie mir geblieben? Marie, Marie, hat die Zauberkraft, die in diesem Namen lag, sich verflüchtigt? Bin ich es, der unser Leben so zerbrochen hat? Weinen Sie nicht, meine liebe Schwester. Ich bin todtraurig. Ganz ohne Grund, wie man so sagt ... Hören Sie, schreiben Sie mir, das wird mir wohl tun.

Ich tue nichts als Klavierspielen und werfe Karten bei aller Welt ab. Gestern große Abendgesellschaft bei der Samoyloff. Alle Welt war da. Ich blieb eine Stunde, um Pescio, den ich vorgestellt hatte, die Räume zu zeigen. Am frühen Abend Empfang bei Herrn von Hartig[1], dem Baron und der Baronin Denois begegnet: Alle beide reizend. Heute morgen Einzug Seiner Majestät in seine gute Stadt Mailand. Ich hatte mit Pescio zusammen ein Fenster für 20 Zwanziger gemietet. Zum Sterben langweilig. Heute nachmittag werde ich meine Schweizer Lieder fertigmachen, um mich ein wenig zu erholen.

Sie taten gut daran, nicht hierherzukommen, meine gute Marie, ich kann Sie mir in diesem Augenblick nicht in Mailand vorstellen. Es ist dümmer als jemals. Das ist viel gesagt, aber es stimmt. Ich möchte lieber vierzehn Tage im Gefängnis sitzen, als so leben. In wenigen Tagen besuche ich Sie in Como. Ich kann es sehr leicht einrichten, und es ist besser, als wenn Sie sich die Mühe machen. Ihr Barègewasser war erst heute zu bekommen. Ich hoffe, daß Sie es kurz nach diesem Brief erhalten.

Ach, sagen Sie niemals, daß ich etwas anderes gebraucht hätte als Sie! Reißen Sie nicht jede Blüte und jede Wurzel aus meinem Herzen. Was haben uns unsere angeblichen Entdeckungen, unsere gewonnenen Überzeugungen, unser Argwohn, unser Schwanken und dieser ganze schreckliche Ballast, den wir mit uns schleppen, genützt? Warum sind wir nicht mehr jung und töricht, wenn das töricht war?

Leben Sie wohl, liebe Geliebte. Lieben Sie mich, und behalten Sie meine ganze Seele.

---

Mailand, 2. September 1838

Soeben erhalte ich Ihre Feigen; ich freue mich riesig damit. Ich danke Ihnen, daß Sie daran gedacht haben, mir etwas zu schicken, was es auch sei ... Ich fühle es, ich verstehe es; es

[1] Graf Ignazo von Hartig, Gouverneur der Lombardei.

ist dumm, wenn Sie wollen, aber es erfüllt mich doch mit süßer Rührung.

Ich schrieb Ihnen gestern morgen einen bösen Brief. Ich war so traurig, daß ich es Ihnen ein bißchen sagen mußte. Im Laufe des Abends habe ich meine Schweizer Lieder beendet, das hat mich ein wenig beruhigt. Die Nacht war besser. Dann erhielt ich heute morgen Ihren guten lieben Brief, der mich völlig geheilt hat . . . jetzt noch Ihre Feigen . . . und morgen wird es wieder etwas anderes geben. Sie werden mir schreiben, oder ich werde Sie übermorgen besuchen! Kurz, jetzt bin ich vergnügt!

Ich bin ziemlich entschlossen, ein Konzert für die Armen im Ridótto zu geben, das scheint mir schicklich zu sein, und Neipperg, mein Oberratgeber, findet es auch.

Miri habe ich nicht wiedergesehen, er muß Ihnen geschrieben haben. Aller Wahrscheinlichkeit nach werden wir kaum Zeit haben, viel miteinander zu reden: das ist auch kaum nötig. Ich fühle mich immer zu ihm hingezogen.

Sonst nichts Neues, dafür aber alle viel besseren alten und ewigen Dinge, die, wie Sie wissen, für Sie in meinem Herzen sind.

Der Ihre, einzig und völlig der Ihre.

---

Mailand, Montag den 3. September 1838
10 Uhr abends

Liebe Geliebte!

Ich habe Ihnen, bis auf heute, alle Tage geschrieben; ich begreife nichts von diesen Verspätungen der Post. Aber nochmals, ich bin nicht schuld daran.

Ihre Briefe tun mir wohl, mehr, als Sie sicherlich glauben. Es ist mir unmöglich, das, was Sie von mir fordern, nicht Ihnen ausschließlich zu geben. Welche Innigkeit, welche Leidenschaft, welch Böses und welch Gutes könnte ich haben ohne Sie? Ja, wissen Sie denn nicht, daß ich nur durch Sie und in Ihnen lebe? Wie soll ich Ihnen das sagen, damit Sie es glauben? . . . Oh, gewiß war meine Jugend kindisch bewegt; ich habe die Kräfte mißbraucht, die Gott mir gegeben hatte, ich habe zu oft

216

und zu kläglich gefehlt . . . das alles fühle ich mehr, als ich es Ihnen sagen kann. Was wollen Sie, Marie, was verlangen Sie von mir? Ich schwöre, daß ich es tun werde. Aber warum frage ich danach, weiß ich es nicht? O ja, ich weiß, was Sie brauchen, mein edler Engel, ich weiß es . . . und ich werde es niemals mehr vergessen.

Dienstag morgen

Heut werden Sie über meinen Brief lachen, und ich hoffe, es wird ein gutes Lachen sein. Die Baronin ??[1] ist hier. Hier die ausführliche und vollständige Erzählung unserer Begegnungen:

Freitag abend bemerke ich sie bei Frau S . . . Ich nähere mich ihr, um ihr guten Abend zu sagen. Sie erwidert in seltsamer Verwirrung: Guten Abend. Ich füge hinzu, daß es eine richtige Überraschung sei, sie in Mailand zu sehen . . . sie antwortet überhaupt nicht mehr, und ich ziehe mich zurück. Ich richte den ganzen Abend über kein Wort mehr an sie. Dafür unterhalte ich mich viel mit dem Baron, der mir sagt, daß Thalberg auch Lieder von Schubert transkribiert, usw. usw. Am nächsten Tage, Samstag, gehe ich zu der Baronin mit heran, um ein Ende zu machen. Sie war nicht zu Haus. Am Abend schreibe ich ihr zwei Worte, um ihr zu sagen, daß ich sie, da ich nicht wüßte, um welche Zeit ich sie zu Hause treffen könne, darum bäte, mir Tag und Stunde anzugeben, an denen sie mich empfangen könnte, wenn es ihr so gefiele . . . Sie antwortet mit beiliegendem Brief und ich mit dem beigefügten Billett. Vorgestern kommt sie wieder zu Frau Samoyloff. Wir grüßen uns nicht mehr. Ein- oder zweimal bringt mich der Zufall in ihre Nähe. Sie mied mich absichtlich . . . Seitdem habe ich nichts mehr von ihr gehört. Also eine fertige, vollkommen erledigte und unmöglich jemals wieder anzuknüpfende Sache. Ich kann Ihnen nicht sagen, wie sehr mich das freut.

Ist der Grund verletzter Stolz? (wie manchmal bei unserem Freund Piffoel[2]). Oder Eifersucht des Mannes? Oder . . . was weiß ich? Es ist auch ganz gleichgültig. Welches auch die

[1] Die Baronin Eskeles, Frau eines Wiener Bankiers.
[2] Piffoel, George Sand.

Ursache sei, die Wirkung heiße ich willkommen. Ich hoffe daß Sie das nicht betrüben wird. Wenn Sie mir nicht von den arrivati erzählt hätten, so würde ich vielleicht bis zu meiner Ankunft in Como gewartet haben, um Ihnen davon zu erzählen, aber so will ich Sie nicht länger in Ungewißheit lassen.

Mein Konzert für die Armen ist auf nächsten Samstag festgesetzt. Ich werde Sie erst am Sonntag besuchen können, aber vielleicht könnten Sie am Konzerttag bis hierher kommen. Es wird wahrscheinlich interessant.

Leben Sie wohl, liebe Geliebte.

Lieben Sie mich sehr, und seien Sie ein bißchen glücklich über meine Liebe.

------

Mittwoch abend, 5. September 1838

Ich kann Ihnen heute nur zwei Worte schreiben, immer Dein.

Die Flaschen mit dem Barègewasser mußten erst zubereitet werden; sie werden erst heute abend fertig. Die Briefe eines Reisenden[1] habe ich noch nicht bekommen. Ich schicke sie Ihnen so bald wie möglich. Was das Geld betrifft, so weiß ich nicht, wie ich es Ihnen zukommen lassen soll. Wenn Sie die Dukaten wechseln lassen, müssen Sie genug haben, um Ihre kleinen Rechnungen zu bezahlen.

Mein Konzert ist endgültig am Samstag. Werden Sie kommen? Sie müßten sehr frühzeitig aus Como abfahren, denn es wird um 1 Uhr nachmittags sein. Es wäre sogar besser, wenn Sie Freitag abend kämen. Zur Not kann ich Sie hier unterbringen. Auf jeden Fall gibt es Zimmer im Ancora.

Nichts, absolut nichts Neues oder Interessantes. Ich habe seither nichts mehr von den ?? gehört. Gestern bin ich zum Hofball gegangen. Ich habe Frau Merlin geführt, der es in Mailand sehr mißfällt.

Morgen werde ich in den Dom gehen, und poi basta. Ich bin außerordentlich müde. Ich habe gar keinen Appetit und schlafe schlecht. Ich lese Lord Byron, den ich in einem Band gekauft habe. Das tut mir ein wenig wohl.

[1] Von George Sand.

Leben Sie wohl, gute Schwester; lieben Sie mich.

Wenn Sie Samstag nicht kommen, werde ich Sonntag nach Como fahren.

--------

Mailand, September 1838

Ich komme aus dem Dom. Diese unglückliche Zeremonie[1] war für viele Leute eine große Enttäuschung. Obgleich ich einen sehr guten Platz hatte, habe ich nichts gesehen. Wahrscheinlich war es meine Schuld.

In einem bestimmten Augenblick hörte ich rufen „E incoronato". Man hat in die Hände geklatscht. Und schon war ein Kaiser da.

Eben kommt die Frau aus Como zu mir, bei der wir gewohnt haben, und der Abbé Cortesi, der heute abend abfährt. Die Frau sagt mir, daß Sie die Absicht hätten, Samstag morgen herzukommen und vielleicht morgen abend. Ich werde auf alle Fälle morgen abend zur Post gehen, um Sie dort zu erwarten. Wenn Sie mit einer andern Gelegenheit kommen, kommen Sie Nr. 963 in die Agnello. Ich werde Ihnen auf alle Fälle ein Zimmer für morgen, entweder in der Belle Venezia oder im Ancora, reservieren. Ich weiß noch nicht, wo ich es besser finden werde. Mein Konzert wird bestimmt Samstag stattfinden. Ich kann mir gar keine Vorstellung machen, wie es sein wird. Die Billette kosten 5 Franken. Wenn wir nur die Unkosten decken, werde ich 500 Franken aus meiner Tasche für die Armen geben. Auf jeden Fall wird es interessant werden. Es wird Sie freuen, daß Rossini sehr warm für mich Partei genommen hat.[2] Er hat neulich mitten im Café gesagt, er bedaure, daß seine Landsleute nicht lesen könnten.

Ich will Cortesi nicht länger warten lassen.

Auf Wiedersehen also, liebe Gute und Schöne.

Ganz und gar der Ihre.

[1] Die Krönung des Kaisers von Österreich.
[2] Ein Teil des Mailänder Publikums war gekränkt durch den Brief von Liszt über die Scala (Gazette-Musicale, 27. Mai 1838).

--------

Lieber Myoult!

Ich schicke Ihnen ein Morgenlied, in der Erwartung, daß ich es Ihnen selber vorsingen werde. Um ½1 Uhr bin ich bei Ihnen. Schicken Sie mir sofort (wenn es geht) den Artikel von Moutzy über Herrn Myoult, denn ich soll ihn um 11 Uhr bringen. Neipperg und Pixis kommen heute morgen zu mir zum Frühstück. Bitten Sie um eine Teekanne im Hotel. Ich werde sie am Nachmittag zurückgeben.

———

Mailand, 13. September 1838 (nach Como)

Ich habe Ihnen gestern nicht geschrieben, liebe Marie, ich weiß nicht, wie das gekommen ist. Dafür habe ich immer wieder die schöne Seite gelesen, die Sie in meine Zeitung gelegt haben. Das ist mehr wert.

Gay hält mich fast den ganzen Tag fest. Wir sind erst um 9 Uhr von der Chartreuse zurückgekommen. Die Unterhaltung dauerte bis Mitternacht in der Bella Venezia, wo wir diniert haben. Wir reden immer für nichts und wieder nichts von Sternen und Kometen. Er ist entschieden ein sehr schätzenswerter Kerl und ein edles Herz. Seine Freundschaft für mich ist bewährt und vollkommen selbstlos.

Das Konzert bei Saint-Aulaires kann aus diplomatischen Gründen nicht stattfinden. Sie laden mich Freitag zum Diner ein. Das ist wirklich sehr liebenswürdig von ihnen.

Ich rechne immer noch damit, Sonntag abzureisen. Wenn das physisch möglich ist, das heißt, wenn ich einen Wagen bekommen kann. Ihre Abreise hat mich in einer vollkommenen Leere und Traurigkeit zurückgelassen. Es kommt mir vor, als würden diese drei Tage niemals vorübergehen!

Leben Sie wohl, liebe Marie, ganz der Ihre.

———

Florenz 1838 (nach Lucca)

Liebe Marie!

Das Konzert soll immer noch am Mittwoch sein. Lady Loswell hat ihren Ball verschoben, heißt es. In einer halben

Stunde werde ich es mit Sicherheit wissen. Es ist also Aussicht auf etwa hundert Billette.

Auf Wiedersehen also Mittwoch mit Ihnen und dem guten Pedanten, den ich von ganzem Herzen liebe.

Küssen Sie Mouche[1] von mir.

Der Ihre allein.

Bringen Sie etwa fünfzig Billette außerdem, aus unnötiger Vorsicht.

————

Liebe Gute!

Da Stürler mich um noch eine Sitzung gebeten hat, werde ich die Pferde kaum benutzen können. Geben Sie also Louis seinen Abschied.

Auf bald.

Gegen ½5 Uhr spätestens werde ich zurück sein.

————

11. Oktober 1838, Padua (nach Bologna)

Herr Abate möge verzeihen, Ihre Majestät kommt erst morgen an. Infolgedessen muß ich mindestens vierundzwanzig gute Stunden warten. Ich habe an Mortier[2], an Schoelcher und an Pacini[3] geschrieben. Ich schlucke eine Unmenge Sorbetti und Kaffee bei dem berühmten Pedrochi. Sagredo, Allegri, die Garcias laufen mir über den Weg. Wir plaudern. Ich habe heute den ganzen Tag nichts getan, wie Sie sehen. Morgen soll ich abgeholt und nach Cattajo[4] gebracht werden. Dort werde ich wieder anfangen, meine Pavicci-tutti frutti (sic) zu schreiben.

Ich sehe mir die gotische Fassade an und denke an Ihren Vergleich. Ich lese wieder den Don Juan, besonders den dritten Gesang: das heißt das Ende. Entsinnen Sie sich?

„Ave Maria, gebenedeit sei diese köstliche Stunde, gebenedeit seien die Zeiten, der Himmelsstrich, die geliebten Stätten, wo ich so oft gefühlt habe, wie der Einfluß dieses Augenblicks sich über die Erde mit so viel reizvoller Süße verbreitete ...

Ave Maria, jetzt ist die Stunde des Gebets; ave Maria, jetzt

[1] Seine Tochter Blandine.
[2] Mortier von Fontaine, Pianist (1816–83).
[3] Italienischer Komponist und Musikverleger (1778–1866).
[4] Villa des Herzogs von Modena.

ist die Stunde der Liebe; ave Maria, mögen unsere Seelen sich bis zu dir, bis zu deinem Sohn erheben.

Ave Maria, o wie ist Dein Antlitz voller Süße, wie gern betrachte ich Deine gesenkten Augen, während die mystische Taube über Deinem Haupte schwebt. Ist das nur ein Bild? Nein. Vor der Wirklichkeit knie ich nieder."

Heute ist ein schöner Tag. Das Licht wird sich verlieben in Ihren Correggios spiegeln ... und Ihr schöner, blasser Kopf wird vor diesen Meisterwerken noch schöner. Ich habe Sie oft schweigend betrachtet, wenn Sie ganz in kindliche und ernste Bewunderung vertieft vor einem schönen Gemälde, einer schönen Landschaft ganz der Erde entrückt zu sein und, wie einstmals Christus vor seinen Jüngern, sich zu verklären schienen. Dann lag für mich irgendein göttliches Mitgefühl, irgendeine himmlische Hoffnung in Ihrem Blick.

Sie warfen mir milde vor, die Dinge vor uns nicht genügend zu bewundern ... Aber konnte ich es? Waren sie nicht, sind sie nicht stets da, um mich herum, in der tiefsten Tiefe meines Herzens? Was kann ich bewundern, lieben, anbeten, wenn nicht Sie? Sie, die Sie mein Weh und mein Wohl sind, meine ganze Freude und mein ganzer Schmerz!

Leben Sie wohl, Liebe. Ende dieser Woche werde ich sicherlich bei Ihnen sein. Schreiben Sie nach Padua, postlagernd. Wenn Sie es noch nicht getan haben, wird es zu spät sein, fürchte ich.

Leben Sie wohl, leben Sie wohl.

———————

Cattajo, Oktober 1838, Freitag morgen

Liebe Geliebte!

Jetzt bin ich am Ende meiner Mühe und meiner Ehren. Alle gekrönten Häupter sind nach Venedig abgereist. Ich selber kann mich erst Sonntag morgen auf den Weg machen, da die Post nur zweimal wöchentlich verkehrt, Donnerstag und Sonntag. Wie ich höre, werde ich gegen 5 Uhr nachmittags in Ferrara ankommen. Vielleicht sind Sie auf den guten Gedanken gekommen, mich dort zu erwarten. Auf jeden Fall werde ich Montag morgen in Bologna sein.

Seine Hoheit, der Herzog von Modena, war so wohlwollend zu mir, wie man nur sein kann. Ich hatte die Ehre, mich zweimal in Cattajo hören zu lassen: zunächst Mittwoch morgen vor der Familie Seiner Hoheit, der Kurfürstin von Bayern, den Erzherzögen Ferdinand und Maximilian, dann gestern vor Ihren Majestäten dem Kaiser und der Kaiserin, dem Vizekönig und der Vizekönigin. Ihre Majestät Marie-Louise ist im Reisemantel auf eine halbe Stunde in den Salon gekommen. Da Postpferde fehlten, mußte sie sofort nach Venedig zurückfahren. Glücklicherweise kam sie in dem Augenblick, als ich die Akkorde von Gott erhalte Franz den Kaiser in den königlichen Gemächern ertönen ließ. Den Rest dieser beiden Tage habe ich damit verbracht, auf die höheren Befehle zu warten, an der Marschalltafel zu soupieren (mit der Gräfin Vozna, der Gräfin Fürstenberg, den Oberhofmeistern und Kammerherrn), Billard zu spielen und in der Umgegend spazierenzugehen.

Netto Ergebnis:

1. Ein regalo Seiner Hoheit von 30 Sovereigns (etwa 1000 Franken).

2. Ein Empfehlungsbrief des Oberhofmeisters Seiner Hoheit für den Oberhofmeister des Herzogs von Toskana.

3. Die huldvolle Annahme der Widmung meiner Soirées italiennes durch Ihre Kaiserliche Hoheit die Vizekönigin.

Sie sehen, daß ich alle Veranlassung habe, mit meinem Aufenthalt in Cattajo zufrieden zu sein. Wieder eine Bresche in meinen angeblichen Überzeugungen.

Sonst keinerlei pikanter oder merkwürdiger Zwischenfall. Alles hat sich ordnungsmäßig und nach den Schicklichkeiten der strengsten Etikette abgespielt. Alle Welt schien zufrieden mit mir, und ich selber bin entzückt ... mit der reizenden Lombardei fertig zu sein. Mein armer Othello! Stellen Sie sich vor, daß dieser arme Hund eine solche Angst vor der Postkutsche hatte, daß er so rasch wie er konnte ausgerückt ist. Ich hoffe, daß er zu Neipperg zurückgelaufen ist – oder zur Belle Venezia – und daß wir ihn uns von irgend jemand werden schicken lassen können. Ich bin ganz betrübt, das edle Tier nicht mehr bei mir zu haben.

Eben sagt man mir, daß es nicht möglich sei, einen Wagen zu finden, der mich vor heute abend nach Padua zurückbringt. Gott weiß, wann diese drei Zeilen Sie erreichen. Wahrscheinlich werde ich Sie vorher wiedergesehen haben.

Leben Sie wohl, liebe Geliebte. Lieben Sie mich, obgleich ich es nicht verdiene.

Don't read fortschreitende Bildung!

Wie geht's den Dadas? Ich bin vernarrt in sie. Einen dicken Kuß für Surcio.

*Aufwarten schön!*

———

Bologna, Sonntag abend, 21. Dezember 1838
(nach Florenz)

Vor allem muß ich Ihnen sagen, daß ich diese Nacht und heute ganz traurig war. Ich habe mehr als einen Grund dafür, aber besonders einen. Ich habe Ihren Ring auf dem Kamin liegen lassen! Wenn es geht, schicken Sie ihn mir mit dem Polen (Bryczinsky), den Arpinini irgendwo ausgraben wird. Er soll Dienstag oder spätestens Mittwoch abreisen, das wird mir eine besondere Freude sein.

Heute ist die Post um ½10 Uhr morgens gekommen. Wir haben überhaupt nicht unter Kälte gelitten. In San Marco wollte man mich nicht haben; da nichts Besseres da war, hatte ich ein häßliches Zimmer gegenüber in den Drei Mauren genommen. Ich fing an, ein ganz klein wenig zu maulen, weil ich so schlecht untergebracht war. Glücklicherweise bot mir Sampieri, der wußte, daß ich allein gekommen war, ein Zimmer bei sich an, von dem ich sofort Besitz ergriff.

Jetzt bin ich also anständig untergebracht. Prachtvolle Pfaue stolzieren in meinem Hof herum. An meinem Bett sind schöne rote Draperien, und was mich besonders freut, ich höre von Zeit zu Zeit, wie man nach dem Zimmermädchen ruft, die Annette heißt.

Ich habe einige Kapitel aus dem Purgatorio gelesen. Ich habe gedacht, gesonnen, geträumt, Sie wissen wovon! Über den Vers:

Oh settentrionale vedovo sito!

habe ich weinen müssen. Sie wissen wieder warum, denn Sie wissen alles. Aber nicht mehr als alles! Aber wann werde ich Ihnen das sagen können?

Rossini hat mich besucht. Ich schlief. Mein Konzert scheint für nächsten Samstag festgesetzt zu sein. Montag oder Dienstag bin ich zurück. Richten Sie bitte Bartolini[1] meine Grüße aus, den ich schon sehr liebe und den ich anbeten werde, wenn er Ihre Büste gemacht haben wird.

Tausend liebe Grüße unserm guten Arpin, dem ich sehr dankbar dafür bin, daß er uns alle beide so liebt, wie er es tut. Hat er Ihnen gesagt, daß wir eine sehr freundschaftliche Unterhaltung mit Stürler hatten? Im Grunde mag ich ihn ganz gern. Er ist bedauernswert und vielleicht liebenswert.

Ich habe zufällig entdeckt, daß der Pole ein Mann aus sehr gutem Hause ist? Unterhalten Sie sich doch ein bißchen mit ihm, wenn er Sie besucht. Adressieren Sie an den Marquis Sampieri; jeder Mensch weiß, wo das ist. Die (unleserlich) fallen mir auf die Nase – aber „wenn das Weltall ihn zermalmte, würde er noch größer und aufrechter dastehn" – frei nach Pascal.

Lieben Sie mich, damit ich leben kann.

———

Bologna, Dezember 1838 (nach Florenz)

Wollen Sie Genaues über den Verlauf meiner Tage wissen, liebe Marie? Hören Sie zu.

Sonntag. Um 1/2 5 Uhr angekommen. Verhandlungen im Hotel San Marco, provisorische Unterbringung in einem häßlichen Zimmer in den Drei Mauren. Frühstück in meinem Zimmer. Besuch bei Sampieri, der mir eine Wohnung anbietet. 2 Uhr: Besitzergreifung meiner neuen Unterkunft. Ich lege mich bis zum Diner ins Bett.

Familiendiner. Die Marquise ist Spanierin. Sie ist 38 Jahre alt und hat einen Schnurrbart. Sie haßt Sampieri, spricht wenig und ziemlich von oben herab. Ihr Onkel ist der Großpenitentiar des Papstes, Kardinal Gregorio. Reminiszenz an die Ehe d'Isy und Magot. Leichter ehelicher Zwist. Der

[1] Lorenzo Bartolini, italienischer Bildhauer (1777–1850).

Mann ist gut, die Frau stolz. – Am nächsten Morgen Besuch bei Rossini, der mich sehr nett aufnimmt. Fülle von Gesprächen jeder Art. Wir gehen ins Café zusammen frühstücken, unterwegs schenkt er allen Armen auf der Straße Centesimi und fängt Unterhaltungen mit allen möglichen Krämern an. Ein merkwürdiger Mensch! Ein wunderbarer Mensch! Um 12 Uhr gehe ich ins Kasino, um bis 2 Uhr mein Klavier zu bearbeiten. Rossini holt mich ab, um mich dem Fürsten und der Fürstin Hercolani vorzustellen, einem reizenden jungen Ehepaar, das auf die Gazette musicale abonniert ist. Der Mann ist 27 Jahre alt, die Frau 20, alle beide klein und sehr einfach und sehr anmutig.

Dort mache ich die Bekanntschaft des Pianisten Müller, der riesige Vorurteile gegen mich hatte. Wir plaudern, und dann spiele ich die Etude in a moll; um 4 Uhr gehe ich nach Haus. Ich schreibe an Schlesinger, Ricordi, Schonenberger[1] und Coks. Um 6 Uhr holt mich Rossini wieder ab und bringt mich zu Frau oder Fräulein Pelissier. Endlose Gespräche, bis es Zeit ist für das Souper beim Marquis Sampieri, der zum Weihnachtsabend einige zwanzig Personen eingeladen hatte. Wir bleiben bis 4 Uhr auf den Beinen.

Dienstag. Hercolani und Müller suchen mich im Kasino auf, wo ich arbeitete. Wir bleiben drei Stunden zusammen. Ich lese den Artikel von Quinet über das Buch von Doktor Strauß[2], das mich tief bewegt und betrübt, ich trete in eine Kirche ein, ich komme fünf Minuten später wieder heraus. Christi Geburt beschäftigt mich. Das Wahre und das Falsche stoßen mich in gleicher Weise ab. Ich durchlebe in meinem Herzen wieder einen Teil unseres vergangenen Lebens, und da fällt ein Sonnenstrahl in meine Seele.

Ich versuche mir vorzustellen, was Sie in diesem Augenblick, zu dieser Stunde, an diesem Tage tun. Die Geburt unserer armen Töchter!! Alle beide im Monat Dezember! Auch Sie Ende Dezember geboren!! Ich fange zu weinen an. Ich fühle mich ein wenig erleichtert.

[1] Pariser Verleger.
[2] Das Leben Jesu (von David Friedrich Strauß, 1835).

Abends Konzert im Kasino, ich lese den Artikel von Quinet weiter. Ein Erfolg, wie er seit der Malibran unerhört war, und selbst größer als der der Malibran. Ich mache keinerlei weibliche Bekanntschaft.

Müller begleitet mich und bleibt bis ½2 an meinem Bett.

Mein Konzert ist immer noch auf Samstag festgesetzt und mein Platz in der Montagspost bestellt, Dienstag früh werde ich also zurück sein.

Immer der Ihre.

---

Bologna, Dezember 1838 (nach Florenz)

Liebe Geliebte!

Meine Abreise bleibt auf Montag festgesetzt. Da es jedoch nicht möglich ist, sich in Bologna einen Platz in der Post (die von Mantua abgeht) su sichern, bin ich nicht ganz gewiß, ob ich abreise. Für den Fall, daß die Post voll ist, werde ich mit einem vetturino fahren, und meine Ankunft würde nur um einen Tag verzögert sein.

Pictets Brief hat mir auch sehr wohlgetan. Mit intelligenten Leuten kann man sich immer verständigen. Es ist entschieden besser mit jenen zu leben, als seine Zeit mit Dummköpfen zu verbringen.

Mein Konzert morgen wird sehr wenig einträglich sein, dafür ist aber mein Ruf in Bologna ungeheuer. Es gibt hier zwei Abonnenten der Gazette musicale, die in der ganzen Stadt verbreiten, daß ich ein sehr großer Schriftsteller bin.

Rossini ist seit zwei Tagen bettlägerig, krank.

Ich bin niemals allein, mein Zimmer wird augenblicklich von zwei Philosophen belagert (entsinnen Sie sich des französischen Gelehrten de l'Allart?), die mit mir eben über Hegel und Schelling sprechen.

Wie können Sie denken, daß ich nach Parma gehen würde? Hatten wir nicht verabredet, daß wir uns in zehn Tagen spätestens sehen würden?

Leben Sie wohl, Liebe. Glauben Sie an mich, und lieben Sie mich.

Heute abend großes Diner und Musik bei Sampieri. Gestern Diner und kleine intime Abendgesellschaft bei Hercolani. Morgen Konzert im Saal von Sampieri. Das ist die Einteilung meiner Woche. Sonst vollkommene Leere. Keine Briefe. Kurz, nichts.

# X

## Oktober 1839 bis März 1840

Im Juni 1839 verließen Liszt und Gräfin d'Agoult Rom und begaben sich nach Lucca, wo Gräfin d'Agoult eine Bäderkur machte. Danach hielten sie sich in San Rossore auf und trennten sich dann im Oktober in Florenz unter den im Vorwort angegebenen Umständen. Liszt ging nach Wien, wo er die lange Reihe seiner Künstlerreisen begann, während Gräfin d'Agoult mit ihren beiden Töchtern nach Paris zurückkehrte.

### LISZT AN GRÄFIN D'AGOULT

Florenz, Oktober 1839 (nach Livorno)

Liebe Marie!

Leben Sie wohl, leben Sie herzlich wohl.

Verlangen Sie heute nicht, daß ich Ihnen von wem oder von was immer erzähle, ich weiß und fühle nur das eine, nämlich, daß Sie da waren und daß Sie nicht mehr da sind. Leben Sie also wohl, und lassen Sie mich immer der Ihre und nur der Ihre sein!

Ich hoffe, Sie werden fortan nicht mehr unzufrieden mit mir sein.

Ihnen gehört meine Liebe, meine Stärke und meine Tugend. Die Erinnerung an Sie (ist es eine Erinnerung oder nicht vielmehr irgendeine geheimnisvolle und stete Gegenwart in den geheimsten Falten meines Lebens), mit welchem Namen Sie es auch benennen wollen, diese Erinnerung wird mir immer eine Quelle der Kraft und ein unaussprechliches Entzücken sein.

Gleich morgen werde ich das Tagebuch beginnen, ich werde es so ausführlich führen wie möglich.

Ich habe Romanelli gebeten, nur eine einzige Medaille aus unsern beiden Büsten zu machen. Bartolini wird sie korrigieren. Sie sind doch einverstanden? Wenn es gelingt, werde ich Ihre Büste gesondert anfertigen lassen.

Leben Sie wohl, liebe Marie. Denken Sie zuweilen, wie sehr ich Sie liebe, und möge dieser Gedanke Ihnen angenehm sein.

_____ Freitag, 1 Uhr morgens

Florenz, 19. Oktober 1839

Ich war erst um 2 Uhr morgens zu Bett gegangen. Die Pakete, die zu packen waren, und die Briefe, die geschrieben werden mußten, hatten mich so lange aufgehalten. Um ½6 kam man mich wecken. Einige Minuten später erschien Arpin. Ich ziehe mich in Eile an, um mich von Ch. Gay zu verabschieden, der zur selben Stunde abreisen sollte wie ich (Porta-Rossa). Ich machte ihn darauf aufmerksam, daß er auf dem Wege zum Frieden sei, während ich der Unruhe nachliefe. In vier Tagen wird er in Rom sein und ich in Deutschland.

Alle Wege führen nach Rom, aber wenige von dort zurück.

Ich hatte gestern morgen eine Art monologisierter Diskussion mit Ch. wegen Montalemberts Artikels über das Buch von Rio.

Diesem Artikel fehlt es an Takt. Einem Pair von Frankreich kommt es nicht zu, von blasierten Engländern zu reden, die in ihre Schlösser Kunstwerke verschleppten, die für die übrige Welt verloren seien!

Wollte Gott, es gäbe viele so blasierte Leute, die schöne Werke erwerben, um den häuslichen Herd damit zu schmücken und das Gefühl für das Schöne im Familienleben zu pflegen.

Die Künstler würden sicherlich bei der Manie dieser blasierten Leute gut fahren . . .

Montalembert erinnert daran, daß Poussin für ein Omelett einen Betsaal ausmalte! Welche Selbstlosigkeit!

Ch. behauptete, daß vom Standpunkt, oder vielmehr vom Glauben Herrn von Montalemberts aus gesehen, dieser vielleicht das Recht habe, von Goethe zu sagen: „Dieser angeblich große Mann." Es liege sogar keinerlei Anmaßung darin, so zu reden. Es drücke einfach den Gedanken einer Partei, einer Orthodoxie aus.

Ich habe geantwortet, daß es privaten Anmaßungen und Eitelkeiten gewöhnlich sehr gelegen käme, hinter angeblichen

Interessen der Partei und der Orthodoxie Deckung zu suchen. Auf diese Weise seien sie im Angriff und in der Form des Angriffs ungeniert. Sie hätten dadurch allen Vorteil, ohne die Nachteile.

Ich komme auf den Morgen des 19. Oktober zurück, von dem ich mich schon recht weit entfernt habe.

Um ½6 also war ich auf. Während meiner Toilette plauderten Arpin und ich sehr freundschaftlich. Dann ging ich zu Gay mich verabschieden, der mich zur Pension S ... zurückbegleitete, wo wir Stürler vorfanden. Da das Café Don geöffnet war, gingen wir alle vier hinein. Stockende Unterhaltung. Ein vetturino fährt vorbei, wir halten ihn an, um zu erfahren, ob es meiner ist. Keineswegs, aber nach vielen Fragen erfahre ich von diesem Esel, daß der vetturino, den ich für Bologna gemietet hatte, erst gegen 11 Uhr abfahren könne.

Was sollte man bis dahin machen? Stürler und mir kam der Gedanke, in das Atelier von Bartolini zu gehen (denn es war noch zu früh, ½7, um an andere Besorgungen zu denken).

Leider wurde Bartolini erst um 10 Uhr in seinem Atelier erwartet. Wir kehren zurück. Ich schlage Stürler vor (Arpin hatte mich wegen Sp ... nicht begleitet, und Gay war nach Genua abgereist), den Penserio noch einmal anzusehen. Die Kapelle ist nur von 10 bis 3 geöffnet, erwidert uns der Pförtner. Auf dem Wege plaudern wir von Herrn Ingres und von Scheffer. St ... meint, daß die jetzigen Maler viel von Herrn Ingres halten. Jedoch werfe man ihm ein wenig vor, daß er die Leute zu sehr anstrenge, damit sie ihn verstehen und bewundern; das heißt, daß man, um Herrn Ingres verstehen und genießen zu können, alles zusammenraffen müsse, was man weiß, alles was man gelernt und erfahren hat, um sich einigermaßen zur Höhe seines Genies aufzuschwingen. Er wünschte, man könnte ihn spontaner bewundern. Die Beobachtung schien mir recht feinsinnig.

Wir gehen zu einem Buchhändler, ich kaufe eine Bibel, die ich ihm anbiete, indem ich sage, daß er sie mir nach Paris zurückbringen solle, wann er Lust dazu hat. Er nimmt an und schenkt mir dafür eine ... (unleserlich), die ihm gehörte.

Um 9 Uhr kehre ich in mein Zimmer in der Pension S...
zurück, Stürler holt mich wieder ab, und wir gehen ins Café
S...frühstücken.

Endlich kommt der vetturino (11 Uhr). Wir kämpfen eine
halbe Stunde, um unsere Koffer auf dem Wagenverdeck und
nicht hinten festschnallen zu lassen. Wir machen uns auf den
Weg, das heißt wir fahren zur Piazza Santa Maria Maggiore,
einen Dominicano abzuholen, der den Bocksitz neben mir ein-
nimmt.

Im Inneren befinden sich schon zwei französische Kaufleute
aus Lyon, Vater und Sohn, glaube ich. Ein dicker Sachse, Sohn
eines Tuchhändlers, namens Großmann, und ein ... (unleserlich), dessen Namen ich nicht weiß, vervollständigen unsere
Fuhre.

Am Tor angelangt, erweist es sich, daß der (unleserlich),
„che stato invitato del Grand duca per la solennità di Pisa[1]",
versäumt hat, seinen Paß im Außenministerium visieren zu
lassen. Eine gute Viertelstunde Hin- und Herverhandlungen.
Der Polizeikommissar sagt: „si fosce anche il Gran Duca non
potrebbe passare senza quel visa[2]". Inzwischen bestelle ich ein
(unleserlich) in einem benachbarten Café, und der dicke Sachse
lädt mich ein und schließt Bekanntschaft mit mir, denn die
Kaufleute aus Lyon hatten ihm meinen Namen gesagt.

Wohl oder übel mußte der (unleserlich) nach Florenz
zurückkehren, um seinen Paß visieren zu lassen, und wir
machen uns ohne den (unleserlich) (der uns eine Stunde später
auf unserer Nachtstation einholte) auf den Weg.

Der Dominikaner las die Ruinen von Voluez, ich die Bibel.
Wir waren beide in unserer Rolle, er suchte wahrscheinlich
in den Verneinungen Volneys Gründe für seinen Glauben.
Ich indessen, wie Sie wissen, nicht gerade nach der Verneinung
in der Bibel, sondern vielmehr nach diesem tiefen Quell, diesen
mächtigen Keimen der Synthese des Antiken, Neuen, Ewigen,
die ich darin zu entdecken glaube.

Als ich meinem Nachbarn gegenüber die Bemerkung

[1] Der vom Großherzog zu der Feierlichkeit von Pisa eingeladen war.
[2] Selbst der Großherzog könnte nicht ohne dieses Visa durchkommen.

machte, daß die Ruinen von Volney sehr wenig katholisch seien, antwortete er mir: „E matto quel uómo, e pièno di contradizióni[1]".

Diese zwei Worte gaben mir einen Maßstab für seinen Geist, und ich bemühte mich nicht mehr sehr darum, Bekanntschaft mit ihm anzuknüpfen, obgleich er mich später um Nachrichten von Herrn Lacordaire, Lamennais usw. bat.

Der dicke Sachse seinerseits erzählte mir, daß er vier Meilen von Dresden entfernt wohne und daß er jedesmal, wenn ein hervorragender Künstler durch Dresden käme, seinen Tilbury anspanne, um hinzufahren und ihn zu hören. Letzten Winter habe er Herrn Thalberg gehört, *aber jetzt möchte er gerne die beiden Herren zusammen hören.*

Dieser Ausspruch gab mir wiederum den Maßstab für den dicken Sachsen, und ich hatte genug.

Der dicke Sachse erzählte mir auch, daß er viel reise, daß er in Paris, in London usw. gewesen sei . . . und daß diese Reisen ein entscheidender Prüfstein für seine Liebe gewesen seien. *Ich glaube,* fügte er naiv hinzu, *daß, wenn man 6 Jahre lang, während 10 großer Reisen, immer das nämliche Ideal behält, das ist doch ein wirklicher Beweis, daß man solid verliebt ist.*

Als Abschluß wird er sein Ideal verwirklichen und das Fräulein heiraten, in das er so verliebt ist. In Wahrheit bewahrt ihn dieses Ideal nicht zu grausam vor den Realitäten, denn er aß nicht nur in dem Gasthof, wo wir die Nacht verbrachten, für vier (zwei- oder dreimal von jedem Gericht und einige zwanzig Nüsse zum Nachtisch), sondern versuchte auch, das Fräulein, das uns bediente, zärtlich zu streicheln und zu kneifen. Sie war grausam genug ihm zu widerstehen, und der dicke Sachse ging so phlegmatisch zu Bett, wie er alles macht.

Wenn man Dante parodieren wollte, dürfte man nicht versäumen, die vetturini zumindest im Fegefeuer anzubringen. Ich wüßte keine unerträglichere Art zu reisen.

Unserer singt uns Melodien von Bellini und Donizetti vor. Ich bat ihn um Rossini, aber er kannte nur zwei Takte aus der Semiramide: „questo Genito".

[1] Dieser Mann ist verrückt, er ist voller Widersprüche.

Schicken Sie nochmals in Lyon zur Post, wahrscheinlich wird die Fortsetzung dieses Tagebuchs dort sein.

---

20. Oktober

Man weckt uns vor 3 Uhr morgens; um 4 fahren wir ab. Dieselbe Gesellschaft. Der Sachse fetter, schwerer und dümmer als je. Ich zunächst schlafend und dann lesend. *Oh, hätte ich jetzt nur zwanzig Kastanien!* ruft der Sachse, kurz ehe wir zum Zoll kommen, schwermütig aus.

Dichter Nebel. Mir wird kalt, Ihr Fußsack wärmt mich wieder. Die Apenninen, Rückblick auf unsere Reise. War es in Radicofani, wo wir die Nacht verbracht haben, als wir nach Rom fuhren! Es war eine einsame Herberge. Wir kamen gegen ½8 an. Es hatte gerade geschneit. Die Farben des Abendhimmels waren traurig und ernst . . .

Gegen 3 Uhr, nachdem ich 2 Meilen zu Fuß gegangen war, entdecke ich das Meer!

Die herbe Schönheit der Landschaft ergreift mich. Ich lasse mich von ihr durchdringen. Vielleicht haben Sie sich in diesem Augenblick gerade eingeschifft. Ich blicke lange auf das Meer. Ich sah nach allen Seiten, nach Ihnen spähend. *Dein Angesicht* strahlte tief in mir. Ich sah deutlich Dein blasses und schönes und edles Gesicht.

Lebe wohl, aber möge es nicht auf lange sein.

---

GRÄFIN D'AGOULT AN LISZT

Genua, 23. Oktober 1839 (nach Triest)

Wie könnte ich diesen teuren Boden Italiens verlassen, ohne Ihnen noch ein letztes Lebewohl zuzurufen? Wie könnte ich sehen, wie diese beiden so schönen und so erfüllten Jahre sich aus meinem Leben lösen, ohne ihnen nachzutrauern? Ach mein lieber Franz! Lassen Sie es mich Ihnen noch einmal aus überströmender Seele sagen, Sie haben in mir ein tiefes, unveränderliches Gefühl erweckt, das alle andern überleben würde, wenn die andern sich ändern könnten, das Gefühl einer grenzenlosen Dankbarkeit. Seien Sie tausendfach gesegnet!

Ich habe Fräulein Cosima[1] bei mir, die ich in Genua holen mußte, Fräulein Cosima (anders Cecchina) gleicht Zug für Zug der bezaubernden Mouche, nur ist sie viel weniger schön und vor allem weniger vornehm. Die Erziehung ist die gleiche. Die Amme sagt, man muß ihr sofort alles geben, was sie haben will, oder sie würde umkommen! Ich will mich bemühen, ihr beizubringen, anders zu leben. Langweilige Überfahrt, stumpfsinnige Passagiere. Um 12 Uhr fahre ich weiter nach Marseille. Pesin war die Gefälligkeit selbst. Er hat alle meine Rechnungen mit meinen Comasken (sic) in Ordnung gebracht, die mich entzückt vom regalo verlassen haben.

Frau Sand hat bei Negro mit Chopin diniert. Sie hat nicht gesprochen, und er hat nicht gespielt. Er hustete schrecklich . . .

Leben Sie wohl, Lieber, sehr Geliebter, ich werde Ihnen aus Lyon schreiben. Im Augenblick, als ich mich in Livorno einschiffte, ging die Sonne in Fluten von Gold unter, und der Mond erhob sich melancholisch aus bleichem Gewölk; allmählich machte er sich frei und hat unsere ganze Überfahrt mit herrlichstem Licht erleuchtet!

Ich habe das als ein Sinnbild unserer schönen entfliehenden Vergangenheit hingenommen und unserer Zukunft, die so traurig beginnt, aber ruhig und rein sein wird!

LISZT AN GRÄFIN D'AGOULT

Venedig, Hotel de l'Europe, Freitag,
25. Oktober 1839

Hier in Venedig, Marie, sage ich Ihnen endgültig Lebewohl. Fortan werde ich Sie nur in meinem Herzen und in meinen Gedanken wiederfinden. Aber hier reden wieder alle Dinge, das Meer und der Himmel, Sankt Marco und die Gondeln, von Ihnen und wiederholen Ihren geliebten Namen.

Hier sind wir zuerst zusammengekommen, hier haben wir

---

[1] Zweite Tochter von Liszt und Gräfin d'Agoult, geb. am 25. Dezember 1837 in Como. Bekanntlich in erster Ehe mit Hans von Bülow und in zweiter Ehe mit Richard Wagner verheiratet (1837–1930).

uns getrennt und wiedergefunden. Hier waren Sie dem Sterben nahe, und hier auch haben Sie sich zum Leben zurückgefunden!

Ach Venedig, Venedig! Welch tiefer Zauber liegt für mich in deinen Lagunen . . .

Sie kennen meine Kindereien, Sie wissen die Bedeutung, die ich den Festtagen beilege . . . Am 22. Oktober hatte ich mir von morgens an gesagt: „Nicht heute will ich meinen 28. Geburtstag feiern, sondern übermorgen in Venedig . . .“

Gestern also bin ich freudigen und gefestigten Herzens gegen 12 Uhr aus Padua abgereist, allein in meinem calessino. Die Ufer der Brenta erschienen mir viel reizender, als ich glaubte. Die große Menge von Villen und palazzini, die sich bis Fusina hinziehen und die wir nicht genügend beachtet haben, geben dieser ganzen Gegend ein merkwürdig liebliches Aussehen. Es sind mehrere darunter, deren Architektur Ihnen sicherlich gefallen würde.

Auf der Reise lese ich Montesquieu und Lamartine, aber gegen meine Gewohnheit waren mir meine Gedanken und meine Gefühle eine liebere Gesellschaft . . .

Ich durchlebte in meinem Herzen die Tage von einstmals, und Dankestränen entströmten meinen Augen.

Um ½ 10 komme ich in Fusina an. Da ich allein bin, nehme ich eine ganz leichte Gondel statt dieses gräßlichen Postkahns, mit dem wir gekommen sind. Ich lasse die Felze entfernen. Die Sonne ging zur Neige, ich träumte lange.

Dann plötzlich wandte ich mich um. Ach, warum waren Sie nicht da, um diesen prächtigen Sonnenuntergang hinter den Paduaner Bergen zu sehen!

Es war göttlich, göttlich.

„Vor achtzehn Monaten, dachte ich, kam ich auch beim denkbar schönsten Vollmond nach Venedig zurück. Wie kommt es, daß ich mich bis zu diesem Augenblick nicht daran erinnert habe und daß es mir vorkommt, als könnte ich niemals den Eindruck dieser Stunde vergessen? Ach, damals sollte ich Sie wiedersehen, hier, ganz nah, und alle meine Freude, meine Begeisterung, all meine Daseinskraft sammelten sich in ihr! Jetzt bin ich allein, die Orte, die mir von ihr erzählen, haben einen unbeschreiblichen Zauber; die Gesichter und die Stimmen erinnern mich an eine Harmonie, die mit nichts anderem zu vergleichen ist.

Venedig, Venedig, wie glücklich bin ich, dich wiederzusehen."

Im Hotel de l'Europe kommt mir Rodolphe entgegen. Ich verlange das Zimmer, das Sie bewohnt haben. Leider kann er es mir nicht geben. Man ist dabei, dort Teppiche zu legen. Aber ich wohne direkt darunter, im Zwischenstock. Das Zimmer hat dasselbe Aussehen, denselben Blick (zwei Fenster), und ich glaube, es sind dieselben Teppiche und Möbel, die Ihnen gedient haben.

Die Dienstboten nennen mich Signor Conte.

Ich laufe sofort zum Markusplatz. E Fusina questo!

Ich schlinge in Eile zwei Koteletts und eine Tasse vorzüglichen Kaffee herunter (gegen 6 Uhr).

Aber das Fest, das eigentliche Fest, hat erst am Abend begonnen. Versuchen Sie, etwas Höheres an Ergriffenheit und Wundern zu ersinnen. Sie könnten es nicht. Und dabei ist es doch ganz einfach.

Wie ich in mein Zimmer zurückkomme, wühle ich meinen Koffer von oben bis unten durch. Ganz auf dem Boden finde ich Ihr Tagebuch, das ich vorher nicht öffnen wollte, denn ich hatte es mir für meinen Geburtstag in Venedig aufgespart. Ich lese unsern ganzen Aufenthalt in Venedig wieder durch, dann den in Florenz und in Rom.

Ich wollte Ihnen gerade schreiben, als es an meine Tür klopfte. Es war Fana, der von seinem Vetter, der mich vorübergehen sah, meine Ankunft erfahren hatte.

Ihm haben Sie es zu verdanken, daß Sie einige Ausrufungszeichen weniger in dem Bericht über diesen Tag finden, denn er entriß mich meinem ekstatischen Zustand, dessen Spur Sie sogar in diesen so trockenen Zeilen wiederfinden werden.

Wir plauderten ziemlich lange.

Sie würden nicht glauben, welchen Eindruck mir die Geräusche (wenn ich nicht die Lächerlichkeit fürchtete, würde ich sagen, die schweigsamen Geräusche) Venedigs machen. Es ist hier reizend, im Zwischengeschoß zu wohnen. Man hat das Gefühl, als ob diese Gondeln einen sanft mit fortzögen.

Entsinnen Sie sich jenes Palastes am Canale Grande, der immer unvollendet und ohne Stockwerke bleibt? Auf seinen Ruinen wächst das Gras. Wie vieles gleicht heute diesem Palastanfang, wie viel frühzeitige Ruinen!

Nachdem ich Fana verlassen habe, der mich nochmals einen vorzüglichen Kaffee trinken ließ, nehme ich einen Gondelführer, um durch den Canale Grande zu fahren. Wir blieben alle beide schweigsam bis zum Palazzo Foscari, den er mir zeigte. „Di (unleserlich) veniva l'Imperatore per vedere le feste – poi qui (al palazzo Mocenigo) abitava Lord Byron¹" (er sprach es englisch aus).

„Come – Lord Byron – Si Signore – L'avete conosciuto voi? Si Signore. L'ho servito cinque giorni, perché uno dei suoi battellieri era ammalato²."

Darauf erzählt er mir mehrere Einzelheiten über Lord Byron, Frau Guiccioli³ und die Teresa, die noch in Dolo ist, wo sie ein kleines Botteghino hat, dove si prendre caffé e liquori⁴.

Der Gondelführer erzählte mir auch, daß er zwei Stücke von Lord Byron abgeschrieben hat, während Milord am Lido spazierenritt. Er sagte mir diese beiden Stücke auf. Das erste ist eine Lobeshymne auf Italien. Das zweite eine Satire und eine Verwünschung und ein Fluch für ebendieses Land. Ich hörte ihm zu, ohne recht zu verstehen, was er sagte. In der Annahme, daß ich es mit einem „letterato" zu tun habe, bat ich ihn, mir den Tasso zu singen; was er mit seiner rauhen und brüchigen Stimme tat. Die Melodie gleicht sehr derjenigen, die ich transkribiert habe.

Nach 10 ging ich heim und legte mich zu Bett. Vor dem Einschlafen las ich wieder einige Seiten Ihres Tagebuchs und

---

¹ Von ... kam der Kaiser, um die Feste zu sehen; da, im Palazzo Mocenigo, wohnte Lord Byron.

² Wie – Lord Byron? – ja, Herr, ich habe ihm fünf Tage lang gedient, weil einer seiner Gondelführer krank war.

³ Gräfin Guiccioli, mit der Byron in Italien eine Liaison hatte.

⁴ Kleiner Laden, wo man Kaffee und Liköre bekommt.

nahm mir vor, Ihnen am nächsten Morgen ganz ausführlich zu schreiben. Das Schiff fährt erst 10 Uhr abends ab.

25. Oktober

Um ¾9 holt Fana mich ab, um mit mir im Café Florian zu frühstücken. Venedig ist für mich ein stetes Entzücken. Daran sind Sie, Zauberin, schuld. Nach dem Frühstück gehen wir den Quai dei Schiavoni entlang bis zu dem öffentlichen Garten. Fana erzählt mir von den Intrigen von Complez. Poco interessant. Wir trennen uns. Ich gehe in Sankt Marco und steige die Scala dei Geanti hinauf, dann in einer Gondel zum Haus von Lord Byron, das ich mir ansehe. Von dort zum Rialto. Dort leiste ich mir einen kleinen Luxus: ich kaufe für 45 Zwanziger eine reizende Marinara[1].

Mittags bei Fana, dem ich meine neuen Stücke vorspiele. Vom dantischen Fragment ist er überrascht. Um 2 hierher zurück, um Ihnen zu schreiben. Um 4 Table d'hote, um 5 ins Café Imperator d'Austria, allein. Rauchen.

Ich habe in der Allgemeinen[2] ein Buch angezeigt gesehen, das interessant sein muß. „Rafael, *Biographie von Passavant, zwei Bände.*"

Um ½7, augenblicklich, hierher zurückgekehrt, um Ihnen zu schreiben. Ich schreibe auch einen Brief an Neipperg zu Ende, den ich vor dem Diner angefangen hatte. Nachher will ich mich bei Frau Marseille verabschieden und packen. Das Schiff fährt vor 10 Uhr ab.

Leben Sie wohl, liebe Marie, in Triest werde ich Nachrichten von Ihnen vorfinden. Das wird morgen früh mein erster Gang sein.

Leben Sie wohl, ein langer Kuß auf Ihre schöne Stirn.

26. Oktober

Kurz vor 9 Uhr morgens komme ich in Triest an. Da wir Gegenwind hatten, dauerte die Überfahrt länger als zehn Stunden. Heute morgen, beim Erwachen (denn wir schliefen in

---

[1] Seemannskappe.
[2] Die Allgemeine Augsburger Zeitung.

häßlichen Verschlägen, aber ganz angezogen, denn man hatte nicht die zarte Aufmerksamkeit gehabt, uns Wäsche zu liefern), habe ich das Buch Hiob beendet. Dieser brave Hiob hat entschieden einen zu guten Ruf. Sein Buch ist eine äußerst eintönige und ermüdende Lektüre. Außerdem sagen die drei Gegenredner und Hiob ziemlich dasselbe. Man sieht nicht recht, warum sie nicht derselben Meinung sind und wie es kommt, daß sie sich gegenseitig beschimpfen.

Der liebe Gott, der zum Schluß eingreift, tut auch nichts weiter, als daß er dieselben schon zum Überdruß hergeleierten Dinge nochmals herleiert. Hie und da stehen ein paar sehr schöne Aussprüche, die jeder Mensch auswendig kennt: „Der vom Weibe geborene Mann usw. . . . warum habt ihr mich euch ungleich und mir selber zur Pein geschaffen", usw. . . . *Die rauhen prosaischen Winde führen mich nach Triest.*

Ich laufe sofort zur Post, kein Brief von Ihnen. Warum? Jetzt sind es acht Tage her, daß wir uns getrennt haben, und ich habe noch kein Wort von Ihnen. Briefe von Haslinger, Lannoy und Gervais erwarteten mich in Triest. Alle vortrefflich.

Um 11 gehe ich zur Sapho[1]. Sehr herzlicher Empfang. Mein Konzert ist angezeigt und vorbereitet; es findet Mittwoch oder Donnerstag im Theater statt. Aus allen möglichen Gründen wäre es besser, sagt sie mir, es im Theater zu geben, das Billett zu 3 Zwanziger. Sie rechnet auf einen Durchschnitt von siebenhundert Billetten.

Sie macht mich mit dem Grafen Alberti bekannt, einem leidenschaftlichen Musikliebhaber, der meine ganze Musik verschlingt. Auf den ersten Blick gefallen wir uns recht gut. Er sieht Neipperg ähnlich. Er ist weniger schlank. Er scheint auch weniger ritterlich unverschämt. Er hat ein Stück über die . . . (unleserlich) veröffentlicht, das von einer beachtlichen Kenntnis des Instrumentes zeugt, besonders für einen Laien.

Alberti ist Gerichtsbeamter. Ich weiß nicht genau, in welcher Eigenschaft.

[1] Caroline Ungher, berühmte Sängerin, die den französischen Schriftsteller Sabatier heiratete (1803–77).

Das erste, was ich auf dem Klavier der S ... entdecke, ist:
*Die abgeblühte Linde*
*Nur der Gärtner bleibt ihr treu.*

Um 2 Uhr diniere ich bei der S ... Nach dem Diner führt mich Alberti mehrere Klaviere ansehen. Er bietet mir das seine sehr freundschaftlich an, für das Konzert sowohl wie für die Wohnung. Aber wegen meiner Zimmernachbarn (ich wohne in der Dogana-Vecchia bei drei alten Damen, die eine Art Hotel Garni halten), meist Handlungsreisenden, die mich sicherlich belästigen würden, bin ich entschlossen, das Klavier nicht zu mir zu nehmen. Ich werde bei Alberti arbeiten, der mir gegenüberwohnt. Alberti stellt mich dem Klavierlehrer Likl vor, dessen Vater in Wien ich gut kenne. Er gehört zu diesem Künstlervölkchen, von dem Sie kaum einen Begriff haben. Alberti erzählt mir, daß er der naivste aller Menschen sei, daß er bis heute (er ist einige zwanzig Jahre alt) Jungfer geblieben sei. Alberti und Likl sind selbstverständlich begeistert; immer wieder Massart und Puzzi!

Hier gibt es einen gewissen Grafen Waldstein, Nachkomme des guten Königs von Wallenstein, jung, schön, dem ich in Wien begegnet bin und der meine Bekanntschaft sucht. Er hat ein recht trauriges Abenteuer gehabt. Seine Geliebte, oder eine seiner Geliebten (eine ungarische Dame, deren Mann noch lebt), war fest entschlossen, ihn zu töten. Sie versuchte, ihn mit einem Dolch zu erstechen, aber er entriß den Dolch ihren Händen und kam mit einer Wunde am Finger davon. Die Dame jedoch blieb hartnäckig. Waldstein zeigte sie beim Gouverneur an (was ich nebenbei als eine Feigheit ansehe). Er mußte abreisen. Die Dame will ihm folgen, immer in der Absicht, ihn zu töten. Man verweigert ihr den Paß. Dank einer Verkleidung, weil sie sich als Kammerzofe anzieht, gelingt es ihr endlich, sich einen zu verschaffen. Aber auf dem Dampfer wird sie von jemand erkannt. Sie mag anstellen was sie will, man zwingt sie, zurückzukehren. Da sie nunmehr die Unmöglichkeit einsieht, sich an ihrem Liebhaber zu rächen, tötet sie sich ...

Die Chronik berichtet, daß W ... wenige Tage danach ein

Diner oder ein Abendessen gab und die Sache sehr leicht nahm, was mich von ihm nicht überrascht. Er hat übrigens ein schönes Gesicht und ganz das Auftreten der Wiener Beaux.

Triest hat das glücklichste Klima. Kein Übergang zwischen größter Hitze und größter Kälte. Wir sind bereits mitten im Winter. Die Bora (ein diesen Küsten eigentümlicher Nordwind) wechselt mit dem Schirokko ab, und so lebt man zwischen und mit zwei Übeln. Meine Scheiben klirren. Im Augenblick, da ich Ihnen schreibe, weht die Bora heftig. Morgen ist vielleicht der Schirokko an der Reihe. Manchmal sollen sogar die beiden entgegengesetzten Winde am selben Tag wehen.

Um ½8 Uhr Theater. Marino Faliero[1]. Diese Oper langweilt und ermüdet mich aufs höchste. Im dritten Akt ist die Sapho sehr schön, in der großen Szene, deren Anfang von einem alten Violinkonzert von (unleserlich) abgeschrieben ist ... glaube ich.

Die Kaufmannsaristokratie von Triest soll, wie es heißt, sehr prüde sein. Alberti soll mich morgen in zwei oder drei Logen vorstellen, bei Hirschels, jüdischen Bankiers, Sartoris, die heute abend nicht gekommen sind. Mein Konzert ist so gut wie sicher am nächsten Donnerstag.

Hier gibt es noch viel weniger Geselligkeit als in allen andern Städten Italiens, aber es ist wahrscheinlich, daß ich zwei gut besuchte Konzerte haben werde. Mehr verlange ich nicht von ihnen.

Ich rechne immer noch damit, vom 7. bis 10. in Wien zu sein.

26. Oktober

Samstag abend Teatro. Marino Faliero. Ich glaube mich zu entsinnen, daß ich Ihnen schon von dieser Aufführung erzählt habe, aber ich lege Wert darauf, gewissenhaft zu sein, selbst auf die Gefahr hin, langweilig zu werden.

Die Ungher sehr schön in der letzten Szene. Mariani besser als sonst. Die Ungher sagt mir, daß er sein möglichstes tue, um meine Meinung über sein Talent zu ändern. Er soll sich die Kritik des Bakkalaureus[2] sehr zu Herzen genommen haben.

[1] Oper von Donizetti.
[2] Gazette Musicale vom 28. März 1839.

242

Ich habe seine Stimme mit der (paneca) von Mailand verglichen, die ich nicht verdauen kann, obgleich sie ausgezeichnet ist.

Sonntag, zwangloses Diner bei der Ungher um 2 Uhr. Am Morgen mehrere Briefe geschrieben (an Joseph Poniatosky, Brycinski, Haslinger). Nach dem Diner mit Alberti im Casino Greco seine lange türkische Pfeife geraucht. Dann bei Alberti Klavier gespielt, der sein Zimmer und sein Klavier und seine ganze Habe zu meiner Verfügung stellt. Da er mir gegenüberwohnt, ist es für mich bequemer bei ihm zu arbeiten, um so mehr, als er nie zu Hause ist. Von 9 Uhr morgens ab muß er als Auditor auf dem Gericht sein (er hofft, demnächst Rat zu werden), und nach dem Diner spielen wir gewöhnlich zusammen. Seine Gesellschaft ist mir angenehm. Er hat einen spöttischen Geist, musikalisches Wissen und viel Verständnis für mich.

Hier hat er den Ruf eines Musikkenners und einer bösen Zunge. Mir sind böse Zungen lieber als dumme Zungen. Er will mit mir die Reise nach Wien machen. Wenn ich ihn besser kennen werde, werde ich Ihnen mehr von ihm erzählen. Sein Äußeres ist nicht unangenehm, obgleich er etwas von einem Satyr hat.

Teatro, Marino Faliero. Alberti stellt mich in den Logen den Damen Hirschel, Satori und einer dritten vor. Die erste ist recht angenehm, die andern schienen mir fast unerträglich. Man hat nicht versäumt mir zu sagen, daß ich mich in Italien mit Lorbeer bedeckt habe, usw. usw.

Montag

Mein Konzert ist auf nächsten Sonntag im Theater angesetzt. Die Ungher, Mariani und Cosetti werden singen; die Ungher hat sich zum Impresario dieses Abends gemacht. Ich muß mich nur so wenig wie möglich hineinmischen, damit alles gut geht.

Zu Ehren des Geburtstages von S(apho) (sie gibt heute sechsunddreißig Jahre an) gibt Graf Dietrichstein ein großes Diner in der Locanda Grande (das einzige anständige Hotel hier). Wir sind etwa zwölf Teilnehmer, Alberti und Waldstein sind mir zu Ehren eingeladen worden. Das Essen ist ziemlich schlecht (ungeachtet aller bei einer solchen Gelegenheit üblichen Gänge wie Austern, Schnepfen, Trüffeln usw.).

Nach dem Kaffee gehen wir alle zu Alberti, dessen Wohnung wenig darauf eingerichtet ist, Leute dieser Art zu empfangen. Die Ungher singt den Erlkönig, Trockene Blumen, ein Lied von Mozart und ein anderes von Schubert, Wenn meine Grillen usw., ich selber spiele die Ouvertüre zu Wilhelm Tell und das Ständchen.

Worauf ich heimkehre, Ihnen ein paar Zeilen schreibe und mich schlafen lege, ohne mich zu der Verabredung bei der U(ngher) einzufinden, wohin alle Teilnehmer zum Tee gegangen sind.

Dietrichstein, der Bruder des Fürsten und des Grafen Moritz, ist ein vortrefflicher alter Mann, der Kindheit näher als der Reife. In Triest, wo er nur der Ungher wegen bleibt, steht er ganz unter ihrer Obhut. Er kommt jeden Tag zum Diner zu ihr und besucht sie außerdem jeden Morgen und jeden Abend. Die Kammerzofe der Ungher holt seine Briefe von der Post ab, usw....

Karl V. diktierte drei oder vier Briefe zugleich, Dietrichstein übertrifft ihn noch und führt die verschiedensten Unterhaltungen gleichzeitig.

Zum Beispiel:

*„Ach, wie freut mich Sie wiederzusehen... Bei Salieri haben wir schon Bekanntschaft gemacht... Nein, Sie... diese griechische Hochzeit* (er war zu einer griechischen Hochzeit eingeladen worden), *das war ganz außerordentlich... Der arme, gute Salieri ist so traurig gestorben... Allerhand, Wein ist... war sie superb, war...“* Diese letzten Worte „sie superb“ kehren in der Unterhaltung beständig wieder.

Die U ... macht's ihm erstaunlich gut nach.

Beim Diner teilt man mir einige Zeilen der Allgemeinen Zeitung über unser Beethoven-Denkmal mit.

Es wird dort gesagt [nach der Zeitung von (unleserlich)], daß Paganinis Großmut gegen Berlioz *eine fürstliche Nachahmung* gefunden hat (andere Zeitungen, zum Beispiel der

Galignani, sagen, daß Paganinis Großmut übertroffen und in den Schatten gestellt worden ist).

Ich werde es von einem Korrespondenten der Allgemeinen, einem Juden namens Löwenthal, mit dem die U... mich bekanntgemacht hat und der vollständig zu meiner Verfügung steht, richtigstellen lassen. Es ist gut, daß das Wie und Warum der Dinge eine vollkommene Veröffentlichung erfährt. Aber ich will nicht direkt schreiben. Außerdem fehlt mir der Bakkalaureus.

Das Wetter ist schrecklich. Heute nacht war die Bora furchtbar. Das Meer wütet.

Bei „Zeitungen" fällt mir ein, ich habe bei der Ankunft hier einen reizenden Artikel von Berlioz über die Oper von Mainzer[1] La Jacquerie gelesen. Er erwähnt mich auf der zweiten Seite in sehr anständiger Art ... er schreibt: „Diese neue Klavierschule, an deren Spitze sich Liszt mit so viel Glanz gestellt hat ..." Wenn Sie in französischen Zeitungen meinen Namen lesen, schreiben Sie mir darüber, ich erfahre gern, woher mir gewisse Dinge kommen.

Fürst Dietrichstein schildert seinen Bruder Mauric ausgezeichnet durch folgende Worte: *Hoffmann, trippelnde Schritte, trappelnde Worte!*

Dienstag, 29.

Ich sagte Ihnen schon, daß ich zu Zimmernachbarn ein halbes Dutzend und mehr Handlungsreisende habe. J..., mit dem ich gereist bin, sollte heute morgen im Café Tomaso, wohin ich alle Morgen mit Alberti gehe, mit mir Kaffee trinken. Da das Wetter aber sehr schlecht war (dieses war der Vorwand!), kam er, um mich im Namen seiner Gefährten zum Frühstück in das Zimmer einzuladen, das an meines stößt. Ich nehme nach einigem Zieren an.

Das Frühstück bestand aus einer riesigen Pute (als Präsident der Versammlung), umrahmt von vier Sorten Aufschnitt,

---

[1] Abbé Joseph Mainzer, aus Trier gebürtig, Komponist und politischer Schriftsteller. Er hatte in Paris einen Musikkursus für Arbeiter eingerichtet. Seine Oper La Jacquerie war am 10. Oktober 1839 im Theater de la Renaissance aufgeführt worden.

Schinken, Salami etc. Weiter ausgezeichnete Bordeauxweine, die in Rheinweingläsern serviert wurden, und Champagner, der höchstens mittelmäßig war.

Ich habe die Gesellschaft fabelhaft amüsiert: besonders, indem ich einen Toast auf die Eisenwaren und auf die Eisenwarenhändler ausbrachte.

Ich glaube wirklich, daß ich in der Provinz einen riesigen Erfolg haben werde. Ich habe ganz den Witz, den man haben muß, um die Bordelaiser, die Marseiller und die Lyoner usw. ... zu begeistern.

Paris habe ich mit der Sicherheit, die Sie nicht an mir kennen, mit drei Worten charakterisiert: Paris, meine Herren, und das ist es grade, was nicht nur seine Überlegenheit über die übrige Welt, sondern auch seine Unvergleichbarkeit ausmacht, Paris, meine Herren, ist die Stadt des allgemeinen „Rutsch mir den Buckel lang!!!" Bravo! Bravo.

Werden Sie es glauben, wenn ich Ihnen sage, daß ich hier keine andere Freude, kein anderes Glück habe, als Ihnen zu schreiben und von unseren Stunden der Leidenschaft zu träumen?

Entsinnen Sie sich jener Stelle von Obermann über die Liebe? Lesen Sie sie wieder, mir zuliebe.

Wie ich heute morgen zur Ungher komme, finde ich sie im Bett vor, krank, daß heißt sehr erkältet. Sie wird weder heute abend noch morgen singen können.

Wir plaudern von diesem und jenem. Sie erzählt mir die wahre Geschichte von Frau Samoyloff. Was mir am hübschesten schien, ist der Besuch, den sie zuletzt Poggi[1] in Wien machte (kurz vor unserer Begegnung in Florenz). In Wien liefen bereits Gerüchte über ihre neue Liebe um, aber da Poggi mit jeder Post Briefe bekam, war er vollkommen beruhigt und bezeichnete die Gerüchte, die ihm gefällige Freunde zutrugen, als unmöglich und lügenhaft. Um ihn völlig sicher zu machen, schreibt ihm Frau Samoyloff, daß sie ihn unbedingt sehen muß, daß sie es nicht mehr aushält, usw. usw. ... Sie kommt mit der Post nach Neustadt. Poggi findet sich am angegebenen

[1] Italienischer Sänger.

Tag dort ein. Man umarmt sich, man betet sich an!!! Aber schließlich ist es Zeit abzureisen, man trennt sich, und zwei Stunden später fällt wieder Frau Samoyloff in die Arme des Herrn Piattier, der in Neunkirchen geblieben war (eine Poststation weiter)! ... Die Vorstellung dieses „confronto" scheint mir ganz reizend!

Was den letzten Teil der Geschichte anbelangt (ihre Mailänder Angelegenheiten), so habe ich davon drei oder vier voneinander recht abweichende Lesarten gehört; Sie werden es in Paris wahrscheinlich besser wissen. Sollten Sie jedoch neugierig darauf sein, so sagen Sie es mir, und ich werde mich genau erkundigen.

Ich bin immer noch ohne Nachricht von Ihnen. Jetzt sind es zwölf Tage her, seitdem wir uns getrennt haben. Wahrscheinlich haben Sie mir nach Bologna geschrieben, und der Brief wird nicht mehr zur Zeit angekommen sein. Postverspätungen sind häufig, auch infolge des schlechten Wetters, das wir haben.

Ich habe Nicolai[1] wiedergesehen. Ein platter und unerträglicher Geselle. Dank dem Einfluß der U ... auf die Direktion ist es ihm gelungen, seine Oper Rosemonde aufzuführen. Wenn ich wetten sollte, sagte ich heute morgen zur Ungher, würde ich aus Freundschaft zwei für und aus Unparteilichkeit zwei gegen setzen. Es scheint mir schwer, daß er seinem Fiasko entgeht. Wenn diese Sorte Leute mit mir von Geldverdienen und gute Geschäfte machen sprechen, kann ich nicht umhin, bei ihnen einen tiefen Neid zu erblicken und den geheimen Wunsch, ich möchte meine Laufbahn verfehlen, und dabei gleichzeitig eine große Besorgnis, daß ich etwa zu viel Geld verdienen könnte. Eitelkeit und Lüge, das ist der Gang der Welt. Bei Nicolai fällt mir ein hübscher Ausspruch von ich weiß nicht wem ein: „Den Leuten, die einem so geschwind aus den Händen fressen, muß man das Brot zur Tür hinauswerfen."

Das Wetter ist schrecklich. Bora und Schirokko, Sturm und Regen wechseln in höchst angenehmer Weise ab. Ich fühle ihren Einfluß körperlich und seelisch. Ich lese nicht, noch

[1] Otto Nicolai, deutscher Komponist und Pianist (1809-49).

247

schreibe ich. Ich arbeite nur am Klavier, um meine Finger vor Wien wieder in Gang zu bringen.

Noch eine Geschichte. Für heute die letzte.

Viel Castel mußte Wien verlassen. Ein junger Mann aus einer der besten Familien (ich glaube, ein Auersperg) bezeichnete ihn öffentlich als Mogler, Gauner usw.... man hatte ihn eines Abends sozusagen auf frischer Tat ertappt. Viel Castel und dieser junge Mensch haben sich an der bayerischen Grenze geschlagen, und wie recht und billig, wurde der junge Mensch getötet.

Die Polizei hat eingegriffen und Herrn Viel Castel nach Paris zurückgeschickt. Unter seinen verzweifelten Geliebten befindet sich... raten Sie wer? die p..., die mich mit ihrer besonderen Hochachtung auszeichnet.

Mittwoch

Ihre beiden Briefe kommen zur gleichen Zeit an. Gott sei gelobt. Der erste, in einem Umschlag von Hercolani, ist selbstverständlich erst nachher geöffnet worden, denn ich bin nicht gewöhnt, solche Botschaften in einem Kuvert von ihm zu erhalten.

Sie sind immer reizend. Ich bin entzückt über ihren Einkauf bei Arbib, Perser Teppich usw.... Ihre Unterhaltungen mit dem französischen Konsul Formant haben mich sehr amüsiert.

Sehen Sie doch zu, mir oft zu schreiben. Adressieren Sie ruhig bis zum 20. Dezember nach Wien. Das wird mein Hauptquartier sein. Wahrscheinlich werde ich nach Preßburg und Pest fahren, aber Haslinger wird Ihre Briefe überallhin nachschicken.

Wie verträgt sich Mouche mit ihrer Schwester? Welche von beiden hat mehr Gemüt? Ziehen Sie beide gleich an? Das möchte ich gern. Sie werden Ihnen wahrscheinlich viel Mühe und Plage gemacht haben. Nun, die größte Arbeit ist geschafft... Ich würde sie so gern küssen.

Spricht Mouche noch von mir? und so viel andere Fragen, die ich nicht stelle, aber auf die Sie antworten werden, nicht wahr?

Können Sie mir nicht eine Gegengabe zu dem Tagebuch

248

schreiben und es mir ziemlich regelmäßig alle fünf Tage schik-
ken. Das wäre mir am liebsten. Sie würden mir ausführlich
von sich und unsern Kindern erzählen. Es scheint mir, als
wären wir (fehlt), da wir uns trennten. Tun Sie es doch, wenn
es Ihnen nicht zu viel Mühe macht.

3. November

P. S. – Da ich nicht wußte, wohin ich adressieren sollte, habe
ich diesen Brief nicht zur Post gebracht. Mein Konzert ist
wegen der Unpäßlichkeit der Ungher und auch wegen einiger
Forderungen des Theaters verschoben worden.

Da Mendelssohn nicht nach Wien kommt, habe ich mich
hier für ein zweites Konzert verpflichtet. Die Direktion und
einige scheinbar ganz gleichgültige Leute haben es dringlichst
gefordert. Das erste findet bestimmt morgen, Dienstag (4. November), statt. Das zweite ist auf nächsten Freitag festgesetzt,
und am Tage darauf, Samstag um 2 Uhr, reise ich mit Alberti
in der Post nach Wien. Ich werde Ihnen von Triest aus schreiben, obgleich ich Ihnen nichts Interessantes zu sagen habe.
Sie wissen, daß es immer eins gibt, das ich Ihnen gerne sagen
möchte und das ich nicht . . .

Leben Sie wohl.

Ich füge den Brief von Bocella bei und ein Resumée unserer
Gespräche mit der Ungher.

Ich fürchte, Sie werden dieses Resumée zu kurz finden, und
dennoch bin ich in Verlegenheit, mehr darüber zu sagen, denn
es ist wirklich nicht mehr darüber zu sagen. Ich wage nicht
hinzuzufügen, daß ich eine ausgezeichnete Meinung von ihr
habe, denn Sie würden vielleicht glauben, daß der Unterrock
mich fasziniert. Kann das sein? Und können Sie das noch
glauben?

Sagen Sie mir aufrichtig, was Sie davon denken? Ich glaube
nicht, daß eine Komödie dahinter steckt. Es scheint mir ein
fester und wohl überlegter Entschluß und nichts weiter.

Resumée der Gespräche mit der Ungher.

Seit acht Tagen sehe ich die U . . . fortwährend, entweder
im Theater oder bei ihr. Da es bei den Triestinern nicht üblich

ist, zum Diner einzuladen, war ich gewissermaßen gezwungen, die täglichen Einladungen zum Diner bei ihr anzunehmen. Die Stadt ist zu klein, und sie kennt alle Welt zu gut, um nicht genau zu wissen, wo ich gegessen hätte. Bei Tisch sind wir immer vier, Dietrichstein, Clara, sie und ich. Diese gewohnt gewordene Intimität bringt naturgemäß eine große Ungezwungenheit in die Unterhaltung. In den ersten Tagen versuchten wir beide gewisse Unterhaltungsthemen zu vermeiden. Die unvermeidliche Logik der Dinge hat sie wieder herbeigeführt.

Folgendes ist in Kürze der wesentliche Inhalt dieser Gespräche, die unmöglich genau wiederzugeben sind, denn auf dem Punkte, auf dem wir angelangt sind und bleiben müssen, lassen sich solche Dinge nur gelegentlich und nebenbei sagen: „Ich will Ihnen ohne falsche Scham gestehen, daß ich eine heftige Zuneigung zu Ihnen faßte, als ich Ihnen in Florenz begegnete. Warum sollte ich es leugnen? Sie würden es nicht glauben. Zunächst hat mich Ihr Talent verblüfft; aber so überlegen Sie mir in dieser Beziehung sind, bestehen dennoch gewisse Analogien zwischen uns, auf die ich stolz bin. Letzten Endes fühlen und verstehen wir unsere Kunst auf dieselbe Art; Sie mit außerordentlich mehr Weite und Genie; ich im beschränkten Maße meiner Fähigkeiten. Was Ihre Person, Ihre Wesensart anbetrifft, so haben sie mich immer entzückt. Ich würdige Ihren Geist; ich schätze und bewundere Ihren Charakter. Nicht ohne Mühe habe ich auch den letzten Grund zu einer Zuneigung aus meinem Herzen gerissen, die nur schlecht für Sie sein könnte, aber seit mehr als sechs Monaten ist mein Entschluß unwiderruflich gefaßt. Ich bin vollkommen offen gegen Sie, und ich fühle, daß Sie unfähig sind, diese Offenheit irgendwie zu mißbrauchen. Ich darf, ich will Ihr Leben nicht durchkreuzen. Wenn Sie mir Ihre Freundschaft bewahren, werde ich darüber glücklich sein. Verfügen Sie vollständig über mich, wo, wann und wie Sie wollen. Sie werden in mir immer eine ergebene und bewährte Freundin haben."

Das ist das Wesentliche dieser achttägigen Plauderei. Sagen

Sie mir, was Sie davon halten. Mir, ich wiederhole es, ist es unmöglich, nicht an die Aufrichtigkeit der U . . . zu glauben. Auf jeden Fall ist meine Rolle, wie ich Ihnen gesagt habe, sehr einfach, und daran halte ich mich.

Sie hat mich sehr geistvoll mit einer Schnecke verglichen. Die Schnecke soll, bevor sie sich auf den Weg macht, ihre Hörner herausstecken, rings um sich schauen und, sobald sie irgendein auch nur entferntes Hindernis auf ihrem Weg erblickt, sofort in ihr Haus zurückkriechen und stillstehen. Dann wiederholt sie denselben Versuch, bis sie zum Schluß die Gewißheit erlangt, daß sie ihr Reiseziel ohne einen Zwischenfall erreichen wird. Die Schnecke ist nicht gerade ein Sinnbild der Begeisterung und der Initiative, dessenungeachtet schien mir der Vergleich gut. Vielleicht werden Sie anderer Ansicht sein.

P. S. Charlottes[1] Brief ist reizend: seien Sie gut zu ihr, Sie können es ohne jeden Nachteil. Gott sei Dank hat George genug Ärger geschluckt. Die Annäherung an die Rue Pigalle ist von der Vorsehung gewollt. Halten Sie mich gut auf dem laufenden über Ihre Beziehungen zu George. Das englische Bündnis interessiert mich, wie Sie wissen. Sobald ich weiß, wie Sie mit George stehen, werde ich ihr schreiben.

---

Samstag abend, 9. November

Ich habe seit fünf Tagen nicht geschrieben. Nichts in meinem äußeren Leben hätte einen Platz in diesem Tagebuch verdient.

Ich sehe immer dieselben Leute. Alberti, Likl, Nicolai, Jaël[2] und einige andere. Ich habe mir hier einen Ruf als Hausfrau gemacht. Mit der Zeit könnte ich ein gefährlicher Rivale für Miß Apponyi werden. Stellen Sie sich vor, daß ich bei Nicolai, und zweimal bei Likl, den Tee zur großen Zufriedenheit der Versammlung bereitet habe. Ich habe versucht, es Ihnen so gut ich konnte nachzumachen.

[1] Marliani.
[2] Wahrscheinlich der Vater von Alfred Jaël, Pianist, der Marie Trautmann, eine angesehene Schülerin Liszts, heiratete.

Gestern bei Likl habe ich das Ave Maria *mit inniger Begeisterung* gespielt.

Aber ich muß Ihnen von meinem Konzert von letztem Dienstag erzählen. Und zunächst will ich Ihnen die Höhe der Einnahme sagen (nach Abzug aller Kosten, sie sind noch recht beträchtlich), 2200 Zwanziger! Für Triest etwas Unerhörtes! Nicht einmal Paganini hatte ähnliche Einnahmen. Der Erfolg ist ganz dementsprechend. Ich bin im Laufe des Abends mehr als zwanzigmal hervorgerufen worden. Einen derartigen triônfo (wie die Zeitungsschreiber des Landes sagen) hat man niemals erlebt. Kurz, es ist ein Ereignis im Lande. Ich habe die Frequenti palpiti, das Andante aus der Lucia und den Galopp, und zum Schluß den Hexameron gespielt. Dann, da das Publikum nicht müde wurde, zu klatschen und mich herauszurufen, habe ich noch die Polonäse aus den Puritanern zugegeben.

Im ganzen habe ich wirklich gut gespielt, ein bißchen wie im Theater in Venedig, mit äußerster Zartheit. Mariani und die Ungher haben das Programm durch ein Lied vervollständigt, zwei Kanzonetten aus den Soirées von Rossini und das Quartett aus den Puritanern.

Ein fast burlesker Zwischenfall hätte beinahe den Erfolg des Abends in Frage gestellt. Kurz vor dem Motiv der Puritaner springt eine Saite. Der Stimmer erscheint subito, um sie herauszunehmen, ohne es schaffen zu können. Da die Saite im übrigen nichts am Klavier störte, spiele ich weiter, und da der Stimmer auch fortfährt, an der Saite ohne Erfolg herumzubasteln, sage ich ihm zwei- oder dreimal, daß er fortgehen und sie lassen solle. Der brave Stimmer hörte nicht. Schließlich gebe ich ihm, durch sein Herumwirtschaften ungeduldig gemacht, einen heftigen Klaps auf die Hand, indem ich dabei immer mein Stück weiterspiele. Dieser Klaps hallt im ganzen Saal wider. Einige Übelwollende versuchen das Beifallklatschen, das am Schluß des Motivs ausbrach, zu unterbrechen. Das Publikum bleibt unentschieden. Der Stimmer war in den Kulissen verschwunden. Da ich das fühlte, erhebe ich mich vom Klavier und befehle dem Stimmer, zum Publikum gewendet, das Klavier, auf dem ich spielte, fortzunehmen und ein anderes vorzuschieben, das gleich daneben in Reserve stand, was in weniger als zwei Minuten geschah. Diese Zeit genügte, um den schlechten Eindruck des Klapses zu verwischen (den der Osservatore Triestino als gésto poco garbato[1] bezeichnet!), und bei der folgenden Variation wurde ich mit Beifall überschüttet. Die entschiedene Haltung, die Sie an mir kennen, war vielleicht nicht ohne einige Wirkung auf das hiesige Publikum, das häufig, ohne sich die Mühe zu machen, den Tatsachen auf den Grund zu gehen, die beliebtesten Künstler maßlos auspfeift. Frau Pisaconi unter anderem mußte Buße tun und das Publikum wegen irgendeines Verstoßes gegen die hergebrachten Bräuche um Verzeihung bitten.

Als der Stimmer später herauskam, um das Klavier zu untersuchen, versuchten einige ihm Beifall zu klatschen, aber die Mehrzahl pfiff ihn aus. Der arme Teufel hat wirklich eine böse Viertelstunde verbracht. Ich will ihm einen Napoleon für seinen Abend schicken.

Mein zweites Konzert sollte gestern stattfinden. Aber da der Unternehmer, der sich ausgezeichnet gegen mich betragen hat, sehr gebeten hatte, es wegen seiner Proben bis Montag zu verschieben, habe ich es ihm bewilligt.

Er hat auf alle seine Ansprüche für das Montagkonzert verzichtet und wird von dem Konzert von nächstem Montag nur ein Fünftel nehmen. Das sind sicherlich die günstigsten Bedingungen, die möglich sind. Der Erfolg des nächsten Konzerts ist gesichert. Ich hoffe, nach Abzug der Reisekosten und des Aufenthalts netto 3000 Zwanziger mitzunehmen.

Da Mendelssohn nicht nach Wien kommt, verlangt es mich unendlich weniger danach, seinen Paulus zu hören, den ich übrigens sehr bequem in England hören werde. Wenn ich ihn in Wien hätte wiedersehen können, würde ich diese Gelegenheit gewiß nicht versäumt haben, aber ich muß auch gestehen, daß der Reiz von 2000 Zwanzigern größer ist, um so mehr als es sich empfiehlt, den Wienern nach den beiden riesigen Konzerten ein wenig Ruhe zu lassen.

[1] Wenig höfliche Geste.

Privatbriefe künden an, daß meine Landsleute auf den Vorschlag eines Grafen Feit eine Abordnung zu mir nach Wien schicken sollen, um mich für Konzerte in Preßburg und in Pest aufzufordern? Ich weiß nicht, was an diesem Gerücht wahr ist. Auf jeden Fall werden Sie alles, Tag für Tag, mit allen Einzelheiten erfahren. Hier läuft auch das Gerücht, daß alle Plätze für mein nächstes Konzert in Wien ausverkauft sind, das ist nicht unwahrscheinlich.

Fürst Pückler Muskau ist in Pest. Ich werde ihn sicherlich sehen.

Werden Sie mir glauben, wenn ich Ihnen sage, daß das Leben ohne Sie nur eine Last ist und mich tief langweilt!

Sie erscheinen mir so schön, so bleich, so wunderbar liebreich. Ich küsse Ihre Stirn in Wehmut und Liebe.

Triest ist für mich ein Lazarett. Ich bleibe hier wie in Quarantäne. Das Meer liegt hier vor mir, aber es scheint mir dumm und unbelebt. Ach, unsere schönen Sonnenuntergänge von San Rossore! Hier gibt es nichts Ähnliches, einige Handelsschiffe, Dampfer, beinahe englischer Nebel. Daher träume ich oft von London! Denn in London werde ich Sie wiedersehen können. Sie werden hinkommen, nicht wahr?

Die Stadt ist sehr sauber, mit großen Steinplatten gepflastert, viele neue Bauten. Im ganzen ist der Anblick nicht unangenehm. Aber bei jedem Schritt stößt man auf irgendwelche (unleserlich) und grobe Eintönigkeit, die einen ärgert. Die Gesellschaft ist null, vollkommen null.

Non raggionam di loro[1].

In den Cafés und in den Kasinos wird ungeheuer viel geraucht. An Zeitungen gibt es die Allgemeine (ich habe übrigens vom 1. Januar ab ein Abonnement genommen; ich habe mich hier sehr an den Korrespondenten, einen gewissen Löwenthal, vom Stamme Israel, angeschlossen), die Débats und die Wiener Zeitungen.

Es gibt jedoch einen sehr schönen Aussichtspunkt, etwa zwei Meilen von Triest entfernt. Man geht den Promenaden-

[1] Reden wir nicht von ihnen.

weg am Meer weiter über die Hügel bis zu dem kleinen Dorf Servola. Wir haben dort mit Alberti, einem Dichter namens Fschabuschnizy (welch nichtswürdiger Name, ich werde Ihnen die Verse schicken, die er über mich für ein Klagenfurter Fräulein gemacht hat, eine Verwandte von ihm, die seit achtzehn Monaten in allen Zeitungen nur meinen Namen sucht), und der Ungher diniert. Es ist wie der Blick auf einen See, aber großartiger und trauriger. Die Istrische Küste macht von dort gesehen einen schönen Eindruck. Aber für mich ist eine Landschaft nur schön, wenn ich mir sagen kann: „Marie müßte hier sein. Hier müßte man zusammen leben, vergessend, vergessen!...", und die Nachbarschaft einer Stadt ist mir verhaßt.

Schicken Sie mir übrigens so schnell wie möglich durch die Gesandtschaft: 1. Die Einzelstimmen und die Partitur meiner Reminiscenzen aus den Puritanern; 2. die große Tarantella und die Ci darem la mano, die Hermann aus Lucca mitgenommen hat; 3. das Stück für Klavier und Violine, das ich zusammen mit Lafont komponiert habe. Massart hat die Violinenstimme, glaube ich; sollte man die Klavierstimme nicht wiederfinden, so schadet es nichts. Lassen Sie das alles durch Hermann holen, und fügen Sie einen Notizkalender für das Jahr vierzig bei, den ich hier brauche.

Ein Ausspruch Karls V.: Die Zeit und ich, wir sind zwei andere wert.

Da ich Ihnen schon einen Auftrag für Hermann gegeben habe, kommen noch zwei andere dazu: er soll zu Bernard gehen und ihm bestellen, daß er in etwa acht Tagen die Probebogen des Finale der Lucia bekommen wird, dessen endgültige (fehlt) hier beiliegt. (Unleserlich) eine schöne Ausgabe machen, und Hermann soll die Probebogen korrigieren. Wenn Bernard es übernehmen wollte, das Stück dem Verleger der Lucia in London zu empfehlen (ich weiß nicht, wer es ist), wäre ich ihm dafür sehr dankbar. Der Preis ist mir ziemlich gleichgültig (unter uns), dennoch will ich es lieber schenken als einen Preis annehmen, der nicht angemessen ist. Ich werde demnächst an Bernard wegen der Veröffentlichung des Album d'un Voyageur schreiben.

Der zweite, sehr viel weniger eilige Auftrag für Hermann, er soll meine Pfeifen in Ordnung halten, soll diejenigen, die ausgebessert werden müssen, ausbessern lassen und die übrigen für meine Ankunft reinigen.

Sie erhalten mit nächster Gelegenheit eine kleine Auswahl von Schreibgarnituren aus Achat und Onyx, die Dietrichstein mir geschenkt hat. Es ist recht hübsch.

P. S. Ich vergaß das Interessanteste. Ich habe Malazoni gesehen, er ist hier bei seiner Rückkehr aus Korfu nur durchgekommen, ich bin ihm um den Hals gefallen und habe ihn fast erstickt. Es war am Abend meines Konzerts, und wir konnten nur eine Viertelstunde zusammen verbringen (denn er fuhr in der Nacht nach Venedig ab), wir haben viel geraucht und zusammen Kaffee getrunken. Er war sehr freundschaftlich zu mir. Unsere ganze Unterhaltung bezog sich auf Sie und Ihren Aufenthalt in Venedig. Ich gab ihm Ihre Adresse, wahrscheinlich hat er Ihnen schon geschrieben.

Leben Sie wohl . . .


Wien, 15. November 1839, 9 Uhr abends

Liebe Marie!

Bei der Ankunft in Wien finde ich einen Brief von Ihnen vor. Das ist alles, was ich dort suchte.

Meine Reise war recht ermüdend. Ich habe mich in die Zeit zurückversetzt, da ich ungefähr die gleiche Fahrt machte, während Sie in Venedig geblieben waren. Damals lasteten all diese Berge auf mir, erdrückten mich. Jetzt . . . war es mir fast eine Freude, vorwärts und immer wieder vorwärts zu kommen. Ich sollte ein Wort von Ihnen in Wien vorfinden. Dann waren es drei Tage weniger, die ich fern von Ihnen verbringen mußte. Ach, ich möchte gehen, laufen, riesige Entfernungen zurücklegen . . . verstehen Sie das?

Nein, Liebling, ich werde dieses Tagebuch bestimmt nicht abkürzen. Es genügt mir, daß Sie das kleinste Vergnügen daran finden, damit es mir eine tiefe Freude wird, auf die kleinsten Einzelheiten einzugehen. Ich habe Ihnen äußerer Umstände

wegen während dieser Reise nicht schreiben können. Die Post
hält nur grade so lange, wie zum Frühstücken und Mittag-
essen gebraucht wird. Der Weg bietet übrigens nur wenig
Interessantes. Ich bin durch Laibach, Marburg und Graz gekommen. Das Tal der Mur beim Ausgang aus Graz ist reizend. Es hat etwas Ähnlichkeit mit gewissen Teilen der Schweiz.
Aber der allgemeine Anblick der Steiermark hat irgend etwas
Trauriges und Schmerzliches, dem ich in der Schweiz nie begegnet bin. Vielleicht beruht das auf der Natur meiner da-
maligen Eindrücke, aber in der Schweiz schien mir alles voller
Kraft und Fülle, während ich hier eine betrübende Leere fühle,
eine trostlose Verarmung . . .

Alberti ist immer derselbe, höchst sarkastisch und voller
Vernunft und Zurückhaltung. Wir haben über Musik gesprochen: Thalberg. Rossini mit den Variationen, die Sie
kennen.

Über Sie (denn er kennt Sie durch die Widmungen, und die
Samoyloff hat ihm auch von Ihnen erzählt) habe ich ihm gesagt:
*Wissen Sie, daß ich nicht nur verliebt, sondern tief verwundet bin!*


Wir haben mehr als sechzig Stunden von Triest hierher gebraucht (drei Nächte und zwei und einen halben Tag). Um 8 Uhr
morgens kamen Haslinger und Lannoy angelaufen. Mein erstes
Konzert ist auf nächsten Dienstag festgesetzt. Alle Plätze sind
ausverkauft, und obendrein haben sich mehr als dreihundert
Leute für alle Konzerte, die ich in Wien geben werde, eingeschrieben. (Wenn Sie diese Reklame in die Gazette Musicale einrücken lassen wollen, so steht es Ihnen frei, die Tatsache stimmt.)

Ich habe heute morgen Dessauer besucht, der sehr elegant
wohnt. Seine Oper (ein Besuch in Saint Cyr) ha hier Erfolg
gehabt. Mein Besuch hat ihm sehr geschmeichelt. Gegen 12 Uhr
ging ich zu Haslinger, um zu arbeiten. Um 3 Uhr mit Haslinger, Lannoy, Alberti im Fiaker nach Hietzing, wo man ein
ausgezeichnetes Diner hatte vorbereiten lassen, an dem auch
noch Czerny, Graff und Saphir teilgenommen haben. Während
des Diners ließ Strauß mehrere Stücke spielen, wunderbar

durch Zusammenspiel, Präzision und Kraft. Wir haben Bekanntschaft miteinander gemacht. Einige Leute, die dabei waren, haben den Anstand bemerkt, mit dem ich ihn gelobt habe.

Saphir wird wahrscheinlich wieder einen riesigen Artikel über mich schreiben. Wir stehen auf bestem Fuße. Nach mir hat er über keinen ausübenden Künstler mehr geschrieben.

Nach Tisch sind wir (Saphir und ich) zum Kärntnertor gegangen. Dort war großes Konzert zum Besten des unter dem Protektorat der Kaiserinmutter stehenden Hilfswerks für arme Frauen . . .

Ich hätte gewünscht, Sie wären Zeuge des Empfangs gewesen, den man mir dort bereitet hat. Der ganze Saal hat sich zu dem Platz umgedreht, den ich im dritten Rang mit Saphir einnahm. Einige zwanzig Leute versuchten sogar mehrmals, Beifall zu klatschen, aber da die Kaiserin noch nicht da war und das Konzert zu Ehren einer Anstalt gegeben wurde, die unter ihrem unmittelbaren Schutz steht, mußte sie infolgedessen bei ihrem Eintritt in den Saal beklatscht werden, und der Anstand gestattete es nicht, daß man mich vor ihr mit Beifall empfing (nicht einmal nach ihr).

Nichtsdestoweniger war der Eindruck, den meine Wenigkeit auf dieses Publikum hervorbrachte, riesig. Ich blieb nur eine Viertelstunde, einen Augenblick lang war ich sogar in Verlegenheit, wie ich mich verhalten sollte. Was Befriedigung der Eitelkeit anbelangt, kann man, glaube ich, in meiner sehr bescheidenen Sphäre nicht viel höher steigen.

In Preßburg und in Pest werden gradezu Tollheiten erwartet. Ich bin durch diesen Empfang tief erschüttert. Auch will ich diese ganzen Tage wie ein Besessener arbeiten, um mich, wenn möglich, auf dem Niveau dieser Begeisterungsflut zu halten, von der ein gut Teil übrigens meiner Person gilt.

Zum erstenmal in meinem Leben fühle ich mich dem Publikum gegenüber in der richtigen Verfassung.

Aber es ist schon zuviel davon.

Sie wissen im voraus, daß ich Ihr Verhalten Frau Sand gegenüber durchaus billige. Bleiben Sie dabei, und seien Sie überzeugt, daß sie schließlich ihr Unrecht einsehn wird. Wenn nicht, mag sie zum Teufel gehen, was schadet es?

Wir haben uns über diesen Punkt genügend ausgesprochen. Aber ich bleibe immer überzeugt, daß sie Ihnen gänzlich zurückkehren wird. In Ihnen steckt eine unwiderstehliche Anziehungskraft. Sie sind ein edles Herz und eine edle Frau.

Es tut mir leid, daß Ihnen meine Mutter nicht von größerem Nutzen gewesen ist. Tragen Sie es ihr nicht nach, und seien Sie gut zu ihr, die arme Frau verdient es wirklich in so mancher Beziehung. Ich bin für die kostspielige Einfachheit, das heißt für die Wohnung Rue de Londres, ich dagegen werde aber im Hotel wohnen, es wäre ein Torheit, so viel Geld für so wenig Annehmlichkeiten auszugeben. Ich werde kaum länger als zwei Monate in Paris bleiben können, und nach dem, was ich schon hier sehe, scheint es nicht so, als ob ich vor Ende Februar hinkäme.

Wohin soll ich meine Briefe an Sie adressieren? Schreiben Sie mir oft.

Vor allem geben Sie mit George keinen Finger breit nach.

Unsere Freunde (Chopin, Massart, Berlioz usw.) kennen mich nicht und können mich nicht beurteilen. Der Erfolg allein kann mich freisprechen, und es ist wiederum der Erfolg, der mich in ihren Augen verdammt. Was liegt daran! Was auch geschehe, ich werde meine Würde wahren. Gute Nacht, und leben sie wohl, liebe und einzige Marie. Ich werde Ihnen bald ausführlicher schreiben. Morgen und übermorgen werde ich wie ein Neger arbeiten müssen.

Wissen Sie, daß ein reizendes Coupé hier nicht mehr als 1500 Franken kostet? Das würde mich sehr locken. Auf jeden Fall lasse ich Ihnen böhmische Gläser schicken, denn ich werde unbedingt nach Prag fahren.

Adressieren Sie immer nach Wien. Ich werde Österreich sicherlich nicht vor fünf Wochen verlassen. Haben Sie meine beiden nach der Rue Pigalle adressierten Briefe bekommen? Lassen Sie sie reklamieren.

———

Montag, Paris, 18. November 1839
(nach Wien)

Chopin will mich nicht sehen. Das ist unglaublich dumm.
Gzymala ist nicht wieder erschienen. Ich glaube, daß sie ihren
Getreuen verbietet, zu mir zu kommen. Ich werde ein Auge
auf die Zeitungen haben und versuchen, Sie auf dem laufenden
zu halten. Pauline Garcia[1] hat die höchste Stufe der Mode
erreicht. Nach ihrer Lithographie muß sie scheußlich häßlich
sein. Im Barbier hat sie ein halbes Fiasko erlebt. Duprez
ist im Sinken, man findet, daß er schreit. Moscheles hat im
Schlesinger-Konzert gelangweilt. Er scheint mir nicht den geringsten Erfolg zu haben. Ed. Monnais ist zum Subdirektor
der Oper ernannt.

Erinnerungen von Sainte-Beuve: Didier sagte von sich selber: „Ich bin ein Genie, das aus Mangel an Talent stirbt."
Lamartine sagte einmal zu Sainte-Beuve: „Haben Sie sich jemals mit Nationalökonomie beschäftigt, mein Lieber? Ich habe
jetzt seit acht Tagen die Nase hineingesteckt, das ist ja kinder-
leicht; das erfordert wirklich keinerlei Studium." Leroux ist
sehr in Verlegenheit. Er will das Wort Pantheismus nicht aussprechen, und doch steckt er mitten drin. Reynaud protestiert
gegen Frau M . . .; er ist wie die Ritter, die Renaud in Armidens
Gärten suchen gehen. Der Typus der reinen Liebe, der vollkommenen Selbstlosigkeit, der ritterlichen Heldenhaftigkeit
im Leben von Frau Sand ist Planche[2], Planche, der nie teil an
ihrer Gunst hatte, der sich für sie geschlagen hat, usw. usw. . . .
Sie machen sich keine Vorstellung, wie lebhaft er ist (Sainte-
Beuve). Er spaziert durch das Zimmer, er reibt sich die Hände,
er dreht sich im Kreise, kurz, er sieht Ihnen in manchen Augenblicken ähnlich.

Neulich abend hatte er sich in den Kopf gesetzt, Berlioz
zum Sprechen zu bringen: eine schwierige, eine unmögliche
Aufgabe! Das Grunzen eines Ebers war alles, was man von
ihm erreichen kann. Übrigens! große Neuigkeit! man ißt hier

[1] Pauline Viardot-Garcia, berühmte Sängerin (1819–1910).
[2] Gustave Planche, Literat, Kritiker (1808–57).

Krapfen! ein Wiener hat sich in der Rue Richelieu niedergelassen. Er machte Furore mit seiner Dampfbäckerei. Eugène Sue tritt grade ein, immer derselbe, reizend zu mir, gesprächiger als früher. Er scheint durchaus nicht ruiniert zu sein. Ein Drama von ihm wird im Renaissance-Theater gespielt, und eben hat er einen historischen Roman beendet.

Er fragt mich nach Ihnen, sehr gut.

Dienstag, 19., mittags

Zunächst und vor allem, ich bin nicht mehr besorgt wegen meiner Gesundheit. Ich kann brieflich auf keine Einzelheiten eingehen. Ich habe einige schlimme Augenblicke durchlebt. Aber nun ist es ja vorbei. Gestern abend war ich bei Carlotta[1]. Sie hat mir den Grafen Gonfalonieri[2] vorgestellt. Er scheint mir ein durchaus mäßiger Geist zu sein, aber ich verehre ihn. Sein Gesicht und seine Erscheinung passen zu seiner Geschichte. Das ist ein guter Zuwachs für Zys Salon. George war da. Wir haben etwas mehr miteinander gesprochen. Delacroix schein sehr in Gunst zu stehen. Solange[3] ist ein starkes und derbes, recht hübsches Mädchen, aus der man nicht ein Wort herausbekommt. Maurice[4] ist ein sehr unangenehmer Herr. Er soll ein vollendeter Taugenichts sein. Die Sheppard war da, die sehr freundlich zu mir und Frau Didier war. Ich werde beide in meinem maurischen Salon sehen! Ich habe dort Koreffs[5] eingeführt; er ist wie geschaffen für diesen Salon. Man feiert mich dort immer sehr. Am Abend kam Sainte-Beuve (ich war ausgegangen). Zum drittenmal seit zehn Tagen. Dieser Erfolg entzückt mich. Auch Bulwer[6] ist wiedergekommen. Diesmal hat er mir den Kurier der Gesandtschaft zur Verfügung ge-

1 Carlotta Marliani.
2 Italienischer Patriot (1790–1846).
3 Frau Sands Tochter.
4 Frau Sands Sohn.
5 Deutscher Arzt, in Paris niedergelassen, intellektueller Abenteurer, der in der literarischen und künstlerischen Welt verkehrte (1783–1851).
6 Henry Bulwer-Lytton, englischer Diplomat und Schriftsteller, geboren 1804, Bruder des berühmten Schriftstellers Lord Edward Bulwer-Lytton.

stellt, um Sachen aus London kommen zu lassen. Er vermeidet es, von der Allart zu sprechen; ich glaube, es schmeichelt ihm nicht, ihr Liebhaber zu sein, und das ist die Hauptsache für das häßliche Geschlecht. Ich habe soeben einen Brief von Emilio[1] bekommen, der noch dümmer ist als gewöhnlich: „Sie waren bewundernswert und bewundert...", usw.

Übrigens habe ich eine Bitte an Sie: ich möchte gern, daß Sie mir in einem kleinen Notenheft unsere zyotischen Lieder aufschreiben (so gut es geht in chronologischer Reihenfolge). „Wie ein durstender Hirsch nach Wasser schreit. Cour les sapeaux (sic), die man in Genua machen läßt, Das Lied vom Leiermann, Engaga la fine, Engaga la bell (mit Worten)." Das schicken Sie mir bei Gelegenheit. Es wird für mich ein guter Tag mit zyotischen Erinnerungen sein. Trecchi verbringt den Winter hier.

Sie sagen mir in Ihrem ersten Brief, daß Sie mein Tagebuch wieder lesen. Das erschreckt mich. Sie werden darin Dinge finden, die Ihnen mißfallen, die Sie betrüben werden, oder was schlimmer ist, über die Sie die Achseln zucken werden! In dem grausamen Kampf, den wir zwischen uns haben aufkommen lassen, hatte ich manchmal, ja oft, unrecht; unrecht vor allem, durch Sie nicht leiden zu wollen oder zu können; der Ausdruck meines Schmerzes war oft bitter und rachsüchtig. Versuchen Sie, das alles nicht mit Ihrem Verstand zu richten, sondern mit Ihrer Liebe zu entschuldigen, denn schließlich habe ich vielleicht mehr gelitten als gesündigt.

Ich habe Cosima eben beigebracht, Litz[2] zu sagen! was sie mit einer reizenden kleinen Schippe tut. Dieses Kind ist ein richtiges Spielzeug. Ebenso lustig, ebenso ausdrucksvoll in der Mimik, wie Mouche gesetzt und ernst ist. Cosima schwärmt für Musik; sie wird einmal Primadonna oder *Kammervirtuos* sein. Sie sind reizend zusammen; einander so ähnlich, daß man sie nur durch die längeren Haare von Mouche unterscheidet. Morgen werden sie bei Ihrer Mutter schlafen. Mouche ist begeistert; ich höchst betrübt.

[1] Emilio Malazonni.
[2] So haben die Pariser den Namen Liszt geschrieben.

Endlich habe ich die Revue de Paris vom 25. August.[1]
Unsere Verse stehen zwischen recht hübschen Sonetten in der
Art von Bowles und anderen Versstücken. Eins davon handelt
von einer Ziege, die ihm unaufhaltsam in das Gebirge folgte,
deren Hartnäckigkeit ihn an die Spaziergänge von Amaury erinnert:

> J'y voyais, vers Paris malgré moi reporté
> Le malheur d'être aimé de certaine beauté.

Habe ich Ihnen erzählt, daß ich neulich, als ich mit meinem
Bruder zu ihm hinaufging, um mich auszuruhen, mein Bild
(Lithographie von D...) in seinem Arbeitszimmer gefunden
habe? Das hat mir Spaß gemacht. Es versteht sich von selbst, daß
ich weder lese noch schreibe. Es fehlt mir nicht die Zeit, aber
die Stimmung dafür. Ich denke nur an Silber und Porzellan.
Sagen Sie mir ernsthaft, ob es Ihnen Spaß macht, daß ich all
diese Dinge kaufe? Sonst würde ich mich schämen. Hin und
wieder lese ich Dante. Bei folgenden Versen muß ich immer
an Sie denken:

> Tu lascerai ogni cosa diletta
> Piu caramente...
> Tu proverai si come sa di sale
> Lo pane altrui, e com'è duro calle
> La scendere e il salir per l'altrui scale.
> E quel che più ti graverà le spalle
> Sarà la compagnia malvagia e scempia
> Con la qual tu cadrai in questa valle.[2]

Leben Sie wohl! Ich bitte Sie dringend, Ihre Briefe an mich
niemals mit einem fremden Siegel zu siegeln.

---

[1] Diese Nummer enthält unter dem Titel Notes et Sonnets Verse
von Sainte-Beuve. – Eines der Sonette über die Villa Adriana ist Liszt
gewidmet.

[2] Was dir am liebsten ist, das wirst du alles verlassen...
dann wirst du fühlen, wie das fremde Brot
so salzig schmeckt, und welch ein harter Pfad ist,
die fremden Treppen auf und ab zu steigen.
Was dir die Schultern mehr noch wird beschweren,
ist die nichtsnutz'ge schmähliche Gesellschaft,
mit der du fallen wirst in diese Schlucht. (Das Paradies. 17. Gesang.)

Wissen Sie, daß der Bingham Ring auf drei bis viertausend Franken geschätzt worden ist, er ist hier. Ich werde ihn vielleicht sehen. Seit ich hier bin, habe ich keinen Tropfen Kaffee getrunken und keinen Strohhalm geraucht. Ich bin dadurch nicht weniger munter oder weniger witzig.

Wollen Sie nicht einen halben Schritt auf diesem Wege machen? Sie wissen, daß ich meine, Sie wären mir das schuldig.

Ein anderer Vers von Sainte-Beuve:

Mais o, Léman, vers toi je reviens plus heureux;
Ta clarté me suffit; apaisé, je sens mieux
Que tu tiens en douceur tout ce qu'un coeur demande.

Ich schreibe sie für Clear Placid[1] ab!

## LISZT AN GRÄFIN D'AGOULT

Wien, Dienstag morgen, 19. November 1839 7½ Uhr

Die Luft von Wien ist mir dieses Mal wieder nicht bekommen. Den gestrigen und vorgestrigen Tag mußte ich fast vollständig im Bett zubringen. Ich habe ein Dutzend Pulver geschluckt, kräftig geschwitzt, und jetzt bin ich wieder auf den Beinen für das heutige Konzert (12½ Uhr).

Ich fühle mich heute morgen etwas schwach, aber ich glaube, das Konzert wird mich wieder gesund machen.

Sie können sich keinen Begriff von meiner immer wachsenden Beliebtheit in diesem gelobten Land machen. Dessauer, den ich sofort nach meiner Ankunft besucht habe, erklärt es auf sehr originelle Weise:

Er sagte mir: „Du bist ein noch größerer Diplomat, ein noch größerer Impresario als ein großer Künstler. Du bist es, der das Theater von Wien macht, du bist es, der die Rollen verteilt, du führst die Regie, obgleich du nur ein Schauspieler zu sein scheinst.

Vom Barbier bis zu den erlauchtesten Personen benutzt du alle nach deinem Belieben. Dieser (Haslinger) scheint dir geeignet für Buforollen, du gibst ihm eine, und er findet sich wunderbar damit ab. Jener andere paßt besser für

[1] Der Maler Henry Lehmann.

das Pathetische, noch ein anderer wieder für das Phantastische, usw. . . . jeder findet, wie durch Zauber, wofür er
sich eignet. Und durch all diese Wichtigkeiten, die du
schaffst und in Bewegung setzt, wächst deine Wichtigkeit
als Künstler und als Mensch ins unermeßliche . . . Kurz,
du bist zu einer Art Protektorat über Wien gelangt, usw. . . .
wie mein Barbier heute morgen zu mir kommt, sagt er mir
zunächst: *Liszt ist angekommen. – Ja, das weiß ich. – Also Sie
kennen ihn? – Oh, schon seit langen Zeiten. – Wer barbiert ihn?*
Wenn du den Laden von Haslinger betrittst, warten vor
der Tür fünfzig Personen auf dich, um dich herauskommen
zu sehen. Der Arzt, der dich behandelt, ist seit zwei Tagen
eine Persönlichkeit geworden; er macht nur Besuche, um
über dein Fieber Nachrichten auszugeben."
In all dem liegt etwas Wahres.
Wahr ist auch noch, daß der brave Dessauer sich vorstellte,
einen höchst geschwollenen, höchst unerträglichen, ziemlich
schlecht erzogenen usw. Menschen in mir zu finden, und daß
er verdutzt war, mich so schlicht, so gutmütig und vor allem
in bezug auf Spiel und Komposition so gewachsen zu
finden. Offen gesagt, glaube ich, daß er sehr gegen mich eingenommen war und bei mehreren Gelegenheiten (immer mit
dem gewissen Maß, das wir kennen) sich gegen mich ausgesprochen hatte. Aber jetzt hat er sich ganz zu mir geschlagen,
indem er sehr nett sagt, daß in meiner Person etwas unwider-
stehlich Verführerisches liege, usw. . . .

8 ½ Uhr abends

Mein erstes Konzert hatte vollen Erfolg. Ein voller Saal
plus die Kaiserin Mutter und die Erzherzogin Sophie.

Das Publikum hatte erwartet, seinen Liebling wiederzufinden. Es hat gefühlt, daß es mit einem Mann zu tun hatte.
Von allen Stücken hatte das Hexameron den größten Erfolg.

Das Ave Maria aber habe ich für Sie gespielt und dabei
gebetet. Nur wenige haben das gefühlt, die andern haben Beifall geklatscht. Ich verkünde laut, daß ich beanspruchen kann,
sowohl was die Komposition anbelangt als auch das Spiel,
berechtigteren Erfolg zu verdienen als das erstemal. Tatsäch-

lich habe ich das Publikum überwunden, Freunde wie Feinde (denn viele würden sich nichts Besseres wünschen als das Ende meiner Erfolge!). Mit Gottes Hilfe werde ich bestimmt damit fertig werden.

Die Symphonie Pastorale ist nur von der Hälfte des Saales verstanden worden. Aber wie stets behaupte und verteidige ich das Recht des Künstlers, der Menge das Schöne und Erhabene aufzuzwingen. Die elegante Gesellschaft, die in meine Konzerte strömt, ist ganz italienisch eingestellt. Im zweiten und dritten Konzert werden wir einen Flankenangriff gegen sie unternehmen.

Nach dem Konzert haben wir bei Dessauer mit Bauernfeld (der Dichter), Kriehuber[1], Alberti und einigen Journalisten diniert. Ich habe den Ton angegeben.

Das Diner war prima. Ich habe sehr wenig gegessen, trotzdem fühle ich mich heute abend wieder etwas fiebrig. Ich strenge mich riesig an. Ich sehe schon wieder schlecht aus ...

10 Uhr

Haslinger kommt eben mit Ihrem Brief. Tiefe Rührung. Zum Dank umarme ich ihn.

Ich antworte gleich auf die zwei oder drei Hauptpunkte.

1. Ich bin durchaus der Meinung, daß die Mouches bei meiner Mutter erzogen werden sollen. Natürlich müssen Sie in allen Punkten ihre Erziehung leiten, die körperliche und seelische Pflege, das Aufstehen und Schlafengehen, Spazierengehen, die Kost usw. Fräulein Delarue scheint mir die geeignetste und würdigste Persönlichkeit, Sie in den Stunden zu vertreten, wo Sie nicht frei sind. Wenn die Dinge weiter gediehen sind, werde ich ihr einen ausführlichen Brief schreiben, um sie persönlich darum zu bitten. Haben Sie so lange Nachsicht mit ihr; sie ist eine vortreffliche Seele. Was die Form anbelangt, so wird sie sich durch den Verkehr mit Ihnen unendlich bessern; seien Sie davon überzeugt.

Zögern Sie sogar nicht damit, die Mouches zu meiner Mutter zu bringen, denn nach dem, was Sie mir sagen, ist das

[1] Hat mehrere Lithographien von Liszt gemacht.

der Hauptpunkt für Ihre Familie, und es ist gut und richtig, ihnen in diesem Punkt nachzugeben.

Was das übrige betrifft, sage ich nein und abermals nein. Wenn Ihr Mann es bis zum Äußersten treiben will, komme ich sofort nach Paris, und dann werden wir ein für allemal ein Ende machen. Komme was da wolle. Ich bin fest entschlossen dazu, und selbst Sie könnten daran nichts ändern.

Nach dem Wortlaut des Gesetzes gehören Sie ihm freilich mit Leib und Seele, aber so spielen sich die Dinge in dieser niederen Welt nicht ab. Man gewinnt Zeit, man verständigt sich, man einigt sich so gut wie möglich, wenn man sich verabscheut. Beunruhigen Sie sich also nicht darüber, wenn Sie es vermögen. Lassen Sie uns Vertrauen haben wie in der Vergangenheit. Das Härteste von vielem ist sicherlich getan.

2. Berryer ist Ihr Anwalt, wie Koreff Ihr Arzt ist. Er ist der richtige Mann für Sie. Nehmen Sie keinen andern, und sollten Sie einen andern haben, so wechseln Sie. Ich begreife nicht, daß wir nicht früher daran gedacht haben.

3. Ihre Beziehungen zu Frau Sand sind auf dem besten Wege. Seien Sie immer großmütig und freundschaftlich zu ihr, und wenn Sie sie wiedersehen, sollte es ein bißchen(?) mit dem eingestandenen Plan sein, sie der literarischen Spielerei und Bummelei zu entreißen. Wenn Sie ihr so widerstehen wie bisher, müssen Sie sie schließlich vollkommen beherrschen, wie ich es immer gedacht habe.

4. Berlioz wird für mich das sein, was ich aus ihm machen werde. Meine Stellung in Paris muß sich von Grund auf ändern. Vorläufig ist das gleich. Ich danke Ihnen für den Schritt, den Sie Massart haben tun lassen. Er ist ein ausgezeichneter Mensch. Wenn Sie Gelegenheit dazu haben, versuchen Sie auch Ortigue[1] zu sprechen. Ich habe die Absicht, ihn meine Biographie neu schreiben zu lassen, die jetzt einen vollständigen Band bilden und sofort ins Deutsche und ins Englische übersetzt werden wird. Entschuldigen Sie mich bei Massart, daß ich ihm nicht öfter schreibe. Ich weiß mir vor Menschen

[1] Joseph d'Ortigue, französischer Musikschriftsteller (1802–66).

und Dingen nicht zu helfen. Wenn Sie Gelegenheit haben, später Janin zu sprechen, tun Sie es mit Zurückhaltung.

5. Ich habe Ihnen aus Bologna und aus Padua geschrieben (reklamieren Sie die Briefe in Lyon postlagernd). In dem zweiten Brief aus Triest bin ich auf alle Einzelheiten eingegangen, nach denen Sie fragen.

6. Ich bin entzückt davon, daß Sie Sainte-Beuve wiedergesehen haben, das ist der Freund, den ich für Sie ausgesucht hätte.

Geben Sie mir weiter alle Einzelheiten über Ihr äußeres Leben; sie interessieren mich außerordentlich.

Ich wage nicht, von Ihrer Gesundheit zu reden. Sie haben mir immer vorgeworfen, und vielleicht mit Recht, in diesem Punkt ein wenig hart zu sein. Ich weiß nicht warum, aber ich habe nun einmal den vollsten Glauben an Sie, in körperlicher und seelischer Beziehung. Wenn Sie wirklich krank würden (und ich hoffe, daß es nicht der Fall sein wird), würde ich nicht lange zögern, zu Ihnen zu kommen.

Ich habe bisher recht wenig Briefe von Ihnen bekommen, aber ich wage kaum, mich darüber zu beklagen. Schreiben Sie mir, wann Sie können, und öffnen Sie mir Ihr ganzes Herz, erzählen Sie mir Ihr ganzes Leben.

Die Wohnung Vatry gefällt mir sehr, legen Sie hundert Louis (2400 Franken) dafür an, und die Sache wird in Ordnung gehen.

Das Fieber packt mich wieder heute abend, aber viel weniger als gestern. Leben Sie wohl, liebe Einzige, lieben Sie mich immer.

Ich habe dieser Tage an niemand schreiben können. Ich werde mich wieder auf dem laufenden halten. Wenn Ihr nächster Brief nicht eine sofortige Antwort verlangt, werde ich Ihnen vier oder fünf Tage nicht schreiben. Wenn ich damit fertig bin, an Sie zu schreiben, ist es mir unmöglich, an andere Briefe zu denken, und wenn ich mich an meinen Schreibtisch setze, geschieht es auch nicht meines leider schon so ausgebreiteten freundschaftlichen Briefwechsels wegen.

Geben Sie mir Ihre Adresse genauer an. Adressieren Sie

bis zum 25. Dezember immer nach Wien. Ich weiß nicht genau, wann ich nach Preßburg oder nach Pest fahren werde, man wird mir aber Ihre Briefe nachschicken.

----

GRÄFIN D'AGOULT AN LISZT

Samstag, 23. November 1839

Ich fahre im Tagebuch fort. Von Eckstein hält sehr wenig von Leroux als Philosophen. Er findet, daß es ihm an Wissen fehlt. Herr de Lamennais ist ein viel stärkerer Kopf. Sein philosophisches Werk (von dem drei Bände fertig sind) wird ihn in einem neuen Licht erscheinen lassen. Goethe fehlt das heroische Element. Er fürchtete die Überlegenheit Shakespeares. Er liebte Dante nicht; er hatte kein Vaterland und konnte dieses heroische Gefühl bei Dante nicht verstehen. Es fehlte ihm jeder dramatische Sinn. Pollez hat die Upanishaden eingetauscht gegen die Preußische Gesandtschaft in London, dessen Entzücken er bildet. Von Eckstein wird vierzehn Tage bei der schönen Herzogin zubringen. Martin geht eben fort, er betet Sie an wie Jobs. Er führt bei sich eine kleine Arbeit Ihrer Tante, mit Haaren von Ihnen und einem Ihrer Briefe. Seine Frau plagt ihn. Er wird ein Konzert geben und dabei die Cavatine von Pacini spielen. Er ist es, der den Auftrag hat, auf alle Zeitungen aufzupassen, um mich auf dem laufenden zu halten. Ich werde sie abonnieren, um sie zum Schweigen zu bringen. Wenn Sie hierher zurückkehren, müssen Sie direkt zu Delphine Gay[1] gehen . . . dann werden Sie ein großer Mann sein. Der „Vert-Vert" hat sich vor einem Monat über den Bakkalaureus, Es-Klarinette, lustig gemacht; ich werde mir die Nummer verschaffen. Wenn Sie etwas über Ihre Wiener Erfolge in der Gazette veröffentlichen wollen, so schreiben Sie mir. Ich glaube, sie sind verstimmt. Seit langer Zeit werden Sie dort nicht genannt. Aus Anlaß des Denkmals haben sie Ihren Brief ganz trocken, ohne jede Bemerkung, eingesetzt und haben seither kein Wort darüber gesagt (außer der Reklame, die ich mit voller Billigung Puzzis und Martins geschickt habe). Ich habe den Probedruck der Romanesca

[1] Berühmte Schriftstellerin, spätere Frau Emile de Girardin (1804-55).

gelesen, den ich Ihnen mit den andern Noten schicken werde, sobald Puzzi sie mir gebracht hat.

Wissen Sie, woran ich denke? Daß ich nur noch zwei volle Monate ohne Sie zubringen muß (Dezember und Februar).

Ich ordne unsern ganzen Briefwechsel; es lockt mich sehr, etwas daraus zu machen. Ihr Leben würde so viel Leute interessieren! Müßte man es nicht wahrheitsgetreu für die Biographen a posteriori aufzeichnen?

Montag, 25.

Was war das für ein Tag gestern! morgens Konzert von Berlioz, abends der Barbier im Théâtre des Italiens! (mit der Marliani in der Loge der Viardot; ich habe den Wagen geliefert): Shakespeare, die Leidenschaft; die Wahrheit, der Schmerz, Berlioz; Beaumarchais, die Frivolität; der Betrug, die Spottlust, Rossini. Ich schicke Ihnen anbei das Programm von B. mit meinen Anmerkungen; mein persönlicher Eindruck ist derselbe, den ich beim Publikum vermute. Ich war dort sehr elegant mit Sainte-Beuve, Sue und Marescot, gegenüber die Loge Girardin, nebenan Custine[1], Meyendorff (Händeschütteln beim Herausgehen: „Wie lange ist es her, Frau Gräfin, daß ich Sie nicht gesehen habe! – Ach, mein Gott, ja – Sie werden mich doch besuchen? – Wenn Sie es erlauben, bestimmt."). Kalkbrenner, dümmer und verschnupfter aussehend als je. Im ganzen eine gewählte und zahlreiche Versammlung, viel elegante junge Leute, wenig Frauen.

Das ist eine jener Schlachten, nach denen man auf beiden Seiten Te Deum singt. Diner bei Carlotta mit dem Vicomte von Freycinet, einem reizenden, liebenswürdigen Mann, der Sainte-Beuve kennt. Im Theater: Pauline häßlich[2], schlecht angezogen, faßt ihre Rolle ganz falsch auf; sie ist darin tragisch und durchbricht die Tragik manchmal durch alberne Witzchen. Prachtvolle Stimme, alle Schwierigkeiten überwunden; sie scheint eine edle und stolze Frau zu sein; ich glaube, daß sie eine ungeheure Zukunft haben wird.

[1] Marquis Adolphe de Custine, französischer Forschungsreisender und Literat (1790–1857).

[2] Pauline Garcia, Frau Viardot.

270

Sie gefällt mir, sie begleitet sich in der Gesangstunde selber außerordentlich gut. Sie sieht aus wie eine Dame aus der ganz großen Welt, die mit Verachtung für ihr Publikum spielt. Ich habe mit Viardot viel und mit beispielloser Begeisterung von der Sapho gesprochen. Er beißt aber nicht an. Er ist überzeugt, daß man ihre Stimme in Paris nicht ertragen könnte. Rubini verliert. Tamburini ist immer noch köstlich. Welche Musik! Ach richtig, Sie müssen immer eine Oper von Rossini auf Ihrem Pult haben. Die philosophische Musik wird niemals dieses doppelte Leben haben. Welch Bündnis zwischen England und Frankreich! Sie sind es wieder, der es zustande bringen wird. Schlesinger kam gestern, gerade als ich zum Konzert ging. Er fragte nach unsern Reisenden und wird mir einen Brief schicken, um Ihnen etwas vorzuschlagen, das Ihnen zusagen wird.

Ihre Freunde werden durch den Erfolg und besonders durch das Geld besiegt werden. Sie müssen hier ein bißchen verdienen, so tun, als wenn Sie viel verdienten, und so scheinen, als ob Sie noch mehr verdienen wollten.

Wenn ich nicht irre, entsprechen die Dinerausgaben nicht Ihren Absichten. Tun Sie so, als wenn Sie etwas beiseite legen, dann wird man Sie ehren. Man betrachtet Sie immer als den guten Kerl, der sein Geld zum Fenster hinauswirft und in zehn Jahren keinen Heller mehr haben wird!

---

LISZT AN GRÄFIN D'AGOULT

Wien, Sonntag abend, 24. November 1839

Seit Mittwoch morgen habe ich mein Bett nicht verlassen, seit mehr als (fehlt) Jahren bin ich nicht derartig krank gewesen. Ohne Löwe (ein homöopathischer Arzt), der mich mit großer Vorsicht behandelt, hätte ich wahrscheinlich ein Nervenfieber bekommen und in dem Fall statt acht Tagen sechs Wochen gebraucht.

Augenblicklich, seit gestern, hat sich eine sehr deutliche Besserung gezeigt und erhalten. Heute habe ich etwas Huhn und Reis gegessen. Morgen geht es weiter poco a poco crescendo. Das Fieber ist völlig geschwunden. Der Kopf ist frei, und von Stunde zu Stunde fühle ich mich merklich besser.

Dabei hatte ich trotzdem eine der größten Freuden meines Lebens während dieser sonst so traurigen fünf Tage. Ihr Porträt aus Rom ist gekommen, ich habe es schluchzend in Empfang genommen. Ich habe sogar trotz Verbot des Arztes sofort an Lehmann geschrieben. Ich finde es wirklich wunderbar. Sagen Sie es ihm noch ausdrücklich, wenn Sie ihm schreiben. Ich selber wage nicht mehr mit ihm davon zu sprechen. Er hat Sie im Profil gezeichnet, auf Ihrem Sofa in der Villa Massimiliana liegend, in Ihrem Morgenrock (blau mit Punkten und Rosen), der Pfirsich schlingt sich um die Arkadensäule. Der Ausdruck Ihres Gesichtes ist sehr schön. Kriehuber, der mir ein Glas darüber setzen lassen soll, und mein Arzt waren betroffen von der Ähnlichkeit unserer beiden Köpfe.

Aber reden wir von Ihnen, liebe Marie, und zunächst von Ihrer Gesundheit, denn meine ist auf dem besten Wege. Koreffs Gedanke scheint mir nicht so übel. Sie wußten, daß ich überzeugt davon war (das erklärt sich durch meine grobe Natur), daß weder in Ihrem Körper noch in Ihrer Seele etwas Schaden gelitten haben könne. Was Sie werden tun müssen, ist, Koreff viel Einzelheiten mitzuteilen, ihm zu Hilfe zu kommen, indem Sie ihm angeben, welches die Ursache der Krankheit sein könnte, usw., was Sie so leicht und wunderbar machen werden wie alles übrige.

Ich bin überzeugt, daß der Kranke selber sein erster Arzt sein muß, indem er seinen wirklichen oder vermeintlichen Zustand dem andern so ausführlich wie möglich schildert. Auf diese Weise würde ich wohl volles Vertrauen zu Koreff haben. Er hat meine Mutter von einer sehr ernsten Krankheit befreit und in kurzer Zeit. Und was Sie vor allem brauchen, ist ein geistvoller Mensch. Der Geist ersetzt alles, was man auch darüber sagen mag.

Ich würde Ihnen gern meine volle Meinung über Ihre Angelegenheit sagen. Wenn ich mich schlecht ausdrücke, werden Sie mich gut verstehen, nicht wahr? Im großen und ganzen also scheint Ihre Familie, oder besser gesagt Ihr Bruder – denn

Ihre Mutter hat sich immer in einer Art undurchdringlicher Region gehalten, und die Frau von Maurice hat keinen großen Einfluß –, wenn es um diese Frage geht, scheint mir Ihr Bruder also mit den besten, aufopferndsten Männern gemein zu haben, daß er Wert darauf legt, daß man auf seine Meinung hört, daß man ihn um Rat fragt. Kurz, nennen wir es beim Namen, die wirkliche Freundschaft, die er Ihnen entgegenbringt, eine Freundschaft, die für Sie auf alle Fälle nur gut und nützlich sein kann, muß in seinen eigenen Augen an Wichtigkeit gewinnen. Er muß das Gefühl haben, daß er Ihnen notwendiger und nützlicher ist, um mit Ihnen zufriedener zu sein. Es wird nicht leicht sein, aber Sie können ihn unschwer davon überzeugen. Ich bin überzeugt, innerlich überzeugt davon, daß uns von keiner Seite etwas Schlimmes droht. Trotzdem täten Sie gut daran, sich mit dieser Art Familienrat einverstanden zu erklären und ihnen die kleinen Genugtuungen zu gönnen, die sie von Ihnen fordern. Starke und überlegene Naturen wie Sie sind den guten, aber niedrigen Naturen gegenüber, mit denen zu leben ihnen bestimmt ist, zu solchem Komödienspiel gezwungen. Tun Sie es also mit guter Miene, um bei der ersten Gelegenheit, wo man irgend etwas von Ihnen fordern sollte, die Zähne zu zeigen.

Wir kennen uns genügend, glaube ich, als daß Sie den Sinn dieser Zeilen mißverstehen könnten.

Der Hauptpunkt für Ihren Bruder ist also, meiner Meinung nach, das Bedürfnis nach einer genügend wichtigen Rolle, die er mit einer gewissen Stetigkeit Ihr ganzes Leben lang spielen kann. Dieses Gefühl ist an sich gut, und alle andern, die dazu kommen, sind noch besser.

Wie ich Ihnen schon sagte, bin ich ganz und gar der Meinung, daß die Mouches bei meiner Mutter erzogen werden sollen. In diesem Punkte ist nicht zu schwanken. Hätte ich nicht Ihren Widerstand gefürchtet, so würde ich schon in Italien davon gesprochen haben.

Was die Ausstellung Ihres Porträts[1] betrifft, so möchte ich beinahe glauben, es sei besser, es für das nächste Jahr aufzu-

[1] Von Lehmann.

sparen. All und jeder wird jetzt so sehr von dem Wunsch ge-
plagt, die Welt mit seinem Werk, seinem Gesicht, ja auch mit
seinem Privatleben zu beschäftigen, daß man vielleicht recht
allgemein die Absicht, in welcher Sie es ausstellen lassen, miß-
deuten könnte.

Die Beurteilung Ihrer Lage wechselt und wird in zwei
Jahren bei dem Publikum noch außerordentlich mehr gewech-
selt haben. Bis 1838 waren Sie eine Art Verrückte, eine Paria!
Die arme Frau! usw.... Augenblicklich werden Sie zu einem
Typus, und in zwei Jahren wird ganz Europa uns Beifall
zollen und sich mit Achtung vor uns neigen. Seien Sie dessen
sicher. Reihen Sie sich also nicht unter die Opfer ein, obgleich
Sie es in vieler Hinsicht noch sind, sondern bleiben Sie aufrecht und stolz, wie es Ihre Pflicht ist. Lassen Sie sich nicht
zu sehr durch Ihre Familie quälen, aber stoßen Sie sie auch
nicht zurück. Schließlich, das wiederhole ich Ihnen fortwährend seit fünf Jahren, haben Sie volles Vertrauen zu sich, und
seien Sie sich dessen bewußt, was Sie wert sind, denn Sie sind
viel wert.

Was Sie mir von George mitteilen, amüsiert und interessiert mich. Fahren Sie damit fort. Ich verstehe ihre Verlegenheit Ihnen gegenüber. Ich hoffe, Sie werden nicht immer so
wie jetzt über sie zu klagen haben. Sie wird zuweilen ganz
freundlich sein, aber Sie müssen ihr ein wenig dabei
helfen. Das beste Mittel wäre, zwischen Ihnen beiden die ver-
trauliche Mitteilung ihrer Liebesgeschichten zu ermöglichen.
Solange sie mit Ihnen nicht frei über ihre Liebhaber sprechen
kann, wird sie ihre Bitterkeit im Herzen bewahren. So sind
Frauen, die schönere Hälfte des menschlichen Geschlechtes.

Die Krankheit macht mich vielleicht noch griesgrämiger als
gewöhnlich. Je älter ich werde, um so mehr bekommt mein
Geist etwas Unbiegsames, das ich übrigens gar nicht abzulegen
versuche.

Fürchten Sie nicht, daß die Liebe in meinem Herzen ver-
lösche, sie ist tief darin verwurzelt.

Gleichgültiges.

Ich vergaß Ihnen zu sagen, welche Krankheit ich habe. Ich

kenne ihren wissenschaftlichen Namen nicht, aber die Symptome waren folgende. Fünf oder sechs Stunden am Tage ein Mordsfieber. Frösteln, Hitze, glühender Schweiß, Delirium. Mit einem Wort, ich bin, wie es scheint, einem Nervenfieber entgangen, das mich weit hätte bringen können.

Heute abend fühle ich mich vollkommen wohl. Ich schreibe Ihnen vom Bett aus, und Sie können sich keine Vorstellung von der Freude machen, die mir das bereitet.

Ein einziger Gedanke quält mich (wie immer), vielleicht wird dieser Brief Sie kränken? Sie ungeduldig machen ... Noch etwas Gleichgültiges.

Beim Wiederdurchlesen eines Ihrer Briefe nach Triest sehe ich, daß Sie mich bitten, nicht von (fehlt) mit Ihnen zu sprechen.

Offen gesagt, hat die Ungher mir wenig von ihm gesprochen, und wenn ich nicht irre, kann sie nur wenig darüber erzählen. Sie kennen den Mann und sein Leben. Sie wissen, wie wenig interessant seine Gefühle sind und wie wenig Neugier sie erregten! (Entsinnen Sie sich des [unleserlich] usw.).

Wahrscheinlich hat er bei der U ... geseufzt und geweint, ganz wie bei Ihnen. Nur beschäftigt sich die U ... wenig mit dem schöpferischen Dogma und der katholischen Universität... Er wird es wahrscheinlich nicht verstanden haben, sie zu besitzen, und sollte ihm das zufällig einige kleine Male halb geglückt sein, so wird er sich dessen so geschämt haben, daß die U ... genug von ihm gehabt haben wird.

Sie hat mir selbstverständlich nichts dergleichen erzählt, aber ich vermute es.

Aus allem, was sie mir über ihn gesagt hat (wenig Beachtliches übrigens, wie zum Beispiel, daß er gut aber schwach sei, daß er sich seiner Frau gegenüber in einer schiefen Lage befände, usw.), habe ich geschlossen, daß er sie gelangweilt hatte und daß sie schließlich fand, die Briefe wären nicht das Porto wert, was sie kosteten.

Ich schicke Ihnen in demselben Umschlag zwei Artikel und zwei andere sehr kostbare Dokumente...

---

Donnerstag, 2 Uhr (28. November)

Ich bin noch sehr schwach, obgleich ich das Konzert gestern recht gut überstanden habe.

Wie kann man, werden Sie sagen, ein Konzert geben, ohne vollkommen genesen zu sein? Aber was sollte ich sonst tun? Jetzt bringe ich über acht Tage im Bett zu, langweile und ärgere mich entsetzlich. Ein Konzert ist wenigstens eine Art Zerstreuung. Ich habe also gestern nicht abgesagt, wie ich es Sonntag tun mußte. Gott sei Dank fühle ich mich dadurch heut nicht schlechter. Der Arzt ist auch zufrieden mit mir, und es ist alle Veranlassung ... (fehlt).

Ich bekomme eben (fehlt) ... ganz klein, die andere lang und ins einzelne gehend über die neue Wohnung, Ihr tägliches Leben.

Ich weiß wirklich nicht, wie ich auf den ersten antworten soll, denn ich habe Ihnen absolut nichts über die Ungher zu sagen als das, was ich Ihnen schon gesagt habe. Es schien mir, als hätte ich Ihnen sehr ausführlich von ihr erzählt.

Ich habe Ihnen sogar eine Art Resumée unserer vertraulichsten Unterhaltungen gemacht ... Noch einmal, ich kann dem nichts hinzufügen. Es ist ein Fehler meiner Natur, aber ich kann nicht mehr Worte für so winzige Tatsachen und Gefühle finden.

Leben Sie wohl, Liebe, ich schreibe Ihnen nicht weiter. Ich habe etwas Kopfschmerzen. Ich brauche viel, viel Ruhe. Leben Sie wohl, ganz und gar der Ihre.

---

Samstag, 30. November 1839, 2 Uhr
(nach dem Konzert von Bériot[1])

Liebe Marie!

Ich fürchte, daß meine Briefe aus Wien Sie schrecklich langweilen, und Sie müssen wirklich wie geschaffen dafür sein. Meine körperliche Verfassung ist immer noch abscheulich, aber seit gestern fühle ich mich ein wenig kräftiger...

[1] Charles de Bériot, berühmter belgischer Violinist, der in zweiter Ehe die Malibran heiratete (1802–90).

Wenn ich bis übermorgen nicht vollkommen wohl bin, werde ich mich in einem südlichen Vorort einmieten, wo ich mich während acht Tagen vollkommen ruhig verhalten werde. Mehr als zehn Leute (darunter Dessauer) haben mir die freundschaftlichsten Angebote gemacht.

Ein Gedanke quält mich. Nämlich, daß Sie vielleicht eine Anwandlung gehabt haben könnten, sich auf den Weg zu machen. Aus Liebe zu mir, denken Sie nicht an eine solche Verrücktheit. Wenn meine Krankheit irgendwie von Bedeutung wäre, würde ich entweder versuchen, mich bis nach Paris zu schleppen, oder Sie bitten, herzukommen ... aber davon ist nicht die Rede ... mein Zustand ist höchst einfach, wenn auch unerträglich: äußerste Reizbarkeit, und abermals Reizbarkeit und immer wieder Reizbarkeit.

Selbstverständlich bin ich auf strengste Diät gesetzt. Heute nacht habe ich wieder meinen guten Schlaf bekommen, den Sie ja kennen.

Es wird Ihnen Spaß machen, daß Strauß den Galop Chromatique, die Grande Valse und mehrere der Fleurs mélodiques des Alpes instrumentiert hat. Alle, die es gehört haben, waren von der Wirkung entzückt. Leider konnte ich noch nicht ausgehen, um mich in diesem Schmuck zu bewundern!

Bériot hat ein sehr schönes Konzert in dem Saal gegeben, wo ich ein Duo mit ihm gespielt habe. Ich werde Ihnen ein andermal erzählen, warum ich dort gespielt habe und wie er es mir gedankt hat.

Er ist entschieden eine recht schäbiger Herr, seinem Freunde Thalberg recht ähnlich.

Wegen meiner Unpäßlichkeit wird mein drittes Konzert erst nächsten Montag stattfinden.

———

Wien, 4. Dezember 1839

Ich schreibe Ihnen nur zwei Worte, liebe Marie, damit Sie nicht unruhig sind. Meine Gesundheit bessert sich entschieden, obgleich ich immer noch auf Diät gesetzt bin (keinen Kaffee, keinen Tabak, keinen Wein usw.), aber da seit zwei Tagen meine Tür geöffnet ist, nachdem der Doktor sein Verbot aufgehoben hatte, ist mein Zimmer immer gedrängt voll von Menschen; außerdem muß ich auf einmal das Konzert von Beethoben in C (das ich nicht kenne) und eine neue Fantasie von mir für morgen lernen. Heute vormittag soll mich der Polizeiminister empfangen; um 4 habe ich Probe für das Beethoven-Konzert ... kurz, ich stehe unter einem solchen Druck, daß es mir unmöglich ist, Ihnen heute etwas zusammenhängend zu schreiben. Morgen werde ich meine Tür schließen, um Ihnen ganz ausführlich über die drei oder vier Dinge zu schreiben, die höchstens die Mühe wert sind, geschrieben zu werden.

Verzeihen Sie mir also, liebe Marie.

Auf immer der Ihre.

———

Wien, 6. Dezember 1839

Liebe Geliebte!

Sie können nicht glauben, wie schwierig es für mich ist, eine Viertelstunde allein zu bleiben.

Ich kann meine Tür noch so sehr schließen, ein großes, vom Arzt unterschriebenes Plakat unten an der Treppe anbringen, es nützt alles nichts, mein Zimmer ist immer überfüllt, es ist nicht zum Aushalten.

Meine Briefe aus Wien waren bisher sehr wirr. Ich glaube, daß ich Ihnen überhaupt keinen klaren Begriff davon gegeben habe, was ich in bezug auf Konzerte und das öffentliche Leben, das hier mein einziges Leben ist, machte, denn bisher habe ich mich nicht aus dem Zimmer gerührt, außer, um vor dem Publikum zu erscheinen. Ich will diese Lücke heute ausfüllen und Sie ganz ins Bild setzen.

Am 15. November bin ich also angekommen. Am übernächsten Tage mußte ich mich ins Bett legen, hatte starkes Fieber, hoffte aber, daß zwei Tage genügen würden, um mich wieder gesund zu machen. Ich hatte mich geirrt. Da jedoch meine Natur so beschaffen ist, daß ich nur an meinen Willen und an meine Kraft glaube, habe ich mein erstes Konzert, das drei Tage später stattgefunden hat, nicht abgesagt. Aber am nächsten Tage packte mich das Fieber noch heftiger, und diesmal bin ich acht Tage fast ständig im Bett geblieben.

Zum Glück schrieben Sie mir oft. Ihre Briefe taten mir außerordentlich wohl. Die übrige Zeit langweilte und ärgerte ich mich entsetzlich.

Zwischen meinem ersten und meinem zweiten Konzert war also eine Pause von zehn Tagen. Das zweite war als Erfolg viel glanzvoller als das erste. Seitdem hat sich die Meinung gebildet (und zur Zeit hat sie sich vollkommen festgesetzt), daß ich während dieser letzten achtzehn Monate ein noch größerer Künstler geworden sei, daß ich vor allem an Anmut, an Reiz usw ... gewonnen habe.

Bériot, der plötzlich am Tage seines Konzerts krank geworden, aber nicht so vorsichtig gewesen war, das Publikum durch eine vorherige Anzeige zu benachrichtigen (so daß der Saal schon voll war, als irgendein Herr erschien, um dem Publikum mitzuteilen, daß das Konzert nicht stattfinden könne), fühlte sich vollkommen mutlos und wagte gewissermaßen nicht mehr, wieder öffentlich aufzutreten ... Er ließ mich also bitten, mit ihm ein Duo zu spielen, um mit mir zusammen wieder aufzutreten, worauf ich sofort einging, trotz meines andauernden halbkranken Zustandes, denn ich bin erst seit gestern wieder auf und wirklich wohl (was mich nicht daran hindern wird, heute abend noch einmal Medizin zu nehmen, aber es ist eine Kinderei).

Er wählte ein unglückliches Duo über die Motive der Somnambula, dessen Klavierteil zum mindesten sehr unbedeutend ist. Dessen ungeachtet, und das sage ich ohne Eitelkeit, habe ich ihn zu meiner sehr großen Überraschung erdrückt.

Das liegt an dem außerordentlichen Wohlwollen des Publikums für mich, und ich weiß nicht woran noch, denn die Klavierpartie dieses Duos (das ich übrigens militärisch behandelt habe) ist völlig wirkungslos.

―――――

Ich habe mein drittes Konzert gegeben, und gestern, Donnerstag, mein viertes Konzert.

Stets wachsender Erfolg. Meine neuen Fantasien Lucia, die Somnambula haben eine Bombenwirkung. Ich muß regelmäßig in jedem Konzert zwei Stücke wiederholen. Übermorgen, Sonntag, gebe ich mein fünftes und Ende der Woche, wahrscheinlich Samstag, mein sechstes Konzert. Danach werde ich nach Ungarn abreisen, wo ich etwa vierzehn Tage bleiben werde.

Ich schicke Ihnen einen Brief des Grafen Festetics[1], eine Antwort auf einige Zeilen, die ich ihm geschrieben habe. Sie werden daraus ersehen, zu welchem Ausmaß von Begeisterung sich meine Landsleute verstiegen haben.

Aber ich muß mir noch sechs Tage Ruhe auferlegen, denn sonst würde man mich mit den Festen und den Diners mir zu Ehren umbringen ... Deshalb schiebe ich hier eine Pause zwischen mein fünftes und mein sechstes Konzert ein.

Bei meiner Rückkehr aus Preßburg und Pest werde ich wahrscheinlich noch zwei Konzerte oder aber ein einziges im Redoutensaal geben, was mir mindestens 7 bis 8000 Franken einbringen kann. Die gewöhnliche und Nettoeinnahme meiner Konzerte bis jetzt beträgt jedesmal 1600 bis 1700 Gulden (etwas mehr als 4000 Franken). Gestern jedoch waren es nur 1500 Gulden, weil verschiedene Vorbesteller ihre Billette aus irgendeinem Grunde nicht abgeholt haben; das ist aber nur ein kleiner Unterschied.

Vergangene Woche gab es auch ein Hofkonzert. Ich habe mit Bériot zusammen dasselbe Duo aus der Somnambula gespielt und dann allein mit großem Erfolg das Andante aus Lucia.

Zum Schluß ließ mich die Kaiserin bitten, ein Lied von Schubert zu spielen. Ich wählte das Ave Maria, aber da fängt die Prinzessin von Sachsen beim zweiten Takt zu husten an und hört etwa zwanzig Takte lang nicht auf; ich war wü-

[1] Graf Leo Festetics, Ungar, wurde der intime Freund von Liszt.

tend. Die Prinzessin Vasa merkt meinen Ärger und bricht auf fast skandalöse Weise in Lachen aus . . .

Leben Sie wohl, Liebe. Sie bekommen gleichzeitig mit diesem Brief einen Haufen Zeitungen als Drucksache, das ist eine sparsamere Art, sie Ihnen zu schicken. Dieses ist fast ein Geschäftsbrief, aber bisher habe ich in Wien nichts getan, als Konzerte geben, meine Stücke üben, Medizin einnehmen und das Zimmer hüten.

Küssen Sie Mouche und Cosima von mir.

Um diesen Brief zu vervollständigen, muß ich Ihnen noch sagen, daß ich gestern nach meinem Konzert, im Kirchenkonzert, das Konzert von Beethoven in C-Dur, das ich nicht kannte und in vierundzwanzig Stunden gelernt habe (mit improvisiertem Orgelpunkt) mit dem unerhörtesten Erfolg gespielt habe.

Was die Befriedigung der Eitelkeit betrifft, so kann man unmöglich in irgend welcher Art und Hinsicht mehr verlangen. Die höchsten Persönlichkeiten, Herr von Kolowrath, Graf Sedlistky, Polizeiminister, Herr von Mett(ernich) usw. haben mich nicht nur mit der größten Zuvorkommenheit und Auszeichnung empfangen, sondern haben als erste den Wunsch geäußert, mich zu sehen.

Was die Frauen anbelangt, so ist die Schwärmerei allgemein. Ich brauche Ihnen nicht zu sagen, daß ich dem recht wenig Aufmerksamkeit schenke. Ich wüßte hier absolut keine Frau, die mir physisch auch nur ein wenig gefallen könnte, und Sie wissen, daß in den Stunden der Zerstreuung oder zu heftiger Langeweile das meine einzige schwache Stelle ist. Die Fürstin Schwarzenberg ist noch nicht zurück. Und die Baronin Toti besuche ich nur am Abend, und ihr Mann ist dann immer dabei. Eskeles und ich haben uns so kategorisch ausgesprochen, daß ich der Baronin wenig zu sagen habe. Ich habe mir nur erlaubt, ihr gegenüber zu bemerken, daß ihr Betragen gegen mich impertinent und ungeschickt zugleich gewesen sei und daß ich sie darum bäte, es nicht nochmal zu tun, da es mir ein zweites Mal unmöglich sein würde, auf irgendeine Versicherung einzugehen. Sie scheint über meine vollkommene Korrektheit ein wenig pikiert zu sein. In der Tat ist das weder zärtlich noch leidenschaftlich, aber ich könnte mich wirklich nicht auf diesen Ton versteigen.

Eskeles ist reizender zu mir als je. Da er weiß, daß ich gern das Journal des Débats lese, hat er die Güte, es mir jeden Morgen zu schicken. Gestern schenkte er mir hundert allerbeste spanische Zigarren.

Außerdem sagt er allen seinen Freunden riesig viel Gutes von mir. Alles in allem ist er wirklich ein liebenswürdiger und vornehmer Mann. Es ist mir angenehm, die Beziehungen zu ihm weiter zu pflegen und enger zu knüpfen; ich habe auch Frau Eskeles gesagt, daß ich trostlos sei, von ihrem Mann so eingenommen zu sein.

Ich beantworte einen Punkt Ihres Briefes, aus Angst es zu vergessen. Ich lege großen Wert darauf, daß Sie mich nicht auf die kleinen Zeitungen abonnieren. Das ist niederes Gesindel, das keinerlei Beachtung von mir verdient. Beim Journal des Débats und der Revue des Deux-Mondes ist es etwas anderes. Sie täten gut daran, glaube ich, vom 1. Januar ab ein Abonnement auf meinen Namen zu nehmen.

Wollen Sie übrigens, daß ich Ihnen noch 10 000 Franken schicke, nach meiner Rückkehr von Ungarn könnte ich es leicht. Wissen Sie, daß ich gestern ausgerechnet habe, daß ich wahrscheinlich einige vierzigtausend Franken netto mitbringen werde. In Pest ist meine Absicht, mein Kapital bei Eskeles aufzufüllen (der übrigens eben ein großartiges Geschäft gemacht hat, die Eisenbahn von Monza nach Mailand, wobei er 106 Prozent verdient), weil ich sicher bin, daß er es gut anlegen wird. Die Pleyel[1] ist vor vier Tagen angekommen. Morgen gibt sie ihr Konzert. Sie wohnt jetzt im selben Hotel wie ich. Ich habe sie ausgiebig gehört. Sie hat ein prachtvolles Talent, unbestritten sogar das schönste Pianistentalent, das es gibt.

Sie hat mich gefragt, ob ich mich an das Zimmer von Chopin erinnere ... gewiß, gnädige Frau, wie könnte man vergessen, usw. ... Dann kam Graf Dietrichstein, der unsere Unterhaltung unterbrach, und ich ging fort.

[1] Marie Pleyel, berühmte Pianistin (1811–75).

Gestern und heute hat sie mich nach Verschiedenem wegen ihres Konzerts gefragt. Ich war in der Lage, ihr nützlich zu sein und ihr sogar einige kleine Dienste zu leisten, was ich ganz selbstverständlich getan habe.

Liebe, verzeihen Sie mir diese so trockenen, so kurzen Briefe! Es ist schon sehr lange her, fünf Tage, daß ich ein Wort von Ihnen bekommen habe. Da ich siebzehn Tage lang ans Bett gefesselt war und niemandem einen Besuch machen konnte, ist diese Menge von Verpflichtungen, denen ich mich jetzt zum Teil unterziehen muß, etwas Schreckliches. Abends von 10 bis Mitternacht muß ich arbeiten, denn alle Stücke, die ich hier spiele, sind für mich neu, und ich kann es nicht wagen, sie ohne Vorbereitung zu spielen.

Nächsten Samstag gebe ich mein sechstes Konzert. Sonntag gebe ich ein Benefizkonzert für Saphir, und Montag reise ich nach Preßburg ab, wo man mich mit Festen, Banketts und Ehren aller Art umbringen wird. Ich werde Ihnen aufs genaueste darüber berichten.

Wahrscheinlich werde ich erst gegen den 10. oder 12. Januar hierher zurückkehren. Ich werde noch mindestens zwei Konzerte geben müssen, eins für die Armen, eins für mich, aber sicherlich werde ich sogar noch drei geben.

GRÄFIN D'AGOULT AN LISZT

26. November, abends. Tagebuch
(nach Wien)

Arpin hat mir einen Brief geschickt, um den Bernhardiner zu bekommen; ich werde Grast[1] damit beauftragen. Ich nehme den Sohn vom Portier meines Bruders als Groom: ein reizendes Kind von zwölf Jahren, für das Sie sich begeistern werden. Ich gebe ihm nichts als seine Affenjacke und Beköstigung.

27. November

Heute morgen ein Billett von George (sehr sanft). Sie hatte nicht geglaubt, daß ich eine Erklärung nötig hätte: ich sollte

[1] Wahrscheinlich der Schweizer Komponist, Lehrer am Konservatorium in Genf (1803-70).

wohl wissen, daß ich schweres Unrecht mir hatte zuschulden kommen lassen, usw. . . . . trotzdem stehe sie zu meiner Verfügung, wo und wann ich wolle, um mir zu sagen, daß ich einen Kummer mehr in ihr Leben gebracht hätte. Didier kommt, ich sage, welche Äußerung man ihm unterstellt. Er antwortet mir mit der stolzen Entrüstung eines Ehrenmannes. Er wird direkt zu George gehen, um sich mit ihr auseinanderzusetzen. Sein Zorn auf Carlotta ist sehr groß, er sagte mir: „Diese Frau zwingt mich beinahe, eine Gemeinheit zu begehen, sie zwingt mich zu einer Klatscherei; Sie müssen nämlich erfahren, daß sie selbst mir einmal gesagt hat, Liszt sei leidenschaftlich verliebt in Frau Sand gewesen, aber sie, als treue Freundin, hätte ihn abgewiesen, usw. usw. . . .‟ Ich erfahre weiter von ihm, daß Carlotta den Abbé sehr gegen mich eingenommen hat, indem sie meine Briefe zeigte, in denen ich über Sie und die Kinder scherze, zum Beispiel: Franz will Geld verdienen für seine Sprößlinge, ein Ausdruck, der den Abbé sehr verletzt hat.

Sue geht eben fort. Unsere Beziehungen sind ausgezeichnet. Er hat heute viel mit mir über meine Unabhängigkeit gesprochen, über meine Charakterstärke, die über alles siegte, über die Wut der Gesellschaft, zu sehn, daß ich so gut ohne sie fertig werde, über die Freunde, die mir geblieben sind, usw. Ich habe mit großen Versicherungen meiner Sympathie erwidert und mit zarten Anspielungen auf die geistreiche und würdige Art, in der er sich immer gegen mich betragen hat. Er übernimmt alle Bocellaaufträge und will mir ein Parfüm, für das ich schwärme, aus London kommen lassen.

Sie sehen, ich lerne es, meine Freunde auszunutzen, diese transzendenten Dienstmänner! Heute morgen habe ich Fräulein Delarue zum Frühstück eingeladen. Wir haben sehr viel geplaudert, und wenn ich nicht irre, muß sie mit mir zufrieden gewesen sein. Sie steht ziemlich schlecht mit Herminie[1], der sie ihre glühende Liebe zu Seghers nicht verzeiht. Es schien mir durchzublicken, daß sie sich für H . . . Treue an Ihr Andenken, eine Art platonischer Witwenschaft, erträumt hatte . . .

[1] Frau von François Seghers.

vielleicht rede ich es mir nur ein! Herminie sagt Liszt; die andere sagt Herr Liszt. Das zeigt Ihnen den Unterschied der beiden Geister.

Ich bereite den Boden, damit Sie, falls Fräulein C. Placid nicht kommt, Sie mit ihr (Fräulein Delarue) von Ihren Kindern sprechen können. Sie findet Cosima reizend und Mouche sehr schön. Sie steht übrigens bezüglich Ihrer Mutter ganz auf meinem Standpunkt. Gestern abend Herr Bulwer, wieder Herr Bulwer, immer Herr Bulwer! Er scheint sich sehr gut mit mir zu amüsieren.

Freitag, 29.

Ihre Mutter bringt mir Ihren Brief. Die Schrift ist erregt. Es geht Ihnen nicht gut! Sie magern ab. Ist es denn vollkommen unmöglich, daß Sie Ihr Leben ein wenig ruhiger gestalten?

Das Kapitel Dessauer ist sehr belustigend. Sagen Sie mir immer die Höhe Ihrer Einnahmen.

Meine Gesundheit ist, wie Sie bereits wissen, wieder in Ordnung. Koreff verspricht, daß ich zunehmen werde. George schreibt mir eben zwei Worte mit: Meine liebe Marie, um mich zu bitten, daß ich morgen wegen ihres Rheumatismus zu ihr kommen möchte. Man wird ihr soufliert haben, daß es ziemlicher und würdiger sei, nicht zu mir zu kommen.

Ich habe eben sehr freundschaftlich geantwortet. Sobald ich eingerichtet bin, werde ich Ortigue, Janin usw.... sehen. Ich werde den Leuten einige Diners und Soupers geben müssen. Ich hoffe, nicht ganz unnütz für Sie zu sein. Ich habe einen granitnen Aplomb und eine unbeschreibliche Liebenswürdigkeit, wenn ich will, nun, ich werde wollen, mit allem, was einen Gänse-, einen Schwanen- oder einen Rabenkiel führt.

Aber Sie sind krank? Vielleicht mehr als Sie sagen! Sie bitten, daß ich Ihnen mein ganzes Herz ausschütte, mein ganzes Leben schildere! Mein Leben ist diese kleine, unmerkliche Spinnenarbeit; mein Herz?... ein Satz Ihrer Briefe, die Erinnerung an ein vor sechs Jahren ausgesprochenes Wort, die Beschäftigung mit dem Tag und der Stunde, wo ich Sie wiedertreffen werde. *Tief verwundet.*

Um 3 Uhr bin ich zu George gegangen. „Sie sehen wenigstens, daß mir an Ihnen etwas liegt", sage ich ihr beim Eintreten! „Vor einem Monat hätten wir uns sehen sollen!" Sie ergreift das Wort, um mir mein Unrecht vorzuhalten...

Das Ergebnis dieser Unterhaltung scheint mir günstig; es werden damit, hoffe ich, die Klatschereien ein Ende haben. Beim Abschied habe ich sie auf die Stirn geküßt. Sie hat sehr viel Poetisches über ihre Freundschaft für mich gesagt. Sie hat mir zu verstehen gegeben, daß ich mir eine Rolle schaffe, weil ich sie schön fände; daß sie ganz ein Instinktmensch sei; während ich meinen Instinkten nicht genügend folge. Sie schien mir genau dieselbe wie früher zu sein: voller Poesie und Reiz, verlogen wie kein anderer Mensch, weil sie im Augenblick, in dem sie lügt, es kaum merkt, schmeichlerisch, ohne ihrer Würde etwas zu vergeben. Im Grunde liegt zwischen uns nie wieder Gutzumachendes; ich glaube, daß sie den Finger auf den richtigen Punkt gelegt hat, als sie sagte, unsere Verbindung sei künstlich, ich hätte meiner Liebe für Sie nachgegeben, meinem Wunsch, Ihnen angenehm zu sein, alle Ihre Gefühle zu teilen, usw., aber ihre Natur sei mir unsympathisch. Auf alle Fälle spielen Sie bei der Sache eine ausgezeichnete Rolle. Ich eine starke und etwas boshafte Rolle; Chopin eine stumpfsinnige Rolle (überzuckerte Auster); Carlotta eine schmähliche und alberne Rolle, und George (in den Augen des kleinen Kreises, der sich damit beschäftigt hat) fügt ein neues Beispiel von Flatterhaftigkeit, Ungerechtigkeit usw. zu den übrigen Beispielen hinzu, die man sich aus ihrem Leben erzählt.

Sonntag morgen
Gestern abend Herr von Freyzinet. Ein sehr liebenswürdiger Mann, Legitimist, weil man ein Genie sein muß, um sich einen Meinungswechsel erlauben zu dürfen, der sich für die Herzogin von B... geschlagen hat, weil sie eine reizende Frau ist und weil das eine ebenso gute Beschäftigung ist wie jede

andere. Er ist oft mit dem Abbé und Sainte-Beuve zusammen. Er sagt mir die größten Schmeicheleien. Im allgemeinen liegt das in der Luft; man hat mir nie so oft gesagt, daß ich reizend sei! Und Sie? Sagen Sie es noch manchmal? Es gibt eine Stunde in den vierundzwanzig Stunden, wo dieses Wort unvergeßlich ist.

Ich fürchte, daß Sie eine große Verspätung in der Notensendung bemerken werden. Das ist Puzzis Schuld. Er ist in die Frau eines Arztes verliebt (die Eltern seines Fräuleins haben ihn verabschiedet!), und ich glaube, er studiert die Gefahr, das Seelische so zu entwickeln, daß es zum physischen in keinem Verhältnis mehr steht. Morgen soll mir Duban[1] die Zeichnung meiner beiden kleinen Salons bringen. Soll ich sie Ihnen schicken? oder wollen Sie sich lieber überraschen lassen?

Woher kommt es, daß ich mich fest wie ein Fels fühle, wenn ich an Sie denke? Ich fühle in Ihnen einen unerschütterlichen Halt, ein Lebensprinzip, das nichts ändern kann. Eine tiefe Verachtung und Gleichgültigkeit gegen alles, das nicht Sie ist, läßt mich ohne Zögern durch alle Sorgen, alle Dornen hindurchschreiten. Versuchen Sie, wenn es möglich ist, mir keinen Kummer zu machen; mitunter glaube ich, daß ich das um Sie verdiene, denn ich habe Ihnen mich und mein Leben völlig hingegeben.

Montag abend, 2. Dezember

Ich habe eine sehr schlechte Nacht verbracht. Schreckliche Alpdrücke, der Gedanke, Sie seien sehr krank ... ich weiß nicht, welch andere traurige Einbildungen, ich bin besorgt, sehr besorgt. Ihr letzter Brief war aufgeregt; diese Ankündigung, daß Sie mir mehrere Tage nicht schreiben würden! Franz, um des Himmels willen, geben Sie auf sich acht!

Ich habe eben eine Nadel für Sie gekauft (eine Eule!), die vielleicht nicht nach Ihrem Geschmack sein wird, aber wenn Sie erfahren, daß ich sie zwei Tage getragen habe, wird es Ihnen vielleicht etwas Spaß machen, sie anzulegen. Ich werde sie Ihnen mit den Noten schicken. Puzzi kommt nicht, er ist

[1] Berühmter Architekt (1797–1870).

unerträglich. Bocage[1] geht eben fort, immer sehr bewegt, sehr diskret, in der Furcht, daß ich keinen Histrionen empfangen wolle. Er bittet mich, eine Zeit mit ihm zu verabreden, um zu plaudern. Ich habe heute morgen das Fell eines Königstigers gekauft. Ich habe eine Fülle materieller und egoistischer Genüsse, die in mich beschämender Weise meine stets wachsende Loslösung von den Menschen bewirken. Ich war bei Carlotta wegen ihres Möbels. Sie hat mich mit unbeschreiblicher Zärtlichkeit empfangen. Sie ladet mich so dringlich zum Diner ein, daß ich nicht weiß, wie ich es abschlagen soll.

Sainte-Beuve. Er erzählt mir in allen Einzelheiten den Plan seines Romans (über den Ehrgeiz), macht sich über einen Artikel lustig, den er eben über die Schäfchen der Frau Deshoulières[2] geschrieben hat, spricht von Georges Artikel, der eben erschienen ist, über Mickiewicz, Goethe und Byron. Ein sehr beredter Artikel; voll gesunder und tiefer Kritik. Geistvolle Schilderung der Ähnlichkeit oder vielmehr des Gegensatzes zwischen Byron und Lamartine unter dem Gesichtspunkt des Glaubens. Byron sehr viel gläubiger. Manfred größer als Faust durch das Streben zu Gott. Kindlicher Zorn gegen den Katholizismus, den Klassizismus und ich weiß nicht was noch. Wir sprechen über meine Berichte für den Abbé G . . .[3] Er ist begeistert, daß ich ihn sein „plötzlich" habe wegstreichen lassen. Heute morgen wurde Lerminier[4] durch seine Studenten vom Katheder vertrieben! Die Polizei kommt etwas später.

Ihr Brief kommt an! Mein Gott, was für eine Krankheit! Ach, ich beschwöre Sie auf Knien, es darf nicht mehr gezögert werden. Verzichten Sie für einige Wochen auf Kaffee, Tabak und Wein. Tun Sie es für mich. Wenn es Ihnen auch albern, zwecklos erscheint, Franz, ich bitte Sie inständiger darum, als ich jemals um etwas gebeten habe.

[1] Berühmter Schauspieler (1797–1863).
[2] Sie hat Tragödien und Gedichte hinterlassen, deren berühmtestes l'Idylle des Moutons war (1638–94).
[3] Abbé Gerbet.
[4] Professor der vergleichenden Rechtswissenschaft.

Alles, was Sie mir über meinen Bruder, über die Gesellschaft usw. sagen, ist ausgezeichnet. Ich fühlte so und werde so handeln. Ihre Antwort an Frau Eskeles ist ein Wunder an Takt und Schicklichkeit.

Meiner Gesundheit geht es gut. Koreff hat nichts dazu getan, aber andere.

Wie gut Sie sind, daß Sie mir diesen langen Brief geschrieben haben, obgleich Sie krank waren. Franz, Franz! wie liebe ich Sie! Aber um Gottes willen, bringen Sie mir das vorübergehende Opfer Ihrer schrecklichen Lebensweise.

————

Sonntag abend, 6. Dezember. Tagebuch

Ich habe eben einen langen Brief an Sie zur Post gebracht, und es ist mir unmöglich, nicht sofort wieder anzufangen Ihnen zu schreiben! Ich bin so betrübt, so unglücklich, daß ich nicht da war, um Sie zu pflegen. Was soll ich denn auf dieser Welt ohne Sie und diese armen Kinder? Meine Herzenseinsamkeit ist vollkommen. Ich kann nicht einmal mit Ihrer Mutter von den Kindern und von Ihnen sprechen. Seit zwei Jahren hat sie vollständig verloren, was Ihre Gegenwart ihr wahrscheinlich an Vornehmheit und Verstand gegeben hat, sie ist in einer Kleinlichkeit des Denkens befangen, deren Ausdruck mir sehr unangenehm ist; ich sage Ihnen das, weil ich von meinen Angehörigen mit so wenig Schonung spreche, daß ich glaube, dasselbe Recht bei ihr zu haben. Vielleicht kränke ich Sie damit? Für diesen Fall verzeihen Sie mir, ich werde Ihnen dann nur noch davon sprechen, wenn es sich darum handeln wird, ernsthaft für die Erziehung der Mouches zu sorgen, und wenn Sie sich selber ein Urteil darüber gebildet haben werden, wie wenig es sich für Sie schickt, sie in dieser vulgären Atmosphäre sich entwickeln zu lassen.

Sainte-Beuve hat eine bezaubernde Novelle in der Revue des Deux-Mondes vom 15. November geschrieben[1]. Lesen Sie sie. Sie ist ganz kurz, ein wenig anspruchsvoll in der Form, aber sehr wahr und sehr erlesen.

[1] „Christel."

Der Vicomte von Freycinet ist ein sehr liebenswürdiger Mann, ich glaube, ich werde ihn häufig sehen. Mit Sainte-Beuve, Sue, Potocki[1] und Bulwer ist das ein Grundstock reizender Causeure. Sie schrieben mir neulich: „Als ich Ihren Brief wiederlas". Sie lesen also meine Briefe wieder! Es gibt tausend Dinge bei Ihnen, die mich so überraschen und mir tagelang eine unsägliche Freude bereiten.

Donnerstag abend

Eine lange Unterbrechung! Ich kann weder schreiben noch denken ... im Augenblick, wo ich das tue, ist er vielleicht tot! Das ist mein einziger Gedanke. Bei allen Leuten, die in mein Zimmer kommen, entdecke ich eine Trauermiene!... Und nun schon der dritte Tag ohne Nachrichten! Wenn Sie wüßten, wie schrecklich ich diese beiden Abende verbracht habe (Sterbetag von Louise), hätten Sie tiefes Mitleid mit mir. Ach Wien! Wien! wie verhaßt ist mir diese verwünschte Stadt ... ich habe keinen Freund, mit dem ich von Ihnen sprechen möchte, das heißt, daß ich keinen habe bis auf Sainte-Beuve, der hier war ohne mich sprechen zu können und der mir einige sehr rührende Worte geschrieben hat.

Ich lese noch einmal Ihren letzten Brief; er scheint mir weniger beunruhigend; ich lege jedes seiner Worte auf die Waagschale ... morgen bekomme ich wahrscheinlich gute Nachrichten. Ich möchte mit Ihnen plaudern und kann es nicht. Ich sitze ganze Stunden da, den Kopf in meinen Händen vergraben, und lausche dem Wind, der die entblätterten Bäume schüttelt. Das Holz, das in meinem Kamin brennt, scheint mir schwarz und die Flamme düster ... Mir fällt ein, daß ich Ihnen eben eine Eule geschickt habe und daß die Eule der Totenvogel ist. Angstgefühle, Herzbeklemmung ... dann finde ich, daß Sie mir nicht genügend gesagt haben, was ich tun solle, wenn Sie sterben sollten ... Und dann fühle ich wilden Haß gegen alle, die Sie nicht geliebt haben!

[1] Bernard Potocki, Sohn von Alexander Potocki, Polizeiminister des Herzogtums Warschau. Er hat einige Schriften hinterlassen und ist im Jahre 1872 in Berlin gestorben.

*Herder war von Natur weich und zart; sein Streben mächtig und groß*, sagt Goethe von Herder. Sind Sie das nicht, *und das mächtige Streben, wird es nicht die Natur zerstören?*

## LISZT AN GRÄFIN D'AGOULT

Wien, 9. Dezember 1839

Liebe Geliebte, ich bin traurig und niedergedrückt, vielleicht ist es ein letzter Rest meiner Krankheit, aber mein Leben ist so leer, so sehr aller wahren, tiefen, inneren Freuden bar ... Zuweilen versetze ich mich in jene Dezembertage zurück, die wir in Como verbracht haben, dann in Florenz, und ich kann die Erinnerung daran fast nicht ertragen, so intensiv und eindringlich ist sie!

Das ist etwas Verrücktes, nicht wahr, aber es ist so. Ich rechne nicht mit einer derartigen Wirkung in Paris, aber ich bin überzeugt, daß ich dort allergrößte Wirkung ausüben werde. Ich fange an wunderbar zu spielen. Ich wünschte zuweilen, daß Sie mich hören könnten. Es würde Ihnen dasselbe Vergnügen bereiten, das ich empfinde, wenn Sie ein hübsches Kleid anziehen.

Leben Sie wohl, liebe Geliebte, bewahren Sie mir Ihre Liebe. Der Ihre allein.

F. L.

Finden Sie übrigens meinen Namen auf ungarisch hübsch, Ferenz. Welch Kinderei, aber ich bin ganz glücklich, wenn ich Ihnen selbst so unbedeutende Zeilen wie diese schreibe.

Wien, Sonntag, 15. Dezember 1839

Liebe Geliebte!

Ich kann Ihnen unmöglich schreiben, wie ich möchte. Ich arbeite wie ein Elender für Haslinger und Diabelli, die alle beide ungarische Melodien, wie ich sie zu schreiben verstehe, veröffentlichen werden. Es sind einige zwanzig Seiten zu schreiben und ebensoviel für den Druck vorzubereiten. Das muß vor meiner Abreise nach Ungarn, die auf Dienstag (übermorgen) festgesetzt ist, gemacht werden. Ich werde Ihnen bei meiner Ankunft in Preßburg schreiben.

Meine Gesundheit bessert sich, ich habe alle meine Energie zurückgewonnen.

Gestern war mein sechstes Konzert. Einnahme und Erfolg unglaublich. Bereits um 11 Uhr vormittags war die Hälfte des Saales erstürmt. Ich habe das Beethovensche Trio mit Mayseeder[1] und Merk[2] gespielt.

Während des Andante (entsinnen Sie sich?) habe ich nur an Sie gedacht.

Ich muß Ihnen doch noch sagen, wie sehr ich Ihr Verhalten gegen Frau Sand bewundere. Man kann unmöglich mehr Takt, mehr Haltung, mehr Stolz haben ... kurz, es ist entzückend. Alles, was Sie mir darüber geschrieben haben, hat mich lebhaft interessiert. Jedes Wort, jede Zeile saß. Ausgezeichnet!

Auf bald, liebe Geliebte, bedauern Sie mich, daß ich mich abrackern muß. Adressieren Sie immer an Haslinger.

---

### GRÄFIN D'AGOULT AN LISZT

16. Dezember (nach Wien)

In Wien, armer Geliebter, werden Sie sicherlich niemals gesund werden. Ich kenne diese Ahnungen eines Kranken zu gut! aber Sie werden noch weniger gesund werden, wenn Sie in noch größere Kälte und zu noch größeren Strapazen kommen. Sie sagen, daß Sie in Wien bleiben müssen; was heißt dieses Müssen? Wollen Sie Ihre Gesundheit wegen einiger tausend Franken aufs Spiel setzen? Kommen Sie langsam nach Paris zurück. Wenn Sie sich in München aufhalten und dort Konzerte geben wollen, werde ich sofort dorthin kommen (in der Post mit Annette). Sie wissen ja, daß ich Ruhe und Abgeklärtheit bedeute. Dann werden wir hierher zurückkehren. Sie sollten im Februar hier sein, so werden Sie aber im Januar hier sein. Das ist der ganze Unterschied. Franz! Franz! versteifen Sie sich nicht, worauf? darauf, sich langsam zu töten!

[1] Wiener Violinist (1789–1869).
[2] Wiener Cellist (1795–1852).

Um des Himmels willen hören Sie auf mich, ich habe so sichere Instinkte für Sie! Schreiben Sie mir sofort: ich reise nach München, und dann fahre ich meinerseits ab. Dann kommen wir zusammen zurück.

Sie wissen wohl, daß Ihre Gegenwart sehr nötig wäre.

Kommen Sie, kommen Sie, sobald Sie kräftig genug sind, nur bis München.

----

### LISZT AN GRÄFIN D'AGOULT

Wien, Dienstag, den 17. Dezember
4 Uhr

In zwei Stunden reise ich mit dem Grafen Festetics nach Preßburg ab. Ich schreibe Ihnen nur zwei Zeilen, denn ich muß bis zu dem Augenblick, wo ich in den Wagen steige, für Haslinger und Diabelli arbeiten, die stündlich zu mir schicken.

Heute morgen habe ich zwei Worte von Ihnen erhalten. Sie haben mich tief gerührt. Sie können ganz unbesorgt über meine Gesundheit sein. Es geht mir vollkommen gut, und ich schone mich sehr mit Rücksicht auf Sie. Ich trinke nur nach dem Diner schwarzen Kaffee, und was den Wein betrifft, so halte ich mich nur an Bordeaux. Zum Rauchen ist mir die Lust vergangen.

Zwei Worte bezüglich der Zeitungen. Lassen Sie nichts mehr über mich in der Gazette oder anderswo bringen. So schwer Ihnen meine Stellung in Paris erscheinen mag, Sie werden sehen, daß sie in weniger als fünf Wochen sauber, klar und ganz und gar überlegen sein wird. Ich werde übrigens Ihre Ratschläge befolgen, weil ich überzeugt davon bin, daß wir in allen Punkten derselben Ansicht sein werden.

Ich will auf eine etwas harte Zeile Ihres Briefes antworten, aber alles übrige ist so gut, so zart, so wahrhaft liebevoll. Ich schäme mich meiner Trockenheit und Mittelmäßigkeit, und doch liebe ich Sie sehr und ausschließlich.

Nochmals bravo, bravissimo für alles, was Sie in Sachen des Viermächtebündnisses gesagt und geschrieben haben.

Bulwer, Potocki und Sue scheinen mir das Richtige für Sie

zu sein. Pflegen Sie diesen Verkehr, und schreiben Sie mir weiter alle persönlichen Einzelheiten. Wollen Sie übrigens 1000 Franken für Frau Valmore? oder auf alle Fälle 500 Franken? Aber 1000 Franken wären besser.

Das Komitee[1] hat mir einen wunderbaren Brief geschrieben, von dem ich Ihnen eine Abschrift schicke. Sie haben bereits 40000 Franken, so daß nur noch 20000 hinzukommen müssen, die sich leicht finden werden.

Ich werde Ihnen von Preßburg aus schreiben. Für heute einen langen Kuß auf Ihre Engelsstirn und tausend zärtliche Liebkosungen für unsere Mouches.

Leben Sie wohl, leben Sie wohl ...

---

Preßburg, Donnerstag, 19. Dezember 1839
9 Uhr morgens

O du mein wildes und fernes Vaterland! O meine Freunde, Amen!

Gestern, 5 Uhr morgens, in Preßburg angelangt. Heute vormittag 12 Uhr mein erstes Konzert. Gestern Diner beim Grafen Batthyanyi (dem Haupt der gegenwärtigen Opposition in Ungarn), dort Szécheni gesehen, der zu mir von vollendeter Liebenswürdigkeit war. Er hat in der Angelegenheit der Pester Brücke fast seine ganze Popularität eingebüßt, aber er ist ein sehr hervorragender Mann. Große Abendgesellschaft beim Gouverneur von Fiume, Herrn Kiß, wo alle Welt war und wo ich als Löwe auftrat. Obgleich das Publikum von Preßburg einen abscheulichen Ruf von Kälte hat, ist alle Welt überzeugt, daß es sogar Begeisterung geben wird. Ein reizendes Detail, der Palatin hat eine große Sitzung, die heute stattfinden sollte, aufgeschoben, denn der überwiegende Teil der Magnaten würde sonst dem Konzert den Vorzug vor der Sitzung gegeben haben. Nach dem Konzert werde ich meinem Brief ein paar Worte hinzufügen, aber ich muß Ihnen zunächst von einer Sache erzählen, die mich ziemlich lockt.

---

[1] Vom Beethovendenkmal. Es ist bekannt, daß Liszt ihnen angeboten hatte, die für die Errichtung dieses Denkmals notwendige Summe zu ergänzen, unter der Bedingung, daß Bartolini das Denkmal anfertige.

Wahrscheinlich werde ich in einem Monat oder vielleicht noch früher vom ungarischen Landtag geadelt werden. Da es eine nationale Angelegenheit ist, die ich weder gesucht noch erbeten noch auf irgendeine Weise begehrt habe, gestehe ich, daß ich mich darüber freuen werde. Ich wollte Ihnen nicht davon erzählen, bis es geschehen war. Aber nun zeigt sich eine kleine Schwierigkeit, die gar keine ist. Wenn man mir den Adelsbrief verleiht, muß man mir auch ein Wappen geben. Nun möchte ich gern, daß Sie ein Wappen für mich finden. Bisher hat Festetics nur die Eule annehmbar gefunden, denn die Lyra, die Harfe und die Papierrolle wären albern, aber zu der Eule müßte noch etwas hinzukommen, und zwar irgend etwas Charakteristisches.

Versuchen Sie, das zu finden, und schreiben Sie es mir sofort.

Adressieren Sie Ihren nächsten Brief nach Pest, bei dem Grafen Leo Festetics. Es kann sein, daß alles nur eine Illusion von acht Tagen sein wird, indessen ist stark davon die Rede, und Ungarn hat in dieser Hinsicht besondere Vorrechte.

Auf alle Fälle wird, selbst wenn der Antrag nicht durchgeht, eine beträchtliche und intelligente Minderheit für mich sein, und meine Freunde können sich selbst einer Niederlage getrost aussetzen, ohne daß meine kleine Eitelkeit dadurch verletzt würde.

Haben Sie die Reihe der Wiener Zeitungen bekommen, und bekommen Sie sie weiter?

Soll ich Ihnen von Frau Pleyel erzählen? Warum nicht? Bei ihrer Ankunft in Wien hat sie mir umgehend geschrieben, um mich zu fragen, ob ich sie besuchen oder sie bei mir empfangen könnte. Ich konnte damals unmöglich ausgehen. Ich antworte ihr in zwei Worten, um ihr zu sagen, daß, wenn es nicht eine zu große Zumutung wäre, ich entzückt sein würde, sie bei mir zu sehen, zu welcher Stunde auch immer, da der Arzt mir streng verboten hätte, auszugehen. Fünf Minuten später betritt sie mein Zimmer. Ich kann mich einer gewissen Überraschung nicht erwehren, diese unglückliche Frau noch frisch und hübsch vor mir stehen zu sehen. Sie spielte mir verschiedene Sachen vor, unter anderm ganz wunderbar meine

Fantasie aus den Hugenotten. Ich rate ihr dringend, nicht damit zu zögern, sich öffentlich hörenzulassen. Sie ist ganz entgegengesetzter Meinung und will warten.

Wir streiten hin und her, und nach meiner löblichen Angewohnheit komme ich schließlich so weit, ihr beinahe Grobheiten zu sagen, denn ich war innerlich überzeugt, daß es für sie nur ein Mittel zur Rettung gäbe, nämlich sich überhaupt nicht um mich und meine Konzerte zu kümmern, sondern sich offen als eine Künstlerin hinzustellen, die keine Art von Vergleich sucht und keinem aus dem Weg geht.

(Übrigens soll sie in der Tat Thalberg in Sankt Petersburg mattgesetzt haben, der bei seinem dritten und vierten Konzert ein fast vollständiges Fiasko erlebt hat – welch gute Vorbedeutung für mich –, die Pleyel hat allein in Sankt Petersburg 50000 Rubel angelegt.)

Sie verläßt mich mit einer der meinigen vollkommen entgegengesetzten Meinung und sagt, sie wolle warten, bis ich nach Pest abgereist bin, das Publikum würde ihr für diese Art Bescheidenheit Dank wissen, usw.... Am nächsten Tage kommt sie wieder; wir sprechen wiederum über Konzerte. Sie hat ihre Ansicht vollkommen geändert und bittet mich inständig, ihr immer Grobheiten wie am vorigen Abend zu sagen und ihr ganzes äußeres Verhalten während ihres Aufenthalts in Wien zu dirigieren. Das fängt an schwierig zu werden. Es liegt ihr sehr viel daran. Ihr erstes Konzert ist also auf Donnerstag, den 12. Dezember, festgesetzt. Ich empfehle sie an Haslinger, der von ihr entzückt ist; ich gebe ihr einige Winke über die Leute, die man meiden muß, usw....

Einige Tage vor dem Konzert fragt sie mich, ob ich ihr den Arm reichen würde, um sie am Donnerstag vor das Publikum zu führen. Ich sage nein, wegen des Anscheins von Protektion, den ich mir dadurch geben würde, ein Anschein, der mir zutiefst verhaßt ist. Mehr als zwanzig Leute sagen mir, daß ich es tun sollte, daß ihr das nützen würde, usw.... Ich bleibe bei meiner Weigerung. Aber wie der Tag gekommen ist, läßt die Pleyel mich eine Viertelstunde vor dem Konzert holen und bittet mich von neuem, ihr diese Freude zu machen. Amen; ich stelle sie also dem Publikum vor, und das Publikum klatscht Beifall und ist außer sich über meine Ritterlichkeit, meine ausgezeichneten Manieren (ich trug einen reizenden Vormittagsanzug mit goldenen Knöpfen, Lackschuhe und eine unvergleichliche Weste!).

Sie hatte einen großen Erfolg, obgleich die Wahl ihrer Stücke im allgemeinen zu streng gefunden wurde. Sie hat das Konzert von Hummel gespielt, eine Fantasie von Döhler und das Konzertstück, das wiederholt werden mußte. Aber ganz ehrlich und ohne jede Selbstgefälligkeit, kein Pianist der Welt könnte in diesem Augenblick in Wien spielen, und nur ich allein konnte der Pleyel einen dreiviertel Erfolg verschaffen. Vergangenen Dienstag hat sie ihr zweites Konzert gegeben, mein Name stand zunächst nicht auf dem Programm, aber die Zahl der bis Sonntag abend verkauften Billette war sehr gering. Um sie aus einer wahrscheinlichen Verlegenheit zu befreien, schlug ich ihr vor, sie im Duo aus Wilhelm Tell von Herz zu begleiten, was den wunderbarsten Erfolg hatte. Über den üblichen Satz auf den Wiener Plakaten *„Aus besonderer Gefälligkeit für die Konzertgeberin hat Herr Liszt seine Mitwirkung zugesagt . . .“* sagte die Pleyel sehr hübsch: Das erinnert an Ludwig XIV: „Wir, von Gottes Gnaden, König von Frankreich, usw. . . . befehlen, daß unsere loyale und getreue Untertanin Lavallière fortan Herzogin von Lavallière sein soll usw. usw. . . .“

Das Publikum ist dermaßen eingenommen für mich und meine Person, daß es in dem Augenblick, wo ich mich zeigte, zu klatschen begann, was höchstens für die Benefiziantin schmeichelhaft war.

Ist es zuviel oder nicht genug, oder habe ich, wie ich glaube, das schickliche und mögliche Maß innegehalten? Ich weiß nicht, was Sie darüber denken werden, aber eins ist gewiß, die Masse des Publikums, ja sogar meine erklärtesten Gegner, haben mein Verhalten sehr geschmackvoll gefunden, und es gab bei dieser Gelegenheit ein crescendo an Sympathie für mich.

---

Preßburg, Donnerstag, 2 Uhr nachmittags
19. Dezember 1839

Mein Konzert ist eben zu Ende. Nicht zu beschreibende Begeisterung. Ich habe die Frequenti palpiti, die Orgie, das Ave Maria (ich spiele es immer Ihretwegen), das Ständchen und den Galopp gespielt. Zum Schluß, als der Beifall nicht aufhörte, habe ich noch ein Ungarisches Lied gespielt (das, welches Sie lieben); ich habe übrigens zwei neue gemacht, die Sie sicherlich auch lieben werden; es wurde vom ersten Takt an mit Eljen!-, Eljen!-Rufen aufgenommen, die mich zu Tränen gerührt haben.

Die Einnahme muß mindestens 3000 Franken netto betragen. Sonntag gebe ich mein zweites Konzert, und Montag morgen reise ich nach Pest. Lassen Sie nichts in die Pariser Zeitungen einsetzen, bis ich Ihnen aus Pest schreibe (mit Ausnahme des Briefes des Komitees, der vielleicht einen guten Eindruck machen wird).

Sagen Sie Schlesinger (den man noch nicht um Geld bitten soll und den ich zu schonen bitte, wenn man ihm auch immer die richtige Tonart beibringen muß), sagen Sie Schlesinger, daß ich ihm in kurzem seine Etüde schicken werde, aber ich habe buchstäblich keine freie Minute. Im Augenblick, wo ich Ihnen schreibe, spazieren vier Personen in meinem Zimmer herum.

Abends komme ich erst gegen Mitternacht nach Hause, aufgerieben von der Anstrengung meines Tages. Trotzdem muß ich arbeiten, und Schlesinger kann auf die Etüde rechnen, um die er mich gebeten hat. Was die Artikel betrifft, unmöglich; Sie kennen den Grund dafür.

Noch ein Auftrag: Fragen Sie Erard ausdrücklich, was ich mit dem Klavier machen soll, das in Mailand ist, ob ich es nach Paris zurückschicken lassen soll und wie usw. ... Offen gesagt, hätte ich es letzthin zwei- oder dreimal verkaufen können (an Hercolani und noch an andere, die ich überredet habe, Erards Klavier zu kaufen), aber es ist nicht mehr gut genug, damit ich es mit gutem Gewissen empfehlen könnte. Erard muß also so freundlich sein, es zurückzunehmen und mich durch Sie wissen zu lassen, ob ich es durch Fracht zurück-schicken soll.

Leben Sie wohl, Liebe und tausendmal Geliebte. Haben Sie keinerlei Sorge wegen meiner Gesundheit, sie ist auf dem besten Wege. Ich habe eine riesige Schachtel homöopathischer Heilmittel mitgebracht für alle möglichen Fälle, mit den notwendigen Anweisungen, aber mit Gottes Hilfe hoffe ich, sie nicht anrühren zu müssen.

Sie können zwei Briefe für mich nach Pest adressieren. Ich werde sicherlich fünfzehn bis achtzehn Tage dort bleiben. Leben Sie wohl, leben Sie wohl.

Ganz ausschließlich der Ihre.

## GRÄFIN D'AGOULT AN LISZT

Freitag, 20. Dezember

Heute morgen schreibe ich Ihnen mit einer kleinen Anstrengung, mein armer, guter, lieber, einziger Ferenz (warum heißt es nicht Florenz?). Ich habe drei Tage mit einem Mords-fieber im Bett zugebracht. Koreff habe ich nicht rufen lassen. Ich habe mich mit Ruhe und Diät geheilt. Jetzt will ich ihn kommen lassen, damit er mich, seinem Versprechen gemäß, für Ihre Rückkehr dicker macht. Alle Einzelheiten, die Sie mir schreiben, interessieren mich lebhaft, auch ich habe tiefe Sehnsucht. Vergangene Nacht dachte ich: wenn doch mein Kopf an seiner Brust ruhen könnte, wenn ich doch meine Hand in seine legen könnte, und ich weinte zum Gotterbarmen. Ich denke nur an diese beiden Monate, die wir im Sommer zusammen verleben werden.

Ihre Erfolge machen mir eine ungeheure Freude. Ich fürchte immer, daß Sie hier den Boden schlecht vorbereitet finden werden. Die vornehme Gesellschaft beschäftigt sich gar nicht oder auf dumme Weise mit Musik oder protegiert Künstler, die durch ihre Ansichten und ihre Sitten interessant sind.

Sie sagen mir übrigens kein Wort vom Denkmal. Was wird daraus? Gewöhnlich antworten Sie überhaupt auf nichts. Ich könnte beinahe glauben, daß Sie keinerlei Nachrichten von

mir erhalten. Trotz Ihres Epithetons „vornehm" finde ich das
Benehmen des Barons Eskeles gegen Sie platt und ungeschickt.
Warum schenkt er Ihnen Zigarren? Rauchen Sie also wieder?
Mein Gott, werden Sie mir denn nicht das Opfer der Zigarre
bringen können? Wird nicht wenigstens einmal Ihr Wille
meinem Wunsch nachgeben? Sie haben doch auf das Gebet
verzichtet und sollten nicht auf die Zigarre verzichten können,
Sie erzählen mir nichts von der Fürstin Mett(ernich). George,
die wußte, daß ich krank war, kam sofort zu mir, ich habe ihr
sehr deutlich gesagt, daß Chopin ein Grobian sei. Daß man
nicht fünf Jahre lang zu einer Frau ginge, um ihr dann plötzlich
nicht einmal mehr einen Besuch zu machen; daß es von einem
andern Gesichtspunkt aus noch betrübender sei; daß Chopin,
in dem Sie so naiv waren, Ihren Freund zu sehen, als er wußte,
daß Sie auf den Tod krank seien und daß nur ich allein in Paris
Nachrichten von Ihnen hatte, nicht hergekommen ist, um sich
nach Ihnen zu erkundigen. Sie hat sich schlecht verteidigt. Sie
hätte nicht gewußt. In Paris sähe man sich nicht. Sie selber
sähe Chopin nur beim Diner. Er lese nie die Gazette Musicale, habe infolgedessen auch nicht gelesen, daß Sie krank
waren. Ronchaud war da. Der Baron von Eckstein hat zwei Tage
hier zugebracht. Er hat mich besucht. Frau von Menthon, die
er leidenschaftlich liebt, ist eben gestorben. Er ist abgefahren,
um sie zu pflegen, und wird zu ihrem Begräbnis gekommen
sein. Ronchaud hat mir ein langes und breites über George
erzählt, ich glaube, daß man Ronchaud Glauben schenken
kann. In diesem Fall wäre mein System, man denke nie schlecht
genug von den Leuten, glänzend gerechtfertigt; sie würde
dann gegen mich von vollendeter Perfidie gewesen sein. Ich
bedaure etwas meinen versöhnlichen Schritt, bis zu Ihrer Rückkehr werde ich keinen entgegengesetzten tun.

Aber vielleicht werden Sie dann wie ich der Meinung sein,
daß wir (Sie und ich) uns schuldig sind, einem Krieg im Dunkeln
mit einem ehrlichen Krieg zu begegnen, ich möchte nicht, daß
diese Frau (fehlt).

Ich habe eben mein Silber bekommen, das entzückend ist.
Sie sagen mir nicht, ob Sie einen Diener genommen haben

oder ob ich Ihnen einen suchen soll. Ich habe eine glücklichere
Hand als Sie. Von meinem bin ich begeistert.

Leben Sie wohl, ich liebe Sie mit aller Kraft meiner Seele,
und ich leide täglich mehr durch diese lange Trennung. Wann
gedenken Sie denn wiederzukommen?

---

Dienstag, 24. Dezember (nach Wien)

Ich erhalte soeben Ihren kleinen Brief (über den Ausgang
des sechsten Konzertes). Er entzückt mich. Ich werde Koreff
heute morgen aufsuchen, ich bin nicht mehr krank, aber ich
fühle ein so merkwürdiges Unbehagen, daß er mir helfen muß
es loszuwerden.

Jeden Tag höre ich von George neue Mesquinerien. Ich
glaube, ich werde von Ihnen einen schönen Donquichottismus
verlangen, ein Glaubensbekenntnis für mich. Heute morgen
hatte ich eine kleine Freude. Sie wissen, daß diese Weiber mich
bei dem Abbé anschwärzen wollten. Ich habe eine günstige
Gelegenheit abgewartet und ihm geschrieben: „Die unüber-
windliche Furcht, Sie zu stören und den Abglanz eines Lebens
voller Verdrießlichkeiten und Sorgen zu Ihnen zu bringen, hat
mich bisher verhindert, Sie zu besuchen. Heute liege ich zu
Bett und höre, daß Sie eine Sammlung veranstalten. So etwas
läßt keinen Aufschub zu. Ich schicke Ihnen mein Scherflein,
indem ich Sie inständig bitte, bei ähnlicher Gelegenheit . . .“,
usw. usw. Er hat mir mit der offensichtlichen Absicht geantwortet, liebenswürdig zu sein, indem er von seiner hinschwin-
denden Gesundheit spricht, von Italien, wo es mir viel besser
gehen müßte, usw. . . .

Mit Bulwer zwei Szenen, davon die eine scena patetica und
die andere quasi una farsa. Er hat viel Geist und vermeidet jede
Vulgarität. Es ist weder von Pistole noch von irgend dergleichen die Rede. Ich sage ihm, ich sei „a funny fellow“; ich
erzähle Ihnen das, sobald ich ohne Anstrengung schreiben
kann.

Potocki hat mir gesagt, daß er mehrmals auf dem Punkte
gewesen sei, Sie zu fordern, und daß er schließlich vermieden

habe, Ihnen zu begegnen, um es nicht dahin kommen lassen zu müssen. Er behauptet, daß Sie immer mit ihm streiten, und zwar in so scharfer, so grober Weise, daß er sich immer fragte: Kann ich dieses Wort durchgehen lassen.

Den Mouches geht es gut.

---

### LISZT AN GRÄFIN D'AGOULT

Pest, 25. Dezember 1839

Ich komme auf das Kapitel Preßburg zurück, um es abzuschließen.

Am Tage nach meinem Konzert, Freitag, habe ich im Theater zum Besten der Armen gespielt. Der Saal war voll, in Preßburg eine fabelhafte Seltenheit. Ich war auf dem Plakat nur für ein einziges Stück angezeigt (erster Teil der Fantasie über die Lucia und der Mariottenwalzer), aber da das Publikum nicht müde wurde, mich hervorzurufen, mußte ich mich wieder ans Klavier setzen. Der Beifall verdoppelt sich, schließlich, als ich die ersten Akkorde des Rakoczymarsches greife (eine in Ungarn sehr beliebte Melodie, die ich auf meine Art gesetzt habe), war nur ein Ruf im ganzen Saal: Eljen! Eljen! Sie können sich keinen Begriff davon machen, aber ungeachtet Ihrer stoischen Gleichgültigkeit in bezug auf Erfolg und Beifall, bin ich überzeugt, daß Sie davon gerührt gewesen wären, denn diese Bevölkerung ist keine Bevölkerung von Brüllaffen wie die von Wien und anderen Städten, es sind robuste Lungen, edelmütige und stolze Herzen ...

Einige Minuten später machte ich einen Besuch in der Loge der Gräfin Batthyanyi (die höchste Blüte der Preßburger Aristokratie). Sobald ich die Tür öffne, fangen die Damen an zu klatschen, und das Publikum macht es diesen Damen nach und klatscht mir bei meinem Eintritt in die Loge zu.

Nach dem Theater wurde ich im Kasino (dei Nobili selbstredend) vorgestellt, wo ich einige 50 Franken beim Whist verliere, was mich an diesem Abend nur leicht ärgerte.

Sonntag mein zweites Konzert im Redoutensaal. Derselbe

Andrang, derselbe Erfolg, beides gleich unerhört in Preßburg, das im allgemeinen für eine außerordentlich kühle und wenig musikliebende Stadt gilt.

In der Zeit zwischen meinen beiden Konzerten mußte ich eine gewisse Anzahl von Besuchen machen, zunächst bei dem Palatin (dem Bruder von Kaiser Franz) und zwei oder drei Persönlichkeiten. Danach habe ich einige (fehlt) wiedergefunden, die ehemals sehr gut zu mir gewesen sind, aber mit denen ich wenig zusammengekommen bin. Den überwiegenden Teil meiner Zeit habe ich im Hotel zugebracht, damit beschäftigt, den zweiten Teil des ungarischen Divertissemento von Schubert zu transkribieren und einige Orchesterstimmen für die Abschrift vorzubereiten, eine Arbeit, die ich noch lange nicht beendet habe.

In Preßburg bekam ich einige Zeilen von Ihnen, in denen Sie mich bitten, daß wir uns in München treffen. Ach Liebe, das wird sich nicht machen lassen. Sie sollen sich nicht von Paris wegrühren, mir nicht einmal sechs Meilen entgegenkommen. Ich werde Ihnen nicht den genauen Tag meiner Ankunft schreiben, damit Sie keine Unvorsichtigkeit begehen. Bedenken Sie, was eine solche Reise in der jetzigen Jahreszeit für Sie wäre. Sie haben nicht mehr meine Kräfte, weit davon entfernt (und ich habe nicht fünf oder sechs Kinder geboren und zwei oder drei tödliche Krankheiten durchgemacht), übrigens ist meine Gesundheit wieder ganz in Ordnung, und Leipzig ist mir ziemlich wichtig. Jeder Mensch sagt mir Schlechtes über das Münchener Publikum und rät mir, den Weg über Prag zu nehmen. Da die Zeit drängt, werde ich also lieber über Prag und Leipzig fahren. Ich fürchte, daß ich mich nicht in anderen Städten werde aufhalten können, so große Lust ich auch hätte, Ihnen noch mehr Geld mitzubringen (übrigens ruiniere ich mich bei Schneidern, ich werde unerhört elegant).

Vielleicht können wir nächsten Herbst bei meiner Rückkehr aus England die Tiroler und Münchener Reise zusammen machen. Dieser Gedanke lockt mich sehr.

Ich komme auf besagten Hammel oder richtiger auf meine

Konzerte zurück. Ich schäme mich wirklich meiner Briefe, es ist in ihnen überhaupt nur von Konzerten, Beifall, Geld die Rede ... Aber bedenken Sie, daß das mein ganzes jetziges Leben ist. Was habe ich auf der Welt? Woran kann ich denken? Dichte Nebel verhüllen mir sowohl den Himmel wie die Erde. Feuchte Kälte dringt durch alle meine Glieder. Und dann bin ich so allein, so von allem entblößt ... Sonne und Wärme werden wiederkehren, hoffe ich. Ich werde Sie wiedersehen, Sie wiederfinden. Sie werden mich wieder an Ihre Brust drücken, und ich werde dessen nicht unwürdig sein. Aber jetzt!

Also, denn ich muß mit Preßburg fertig werden, Sonntag, nach dem Konzert (2 Uhr) frühstücken wir beim Grafen Casimir Esterhazy, einem reizenden Kavalier, dem ich gewissermaßen versprechen mußte, bei meiner Rückkehr aus Preßburg bei ihm zu wohnen (ich werde dort vier oder fünf Tage bleiben und noch ein Konzert geben, bevor ich nach Wien zurückkehre, wo ich höchstwahrscheinlich bis Ende Januar bleiben werde), und gegen 4 Uhr besteigen wir die Wagen (wir waren eine ganze aristokratische Karawane, Casimir Esterhazy, mit dem ich wegen seines ausgezeichneten Coupés zusammenfuhr, Baron Venckheim, zwei Grafen Zychyi und die Festetics, im ganzen vier Wagen) und fuhren nach Pest ab, wo wir ohne Zwischenfall vorgestern gegen 4 Uhr ankamen.

Ich steige bei dem Grafen Leo Festetics ab. Alle Gastwirte sind darüber äußerst verärgert. Einer von ihnen vor allem (vom Gasthof im Palatin von Ungarn) hatte herrliche Vorbereitungen getroffen, um mich zu empfangen.

Gegen $5^1/_2$ höre ich plötzlich Männerstimmen von wunderbarem Klang, man öffnet meine Tür, es waren im Nebenzimmer einige sechzig Personen versammelt, man singt ein Quartett mit Chor, mit einem Text, den ich Ihnen in meinem nächsten Brief schicken werde. Diese Stimmen, diese Ansammlung unbekannter Freunde, diese Feier machte mir Eindruck. Sobald das Quartett zu Ende war, stimmt eine riesige Militärkapelle, die im Hof versammelt war (etwa fünfzig bis sechzig Musiker), kräftig eine ungarische Melodie an, die man mir zugeschrieben hatte und die der Kapellmeister in dieser Annahme in aller Eile orchestriert hatte. Trotz der Kälte gingen wir alle auf den Balkon. Die Ausführung war ausgezeichnet, die Absicht reizend.

Nach der ungarischen Melodie spielte man noch eine ziemlich schlechte Ouvertüre, die mit großer Akkuratesse ausgeführt wurde. Wie ich in den Salon zurückkehre, finde ich dort die Elite der Dilettanten um sieben Pulte versammelt. Sie hatten das Septett von Beethoven gewählt, um mich zu feiern. Darauf stellte mich Festetics allen vor und ließ das Abendbrot in meinem Zimmer servieren, wo nur Casimir Esterhazy, er und ich waren, die übrigen Teilnehmer warteten im Salon, bis wir fertig waren.

Ich kam um vor Müdigkeit, wir waren die ganze Nacht gereist, ich bat also um die Erlaubnis, mich frühzeitig zurückzuziehen.

Mein erstes Konzert (wieder Konzerte!) ist auf nächsten Freitag, übermorgen, festgesetzt und das zweite auf Sonntag. Der Saal ist herrlich.

Ich schicke Ihnen zwei Zeitungen. Ich habe angeordnet, daß, wenn andere Artikel erscheinen, man sie Ihnen direkt zuschickt.

Ich werfe diesen Brief in die Post, aus Angst, die Stunde zu versäumen.

Nur zwei Worte als Antwort auf einen ernsten Punkt Ihres Briefes. Ich glaube, es wäre besser, mit dem Einsetzen des Bakkalaureus zu warten, bis ich in Paris bin. Ich habe ein wenig Angst vor der Girardin-Sippschaft, die vielleicht dieses Mal wohlwollend gegen mich sein wird, der ich aber keinen Schritt entgegenkommen kann noch will.

Im übrigen überlasse ich das alles Ihrem Takt und Ihrer unfehlbaren Umsicht – was Sie tun, wird wohlgetan sein. Was ich Ihnen sage, ist nur eine Meinung aus einer Entfernung von einigen hundert Meilen.

Nochmals, es soll nichts in die Zeitungen über mich eingerückt werden, bis auf die Antwort des Komitees und ein wenig später wahrscheinlich mein Adelsbrief (ich werde Ihnen in meinem nächsten Brief sagen, wie darüber von den Preßburger Magnaten entschieden worden ist; es fehlt nur noch die Zustimmung des Kaisers, die wahrscheinlich ist).

Leben Sie wohl, liebe Geliebte, die Zeit vergeht, mir tut ein Backzahn schrecklich weh, den ich mir ziehen lassen werde.

Ich warte mit Ungeduld auf die Eule. Es wird ganz gewiß reizend sein.

Leben Sie wohl, leben Sie wohl. Einzig der Ihre.

———

Pest, 29. Dezember 1839

Wie weit sind wir entfernt, liebe Marie. Ihr Brief vom 12. kommt erst gestern abend, am 28., an. Diese Entfernung lastet mit unüberwindlicher Traurigkeit auf mir.

Ich habe einen Widerwillen gegen mein Klavierspiel. Ich möchte nur für Sie spielen, und ich weiß nicht, warum diese Menge mir lauscht und mich bezahlt.

Ich beantworte sofort zwei oder drei Punkte Ihres Briefes. Ich bin etwas betrübt über das, was Sie mir über meine Mutter sagen, aber ich finde es sehr richtig, daß Sie es mir sagen. Was sollen zwischen uns alberne Rücksichten? Und hatte ich nicht gewissermaßen die Initiative ergriffen, indem ich von Ihrer Familie in schonungslosesten Ausdrücken sprach? Wegen der Kinder werden wir in zwei Monaten versuchen eine Kombination zu finden, die zugleich den Forderungen der Welt (denen Sie nach meiner Meinung in mehreren Punkten nachgeben müssen, ohne dabei Ihre Rolle aufzugeben, die verlangt, daß Sie sie verachten) und den dringlicheren Forderungen Ihres Herzens und Ihres Verstandes Genüge tun. Vielleicht wird es nicht unmöglich sein.

Sie wissen, daß ich bei Gelegenheit erfinderisch bin.

Bis dahin ist nichts anderes zu machen, als sie bei meiner Mutter zu lassen. Es handelt sich außerdem nur um zwei Monate.

Ich kann Ihnen nicht sagen, wie gerührt ich über Ihren Münchener Plan war. Sie wissen, welch innerstes und tiefstes

Glück es für mich wäre, Sie wiederzusehen, und dennoch lehne ich es ein letztes Mal ab, weil ich Ihnen gegenüber sogar das Recht habe, abzulehnen.

Ich sprach vorhin von den Forderungen der Welt, in diesem Punkt müssen Sie ihr vollständig nachgeben. Es ist wichtig, daß Sie sich einige Zeit nicht von Paris wegrühren. Es ist wichtig, daß Sie sich dort einrichten und Ihren alten wie Ihren neuen Freunden eine gewisse Garantie für Ihre Stetigkeit geben. Was Sie der Welt und sich selber schuldig sind, ist das Vorbild einer vollkommenen Hingabe, aber in stolzer und überlegter Haltung. Das allein entspricht Ihrer Natur. Die heftigen Ausfälle, das wahnsinnige Herumrennen und die Opfer a la Piffoël sind nicht Ihr Fall (nicht, daß Sie dazu nicht durchaus fähig wären – ich glaube und weiß, daß Sie zu allem durchaus fähig sind – ausgenommen zu einer Feigheit – wozu Herr Piffoël wiederum sehr fähig ist –, sondern weil Ihnen das nicht steht). Ich habe sicherlich Ihre Stellung nicht immer ganz verstanden und richtig beurteilt, aber ich weiß, daß Sie mir verzeihen, was es in dieser Hinsicht in meiner Vergangenheit Tadelnswertes gab. Außerdem handelte es sich damals vor allem darum, zu zerreißen, zu brechen . . . Sogar die Fehler, die ich begangen habe (wenigstens einige), waren nicht völlig ergebnislos.

Würden Sie nicht diesen Herbst mit mir zusammen die Reise nach Tirol machen und Anfang Oktober München sehen wollen?

Davon sprechen wir noch, nicht wahr? Ich weiß nicht, warum dieser Gedanke mich lockt und mir immer wiederkehrt.

Ich bin sehr zufrieden mit dem Grundstock Ihrer Gesellschaft: Sainte-Beuve, Sue (bringen Sie mich ihm, wenn möglich, zart und freundschaftlich in die Erinnerung zurück. Sagen Sie ihm, daß ich, seitdem ich Lackschuhe trage und meine Krawatte binden lasse, etwas weniger eifrig über die Unsterblichkeit der Seele streite. Sagen Sie ihm auch, was wahr ist, daß Arthur und Deleytar[1] in Wien und bei der ungarischen Aristokratie einen großen Erfolg gehabt haben. Ich würde

[1] Romane von Eugène Sue.

mich sehr freuen, mich, wenn das möglich ist, nach meiner Rückkehr enger mit ihm zu befreunden, vor allem, wenn das, was ich über seine Vermögensschwierigkeiten habe sagen hören, wahr ist), Bulwer, der gut zu Ihnen paßt, und Potocki dito im Superlativ. Ich würde gern Ary Scheffer hinzufügen (Sie können es leicht), Beaumont (den ich nicht kenne, von dem ich mir aber vorstelle, daß er Ihnen gefällt) und Custine, natürlich mit großer Zurückhaltung.

Was die Frau von Didier anlangt, bin ich entschieden der Ansicht, daß Sie nicht mit ihm über sie reden sollten. Schweigen, das gewisse indirekte Spötteleien selbstverständlich nicht hindert, scheint mir entschieden bei solchen Gelegenheiten würdiger zu sein. Bei Puzzi ist es mir nicht sehr recht, daß Sie seinen Arm annehmen.

Adressieren Sie bis zum 25. Januar an Haslinger.

Die Zeitungen schicke ich Ihnen morgen oder später.

Wie sind Sie eigentlich darauf verfallen, daß ich die Partitur der Puritaner brauchte? Es waren die Begleitstimmen zu meiner Fantasie über die Puritaner (die sich in der Kiste aus Mailand befanden, die Sie mitgebracht haben), um die ich gebeten hatte. Aber es macht nichts. Ist Puzzi nicht einer der Mitarbeiter von Batel Publication (sic) der Société des Gens de Lettres? Die Novelle von Sainte-Beuve werde ich lesen, sobald ich mir die Revue verschaffen kann. Sagen Sie übrigens meiner Mutter, daß sie, wenn sie die Allgemeine bekommt, das Abonnement bezahlt.

Ich möchte auch nicht, daß Sie die Grobheit von Chopin zu ernst nehmen. Ich denke, daß ich ihn jetzt schon genug gestraft haben. Sie wissen noch, welch bedauernswerten Einfluß das piffoëllische Gezänke haben kann. Man darf Chopin seine Ungeschicklichkeit nicht zu lange nachtragen. Klüger eals er (obgleich er sehr klug ist und sich vor allen Dingen einbildet, es über alle Maßen zu sein) würden sich darin verlieren.

Berlioz behandelt mich wunderbar in seinem Feuilleton der Débats. Unsere endgültigen Beziehungen werden sich in zwei Monaten entscheiden. Sie werden gut sein, ich bin davon überzeugt.

Entschuldigen Sie mich sehr freundschaftlich bei Massart, daß ich ihm nicht mehr schreibe. Ich weiß wirklich nicht mehr, wo mir der Kopf steht, mit all meinen Geschäften, meinen Briefschulden und meinen Verpflichtungen aller Art.

Noch einige Worte über meinen Aufenthalt in Ungarn. Die Angelegenheit mit meinem Adelsbrief schreitet fort. Mehrere Magnaten haben beschlossen, nach Wien zu reisen, um den Kaiser direkt darum zu bitten, denn seine Einwilligung ist durchaus unerläßlich. Der Plan einer von den Magnaten und den Abgeordneten unterzeichneten Bittschrift (und sie würde unzweifelhaft von einer riesigen Mehrheit, wenn nicht einstimmig, unterzeichnet werden) ist aufgegeben worden. Da der Fall vollkommen neu ist (in einem Land mit einer so aristokratischen Verfassung wie Ungarn können Sie sich wohl denken, daß ein ähnlicher Fall noch nie vorgekommen ist), hat man gefürchtet, daß eine so außerordentliche Demonstration als eine feindselige Handlung erscheinen könnte, besonders bei den gegenwärtigen Verwicklungen. Das ist kein Vorwand, auch keine Ausflucht, sondern die genaue Wahrheit. Man hat also den geradesten und kürzesten Weg vorgezogen. Die Angelegenheit wird wahrscheinlich vor meiner Abreise aus Wien entschieden sein.

Sie haben übrigens aus einem Artikel der Pester Zeitung sehen können, daß, wenn mir viel an einer aristokratischen Abstammung gelegen wäre, ich eine solche leicht für mich beanspruchen könnte. Die amtlichen Urkunden existieren und sind in den Händen eines Ofener Fiskals. Ich werde sie (aus Neugier) dieser Tage einsehen. Der Fiskal ließ mich bitten, zu ihm heranzukommen, um sie mir zu zeigen. Sie hatten also mehr Recht, als wir dachten, als Sie mir scherzend sagten, daß ich unbedingt aus einem sehr guten Hause kommen müsse.

Gestern abend war ich zum erstenmal im Ungarischen Theater. Man gab den Fidelio (auf ungarisch). Bei meinem Eintritt in die Loge fing das ganze Publikum an zu klatschen und Eljen! Eljen! zu rufen. Ich habe auf Königsart dreimal gegrüßt, nicht mehr und nicht weniger. Das alles ist in diesem Land, glaube ich, und überall sonst unerhört.

Heute mittag mein zweites Konzert. Wachsender Andrang und Erfolg. Um 5 Uhr hat die gegenwärtig in Pest anwesende Blüte der ungarischen Aristokratie mir ein herrliches Bankett im Saal des Kasinos gegeben (man hatte etwa zehn Damen dazu eingeladen, Szapary, Zichyi, Festetics, Venckheim usw.). Wir waren bei Tisch mehr als fünfzig Personen. Ein halbes Dutzend Toaste wurden mir zu Ehren auf Ungarisch ausgebracht und sogar auf niemand sonst, außer auf die Damen.

Ich habe mit einem französischen Toast auf das Wohlbefinden, den Fortschritt, die Freiheit „unseres gemeinsamen Vaterlandes" erwidert, der aufgenommen wurde, wie Sie sich denken können.

Nach dem Diner kam irgend jemand der Gedanke, eine Subskription für meine Büste vorzuschlagen. In weniger als zehn Minuten war die Zahl von 1500 Franken erreicht. Der Wunsch der Herren wäre, sie von einem höchst mittelmäßigen ungarischen Künstler anfertigen zu lassen, aber ich werde sie zu überzeugen versuchen, ganz einfach eine Kopie von Bartolinis Büste machen zu lassen. Vielleicht werde ich bei der gleichen Gelegenheit etwas für die Medaille von Bovy tun können, die ich bei meiner Rückkehr von ihm prägen lassen möchte.

Ich weiß nicht, ob diese Einzelheiten Sie amüsieren und Ihnen Freude machen. Mich bestärken sie in der Überzeugung, die ich seit zwei oder drei Jahren habe, daß mir ernste Verpflichtungen auferlegt sind. Die eitle Seite (wenn ich sie noch habe) wird bei mir wenig gekitzelt. Ohne Ziererei kann ich sagen, daß meine Einsamkeit dadurch schwerer und trauriger wird.

Ich brauchte einen Druck Ihrer Hand, damit mir all das angenehm würde.

Leben Sie wohl, liebe Marie, beunruhigen Sie sich nicht mehr über meine Gesundheit, und schreiben Sie mir soviel wie möglich.

Seien Sie so freundlich, und geben Sie mir die genaue Adresse meiner Mutter an.

---

Pest, mitternacht, Dienstag, 6. Januar 1840

Vier Briefe von Ihnen auf einmal auf meinem Tisch! Ich öffne sie voller Glück. Seit mehr als acht Tagen hatte ich keine einzige Zeile von Ihnen.

Alle sind gut, zärtlich, tief rührend.

Die Wundrose muß jetzt geheilt sein (ich bin immer zuversichtlich, das wissen Sie, sogar ein bißchen zu sehr!). Ihr Verhalten George gegenüber gefällt mir außerordentlich. So ist es gut. Sie müssen geduldig und maßvoll sein, und Sie können es, weil Sie stark sind. Ohne die Einzelheiten zu kennen, glaube ich, daß Ronchaud sich irren muß, aber auf vornehme, edle Art. Die Zeit, mit George zu brechen, scheint mir noch nicht gekommen zu sein. Versuchen Sie in dieser Hinsicht nichts Entscheidendes zu tun bis ich zurück bin, ich bitte Sie darum. – Wenn es sein kann, übersehen Sie freiwillig vieles, und verzeihen Sie anderes. Bisher geht alles wunderbar. Verderben Sie nicht durch eine Viertelstunde Aufbrausen zwei Monate Geduld und Geschicklichkeit. Wenn Sie mit ihr brechen, muß es mit einem ins Auge fallenden Sieg auf Ihrer Seite sein. Dazu darf man die Gelegenheit nicht überstürzen.

Ihre Beziehungen zu Bulwer ... werden Sie wahrscheinlich aufrechterhalten. Das wird ein kleines Kunststück werden. Aber ich traue es Ihnen zu. Sie sagen mir nicht, ob er irgendein Werk schreibt, ob Sie ihn talentvoll finden ... über den Ausspruch: „Sein Äußeres ist zu radikal englisch" mußte ich sehr lachen.

Ich bin untröstlich, daß ich Potocki so mißfallen habe, von dem ich, wie Sie wissen, immer alles erdenkliche Gute gedacht und gesagt habe. Ich hoffe, daß ich ihm jetzt mehr zusagen werde; ich wünschte es wenigstens. Ich werde ihm mit Vorsicht alle möglichen Avancen machen.

Ronchauds Freund, Cornet, ist auf dem Wege zu Frau Marie Potocka durch Wien gekommen. Er hat mich besucht. Verzeihen Sie die Weitschweifigkeit meiner Briefe, heute stehe ich noch unter dem Eindruck des Vorwurfs, den Sie mir schon mehrmals gemacht haben, daß ich niemals auf das antworte, was Sie mir sagen, usw. . . . . Also fahre ich fort, noch wirrer, noch weitschweifiger.

Die Fürstin Mett(ernich) ist in Trauer um ihren Vater. Da sie abreist, geht sie nicht mehr in Gesellschaft und empfängt nicht mehr. Ich habe sie nicht gesehen, aber der Fürst hat mich hoffen lassen, daß ich bei meiner Rückkehr Ihrer Durchlaucht meine Aufwartung werde machen dürfen. Sie haßt mich immer noch herzlich und sagt es recht gern, jedoch machen meine kolossalen Erfolge in Wien und die ablehnende, aber ehrfurchtsvolle und höfliche Haltung, die ich bisher beobachte, eine Annäherung möglich. Es kommt auf die Gelegenheit an. Das nächste Mal, wenn ich sie sehe, werde ich reizend zu ihr sein. Es könnte sein, daß sie subito ihre Meinung über mich ändert, was mir, offen gesagt, nicht unangenehm wäre, worum ich mich aber auf keinen Fall bemühen kann.

Ich habe Ihnen noch nicht von einem herrlichen Tag erzählt. Dieses Wort ist nicht übertrieben. Ich werde niemandem darüber schreiben, und selbst Ihnen nur sehr schlecht, denn so etwas läßt sich nicht schreiben. Am 4. Januar habe ich im Ungarischen Theater das Andante aus Lucia und den Galopp gespielt, und da der Beifall nicht aufhörte, den Rakoczymarsch (eine Art aristokratischer ungarischer Marseillaise). Im Augenblick, wo ich hinter die Kulisse zurücktreten wollte, erscheinen Graf Leo Festetics, Baron Banfy, Graf Teleky (lauter Magnaten), Eckstein, Agusz[1] und ein sechster, dessen Name ich nicht weiß, alle in großem ungarischen Kostüm. Festetics mit einem prachtvollen, mit Türkisen, Rubinen usw. geschmückten Säbel in der Hand (der einen Wert von achtzig bis hundert Louis hat). Er richtet eine kleine ungarische Ansprache an mich, vor dem ganzen Publikum, das frenetisch Beifall klatscht, und schnallt mir im Namen der Nation den Säbel um. Ich lasse durch Augusz um die Erlaubnis bitten, französisch zum Publikum zu sprechen. Ich halte mit ernster und fester Stimme die Rede, die ich Ihnen morgen gedruckt schicken werde. Sie wird mehrmals durch Beifall unterbrochen.

[1] Baron Anton Augusz. Sein Briefwechsel mit Liszt wurde im Jahre 1911 in Pest veröffentlicht.

Danach geht Augusz vor und liest dieselbe Rede auf ungarisch vor.

Sie können sich keinen Begriff von dem Ernst und der feierlichen und tiefen Ergriffenheit dieser Szene machen, die überall sonst lächerlich gewesen wäre und es vielleicht sogar hier hätte werden können, wenigstens für eine gewisse übelwollende Minderheit, die sich überall einfindet, ohne den Aplomb und jenes gewisse Etwas, das ich hineingelegt habe und das die andern angefeuert und gestützt hat.

Es war herrlich. Es war einzig. Aber das ist noch nicht alles. Nach der Vorstellung besteigen wir den Wagen. Und da versperrt eine ungeheure Menge den Platz, und zweihundert junge Leute mit brennenden Fackeln, an ihrer Spitze Militärmusik, rufen: Eljen! Eljen! Eljen!

Und beachten Sie den wunderbaren Takt. Kaum waren wir etwa fünfzig Schritte gefahren, so stürzen einige zwanzig junge Leute herbei, um unsere Pferde auszuspannen. Nein, nein, riefen die andern, das hat man für erbärmliche Tänzerinnen, für die Elßler gemacht, diesen muß man anders feiern! Ist es nicht großartig!

Das Haus von Festetics, das ich bewohne, liegt sehr weit vom Ungarischen Theater. Als wir etwa ein Drittel des Weges zurückgelegt hatten, sagte ich zu Festetics: „Ich halte es nicht mehr aus, wir wollen aussteigen, wir wollen nicht die Aristokraten in Ihrem Wagen spielen." Ich öffne die Tür, da steigern sich die Rufe, die seit zehn Minuten nicht aufgehört hatten, zu einer Art Raserei. Man stellt sich sofort in Reih und Glied auf, und wir marschieren, Festetics, Augusz und ich (in der Mitte), alle drei im ungarischen Kostüm (meins kostet mich, nebenbei gesagt, tausend Franken und ist nur sehr einfach; es war eine notwendige Ausgabe).

Ich kann Ihnen keinen Begriff von der Begeisterung, der Ehrfurcht, der Liebe dieser ganzen Bevölkerung geben! Um 11 Uhr abends alle Straßen voller Leute. In Pest geht jeder Mensch, und sogar die eleganteste Gesellschaft, vielleicht mit Ausnahme von fünf oder sechs Leuten, um 10 Uhr schlafen.

Die Rufe hörten nicht auf. Es war ein Siegeszug, wie La Fayette und einige Revolutionsmänner ihn erlebt haben.

Bei einer Straßenbiegung bat ich Augusz, der eine große Gewandtheit darin hat, öffentlich zu sprechen (er ist Protonotar eines sehr rührigen Komitees, eine Ansprache an diese jungen Leute zu halten; er hat übrigens diese Aufgabe sehr geschickt erfüllt. Ich hatte ihm als Thema gegeben: „daß ich auf keine Weise den Empfang, den man mir in meinem Vaterland mache, verdient habe noch verdienen könne. Daß ich aber diese mehr als schmeichelhaften Bezeigungen entgegennähme als Ansporn zu neuen Pflichten ...", usw.

Bei den ersten Worten antworteten sie durch das förmlichste, einstimmigste, lärmendste Dementi ... „Doch, doch", riefen alle, „Sie verdienen es; und noch viel mehr."

Ist das nicht wunderbar?

An der Tür meines Hauses blieb die Militärmusik stehen, aber etwa dreißig junge Leute haben mich mit ihren Fackeln bis zum Eingang meiner Wohnung geleitet. Es war gegen ½12 Uhr.

Die Militärmusik hat noch einige Stücke gespielt. Ich wurde zweimal auf den Balkon hinausgerufen. Schließlich hielt Festetics vom Balkon aus eine Ansprache, um sie zu verabschieden. Ich war erschöpft vor Müdigkeit.

Es ist ½2 Uhr morgens, mein Kopf brennt, mein Herz ist voll Traurigkeit und Liebe.

Wo Sie auch sind, was Sie auch tun, was Sie auch träumen, ich gehöre Ihnen, Ihnen allein.

P. S.                                              (Mittwoch morgen)
Nach einer derartigen Kundgebung (an der ohne Übertreibung die Gesellschaft wie die ganze Bevölkerung teilgenommen haben) lag es mir am Herzen, auch meinerseits etwas für die Stadt und das Land zu tun. Ich habe also meinen Aufenthalt in Pest um einige Tage verlängert (ich werde erst Montag abreisen) und für nächsten Samstag ein riesiges Konzert im Ungarischen Theater vorgeschlagen, zum Besten des Pester Konservatoriums, für das die Fonds vom Landtag be-

willigt werden und das in einem Jahr oder achtzehn Monaten fertiggestellt sein wird. Ich werde das Orchester und die Chöre leiten, das heißt alles, und werde obendrein die Große Fantasie von Beethoven mit Chor und das Concerto von Weber spielen und alles, was man wollen wird. Mit einem solchen Publikum kann man nicht handeln. Ich werde Ihnen morgen das Programm dieser Vorstellung schreiben und die berühmte Rede (die Sie vielleicht voller französischer Fehler finden werden, die ich aber wunderbar gesprochen habe).

Schreiben Sie mir auch, ob Sie wollen, daß ich Ihnen weiter die Zeitungen schicke.

An meine Mutter schreibe ich, sobald ich einen Augenblick Zeit habe. Das Hotel des Princes mißfällt mir nicht, aber ich würde gern ein großes Zimmer haben und ein ebensolches Schlafzimmer wie sie. Ich glaube, daß ich einen ungarischen Sekretär mitbringen werde, es ist ein ausgezeichneter Mensch, der mir sehr empfohlen wurde.

Ich meinerseits muß Ihnen sagen, daß Sie mir nicht wegen des Coupés antworten! Sagen Sie mir deutlich ja oder nein. Der Preis beträgt 70 bis 80 Louis.

Leben Sie wohl, Liebe.

Ich bin begeistert von Ihrer Annäherung an Lamartine. Ich wünsche sehr, daß Sie sich mit ihm befreunden, das wird für alle beide gut sein.

_____

GRÄFIN D'AGOULT AN LISZT

Januar 1840, Montag, 8.

Ich erhalte eben Ihren Brief aus Pest. Ich mußte weinen wie ein Schloßhund. Wie sollte ich von solchen Triumphen nicht berührt werden; das ist schön, groß, poetisch, ach, daß ich nicht da bin! immer da! Welch erbärmliche Rolle spiele ich hier! Sie halb verleugnen, meine Kinder fernhalten! ... aber genug davon.

Ich habe auch meinen großen Erfolg. Meine vollkommene Intimität mit Maurice ist wieder hergestellt. Er ist wieder nach Le Mortier abgereist. Er verbrachte alle Tage drei oder vier

Stunden mit mir, hat offen über alles gesprochen, wie früher, und mehr als früher. Er scheint zu wünschen, daß ich nach und nach meine alten Freunde wiedersehe und Frauen. Ich glaube, daß er mir vor Ende des Winters seine Frau zuführen wird. Er hat mir eindringlich von Fézensacs[1] Freundschaft für mich erzählt, und ich mußte versprechen, daß ich ihm zwei Worte schreiben würde, um ihm zu sagen, daß er mich besuchen soll, indem er sagte, daß ich mich bei jeder Gelegenheit an ihn (Fézensac) wie an ihn selber (Maurice) wenden kann. Das alles wird Ihnen Freude machen. Die Welt beschäftigt sich unendlich mit mir. Ich habe glühende Freunde (Potocki ist einer geworden; ich habe ihn einmal zum Weinen gebracht). Ich verstehe mich jetzt wunderbar auf den Charlatanismus.

Versuchen Sie, das Komitee so bald wie möglich in direkte Verbindung mit Ratte zu bringen. Und mischen Sie sich nicht mehr darein, außer um die 20 000 Franken zu geben, wenn er fertig sein wird.

Arpin schreibt mir, daß er stärker wird, daß er mehr ißt als jemals. Meine Büste hat er noch nicht angerührt. Stürler ist angekommen; er war einmal hier, ich war nicht zu Hause. Scheffer, den ich zum Diner eingeladen hatte, hat seine Mutter verloren, er hat mir einen sehr liebenswürdigen Brief geschrieben. Die Gesellschaft scheint mit im statu quo zu sein: die Samstage von Frau von Girardin und Lamartine, über die man sich sehr lustig macht, die 4-Uhr-Empfänge von Frau Récamier usw. . . . George hat eben eine Novelle geschrieben, deren erster Teil reizend, der zweite scheußlich ist.

Rey[2] ist hier, halb in einer neuen Zeitung, die ohne Geld anfangen wird (die Démocratie). Er ist jetzt pedantisch und mutlos. Ich ziele darauf, nach und nach und auf sehr freundliche Weise diesen ganzen literarischen Pöbel zu entfernen. Ich habe Didier nichts gesagt, aber ich lade ihn weder zum Souper noch zum Diner ein.

[1] Wahrscheinlich der Herzog Raymond de Montesquiou Fézensac, General, Pair von Frankreich (1784–1867).

[2] Alexandre Rey, Journalist, Politiker, Volksvertreter im Jahre 1848, geb. 1818.

Ich muß vor Ihrer Rückkehr nach Paris unbedingt zwei oder drei Tage mit Ihnen allein sein. Ich werde Ihnen nie verzeihen, wenn Sie mir das nicht gewähren. Und wenn ich nur bis Fontainebleau oder Versailles fahren sollte, es muß sein!

---

## LISZT AN GRÄFIN D'AGOULT

Pest, 13. Januar 1840

Liebe Geliebte!

Jetzt bin ich am Ende meiner Konzertsorgen in Pest. Gestern morgen (Sonntag) hat mein Abschiedskonzert den Schluß gemacht. Ich werde noch bis morgen bleiben, um mich ein bißchen auszuruhen, und Mittwoch reise ich wieder nach Preßburg ab und halte mich nur vierundzwanzig Stunden in Raab auf. Dort werde ich einmal spielen und Ihnen sehr ausführlich schreiben.

Ein letztes Resümee über meinen Aufenthalt in Pest. Vier Konzerte zu meinen Gunsten (etwa 10000 bis 11000 Franken netto).

Drei Konzerte zugunsten des Musikvereins, des Ungarischen Theaters und des nationalen Konservatoriums, das in einem Jahr, achtzehn Monaten gegründet werden soll (nochmals mindestens 10 bis 12000 Franken netto für diese verschiedenen Anstalten).

Im Augenblick, da ich den Saal betrat, ergriff Festetics meine Hand und führte mich auf den Ehrenplatz. Derselbe Männerchor, der mich bei meiner Ankunft empfangen hatte, hat abermals die Cantate gesungen, deren Text ich Ihnen geschickt habe. Darauf kam eine recht hübsche junge Dame mit einem Lorbeerkranz, den sie mir auf den Kopf setzte. Verzeihen Sie diese Details, sie werden Ihnen sicherlich sehr unbedeutend vorkommen, aber hier hätte Sie das alles wahrscheinlich sehr bewegt.

Ein Konzert zugunsten eines armen Künstlers und eine musikalische Matinee zu Ehren Ihrer Hoheit der Vizekönigin von Ungarn in Budapest in den Salons der Gräfin Keglevich[1].

1 Dame der Pester Gesellschaft, die Briefe über den Aufenthalt Liszts in Ungarn geschrieben hat (1848).

Das sah einem Konzert beim Fürsten Galitzine in Rom ziemlich ähnlich. Außerdem ein riesiges Diner von 40 bis 50 Personen im Kasino; alle Toaste wurden mir zu Ehren ausgebracht. Acht Tage später ein prachtvoller Ball, den die Pester Damen für mich gegeben haben, jede mit einem Strauß Immortellen und Efeu in der Hand (sechzehn Ehrendamen, der ganze Adel, Souper zu zweihundert Gedecken, herrliche Musik und Illumination).

Parade im Ungarischen Theater mit der Volksovation, die ich Ihnen im einzelnen beschrieben habe. Der Säbel wird Ihnen außerordentlich gefallen.

Meinerseits habe ich ziemlich viel Geld ausgegeben.

1. Mein ungarisches Kostüm (1000 Franken);
2. Herrendiner zu zweiundzwanzig Gedecken (600 Franken) im Hotel zum Vizekönig von Ungarn;
3. ein Souper (vorgestern, nach dem Konservatoriumskonzert), zu dem ich die elegantesten und vornehmsten Damen eingeladen habe (Venckheim, Szapary, Zichyi usw.). Es waren ungefähr fünfzehn Damen und einige dreißig Männer. Zwölf der besten Sänger des Ungarischen Theaters, die gekommen waren, um mir ein Ständchen zu bringen, haben Chöre gesungen.

Dieser Abend hat sich bis 2½ Uhr morgens ausgedehnt. Das Souper und die Weine waren vortrefflich und haben mich nur etwa 900 Franken gekostet, Beleuchtung und alles inbegriffen.

Dieser Brief sieht fast wie eine Abrechnung im Wirtschaftsbuch aus. Aber es ist die beste Art, so etwas zu erzählen.

Ich füge hier meine berühmte Rede mit einem langen ungarischen Artikel bei, den Sie sich nach meiner Rückkehr in Paris nach Belieben von meinem Sekretär (ich habe ihn übrigens endgültig engagiert und hoffe, daß Sie damit zufrieden sein werden) übersetzen lassen können. Wenn Ihnen die Rede gefällt, sprechen Sie mit mir darüber, sonst soll davon nicht mehr die Rede sein. Es ist eine Gelegenheitssache, die ich aus dem Herzen und der Seele heraus geschrieben und gesprochen habe.

Den an den Grafen Leo Festetics in Preßburg adressierten

Brief habe ich nicht erhalten. Ich bedaure es doppelt, Sie er-raten, warum. Man wird ihn mir wahrscheinlich in Preßburg geben.

Ich werde mindestens zehn Tage ohne Nachrichten von Ihnen bleiben.

Seien Sie mir also nicht böse, wenn ich Ihre Fragen nicht beantworte. Ich werde hier wegen der außerordentlichen Kälte und auch wegen der Krankheit eines Freundes, Herrn Schobers[1], der die Reise mit mir machen soll, zwei Tage länger zurück-gehalten.

Sie bitten mich um die Erlaubnis zu einer Untreue! Liebe Marie, Sie sagen mir aber keinen Namen, ich vermute, daß es Bulwer ist. Doch kommt es darauf nicht an. Sie kennen meine Art, derartige Ereignisse zu betrachten. Sie wissen, daß mir Tatsachen, Gesten und Handlungen nichts bedeuten. Gefühle, Gedanken, Schattierungen, besonders Schattierun-gen, alles. Ich will und liebe es, daß Sie immer Ihre ganze Frei-heit haben, denn ich bin überzeugt, daß Sie sie immer vor-nehm, behutsam gebrauchen werden, bis zu dem Tage, wo Sie mir sagen werden: Dieser oder jener Mann hat kraftvoller gefühlt, inniger verstanden als Sie, was ich bin und sein kann; bis zu diesem Tage wird von Untreue nicht die Rede sein, und nichts, absolut nichts, wird sich zwischen uns ändern. Dieser Tag aber, erlauben Sie mir, das zu sagen, wird nicht kommen und kann nicht kommen, ich bin davon zuinnerst und zutiefst überzeugt.

Wenn es Ihnen ein Bedürfnis oder ein Vergnügen oder ein-fach eine Zerstreuung ist, mir von Bulwer zu erzählen, so tun Sie es, es wird mir eine schmeichelhafte Freude sein, wenn nicht, werde ich nie mehr ein Wort darüber verlieren.

Truth!

Leben Sie wohl, ganz der Ihre, der Ihre allein.

Adressieren Sie immer an Haslinger; ich werde sicherlich noch drei Konzerte in Wien geben, eins für mich und eins für die Armen.

---

[1] Franz von Schober, Dichter, Schriftsteller, gest. 1883. Er hat Briefe über Liszts Aufenthalt in Ungarn veröffentlicht (1843).

17. Januar 1840 (nach Wien)

Sie bitten mich so sehr, Ihnen zu schreiben, daß ich es tue, obgleich ich nichts Neues zu sagen habe. Ich vergaß Ihnen zu sagen, daß Ihre Mutter in der Rue Pigalle 19b wohnen wird. Versäumen Sie nicht, sie selber davon zu benachrichtigen, daß Sie im Hotel wohnen werden, und geben Sie mir Ihre genauen Anordnungen wegen der Wohnung, des Kammerdieners usw. . . .

Cambys ist aus Rom gekommen und hat mich sofort besucht. Mein Ruf als geistreiche Frau geht crescendo. Koreff sagte mir neulich, daß ich bald einen Kreis haben würde, wie es in Paris keinen zweiten gibt. In einem Jahr halte ich das nicht für ausgeschlossen.

Ich glaube, ich habe Ihnen in einem meiner Briefe vorgeworfen, daß Sie mir nicht genügend antworten; aber ich merke, daß die Briefe viel länger brauchen, als ich dachte, und daß Sie diejenigen noch nicht bekommen hatten, auf welche ich eine Antwort wollte. Ich habe alle Zeitungen bekommen, die mich begeistern, und beide Lithographien. Sie können sich denken, wie mein Purismus, mein Ingrismus, mein Grécizismus sich bei diesem Anblick empören. Es ist wirklich scheußlich, aber Ihre Mutter ist entzückt.

Ihr Adel macht hier großen Eindruck. Ihre Mutter sagt, daß ihr Mann es ihr immer gesagt habe, aber daß sie es *als eine Prahlerei* angesehen habe. Leben Sie wohl, sehr, sehr lieber, geliebter Franz.

———

18. Januar 1840

Die Lithographie von Deveria[1] gleicht Ihnen gar nicht mehr, wenn sie Ihnen überhaupt je geglichen hat, aber ich habe in ihr die drei Jahre unserer Leidenschaft, unserer Traurigkeit, unseres Kampfes wiedergefunden. Ach, wie liebe ich dieses Gesicht! Puzzi ist nicht wieder erschienen; Ihre Mutter hat neue Aufschlüsse hinzugefügt zu denen, die ich über *seine*

---

[1] Französischer Zeichner, Stecher, geb. 1800; hat im Jahre 1832 eine Lithographie von Liszt gemacht.

*Nixnutzigkeit* (sic) (welch schönes Wort) besaß. Ich bitte Sie ernsthaft, Ihre Vormundschaft über ihn nicht wieder zu übernehmen. Sie werden nur nach Ihrem Kopf handeln, das weiß ich wohl, aber ich kann nicht schweigen und es nicht unterlassen, Sie darauf hinzuweisen, daß Sie tausend ernste Unannehmlichkeiten auf sich laden werden (ohne irgendein gutes Ergebnis). Er pfuscht immer herum wie ein . . . Jude. *Ein Jüd bleibt immer ein Jüd*, sagt Ihre Mutter. Sie haben aus meinen vorherigen Briefen gesehen, daß ich dank dem Brief des Abbé und den beruhigenden Ratschlägen Bulwers mit George meine Würde gewahrt habe. Ich kann mich kaum mit dem Abbé anfreunden. Ich müßte beweglicher sein, und trotz Ihrer Sicherheit gestehe ich Ihnen (jetzt, wo es vollkommen erledigt ist), daß ich seit mehr als einem Monat bettlägerig bin.

Die Zeit ist mir nicht lang erschienen, weil Koreff voller Sorgfalt und sehr amüsant ist und meine Freunde teils alle Tage, teils dreimal in der Woche gekommen sind und reizend waren.

Sie wollen wissen, ob Bulwer Talent hat? Ich weiß es nicht. Ich habe sein Buch über Frankreich zur Hälfte gelesen, es ist weder gut noch schlecht. Er ist, glaube ich, ein sehr geschickter Diplomat und sehr radikal. Augenblicklich verhandelt er (zu dritt) über einen sehr wichtigen Handelsvertrag zwischen Frankreich und England, der ihm eine große Beförderung einbringen wird. Er ist außerordentlich gut, im vertrauten Umgang voller Reiz und vor allem ein vollkommener Gentleman in seinem Geschmack, seinen Gefühlen, seinen Manieren (Sie wissen, daß ich aristokratischer geworden bin denn je). Die englische Stellung hingegen konnte ich nicht aufrechterhalten. Ich habe Ihnen den Brief geschickt, der das Eis gebrochen hat; um Sie auf dem laufenden zu halten, müßte ich sehr ausführlich schreiben, und ich glaube, plaudern ist besser.

Sagen Sie mir jedoch, was Sie wollen, und ich werde es tun.

---

19., morgens

Ich fühle mich abgemagert (sic) durch Ihren Brief von gestern! In meinem Eifer, die drei Postsiegel auf Ihrem kleinen

Brief abzureißen, habe ich die letzte Seite zerrissen, wo, wie mir schien, von Ampères Reise die Rede war. Es herrscht große literarische Dürre; Gerbet soll sehr mäßiges Zeug über Rom geschrieben haben. Schicken Sie mir die Zeitungen weiter.

Leben Sie wohl, mein Franz; meine Seele ist durchdrungen von Ihnen. Ich fühle immer mehr und mehr, daß unlösliche Bande uns aneinander geschmiedet haben. Ich hasse Sie manchmal, aber ich bewundere und verehre und liebe Sie stets.

P. S. – Übrigens sagt man, daß George ihr Drama zurückzieht. Andere sagen, sie sei schwanger, aber ich glaube, sie ist nur dick geworden, was ihr sehr schlecht steht.

Ich habe Stürler gesehen. Er war sehr nett. Sein Bild hat er nicht mitgebracht!

Leben Sie wohl, leben Sie wohl. God bless you.

———

20. Januar abends, 1840

Das musikalische Geklatsch des Tages bildet Ihre Rückkehr mit Frau Pleyel. Es gab eine Zeit, wo diese Klatscherei mich bittere Tränen gekostet hätte; heute gleitet es ab wie auf Wachstuch. Soll ich mich darüber freuen oder betrübt sein? O die Leidenschaft. Die ungerechte, blinde, gebieterische, nachgiebige, törichte, grausame Leidenschaft; ... wie schön ist doch die Leidenschaft! Haben Sie sie je empfunden wie ich? Mein Kopf brennt, wenn ich nur daran denke!

Ach, damals lebte ich nicht auf der Erde! Jedes Ihrer Worte, jeder Ihrer Blicke öffnete mir ein Eckchen des Himmels oder der Hölle!

Potocki besucht mich alle Tage. Ich kann Ihnen nicht sagen, welchen Reiz es für mich hat, diesen so trocknen, so spöttischen Mann in meiner Nähe wirklich bewegt und liebevoll anhänglich zu sehen. Heute morgen sagte er mir: „Ich empfinde für Sie eine ganz weibliche Zuneigung, das heißt eine Hingabe, die ich nicht überwinden kann. Sie sind wirklich reizend, nur ist dort (auf meine Augen und meine Stirn zeigend) etwas, was mich betrübt; ich fürchte, zu sehr beherrscht zu werden.“ Da denke ich an Sie und sage mir: da diese Leute mir zugetan sind, da sie liebenswürdige Eigenschaften in mir sehen, kann er mich also ohne zuviel Verblendung lieben; er kann also glücklich mit mir sein!

Triumph des Systems Bon Vieux. Seit unserer Auseinandersetzung beim Souper ist Didier nicht wieder erschienen. Ich glaubte, er würde den Gekränkten spielen, da meldet man mir heute morgen wen? Frau Charles Didier! Sie ist lange geblieben, hat mich um Entschuldigung gebeten, daß sie nicht früher gekommen sei, usw.... Ich habe an alles erinnert, worüber Abraham mich unterrichtet hat, und ich glaube, daß die Dinge gut laufen. _____

21., morgens

Sie haben in den Zeitungen gelesen, daß das Bündnis Frankreich-England (ernsthaft) bereit ist, sich zu lösen. Ich habe darüber lachen müssen. Vor acht Tagen trifft Potocki Balzac in der Oper. „Sehen Sie, ich habe die beiden Weib-chen entzweit", ruft Balzac aus. Ich habe Ihnen nicht erzählt, daß ein Roman von Balzac im Spiel war, der nach einem achttägigen Tete à tete in Nohant geschrieben worden ist[1]: „Nicht ganz", sagt Potocki, „denn ich habe gestern Frau Sand bei Gräfin d'Agoult getroffen." Noch ein Grund dafür, sich nicht zu verzanken, wäre das Vergnügen, das es gewissen Leuten bereiten würde. Potocki hat mir gestanden, daß, als ich allein nach Nohant fuhr, er nicht daran gezweifelt habe, daß zwischen George und mir eine Freundschaft à la Dorval[2] bestünde.

Planche ist wieder aufgetaucht, ich weiß nicht wo, aber er ist krank, elend und demoralisiert.

Gestern hat mir Herr Bulwer etwas recht Merkwürdiges gesagt. Wir sprachen von Erziehung: „Wenn Sie irgendein hübsches kleines Mädchen zum Adoptieren kennen, so sagen Sie es mir. Ich möchte gern ein Kind erziehen, aber ich möchte, daß es von guter Rasse ist, denn ich glaube sehr an Rasse." Ich antworte ihm scherzend, daß er den kleinen Allart II. adoptieren solle. „Nein", sagt er, „ich möchte ein Mädchen, ich kann Jungens nicht leiden..." Dann nach einem Augenblick des Schweigens: „Liebt Herr Liszt Kinder?"

[1] Béatrix.
[2] Bekannte Schauspielerin.

Ich schloß daraus, vielleicht ein wenig kühn, daß es ein indirekter Vorstoß war, um mich um eine meiner Töchter zu bitten.

Sie werden sehen, alle Welt wird diese Kinder haben wollen.

Nach der Begeisterung von Sue, Koreff, Bulwer wollte ich mich wieder daran machen, W. Scott zu lesen. Ich nahm Ivanhoe vor, sein Meisterwerk, aber ich weiß nicht, ob es deshalb ist, weil ich von Ihnen gehört habe, daß Sie es nicht lieben, ich komme nur mit starken Ruderschlägen vorwärts, und es interessiert mich gar nicht.

———

21., abends

Habe ich Ihnen von Rey erzählt? Er ist hier im Begriff, in die Démokratie einzutreten, eine Zeitung, die ohne sehr viel Geld von Herrn Thoré[1] und Kompagnie gegründet worden ist. Rey ist vom humanitären Gedicht enttäuscht und arbeitet an einem individuellen Roman. Uff! außerdem immer, und mehr als je, zum Sterben langweilig.

Ich muß Ihnen gestehen, daß ich weder Denis noch Schölcher noch sonst jemand etwas habe sagen lassen. Ich würde mich gern von der mittelmäßigen Literatur freimachen. Übrigens hat mir Horatio geschrieben, um mir zu sagen, daß er wüßte, daß ich in Paris sei, und mich zu fragen, ob er mich besuchen und sich als zu meinen Freunden gehörig betrachten dürfe. Ich habe ihm geantwortet, daß ich im Bett läge, aber daß ich, sobald ich wieder gesund wäre, ihn mit großem Vergnügen sehen würde. Mein Billett muß sehr kühl gewesen sein, denn er ist nicht gekommen (es ist schon vierzehn Tage her).

Ein hübscher Ausspruch von Heine, den Sie vielleicht nicht hübsch finden werden; er hatte Zahnschmerzen: „Ach", ruft er aus, „ich gäbe zehn Jahre vom Leben meines besten Freundes, um nicht so zu leiden!"

Leben Sie wohl, sehr geliebter Franz, wenn die Sonne scheint und ich an die Stunde denke, wo ich Sie sehen werde,

[1] Etienne Joseph Théophile Thoré, französischer Schriftsteller (1807 bis 1869).

verwirrt sich mein Hirn, schlägt mein Herz, als wollte es die Brust zersprengen ... Sie wissen, daß ich Ihnen unbedingt entgegenkommen will. ────────

LISZT AN GRÄFIN D'AGOULT

Preßburg, 23. Januar 1840
(adressieren Sie nach Wien)

Jetzt habe ich Ihnen acht Tage nicht geschrieben, Liebe? Ich habe mich nicht aus Preßburg fortgerührt. Casimir Esterhazy hat mich bezaubernd bei sich untergebracht. Ich wohne ganz wie ein Dandy, was mir nicht mißfällt. Hier sind zwei oder drei reizende Häuser, von denen ich Ihnen schon erzählt habe (die Batthyanyis und die Karolyis), wohin ich dinieren gehe und wo ich immer dieselbe Gesellschaft treffe, die die eleganteste und aristokratischste ist. Ich habe mir gestern diese acht Tage zum Vorwurf gemacht, die ich recht faul und ohne irgendwelchen Nutzen verbracht habe, denn ich habe nur einen Abend gegeben, der mir 1200 Franken eingebracht hat. Ich hätte einige Tage früher nach Paris kommen können, sagte ich mir; und dieser Gedanke hat mich betrübt, aber ich hatte wirklich nicht den Mut, mich gewissermaßen gewaltsam von so viel Wohlwollen und, ich wage es zu sagen, so viel Zuneigung loszureißen. Casimir E ... ist mir ein Freund geworden. Szécheni, Batthyanyi, Bezeredey und mehrere andere haben mich mit einer Herzlichkeit aufgenommen, von der man sich in Frankreich kaum eine Vorstellung macht. Der noch tagende Landtag trägt zur Belebtheit und zum Interesse der Stadt bei.

Ich habe mich also für drei oder vier Tage verführen lassen. Morgen werde ich das Konzert zugunsten des Musikvereins dirigieren und danach abreisen.

Vermischte Nachrichten. – Die Zensur hat den Druck des Rakoczymarsches (so wie ich ihn in meinen Preßburger und Pester Konzerten gespielt habe) verboten. Wohlgemerkt, er hatte weder eine Überschrift noch irgendwelchen Text, außer f. p.

Frau Pleyel hat ihr drittes Konzert gegeben, das beinahe

leer war. Überhaupt keine Damen, bis auf vier oder fünf; dafür die Schwarzenbergs, Lichtensteins, Esterhazys (auch Paul), und vor allem die französische Botschaft . . .

Die Pester Damen sollen mir ein Album schicken. Die Preßburger Damen werden mir eine goldene Schale schenken. Casimir Esterhazy hat mir eine wunderbare Pfeifensammlung geschenkt (sechs für Kenner sehr wertvolle Pfeifen).

Herr Michel Esterhazy hat mir gestern eine ungarische Mütze mit einer prachtvollen Agraffe geschickt.

Ich erwähne die Pester und die Preßburger Damen. Sie reden sich sicherlich ein, daß ich eine Menge Eroberungen gemacht und Leidenschaften entzündet habe. Nun, aufrichtig gesagt, ich hatte nicht einmal ein einziges Abenteuer. Ich war einfach zu zwei oder drei der Hübschesten und Elegantesten, was Sie reizend nennen. In dieser Beziehung (wie im allgemeinen, was die Manieren anbelangt) werden Sie, glaube ich, finden, daß ich Fortschritte gemacht habe. Ich möchte, daß Sie mich bei meiner Rückkehr reizend finden, aber ich wage kaum, es zu hoffen.

Sie haben mir diese ganzen Tage nicht geschrieben. Vielleicht behält Haslinger die Briefe, da er mit meiner Rückkehr rechnet. Das ist eines der Kümmernisse meines Lebens, diese Unterbrechung in Ihren Briefen.

Ich bin entzückt von Ihrer Annäherung an Herrn Fezensac, der mir ganz Ihr Fall zu sein scheint. Er ist niemals wirklich übelwollend gegen mich gewesen.

Potocki ist reizend. Via, via, das literarische und artistische Gesindel, bis auf einige Zeitungseinflüsse, zum Beispiel Schlesinger und Janin. Für alles, was mich betrifft, abwarten. Dito für Girardins . . .

Lassen Sie übrigens den Champagner bereits am Morgen auf Eis stellen, so daß er eine Art Sorbet wird. Das schmeckt ausgezeichnet. Ich habe diese Methode nur bei Batthyanyi gesehen, aber sie scheint mir ausgezeichnet. Wegen der Zigarren antworte ich Ihnen nicht. Das ist in Ungarn fast unmöglich.

Leben Sie wohl, liebe Geliebte, schreiben Sie, und lieben Sie mich sehr.

———

326

25. Januar, abends

Heute morgen habe ich Ihren Brief aus Pest bekommen (bitte keine „recommandirte" [sic] Briefe mehr!), in denen Sie mir, was Sie Abrechnung im Wirtschaftsbuch nennen, schreiben. Das alles hat mich sehr traurig bewegt. Das Unglück, nur Ihre Geliebte und nicht Ihre Frau zu sein, wird mir klar, wie es mir niemals klar geworden ist, wenn ich denke, daß ich notwendigerweise an solchen Tagen, an so schönen und herrlichen Tagen, von Ihnen fern bleiben muß, mein lieber und großer Franz, an Tagen des edlen Stolzes, die Sie wohl verdient haben!

Was Sie mir über die Erlaubnis zur Untreue sagen (darüber tat ich eine Frage; Sie antworten darauf nicht, das ist Ihre Gewohnheit), zeigt viel Herz und erfüllt mich mit Achtung für Sie, obgleich diese Art zu fühlen mir immer unbegreiflich bleiben wird. Es ist mir so unmöglich, Sie zu begreifen, wie einem Fisch, in der Luft zu fliegen, und ich kann sie nur als etwas Unerklärliches hinnehmen.

Das letzte Wort Ihres Briefes, „Truth", ist unnötig. Ich schwöre Ihnen bei unsern Kindern, daß mir die kleinste Lüge Ihnen gegenüber unmöglich geworden ist. Es drängt mich, alle meine Geheimnisse loszuwerden, und nie wird ein Beichtvater eine vollständigere und wahrhaftigere Beichte gehört haben. Wenn ich Ihnen nicht schreibe, so geschieht es einzig deshalb, weil ich nicht weiß, ob ich nicht besser daran tue zu reden. Ganz gewiß ist, daß meine Liebe, meine Verehrung für Sie sich nur steigern und daß Ihr Wort immer und zu jeder Stunde der einzige Maßstab für meine Handlungen sein wird.

Ich möchte Ihnen keine Vorwürfe machen, dennoch muß ich Ihnen sagen, daß Sie unvorsichtig gegen mich gewesen sind.

Sie haben meine Natur nicht richtig verstanden, oder Sie haben sie vergewaltigen und nach Ihrer eigenen formen wollen. Sie haben nicht geruht, bis Sie nicht aus meinem Herzen die Begriffe von Pflicht in der Liebe herausgerissen haben, die mir notwendig waren und die für mich ein Ideal bedeuteten, das Sie mit Roheit und Härte behandelt haben. Sie werden niemals wissen, wie weh Sie mir getan haben und noch heute tun ... aber Verzeihung, Sie sind meine einzige Zuflucht, und ich muß mich bei Ihnen über Sie beklagen; das ist wieder eine Schwäche, die Sie mir verzeihen müssen ... Sie müssen auch wissen, daß ich, seitdem ich in Paris bin, ununterbrochen leidend, ja sehr leidend gewesen bin.

Sie haben richtig geraten, daß es sich um B(ulwer) handelt. Ich glaube, daß weder Sie noch ich über ihn zu klagen haben werden. Er ist ein Mann und kein Kind.

Ich muß Ihnen etwas erzählen, was mir Spaß gemacht hat. Potocki und ich sprechen sehr viel über Sie. Einmal sagt er mir: „Ich gestehe, daß ich eine große Abneigung gegen L ... hatte, jedoch sah ich einmal, wie er sich verdammt schneidig benahm" (hierbei schildert er mir das Genfer Souper und Ihre Antwort an den Fürsten Galitzine); „ich sagte nichts", fährt Potocki fort, „aber ich dachte bei mir, Donnerwetter, das ist ein Kerl, der sich Achtung zu verschaffen versteht!" Dann weiter: „Ich weiß nicht, ob ich ihn von nun an gern haben werde, aber Sie haben mich dazu gezwungen, ihn zu achten."

Sie müssen mir sagen, ob Ihnen das Spaß macht.

Ihre Rede ist gut, sehr gut, kann nicht besser sein. Was wird denn aus dem Adelsbrief?

Mein Leben ist so eintönig, daß ich nicht weiß, was ich Ihnen darüber sagen soll. Ich konnte wegen meines kranken Beines weder ausgehen noch Gesellschaften geben. Ich soll dieser Tage Herrn von Tocqueville sehen. Meine Herzens- und Geisteserholung besteht darin, an Fontainebleau oder an Tirol zu denken; eben an irgendwelchen Zufluchtsort, wo ich mein armes Leben wieder an das Ihre knüpfen werde. Ach Franz! Warum muß man reich sein? Warum muß man unter Menschen leben?

*Wer nie sein Brot mit Tränen aß.*

Den Kindern geht es gut, ich sehe sie kaum. Ich habe nochmals über das Coupé nachgedacht, und ich entscheide mich im negativen Sinn. Transportkosten, die Miete einer Remise, insoin eines Wagenkutschers, Nutzlosigkeit besagten Wagens für die Reise, usw. usw. . . . .

Koreff sagt mir etwas von Chopin, das ich nur zur Hälfte glaube. Er behauptet, er sei ruiniert. Chopin soll bei einem Freund (ich vermute bei Probst) gewesen sein, um sich 150 Franken zu borgen. Er hätte außerdem darauf bestanden, daß man den Preis eines seiner Stücke erhöhe, worauf der ungeduldige Freund geantwortet hätte: „Hören Sie, ich wollte es Ihnen aus Rücksicht für Sie nicht sagen, aber Sie zwingen mich dazu, ich habe hier einen Brief von Breitkopf, der mir sagt, ich dürfte Ihre Sachen nur zu einem sehr niedrigen Preise kaufen, weil Ihre Stücke in Deutschland nicht mehr gehen."

P. S. – Ich vergaß, Ihnen zu sagen, daß alles, was ich Ihnen bisher über B(ulwer) gesagt habe, buchstäblich richtig ist. Sie wissen, daß mir zunächst leicht nur die lächerlichen Seiten eines Menschen auffallen; so erging es mir mit ihm, dann kam ein Tag, wo ich nur noch die entgegengesetzte Seite gesehen habe.

Leben Sie wohl, mein Franz. Nichts hat sich geändert, und nichts wird sich verändern . . . ?

Wir werden doch wieder nach Italien zurückkehren, nicht wahr? nach Sankt Ressore, Naturduschen nehmen und im barroccino[1] spazieren fahren. Ich denke unaufhörlich an mein armes schönes Italien.

Leben Sie wohl!

_____

29. Januar, morgens

Gleich beim Aufwachen eine Freude. Das Journal des Débats bringt unter der Rubrik Pest Einzelheiten über den Säbel. Diese Einzelheiten sind sehr ungenau, sie haben nichts gemein mit dem, was ich Berlioz geschickt habe), aber sie sind für das Publikum ausgezeichnet. Ich möchte Herrn Bertin einen Kuß geben. Der garstige Berlioz wird, glaube ich, sehr reingefallen sein. Vorgestern Abendgesellschaft bei Custine. Chopin war da, er hat nicht gespielt. Auf Ronchauds Frage an Grzymala: warum? antwortet dieser: „Chopin spielt nirgends mehr. Die Musik hat aufgehört, für ihn eine Kunst zu sein; sie ist ein Gefühl geworden." Man sagt, daß er Piffoël anbete!!!

[1] Kleiner Karren.

Nichts Neues in meinem Leben, außer vielleicht einer kindischen Anwandlung, die ziemlich rasch zunimmt und Ihnen, wenn ich nicht irre, Spaß machen wird. Selbst wenn ich traurig bin, kann ich nicht mehr weinen, und wenn ich nicht bitterlich traurig bin, bin ich so kindisch wie Sie manchmal.

Ich habe Ihnen nichts von Herrn B. zu sagen. Seine vollkommene Korrektheit verleugnet sich keinen Augenblick. Er hat gestern bei mir gegessen, und ich habe ihm gesagt, daß ich die Kinder abbestellt hätte, aus Furcht, ihm lästig zu fallen; da hat er mich dringend darum gebeten, sie sehen zu dürfen, und wiederholt, daß er Kinder vergöttere. Ich sage es Ihnen nochmals, ich habe die innerste Überzeugung, daß weder Sie noch ich uns jemals über ihn zu beklagen haben werden. Er hat eben einen Vertrag zwischen Frankreich und England abgeschlossen, mittels dessen wir so viel Wedgwood[1] haben werden, wie wir wollen!!

Pfui, welch Grausen! Wedgwood, wenn alle Welt es haben kann!

Leben Sie wohl, Herr von Liszt, wie die Débats sagen. Ich küsse Sie zyotisch.

Daniel[2] geht es sehr gut.

---

LISZT AN GRÄFIN D'AGOULT

Wien, Sonntag, 2. Februar 1840

Liebe Geliebte!

Bei der Ankunft in Wien vier Briefe von Ihnen. Welch ein Schatz! Jetzt bin ich für drei Tage reich und heiter.

Nichts, wie mir scheint, was sofort Antwort verlangt. Die musikalische Klatscherei über meine Rückkehr mit Camilla[3] ist gut erfunden. Ich brauchte einen Omnibus, um sie und ihr Gefolge mitzubringen. Die französische Botschaft wird das wahrscheinlich besorgen.

[1] Die bekannten englischen Töpfereiwaren.
[2] Sohn von Liszt und Gräfin d'Agoult (1839-59).
[3] Frau Pleyel.

Ihre Verbindung mit Sue und Potocki ist mir sehr lieb. Ich werde zu allen beiden freundlich sein.

Der Fais en sac (sic) ist ganz an seinem Platz. Bulwer ... das Bündnis zwischen Frankreich und England, das ich nur geahnt hatte, ist auf gutem Wege.

Sie tun gut daran, sich nicht von literarischen und artistischen Mittelmäßigkeiten einkreisen zu lassen. Das ist sogar eine Notwendigkeit für Ihre Stellung. Übrigens, hatte ich es nicht gesagt! hatte ich es nicht vorausgesehen! Ich bin deshalb nicht weniger entzückt. Noch ein ganz klein wenig Geduld und Geschicklichkeit, dann werden Sie das Unglaubliche, wenn nicht Unmögliche wahrmachen.

Ich bin immer noch nicht für einen vollkommenen Bruch mit George.

Ist es der Brief aus Gattendorf, von dem Sie sprechen? Das ist beinahe nicht möglich. Haben Sie ihn erhalten? Er ist mit dem Herzen und dem Verstande geschrieben. Ich weiß nicht, ob er Ihnen mißfallen wird, aber er ist durchaus ehrlich.

Da ein anderer Brief, den ich an Lannoy geschrieben habe, verlorengegangen ist, fürchte ich, daß Ihr Brief dasselbe Schicksal hat. Bestätigen Sie mir den Empfang. Er ist datiert von Casimir Esterhazys Schloß Gattendorf.

Das Klima von Wien bekommt meinen Nerven nicht, die immer reizbarer werden. Ich spreche nur abgerissen; dieser Brief ist auch so geschrieben, aber Sie verstehen mich.

Wien ist zur Zeit vollkommen ohne Interesse für mich. Ich langweile mich gründlich. Kaffee und Tabak sind meine einzige Zuflucht. Ich erwähne nicht die Auswahl von Westen und Krawatten.

Ich habe den Fürsten Pückler kennengelernt, wir werden uns morgen sehen.

Rudolph Apponyi ist hier krank. Ich werde ihn besuchen.

Fürst Paul Esterhazy hat mich sehr freundlich empfangen. Ich lege Wert darauf, ihm eine bestimmte Meinung über mich beizubringen, und ich hoffe, daß es mir gelingt. Das ist einer der Gründe, weshalb ich meinen Aufenthalt in Wien noch um zehn bis zwölf Tage verlängere (ich werde erst am 15. Februar

331

abreisen, Sie haben noch Zeit, mir zu antworten). Später adressieren Sie Prag, postlagernd. Ich werde noch nach Ödenburg fahren müssen, um dort ein Konzert zugunsten der Armen zu geben; es ist beinahe meine Geburtsstadt. Es gehört sich so, daß ich mich dieser Mühe unterwerfe, die mich übrigens nicht mehr als drei Tage kosten wird.

Sie fragen mich, warum ich Ihnen eingeschriebene Briefe schicke; das ist in Ungarn eine fast unerläßliche Vorsichtsmaßregel.

Ich nehme an, daß mein Adelsbrief sich noch ein wenig verzögern wird. Das schadet nichts, es wird schließlich werden. Ich soll davon nichts wissen, kann infolgedessen die Sache in keiner Weise beschleunigen.

Sonderbarerweise haben meine neuen ungarischen Lieder heute vormittag den fabelhaftesten Eindruck gemacht (bei meinem siebenten Konzert). Etwa in der Mitte wurde ich von einer ungeheuren Beifallssalve unterbrochen, was ich bei diesen Melodien, die Sie, wie ich hoffe, lieben werden, kaum erwartet hatte.

Ich werde Ihnen ein schönes Coupé mitbringen!

Seien Sie ohne Sorge über meine künftigen Beziehungen zu Puzzi. Ich bin überzeugt, daß wir sehr selten Meinungsverschiedenheiten haben werden. Ich beurteile ihn wie Sie.

Ihren Brief habe ich noch nicht erhalten!

Bekommen Sie die Allgemeine Zeitung?

Leben Sie wohl, liebe Marie, einzig der Ihre stets und stets.

---

Wien, Februar 1840

Sie können nicht glauben, in welchem Grade mich Wien langweilt. Nochmals, ich habe keine andere Freude als Ihre Briefe, und ich danke Ihnen aus Herzensgrund, daß Sie mir so häufig schreiben.

Gestern habe ich bei Pückler-Muskau gefrühstückt. Er ist ein zurückhaltender Mensch, der, glaube ich, eine Persönlichkeit vorstellen will, aber dessen Umgang mir recht angenehm ist. Er hat mich vier oder fünf der wunderbarsten türkischen, ägyptischen, chinesischen Pfeifen rauchen lassen. Dann hat er mir seine Araberpferde gezeigt. Das war ein Entzücken für mich! eine kindliche Freude!

Ich dachte sofort daran, das Schönste für Sie zu kaufen! aber der Preis ist enorm (15 000 Franken, glaube ich), und wie soll man es nach Paris bringen? Sie können sich nicht vorstellen, welchen Eindruck diese Tiere auf mich gemacht haben und wie lebhaft sie meine Gedanken zu Ihnen geführt haben. Ich will sie noch oft ansehen gehen. Sie mögen das lächerlich, wunderlich, was Sie wollen, finden, aber der Anblick dieser Pferde bringt mich Ihnen näher; ich sehe Sie galoppieren, die Luft durchschneiden, mir entgegenkommen . . .

Rudolph Apponyi hat mich besucht. Ich war liebenswürdig und freundlich zu ihm. Ich habe ihn heute zum Souper eingeladen. Es wird ein ganz und gar aristokratisches Souper mit folgenden Hauptteilnehmern:

Fürst Pückler.

Fürst Fritz Schwarzenberg.

Graf Apponyi.

Graf Hartig.

Baron Reischach (ein liebenswürdiger Junge).

Graf Szécheni (der berühmte).

Graf Waldstein.

Graf Paul Esterhazy usw. usw. . . .

Es wird wahrscheinlich etwas steif werden, aber bestes Genre.

Heute morgen bin ich tot. Ich habe mehr als sechsmal, glaube ich, im Hoftheater gespielt, fabelhafter Erfolg, auch fabelhafte Einnahme (für die barmherzigen Schwestern).

Fürst Paul ist sehr freundlich zu mir. Ich behalte mir eine kategorische Abrechnung mit ihm bis zu meiner Abreise aus Wien vor.

Die Art, in der Sie von B(ulwer) sprechen, macht mich außerordentlich neugierig darauf, ihn kennenzulernen oder wenigstens ihn zu beobachten, wenn, wie es möglich ist, es nicht angebracht sein sollte, daß wir uns kennenlernen. Wenn Sie sich nicht riesige Illusionen über ihn machen, scheint er mir Ihrer Zuneigung fast würdig . . . Unsere künftigen

Beziehungen werden sich in der ersten halben Stunde entscheiden, die wir zusammen plaudern werden. Es ist schwer, irgend etwas in dieser Hinsicht schon jetzt vorauszusagen.

Mein Brief aus Gattendorf beantwortet ein oder zwei Punkte Ihrer letzten Briefe. Ich möchte, daß Sie mich gut und zuinnerst verstünden. Dann würden Sie wissen, wie stolz und glücklich ich durch Sie und allein durch Sie bin.

Leben Sie wohl, leben Sie wohl, in vierzehn Tagen verlasse ich Wien endgültig. Es wird ein wahres Glück für mich sein, in den Wagen zu steigen, um mich Ihnen zu nähern.

Ich bin sehr zufrieden mit dem, was Ihnen Potocki über mich sagt. Ich glaubte nicht, daß ich mich bei dem Souper so schneidig benommen habe, und warf mir sogar ein bißchen meine Zurückhaltung vor. Potocki gefällt mir. Ich hoffe, daß wir zueinander passen werden, jedenfalls wird es nicht an mir liegen, wenn es nicht so ist.

Ich freue mich, daß Sie Janin sehen. Berlioz paßte nicht recht für den Artikel, mit dem Sie ihn beauftragt haben. Wenn ich in Paris bin, werde ich die Bertins besuchen, um ihnen für das Wohlwollen zu danken, das sie mir bei jeder Gelegenheit bezeigt haben.

---

### GRÄFIN D'AGOULT AN LISZT

5. Februar, morgens (nach Wien)

Ihr Brief aus Preßburg hat mich wirklich betrübt. Nicht etwa, weil ich böse bin, daß es Ihnen irgendwo gefällt und Sie sich ein wenig von Ihrem Künstlerleben ausruhen, sondern weil Sie nicht eine Stunde dieser Ruhe, die Sie haben, und dieser Zeit, über die Sie verfügen können, dazu nehmen, um mir zu schreiben, und Sie lassen mich zehn Tage ohne Nachrichten, wo Sie doch wissen, daß ich mich beunruhige, ich, die ich niemals im Vertrauen auf Ihre physische und seelische Kraft habe ruhig schlafen können!

Die Mouches werden Sie reizend vorfinden und, obgleich Mouck Nummer 1 als Intelligenz und Kunstgefühl weniger entwickelt ist, als sie es bei uns war, sind sie und Mouck 2 gut erzogen und durchaus nicht störend. Ich habe sie mit Bulwer zusammen dinieren lassen, der vernarrt in sie ist. Bei Clear ist das selbstverständlich.

Stellen Sie sich vor, daß ich mich vorgestern damit unterhalten habe, eine berühmte Somnambule kommenzulassen, und ich habe solche Veranlagung zum Magnetismus, daß, als ich sie nur eintreten sah (fehlt), und den ganzen Tag über habe ich mich abgespannt und mißgestimmt gefühlt.

Die Somnambule hat bei mir hitziges Blut und zugleich eine große Erschöpfung festgestellt und mir eine halb kalmierende, halb stärkende homöopathische Kur verordnet, außerdem viel körperliche Bewegung, etwas schwierig bei meinem noch schlimmen Bein, das mir bisher nur erlaubt, im Wagen auszufahren.

Lehmann ist bei der Fürstin B(elgiojoso) gewesen. Es entbrannte ein Streit über Sie (zwischen der Poldi, Musset, Mérine als stummen Zeugen und der Fürstin). Die Fürstin hat sich außerordentlich freundlich über Sie geäußert und Musset mit angemessener Kritik. Die Poldi dagegen war wie eine Furie. Wie Clear erzählt, hat er gesagt, was er sagen mußte und wie er es sagen mußte. Musset sagt von mir: ,,Nun, wie man hört, soll Sainte-Beuve ihr Tröster sein! Er ist der geborene Tröster für erloschene Leidenschaften!"

Seit einiger Zeit kommt er (Sainte-Beuve) seltener. Vielleicht ist er irgendwie geneckt worden! Vielleicht ärgert es ihn, daß er mich nicht mehr allein findet wie in der Rue Laffitte; vielleicht gefalle ich ihm ganz einfach weniger! Ich zweifle nicht daran, daß Ihre Stellung hier sehr gut wird, aber Sie brauchen hier viel mehr Geschicklichkeit als irgendwoanders. Vor allem müssen Sie Dämpfer aufsetzen, denn über schneidenden Ton, Herrschsucht und Übertre.bungen klagt man allgemein.

Diese lange Abwesenheit wird etwas Gutes für mich gehabt haben; mir sehr genaue Rechenschaft zu geben über meine Bedürfnisse, meine Neigungen, die mir genehme Art zu leben und infolgedessen über die von mir bisher verworren geahnten Gründe für ein gewisses Unbehagen, einen gewissen Zwang, der mich zuweilen in unserm Leben zu zweit bedrückt ... Wir werden von all dem reden, und vor allem zu zweit mit Begleitung, und noch von so vielem andern, denn Ihre Ankunft wird ein Augenblick der Krisis sein ... wahrscheinlich für mich und Sie.

---

10. Februar 1840 (nach Wien)

Ich erhalte Ihren Brief aus Wien. Ich beeile mich, so rasch wie möglich zu antworten. Ihren Brief aus Gattendorf habe ich nicht erhalten. Um Gottes willen, lassen Sie ihn reklamieren; ich brauche dringend ein Wort, das mit dem Herzen geschrieben ist, als Antwort auf ... ich weiß nicht was, wahrscheinlich auf Torheiten.

Vigny ist gekommen. Er war zärtlich, hat mit mir ausführlich über die Dorval gesprochen (er sagt, daß George sie zugrunde gerichtet hat)! Er wußte durch Sainte-Beuve, daß ich seltener mit George zusammenkomme, und rief aus tiefstem Herzen: um so besser! Samstag gebe ich ein Diner für Sainte-Beuve und Ampère. Heute morgen wird ein Artikel des besagten Sainte-Beuve über den besagten Ampère in der Revue stehen. Das Diner wird die erste Begegnung nach dem Artikel sein. Didier (der ein Drama tätigt) wird den Abbé zu Lehmann führen.

Ich betätige mich soviel wie möglich als Schlingpflanze und erweise eine Menge kleiner Dienste. Frau Didier kultiviert mich.

Ich sagte Ihnen schon, daß ich mit Maurice weniger zufrieden wäre, als ich gehofft hatte. Dennoch kommt er häufig, aber er kämpft nicht für mich und leistet mir keinerlei Hilfe. Trotzdem wird er Clear bei Herrn Mollé einführen. Bulwer bringt ihn zu Thiers. Ich werde versuchen, Samoyloff zu bestimmen, seine heilige Katharina zu kaufen.

Wissen Sie was? Ich war gestern zum erstenmal im Bois de Boulogne, hatte sechs Wochen lang ein schlimmes Bein, was eine Operation hätte nach sich ziehen können, habe L ... konsultiert, der mir gesagt hat, ich könnte mich glücklich schätzen, so davongekommen zu sein. Mein allgemeines Befinden hat übrigens dadurch gewonnen. Sie werden mich, hoffe ich, reizend finden. Alle diese Männer sind mehr oder weniger verliebt in mich.

Wird Ihnen das sehr schmerzlich sein?

Leben Sie wohl, leben Sie wohl. Wir haben hier ein schönes Italienwetter, eine himmlische Sonne.

Die Ihre.

Fortsetzung der Neuigkeiten:

Pauline Garcia plauderte mit dem alten Bertin und noch jemand. Sie sagte, daß sie beinahe Pianistin geworden wäre und zwei Jahre Stunden bei Ihnen genommen habe. Daraufhin riesige Loblieder auf Sie von dem alten B... der dritte sagt, Sie wären zu feurig. Zu feurig! ruft Pauline mit Feuer aus, und daraufhin lyrische Ergüsse über Feuer und über Sie!

Ich bekomme die Allgemeine nicht. Frau de Lamartine, die von Lehmann und seinen Bildern entzückt ist, lobt Sie Ronchaud gegenüber riesig und wirft Ihnen nur vor, nicht nachgiebig genug zu sein. Lamartine hat gestern bei dem Bankett der Gesellschaft zur Abschaffung der Sklaverei eine sehr bedeutsame Rede improvisiert. Das ist, seitdem ich hier bin, das erste, was meine gewöhnlich abgestumpfte Seele in gewissem Grade aufrührt.

Lieber Franz, ich habe es sehr nötig mit Ihnen zu sprechen, denn Sie sind mein Gewissen und meine Kraft. Bis ich Sie wiedergesehen habe, werde ich nicht genau wissen, woran ich bin, noch was ich bin.

Etwas in Ihrem letzten Brief betrübt mich tief: Sie sagen, daß der Tabak und der Kaffee Ihre einzige Zerstreuung sind. Also unmittelbar nach einer entzündlichen Krankheit, in einem Klima, das Ihnen nicht bekommt, trinken Sie Kaffee und rauchen. Die Ungher hat zu Lehmann gesagt, daß sie in Triest nach dieser Richtung nichts bei Ihnen erreichen konnte und daß Sie sich absichtlich umbringen. Dabei ist sie Künstlerin und muß dieses Bedürfnis nach Reizmitteln verstehen! Lehmann hat darüber vor mir geweint.

Sagen Sie, wenn ich eines Tages vor Ihnen niederkniete, wenn ich lange so bliebe, wenn ich mich einen Augenblick daran erinnern würde, daß ich etwas für Sie getan habe, und ich im Namen dessen, was ich getan habe, und im Namen unserer Kinder vor allem, die keinen andern Halt haben als Sie, dieses Opfer von Ihnen forderte, würden Sie es mir verweigern?

Leben Sie wohl. Ich habe nicht den Mut, Ihnen etwas anderes zu sagen, ich weine zum Gotterbarmen.

---

### LISZT AN GRÄFIN D'AGOULT

Wien, Mittwoch, 12. Februar 1840

Ich schreibe Ihnen recht wenig, liebe Geliebte. Mein äußeres Leben ist zu unstet, und dann habe ich zu große Sehnsucht, Sie wiederzusehen, um Ihnen so häufig und so ausführlich zu schreiben, wie ich es möchte.

Sie würden nicht glauben, mit welch ängstlicher Unruhe ich den Tag erwarte, wo ich von Wien abreisen werde. Es wird für mich ein Tag der Befreiung sein!

Es ist ein absurder Gedanke, aber mir scheint, daß, wenn ich Wien erst verlassen habe, ich unser Leben wiedergefunden haben werde. Hierher sind Sie nie gekommen. Traurige und betrübende Erinnerungen erfüllen mich: Ihre Krankheit in Venedig, die Verzweiflung von Lugano.

Ein Wort in Ihrem letzten Briefe ist mir aufgefallen. „B . . . ist ein Mann und kein Kind.'' Dieses Wort hat mich zurückblicken lassen auf die drei Monate, die ich eben fern von Ihnen verbracht habe. Ohne irgendwelche Nachsicht gegen mich zu üben, glaube ich verdient zu haben, daß Sie dasselbe auch von mir sagen, und dieses feste Bewußtsein ist eine gewisse Befriedigung für mich.

Ich kann Ihr äußeres Verhalten nur vollkommen billigen. Mir scheint, daß Sie ganz den richtigen Punkt erfaßt haben, die größte Freiheit mit einer gewissen aristokratischen Zurückhaltung, die zugleich ein Reiz und eine Schutzwehr bildet. Ihre Freunde werden hoffentlich mit mir zufrieden sein. Sie haben sie sehr gut ausgesucht.

Ich komme eben aus Brünn (der Hauptstadt von Mähren,

die von dem berühmten Spielberg beherrscht wird). Ich habe dort vorgestern und gestern gespielt, was mir 3000 Zwanziger eingebracht hat, eine kolossale Summe für eine Provinzstadt. Die ganze Stadt war in Aufruhr über meine Ankunft. Ich bin nur 48 Stunden dort geblieben.

Haslinger hat mir eben mitgeteilt, das man mich sicherlich nicht nach meinem Abschiedskonzert, das für nächsten Sonntag angezeigt ist (im Redoutensaal), aus Wien fortlassen wird.

Montag fahre ich nach Ödenburg, das beinahe meine Geburtsstadt ist. Ich werde dort für die Armen spielen. Am übernächsten Tag werde ich wieder in Wien sein und hoffentlich sofort nach Prag abreisen, wo sich bereits eine Art klassische Opposition gegen mich gebildet hat, über die ich mich nach Belieben werde lustig machen können.

Das ganze weibliche und aristokratische Publikum ist überall für mich, und zwar glühend und heftig. Damit kommt man weit.

Mein Adelsbrief geht durch die Büros der Staatskanzlei, was noch recht lange dauern kann, aber es ist höchst wahrscheinlich, daß er schließlich kommen wird. Ich selber werde bestimmt keinen Schritt tun.

Leben Sie wohl, liebe Geliebte, glauben Sie an mich, und lieben Sie mich.

-------

## GRÄFIN D'AGOULT AN LISZT

14. Februar 1840 (nach Wien)

Gestern abend mein Bruder bis 1 Uhr nach Mitternacht. Resümee: „Es ist gewiß sehr traurig, seine Mutter nicht zu sehen, du hast aber niemals etwas dazu getan. Ich weiß wohl, daß du findest, daß ich dir gar nicht helfe . . .

Du bist immer gefühllos, zornig beim geringsten Widerspruch, bereit, Beleidigungen auszusprechen, um zu behaupten, daß du allein recht hättest und alle Welt unrecht. Ich habe niemals von dir einen Brief bekommen, den ich deiner Mutter oder Mathilde[1] hätte zeigen können", usw. usw. „Es ist wesent-

-------

[1] Mathilde de Montesquiou-Fezensac, die Frau von Maurice de Flavigny.

lich, zu erfahren, was du hier willst, und darüber würde ich nicht wagen, dir Ratschläge zu geben, denn die Neigung, die der Inhalt deines Lebens ist, könnte darunter leiden. Liszt könnte unzufrieden sein; es ist übrigens sehr traurig, die Kinder nicht bei sich zu haben, die man liebt, aber wenn du deine Mutter und alte Freunde wiederzusehen wünschst, ist das die erste Voraussetzung."

Dann ist er ziemlich freundschaftlich auf Einzelheiten eingegangen, immer darauf zurückkommend, daß ich alles mutwillig und ohne Notwendigkeit zerbrochen hätte. Er wirft mir vor, daß ich nicht allein mit Faissensac (sic) gesprochen habe, der, wie er sagt, von den besten Absichten erfüllt sei. Statt dessen hätte ich ihn empfangen, als ich Besuch hatte und gegen die Todesstrafe sprach, woraus er geschlossen habe, daß ich Fieschi für einen großen Charakter halte.

Um Ihnen einen Begriff von der Redlichkeit dieser Leute zu geben, erzähle ich, daß Maurice fest behauptet, daß er mich am frühen Morgen mit einem Kranz von Rosen gesehen habe! Nun, Sie wissen ja, ob das möglich ist.

Dann hat er mir geraten, Cecile, falls sie geneigt wäre, mich zu sehen, nicht zurückzustoßen, weil sie unter den Frauen, mit denen ich zusammenkommen könnte, noch eine der besten wäre. Er hat auch darauf angespielt, daß sogar eine Heirat mit Ihnen, wenn ich Witwe gewesen wäre, nicht ganz einfach gewesen wäre, und welch behutsamer Behandlung es noch bedurft haben würde, die Meinen an diesen Gedanken zu gewöhnen. Er hat mir auch Gutes über unsere Kinder gesagt. Ich sehe, daß ich mich dazu entschließen muß, noch schmiegsamer zu sein und oft um Rat zu fragen. Das alles langweilt mich zum Sterben. Warum habe ich nicht einen Bruder wie Clear oder Bulwer, wir würden eine Dreieinigkeit bilden, wie sie im Himmel nicht einiger sein kann.

Ich kann Ihnen nicht sagen, wie sehr oder warum Ihr Brief aus Wien mir wohlgetan hat. Ihr Besuch bei den Pferden von Pückler-Muskau hat mich sehr gerührt, aber wir sind jetzt noch nicht so weit, uns den Luxus von Pferden leisten zu können; das wird später kommen. Jetzt ist das Coupé schon

340

beinahe zu viel. Ich finde mich nicht mehr in Ihrem Reiseplan zurecht. Sie sagen mir: Ich reise am 15., dann wieder, ich reise in vierzehn Tagen, was ein großer Unterschied ist. Ich adressiere also der größeren Sicherheit wegen an Tobias. Mir scheint, Ihr Aufenthalt hier wird sich schrecklich abkürzen, und was wird aus Ihrer Erholung? Ich stelle mir vor, daß Sie völlig erschöpft sein müssen. Haben Sie sich im Aussehen verändert? Husten Sie? Stehen Sie unter dem Einfluß des Sternes der Verstopfung, wie Piffoël sagte? Schreiben Sie doch Ihrer Mutter, daß Sie nicht bei ihr wohnen werden, denn sie würde Vorbereitungen treffen, und ich übernehme es nicht, ihr das zu sagen.

Seit einiger Zeit schon bin ich in einer eigentümlichen Geistesverfassung: ausschließlicher Wunsch nach Ruhe, große Furcht vor Schmerz und unglaublichen Abscheu vor Denken und Geist. Ich merke, daß ich nur durch Wirkung und Rückwirkung weiterkomme. Paris fängt an, sehr lästig zu werden. Bulwer und Clear sind meine einzigen Freuden. Ich kann bezüglich des ersteren ebensowenig voraussehen wie Sie. Er hängt mehr an mir als recht ist, und der Gedanke an unbegrenzte Dauer schleicht sich allmählich in sein Herz ein. Er kann Ihren Namen nicht von mir nennen hören, ohne in Traurigkeit zu verfallen. Neulich unterbricht er irgendeine Rede, um mir zu sagen: „Glauben Sie, daß eine Frau gleichzeitig zwei Männer lieben kann?" Ich lächelte, und auch er mußte lachen. Er ist stets vom ersten Augenblick an, wo ich ihn kennengelernt habe, durchaus schlicht gegen mich; er spricht weder von der Vergangenheit noch von der Zukunft, macht keine Versprechungen und stellt keine Fragen. „Was Ihnen mehr als Phrasen und vielleicht mehr als Taten beweisen muß, wie sehr ich Sie liebe", sagte er gestern, „ist, mich stundenlang so zu sehen und zu denken, daß ich mich glücklich fühle." (Er ruhte auf einem Kissen zu meinen Füßen.)

Warum erzähle ich Ihnen das alles? Ich weiß es nicht, ich folge meinem Instinkt, der mich drängt, Ihnen alles zu sagen, sogar das Törichte und das Schlechte.

O frailty thy name is woman!

Ich habe ihn belogen, indem ich ihm sagte, daß ich Ihnen nichts geschrieben habe. Ich wollte Ihnen Freiheit für jede Rolle lassen.

Gestern habe ich die Rachel in Cinna gesehen. Einen Augenblick in der letzten Szene war ich ergriffen. Sie ist immer edel und schlicht, oft kalt. Liegt es am Stück oder an ihr? Ich hatte Fräulein Delarue mit meinen drei Freunden Potocki, Ronchaud, Placid Clear mitgenommen. Potocki sagte mir bei Gelegenheit irgendeines Beweises von Takt, den ich gab, daß man, wenn man in meinem nahen Umgang lebte, sich jeden Tag dümmer vorkäme, wenn man sähe, wie überlegen ich in allen Einzelheiten des Lebens sei.

De Vigny war gestern hier. Er kommt heute abend wieder, um das kleine Urhan-Wunder zu hören.

Sonntag morgen

Gestern ein recht angenehmer Abend, aber dennoch falle ich wieder in meinen Mangel an Selbstvertrauen zurück und in den Gedanken, daß ich geistig nicht auf der Höhe meiner Stellung bin. Ich verkehre mit Leuten, die für mich zu bedeutend sind, und ich schäme mich meiner Unwissenheit und Unfruchtbarkeit.

Ich fange an, mich in Paris tüchtig zu langweilen, und sehne mich nach Feldern und Einsamkeit.

Leben Sie wohl, mein guter und lieber Ferner. Corneilles Tragödie hat mein Bedürfnis nach Heroismus geweckt, was werde ich damit anfangen? Ich leide unter meiner Untätigkeit. Sie werden noch einmal versuchen müssen, mich zur Arbeit zu zwingen.

Die Ihre.

———

LISZT AN GRÄFIN D'AGOULT

Wien, 16. Februar 1840

Mein Abschiedskonzert hat heute morgen stattgefunden. Gott sei dank bin ich jetzt fertig mit Wien. Ich brauche Ihnen nicht zu sagen, daß der Redoutensaal überfüllt war usw. usw. Ich werde Ihnen die Zeitungen schicken, die nicht mehr wissen, was sie sagen sollen. Morgen früh um 6 Uhr fahre ich nach Ödenburg, es ist ein patriotisches Opfer, aber es schien mir anständig, dort noch fünf Tage dranzugeben. Außerdem will ich Raiding[1] wiedersehen; ich werde vielleicht dazu nicht wieder Gelegenheit haben.

Ich bin völlig erschöpft von meinem äußeren Leben, das mir, buchstäblich, keine Viertelstunde Freiheit läßt.

Bei dieser Gelegenheit will ich mich wegen des Vorwurfs rechtfertigen, den Sie mir darüber gemacht haben, daß ich aus Preßburg nicht mehr geschrieben habe.

Da ich bei Casimir Esterhazy wohnte, mußte ich ihm natürlich einen Teil meiner Nächte und meiner Tage opfern. Er hat die Gewohnheit, täglich bis 3 und 4 Uhr morgens aufzubleiben, was mich, wie Sie wissen, außerordentlich ermüdet. Trotzdem leistete ich ihm Gesellschaft, um ihm gefällig zu sein. Außerdem mußte ich, da mir bis zu einem gewissen Grade daran lag, eine gewisse Stellung der ungarischen Aristokratie gegenüber einzunehmen, viel reden und mich außerordentlich verausgaben.

Noch ein anderer Grund, und der für mein Schweigen maßgebendste, war der Brief, den ich Ihnen aus Gattendorf geschrieben habe und nach welchem ich eine gewisse Ruhe brauchte. Ich weiß nicht, ob Sie das verstehen werden, aber le Vieux lügt nicht. (Sie haben mir immer noch nicht gesagt, ob Sie diesen Brief erhalten haben.)

Ihr Bild steht hier vor mir. Ich sehe es mit Traurigkeit und Liebe an. Ich weiß nicht, wie wir uns wiedersehen werden, aber ich habe Vertrauen zu uns.

Ich habe das Coupé für 2000 Franken gekauft. Ich glaube, daß es Ihnen gefallen wird. Es wird uns gute Dienste leisten für unsere Fahrten nach Fontainebleau usw. . . . .

Sie sagen, B(ulwer) werde sich meine Rückkehr zu Herzen nehmen. Er ahnt nicht, daß ich vielleicht zu einem besonderen Heroismus fähig bin . . .

Das wird sich in den ersten drei Tagen entscheiden. Dessen bin ich vollkommen gewiß, daß ich Sie wohl oder übel,

[1] Geburtsort von Liszt.

obgleich und weil, lieben werde. Art und Form spielen dabei keine Rolle. Wenn er der Mann ist, solche Dinge zu verstehen, ... werde ich nur Ihr Bruder sein. Dieser Gedanke widerstrebt mir nicht ... Aber Sie müßten seiner sehr sicher sein, sonst wäre es eine absurde Albernheit.

Seit ich Sie verlassen habe, ist mein Leben nur eine beständige Erregung ohne Zweck oder Befriedigung ... Das Gewerbe, das ich treibe, scheint mir gewöhnlich entweder lächerlich oder widerwärtig. Keine Möglichkeit, ernsthaft zu arbeiten. Immerhin habe ich vier oder fünf ungarische Stücke geschrieben, die Sie, hoffe ich, lieben werden. Sie sind sehr wirkungsvoll.

Umarmen Sie Clear für mich. Ich bin entzückt über seine Leidenschaft für die Ungher. Sie paßt recht gut zu ihm, unendlich besser jedenfalls als die Panotti.

Sagen Sie mir offen, wie stehen Sie eigentlich mit Bernard? Ich begreife nicht recht ... Sie verstehen mich doch?

Leben Sie wohl, liebe Marie, ganz der Ihre und der Ihre allein.

Nochmals, alle Briefe aus Ungarn müssen unbedingt eingeschrieben werden. Die Post ist ganz unzuverlässig. Es würde mir nicht einfallen, auf diese Vorsicht zu verfallen, wenn sie nicht so gut wie unerläßlich wäre.

Leben Sie wohl, leben Sie wohl.

—————

Februar 1840

Es ist also wirklich noch möglich, Liebste, daß Sie über eine Zeile, ein Wort von mir glücklich sind!

Heute morgen, als ich Ihren Brief bekam, in dem Sie mir so zärtlich vorwerfen, daß ich Ihnen nicht aus Preßburg mehr geschrieben habe, mußte ich vor Freude und Schmerz weinen.

Ich schwöre es Ihnen, liebe Marie, mich beherrscht nur eine Vorstellung, ein Gedanke, ein Gefühl, und das sind Sie, immer wieder Sie!

Jeder Mensch weiß es, denn ich habe es jedem Menschen gesagt. Sie allein wissen es nicht genügend.

Meine Seele lebt nur in Ihnen und durch Sie.

Verzeihen Sie mir, wenn Sie durch mich leiden, und bedauern Sie mich, aber klagen Sie mich nicht an.

Liebe vergötterte Marie, mein ganzes Wesen ist nur Schweigen und Gebet vor Ihnen. Sie haben mir alles geschenkt, und ich habe alles in der tiefsten Tiefe meines Herzens bewahrt. Ich werde erst leben, wenn ich Sie wiedersehe, wo und wie es auch sei.

Ich kann Ihnen heute morgen unmöglich mehr schreiben. Sie können sich keinen Begriff machen von der Unruhe meines hiesigen Lebens.

Ich bin inmitten dieser ganzen Menge tief einsam.

Leben Sie wohl, leben Sie wohl.


## GRÄFIN D'AGOULT AN LISZT

21. Februar 1840 (nach Wien)

Es ist lange her, scheint mir, daß ich Ihnen nicht geschrieben habe. Das liegt daran, daß ich auf Ihre Briefe wartete. Sie werden recht selten ... aber ich gebe Ihrem Schweigen keinerlei unfreundliche Auslegung. Sie sind ein Mann und kein Kind.

Was es Neues seit meinem letzten Brief gibt? Die Ablehnung der Dotation und die Demission der Minister (siehe die Débats von heute morgen). Die Wirkung ist ungeheuer. Man war gar nicht darauf gefaßt. Faisensac (sic) bringt sein Schäfchen ins trockne. In meinem kleinen Bereich, das Erscheinen von Mignet, der mir das Allartsche Manuskript brachte und reizend war. Potocki und Ronchaud waren dabei. Man hat sich sehr gut unterhalten, und ich hatte das Glück, etwas Kluges zu sagen. Ich glaube, daß er wiederkommen wird. Es würde mich sehr freuen. Er ist gerade von dem Schlage, der bei mir etwas fehlt. Ich habe ein Diner für Barbier, Duban und Clear gegeben. Duban hat sich sehr vornehm gezeigt. Er hat eine natürliche Zurückhaltung und ein sehr bemerkenswertes sicheres Wissen. Barbier hat kolossal viel über Dante und Shakespeare gesprochen. Er hat mit Clear gestritten, der ihm über war. Ich hatte auch eine Abendgesellschaft mit dem Urhan-Wunder, die sehr gelungen ist. Maurice war da, auch de Vigny, der in

Clears heilige Katharina ganz verliebt ist und ihm in poetischer Form seine Bewunderung gesagt hat. Er war auch zu Ronchaud mehr als liebenswürdig: er unterstreicht die Absicht, nett zu meinen Freunden zu sein.

Das ist es, glaube ich, was meine Umgebung auszeichnet: etwas sehr Sympathisches, das mich zum Mittelpunkt macht. Clear ist hier beinahe liebevoll aufgenommen worden. Maurice hat ihn bei Molé eingeführt, der zu Hause sein sollte, aber leider krank war. Sainte-Beuve bringt ihn Donnerstag zu Frau Récamier. Er macht mir eine Sammlung reizender Karikaturen und wird eine Sammlung ernster Porträts meiner Freunde anfangen.

Sainte-Beuve hat George aufgesucht. Ihr Säbel ist gekommen. Wappnen Sie sich mit einem eisernen Panzer gegen alle Neckereien, die Sie darüber und über Ihren Adel werden über sich ergehen lassen müssen. Bereiten Sie Ihre Antworten gut vor, und geben Sie Ihren Freunden den Ton an. Außerdem, ich wiederhole es zum hundertsten Male, versuchen Sie, Dämpfer anzulegen: keine Diskussionen, viel Witze, und lassen Sie eine Spitze von Egoismus durchscheinen. So ist hier die Mode.

Koreff möchte wieder ungarischen Tabak. Bringen Sie welchen mit, oder schicken sie ihn durch die Botschaft. Er verdient dieses Geschenk.

Bartolini hat Ihnen geschrieben und eine Skizze zum Denkmal geschickt. Ich schicke sie Ihnen nicht, weil ich mir mit Hilfe von Duban erlaube, Verbesserungen daran anzubringen.

Die Sieben Noten sind entzückend, aber in der übrigen Komposition stehen blödsinnige Sachen.

Bulwer hat mich gestern ernsthaft darum gebeten, die Kleine adoptieren zu dürfen. Er erkundigt sich unaufhörlich nach ihr und gerät in Begeisterung vor den kleinen Skizzen, die Clear von Mouck gemacht hat.

Ich verlasse Sie, um mit Maurice zu frühstücken (natürlich hier). Gott weiß, welch unangenehme Beweise von Interesse er mir geben wird!

---

346

Wien, 22. Februar 1840

Während dieser Woche habe ich meine Fahrten nach Ödenburg, Eisenstadt und Pottendorf gemacht, an Miri, Herrn
Ingres, Bartolini durch Vermittlung eines jungen Malers, der
nach Italien reist, geschrieben, noch mehrere andere Briefe
(Neipperg, Korrespondenz nach Ungarn usw.), eine Menge
Rechnungen bezahlt, ein Coupé gekauft, einen Diener gemietet,
usw. usw. .... Ich bin von alledem erschlagen. Wien lastet in
einem Grade auf mir, wie ich es nicht sagen kann; ich hoffe,
übermorgen abzureisen. Meine Freunde drangen sehr darauf,
daß ich noch ein Konzert gebe (für das Beethoven-Denkmal),
ich habe es abgelehnt. Das Klavier ist mir zuwider. Alles, was
ich zu tun imstande bin, ist eine oder zwei Seiten meiner Ungarischen Lieder zu schreiben, die ich unbegrenzt fortsetzen
will. Das war eine reiche Ader.

Ich will Ihnen heute noch etwas erzählen. Vergangenen
Mittwoch, am Tage nach dem Konzert, das ich für die Armen
in Ödenburg gab, machte ich eine Pilgerfahrt nach Raiding.
Auf meinem Weg erkannte ich alle Dörfer, alle Kirchtürme,
alle Straßenkreuzungen und sogar einige Häuser wieder. Ich begreife diese Zähigkeit der Kindheitserinnerungen nicht, die, wie
Sie wissen, so wenig Reiz für mich haben. Zwei Meilen vor
Raiding kamen mir einige zwanzig Bauern zu Pferde, sehr
malerisch ausstaffiert, entgegen und geleiteten mich bis zu dem
Haus des Richters. Die ganze Bevölkerung (etwa tausend Menschen) war versammelt. Die Kinder, Knaben und Mädchen,
knieten nieder, als ich vorüberging. Ich hatte alle Mühe der
Welt, um sie dazu zu bewegen, sich wieder zu erheben.

Einige Bauern kamen, um mir die Hand zu küssen, die meisten hielten sich in respektvoller Entfernung. Der Pfarrer, der
mir entgegengekommen war, um mich zu empfangen, führte
mich zu meinem väterlichen Hause, das noch ziemlich in demselben Zustand ist wie damals, als ich es verlassen habe. Ich
habe alles ohne Ergriffenheit wiedergesehen; Sie fehlten mir.
Ihnen allein gehört meine Zärtlichkeit und meine ganze Hingabe.

Der Pfarrer hat eine stille Messe gelesen; die Menge füllte

347

die ganze Kirche. Dann sind wir (Alberti und Schober, dessen Verse ich Ihnen aus Pest geschickt habe, hatten mich begleitet) zum Haus des Richters zurückgekehrt, wo man uns ein Omelett und Kaffee zubereitet hatte. Ich ließ den Bauern draußen Wein geben und forderte die Musiker, die bisher vor uns hergezogen waren, auf, Walzer zu spielen. Es war ein richtiger Ball im Freien auf dem Schnee.

Die Bauern führten mir ihre schönsten Mädchen zu und baten mich, mit ihnen zu tanzen. Ich weiß nicht, warum ich an ein Billett denken mußte, das Sie mir aus Croissy geschrieben haben, wo Sie mir auch von einem ländlichen Ball erzählten. Diese Erinnerung warf eine unbeschreibliche Melancholie über diese ganze Szene.

Schließlich fuhr ich gegen 1 Uhr, von denselben Bauern geleitet, wieder ab, nachdem ich der Gemeinde etwa 100 Dukaten dagelassen hatte. Um 3 Uhr kamen wir in Ödenburg an ... ein riesiges öffentliches Diner von etwa achtzig Personen im kleinen Redoutensaal.

Es ärgert mich, daß Sie meinen Brief aus Gattendorf nicht erhalten haben. Ich bin nicht mehr imstande, ihn wiederzuschreiben.

Ihre eigenen Briefe sind kleine Meisterwerke. Schreiben Sie, wie Sie sprechen ... also wie Sie schreiben. Ihr Bild steht immer hier auf meinem Tisch. Sagen Sie Lehmann nochmals, wie dankbar ich ihm dafür bin. A propos Lehmann: hier sind zwei Zeilen für ihn. An Ronchaud schreibe ich auch.

Ich werde Ihnen noch von Wien aus schreiben, ich muß mit Ihnen über Ihre Beziehungen zu Maurice und der äußeren Welt reden, mit denen ich sehr zufrieden bin. Sie sind genau so, wie sie sein müssen. Ich muß Ihnen auch von einer Art Leidenschaft erzählen, der ich achtundvierzig Stunden lang erlegen bin. Seien Sie nicht eifersüchtig. Es handelt sich um die Frau (fehlt) in Ödenburg, sehr schön, und die einzige, für die ich seit drei Monaten eine ausgesprochene Neigung gehabt habe.

Leben Sie wohl, Liebe.

Streichen Sie diese letzten Zeilen des Briefes, wenn sie Sie verdrießen. Leben Sie wohl.

Dienstag morgen, 25. Februar 1840

Und auch ich, lieber Franz, habe vor Freude und Schmerz geweint, als ich Ihr letztes Wörtchen aus Wien las! Und auch ich kann Ihnen sagen: Sie wissen nicht genügend, was Sie für mich sind! Sie wissen nicht, was alles ein Wort, eine Betonung in der tiefsten Tiefe meiner Seele aufrühren kann, daß mein Leben und Tod in Ihrer Hand liegt und daß durch Sie und von Ihnen unsagbare Freuden wie unaussprechliche Leiden für mich kommen. Ach, ich schwöre es Ihnen und kann es Ihnen sogar heute, nach dieser langen Abwesenheit, nach so viel Traurigem, das sich zwischen uns angehäuft hat, nach Ihren Fehlern und meinen noch tausendmal größeren, sagen, niemals ist ein Mann so geliebt worden!

Ich kann mir den Augenblick nicht vorstellen, wo ich Sie sehen werde ... Die ersten Akkorde, die ich von Ihrer so machtvollen Hand hören werde! Ich fühle, daß ich Ihnen wie vor fünf Jahren sagen werde: Laß uns in die Einöde gehen und nur füreinander leben!

Ich muß versuchen, Ihnen, um es mir zu merken (denn ich schreibe kein Tagebuch), meine letzten Gespräche mit Potocki zu erzählen, es wird Sie kaum interessieren, aber ich selber möchte sie gern in der Erinnerung behalten.

Vor etwa fünf oder sechs Tagen, als ich allein mit ihm war, verlor er so den Kopf, daß er mir die glühendste Liebeserklärung machte (immer den Anstand wahrend). Wir wurden unterbrochen, und am Tag darauf schrieb ich ihm folgende wenigen Worte: „Ich bin heute etwas leidend und werde Sie nicht sehen können, tausend Grüße."

Daraufhin ein außerordentlich korrekter Entschuldigungsbrief von P... Am übernächsten Tag und den folgenden Tagen besuchte er mich wieder. Ich hatte immer Gäste. Er kann mich nur auf Deutsch um Entschuldigung bitten, mir sagen, daß ich ihn blödsinnig gefunden haben muß, usw. usw....

Kurz, gestern sind wir wieder allein. Er: „Wissen Sie, daß Sie mich seit acht Tagen um fünfzehn Meilen zurückgebracht haben!" Ich: „Durchaus nicht, wir waren zu einer Stelle am Wege gekommen, wo es mehrere Abzweigungen gab; Sie wollten die eine einschlagen, ich habe Ihnen die andere angewiesen. Deswegen gehen wir nicht rückwärts, wir gehen immer vorwärts." Er (nach nachdenklichem und beifälligem Schweigen): „Aber glauben Sie, daß Sie mir diese Abzweigung nur zu zeigen brauchten, damit ich sie auch einschlage?" – „Allerdings."–„Sie haben großes Vertrauen zu Ihrer Macht über andere." – „In diesem Falle habe ich keinerlei Zweifel, weil ich gewiß bin, daß Sie im Grunde über unsere Lage zueinander und unsere möglichen Beziehungen genau so denken und fühlen wie ich, nur vergessen wir alle manchmal, was wir dennoch mit unserm Verstand sehr klar sehen ... Ich erinnere Sie nur an das, was Sie selbst denken." – Er (mit starrem Blick und so, als ob er einen Entschluß faßte): „Soll ich Ihnen meinen Gedanken offen sagen?" – „Ja, ich bitte darum." – Er (nach langem Zögern, Stammeln, Schweigen usw.): „Nun gut, Sie haben recht. Ich betrachte Ihre Verbindung mit L ... als heilig. Sie wissen, daß ich ihn nicht liebte, aber ich schwöre Ihnen, wenn das Unglück es wollte, daß wir ein Duell miteinander haben müßten, wäre es mir unmöglich, auf ihn zu schießen! Der Gedanke liegt mir fern, eine Wolke zwischen Sie zu schieben ... Ich fühle zu sehr, daß Sie niemals wieder jemand so lieben können wie ihn. Wissen Sie, ich habe viel darüber nachgedacht; meine Phantasie ging sehr weit, sehr weit ... Ich sah sehr viele Jahre voraus, Sie haben meinen Charakter ganz gewandelt. Ich hielt mich für vollkommen unfähig, von einem tieferen Gefühl ergriffen zu werden, nun, ich sage es Ihnen, ohne einen Schatten von Erregung, Sie haben auf mich einen tiefen und unauslöschlichen Eindruck gemacht. Ich habe zunächst über mich selber gelacht, habe mich über diesen Rückfall in die Jugend lustig gemacht ... dann habe ich mich täglich stärker angezogen gefühlt ... Heute kommen mir alle andern Frauen dumm vor. Sie haben eine Freimütigkeit, eine Gradheit des Charakters, einen geistigen Adel, die Sie für mich zur ersten Frau der Welt machen ... Ich rede nicht von Ihrem Charme. Kurz, ich wiederhole es Ihnen, ich wäre verzweifelt, etwas zu zerstören, aber wenn sie sich eines Tages trennen sollten ... nun, dann würde ich eben versuchen, die Nachfolge anzutreten. Ich weiß, daß Sie mich sehr eingebildet finden werden, daran zu denken, ihn zu ersetzen. Sie haben mir einmal erzählt, daß er Ihnen gesagt habe, Ihre Liebe sei schwer zu tragen. Ich glaube es gern, so muß Ihre Liebe für ihn gewesen sein, den Sie mit Leidenschaft, wahrscheinlich mit Eifersucht, vielleicht mit Reue geliebt haben, aber ich möchte Ihre Ruhe sein. Vielleicht würde es mir gelingen, Ihnen Gefühle einzuflößen, die Ihnen angenehm wären, weil Sie nichts mehr aufrühren würden. Mein ganzes Leben würde dazu da sein, um Ihnen vielleicht zwar nicht das Glück zu geben, aber um einigen Kummer auszulöschen, um Sie manchmal zum Lächeln zu bringen, wie ich Sie habe lächeln sehen. Sie wissen wohl, daß mir an nichts anderem liegt als an Ihnen."

Was sagen Sie zu einem solchen Heiratsantrag? Er sagte mir mehrmals, daß ich viel Ähnlichkeit mit seiner Frau habe.

Sie können sich die Zartheit und Anmut nicht vorstellen, mit der er seine beständige Beschäftigung mit mir zum Ausdruck bringt, seine Besorgnis, wenn ich leide, seine Heiterkeit, wenn ich heiter bin, seine gemütvollen Worte, seine Aufmerksamkeiten. (Ich bin nach dem König der erste Mensch in Paris, der dieses Jahr schon Erdbeeren gegessen hat; mein Zimmer ist voll exotischer Pflanzen von größter Schönheit; jetzt plant er, im Rocher de Cancale[1] ein Diner zu geben, dessen Teilnehmer ich bestimmen soll; ich glaube, damit ich eine seiner Tanten kennenlerne.)

Aber Schluß mit Pot. Gestern haben Ronchaud, Lehmann, Potocki und ich uns Arnal[2] angesehen. Victor Hugo war auf einem Orchesterplatz gerade unter meiner Loge. Arnal kam nicht zu seinem Recht; ich habe immer nur den großen Mann betrachtet. Welch schöne Stirn! Welch himmlisches Lächeln! Woher kommt es, daß dieser Mann allein mir die heilige Ehrfurcht vor dem Dichter einflößt? Ich weiß, daß er eitel, klein-

[1] Austernstube.
[2] Berühmter Komiker.

lich, neidisch, egoistisch ist, und dennoch empfinde ich ihn als groß und gut.

In der Politik ist man immer noch erregt. Die Débats geben Alarmschüsse ab. Thiers soll ins Kabinett kommen. Broglie will es nicht. Molé zögert. Man prägt eine Münze mit Cormenins Bild. Le Château weint und sagt, daß man ihn beleidigt.

Bulwer ist krank und weiter sehr geistreich verliebt.

Ein Ausspruch von ihm, deshalb interessant, weil er einen Begriff von der Vorstellung eines Diplomaten gibt: Warum hat Herr Liszt nicht eine andere Laufbahn gewählt?

Lehmann hatte ein Abenteuer auf dem Maskenball, aber er will heldenhaft treu bleiben, wem? Fräulein Caroline Ungher!! Ich billige es in höchstem Maße.

Leben Sie wohl, die Mouches gedeihen. Nummer 1 ist weiter wunderbar schön. Nummer 2 unübertrefflich frech und nett. Das sind zwei wohlgeborene Kinder, ben fabricati.

———

## LISZT AN GRÄFIN D'AGOULT

Wien, 26. Februar 1840

Ihre Familienberichte sind traurig . . .

Auf jeden Fall bitte ich Sie, noch drei Wochen zu warten, bis ich zurück bin, ehe Sie hinsichtlich der Kinder irgend etwas Entscheidendes tun, usw. . . . . Wahrscheinlich werde ich nicht sehr auf Versöhnung dringen. Lieber Krieg, als ein fauler Friede. Es ist gut, daß Ihre Familie und die Gesellschaft noch genau wissen, daß Sie sie nicht brauchen, in Paris nicht mehr als anderswo, was nicht hindern wird, daß man sich zu gegebener Zeit und Gelegenheit versöhnen wird, ganz im Gegenteil.

Ich hoffe, das Leid, das ich Ihnen zugefügt habe, zum Teil wieder gut machen zu können; ganz gewiß werden wir uns über die Hauptpunkte verständigen (die Kinder, Ihre Mutter, usw.), vorläufig lasse ich nicht viel (fehlt) zu.

Er hat darin nichts zu suchen, das geht ihn überhaupt nichts an; und dann war ich darüber wütend, ob gerechter- oder ungerechterweise, weiß ich nicht. Und unsere Heirat, wenn es je

Zeit ist, daran zu denken, werden wir sicherlich unabhängig von ihrer Erlaubnis beschließen, ebenso wie die Fuga. Wenn sie noch Schonungen, Vorbereitungen usw. brauchen, dann sollen sie zum Teufel gehen oder sich ...

Es lockt mich sehr, direkt nach Paris zu fahren, aber ich habe mich schon zu sehr Prag und Leipzig gegenüber verpflichtet ... Diesbezüglich schicke ich Ihnen einen Brief des Gouverneurs von Böhmen, Grafen Chotek, als ein Muster von Höflichkeit und Liebenswürdigkeit.

Bedenken Sie, daß ich den Grafen Chotek nur in meinen Konzerten vom vorigen Jahr getroffen habe, ohne daß ich ihn je bei sich oder woanders gesehen habe. Ist das nicht eine reizende Art?

In Leipzig scheint man bei der Bank, ohne daß ich zu irgend jemand darüber gesprochen hätte, eine Subskription für meine Konzerte eröffnet zu haben, die sogleich mit Unterschriften bedeckt war.

Eigentlich bin ich etwas unentschlossen. Soll ich direkt nach Paris fahren oder in Prag, Leipzig, Frankfurt, Hamburg Geld verdienen und durch Paris nur durchreisen und vierzehn Tage irgendwo allein mit Ihnen verbringen?

Spätestens übermorgen reise ich nach Prag ab. Aus mehreren Gründen mußte ich diese acht Tage in Wien verbringen. Ich habe mich dabei tödlich gelangweilt.

Fürst Fritz Schwarzenberg[1] (ein reizender Mensch, der sein ganzes Leben herumvagabundiert hat) bat mich, einige Worte unter mein Bild zu schreiben. Ich habe folgendes daruntergesetzt: Dem Grand Seigneur und Künstler Fritz Schwarzenberg der Künstler und Grand Seigneur F. Liszt in ergebener Zuneigung.

Sie werden das unverdient, impertinent finden, aber mir schien es gerade das richtige.

Ich bin trostlos, daß Sie meinen Brief aus Gattendorf nicht erhalten haben. Ich könnte ihn Ihnen höchstens mündlich wiederholen.

[1] Sohn des Feldmarschalls Karl Schwarzenberg, Soldat, Forschungsreisender (1800–70).

Leben Sie wohl, Liebe, wir sehen uns bald.

Wenn B(ulwer) Takt besitzt, was ich nicht bezweifle, so wird meine Stellung sehr einfach sein; ich bin ziemlich zum Negativen entschlossen (Jacques, ohne Gletscher), sonst, here is a heart for every fate.

Leben Sie wohl, küssen Sie die Mouches von mir.

Ich habe Ihnen ein Armband geschickt, das ich hübsch fand. Ihre Nadel habe ich immer noch nicht erhalten.

Hat Graf Traun meiner Mutter den Säbel abgegeben.

---

### GRÄFIN D'AGOULT AN LISZT

26. Februar 1840 (nach Wien)

Meine brüderlichen Unterhaltungen setzen sich fort. Er kommt endlich zu dem Schluß, daß es einer Gelegenheit bedürfe, um meine Mutter wiederzusehen; nun, diese Gelegenheit wäre wahrscheinlich eine tödliche Krankheit, und sollte dieser Fall eintreten, wenigstens bei mir, so soll niemand in der Welt als Sie mein letztes Wort und meine letzten Seufzer vernehmen.

Stellen Sie sich vor, daß Mathilde ein christliches Buch schreibt! Sie ist bei der Verbesserung der Korrekturbogen und wird es für 1500 Franken drucken lassen. Maurice sagt, es sei sehr gut geschrieben, mit Wärme usw. . . . . Es sind Gebete, Ermahnungen, Betrachtungen über die in der Kindheit häufigsten Fehler, das ganze untermischt mit Geschichten und Bibelsprüchen.

In Wahrheit kann ich mich nicht genug darüber wundern, und es beschämt mich. Ich muß unbedingt arbeiten und weiß nicht, an welchem Ende anfangen. Diese lange Beinkrankheit, diese albernen Beschäftigungen mit meiner seelischen und materiellen Einrichtung haben mich hundert Meilen vom Studium entfernt.

Die Lähmung, die durch die Neuheit von Dingen und Menschen vorübergehend behoben war, kehrt zurück. Die Träume von einem strengen Leben, der Durst, mich zu betätigen . . . Denken Sie an mich; überlegen Sie für mich. Retten Sie mich vor mir selber. Fesseln Sie mich an die Arbeit, wie einen Galeerensklaven. Schaffen Sie mir Pflichten; machen Sie mich zum Sklaven von irgend etwas. Die Freiheit lastet auf mir. Bedenken Sie, daß unsere beiden Naturen diametral entgegengesetzt sind. Sie brauchen den weiten Horizont, die Unendlichkeit, die Unbegrenztheit, das Unvorhergesehene; ich die Regel, den gut ausgefüllten Rahmen, das Gefühl einer erfüllten Pflicht, den geordneten Lebensgang. Wir haben beide einen Fehler begangen: nämlich den andern nach sich selber zu beurteilen. Was für den einen ganz einfach gewesen wäre, war es nie für den andern, und vice versa. Jetzt fühle ich mich in einer kritischen Zeit. Wenn Sie mir nicht helfen, siegreich daraus hervorzugehen, wird mich nichts aus ihr herausführen. Ich brauche zweierlei: eine Kombination, die mir unsere Kinder wiedergibt; und daß Sie mir eine positive Arbeit geben, der ich mich zunächst aus Gehorsam unterwerfen werde und die bald zur Neigung, ja sogar zur Leidenschaft werden wird, dessen bin ich gewiß. Später wird hoffentlich die Philanthropie noch kommen.

Ich bin wirklich unglücklich über den unnützen Egoismus meines Lebens, über soviel begonnene, nicht zu Ende geführte, verlassene Dinge, denn ich habe bei allem versagt, und alles hat sich mir versagt. Mein eigner Wille hat mich von meinem Mann, meinen ersten Kindern, meiner Familie getrennt; die Notwendigkeit trennt mich von Ihnen, von unsern Kindern ... Aber genug von mir.

Thiers wird Minister, zusammen mit einem Haufen Mittelmäßigkeiten. Die d$^{res}$[1] sind wütend auf Broglie, der den Ministerposten ausschlägt, weil er sich mit der Witwe des Sohnes der Frau von Staël verheiratet (Familienheirat). Seitdem ich Ihnen nicht mehr geschrieben habe, habe ich die Garcia im Tankret wieder gehört. Sie wird von dieser Rolle vollkommen erdrückt; sie ist zu häßlich, zu linkisch, sehr kalt und ohne jeden Einfall.

Die Persiani hat eine wunderbare Kehle; es gelingt ihr, einem die allerangenehmste Sensation zu verschaffen; aber

[1] Doktrinäre.

keine Ergriffenheit. Rubini und Tamburini sind eingeschlafen, das Publikum auch. Im ganzen ein trauriges Ergebnis, das die Elite der Sänger vor der Elite der Nation erzielt. Es ist nicht die Zeit für Musik.

Leben Sie wohl·..., die Ihre.

———

Freitag, 28. Februar 1840 (nach Wien)

Obgleich ich Ihnen gestern einen langen Brief geschrieben habe, muß ich einige Worte auf das Billett antworten, das ich heute morgen erhalten habe (nach dem Abschiedskonzert geschrieben).

Ich sehe, daß Sie ebenso angewidert von Ihrem Leben sind wie ich von meinem. Was soll man tun? Was wünschen? Ist es denn unmöglich zu leben? Kaum hat man alle Fesseln gesprengt, so arbeitet man schon daran, sich andere zu schmieden. Sie sind mehr als je Künstler, und ich bin beinahe wieder eine Weltdame geworden. Aber Sie haben recht, wir können Vertrauen in uns haben, obgleich und weil.

Ich habe den Brief aus Gattendorf nicht bekommen und gäbe Millionen dafür, ihn zu haben. Gibt es kein Mittel dafür?

Meine Beziehungen zu Bernard[1] sind sehr einfach. Nach zwei Monaten zarter Dienste, Aufmerksamkeiten, quasi vertraulicher Unterhaltungen, hat er sich für sterblich verliebt erklärt und habe ich das chemische Verfahren begonnen: ich scheide die Elemente der Liebe von denen der Freundschaft, um die einen zu verwerfen und die andern, die ich für Sie und mich für ausgezeichnet halte, zu behalten. Ich glaube, er ist anständig und aufrichtig. Er versteht wie keiner meine tiefe und unersetzliche Leidenschaft für Sie. Nur glaubte er, daß vielleicht Ihre unbestimmte Abwesenheit, vielleicht irgendwelche Treubrüche (immer als wahrscheinlich ins Auge gefaßt) mich dazu bringen würden, vorübergehend einen Liebhaber zu nehmen, und das wollte er dann sein.

Das sagt er den einen Tag; den andern Tag spricht er von

[1] Potocki.

356

Heirat für den Fall, daß mein Mann sterben sollte (Sie wissen, daß Verliebte nicht logisch sind).

Ich weiß nicht, ob Ihnen unsere Beziehungen jetzt klar erscheinen, so ist die genaue Wahrheit. Ich wiederhole es Ihnen, Franz, es wäre mir unmöglich, Sie zu belügen. Sie fragen mich, wie ich so viel Intrigen gleichzeitig spielen kann? Alle Tage, die Gott werden läßt, kommen im Laufe des Tages Potocki, Ronchaud, Lehmann, denen sich abwechselnd von Eckstein, Sainte-Beuve, Marliani, Sue, Didier, de Vigny usw. anschließen. Bulwer kam gewöhnlich entweder zum Diner oder am Abend, in den Zwischenpausen seiner Verpflichtungen im Ministerium, in den Gesandtschaften usw. . . . Seit einem Monat ist er infolge eines Falles krank. Jetzt besuche ich ihn, manchmal mit Clear, manchmal allein. Ich kann Ihnen jetzt nichts über ihn und uns sagen. Ich muß unbedingt vierundzwanzig Stunden ganz mit Ihnen verbringen, um (fehlt), und ich flehe Sie nochmals an, sich so einzurichten.

Ich habe die höchste Meinung von B . . . Er ist sehr stolz, nicht eitel, und ich bin überzeugt, daß er mich mit aller Selbstlosigkeit liebt, die möglich ist. Er spricht sehr wenig und hat immer aus der Unterhaltung alles ferngehalten, was auf die Vergangenheit oder auf die Zukunft anspielen konnte. Ich habe ihm erst kürzlich gesagt, daß ich immer alles tun würde, was Sie wollen, daß ich keinen andern Willen hätte als den Ihren, kein anderes Gewissen als Sie. Er hat den Kopf gesenkt und nichts erwidert. Er wiederholt bei jeder Gelegenheit, daß er mir niemals den Schatten eines Kummers bereiten würde, daß er für mich nur eine Ruhe sein wolle, der Trost für einige Schmerzen, das Vergessen einiger anderer, aber niemals eine Störung oder ein Hindernis. Er ist sehr besorgt um meine Würde, meinen Ruf und hat mir immer die besten Ratschläge in bezug auf meine Familie, die Gesellschaft, meine piffoëlesken Streitigkeiten usw. gegeben.

Leben Sie wohl, schreiben Sie doch, ob Sie nach Prag und nach Leipzig fahren und wann Sie hier zu sein gedenken und ob Sie nach England fahren.

———

Heute morgen erhalte ich den Brief, in dem Sie mir von Ihrem Empfang in Raiding erzählen. Ich bin aufs tiefste erschüttert ... Wie haben Sie an jenen Brief aus Croissy gedacht? Solche Worte öffnen mir den Himmel. Woher kommt es denn, daß in den Ausdrücken Ihrer Liebe immer eine Überraschung für mich liegt? Aus meinen letzten Briefen werden Sie gefühlt haben, wie traurig ich bin! Das Neue und Unbekannte bei meiner Ankunft hier hat mich eine Weile aufrechterhalten, aber Traurigkeit, Unruhe, Mißbehagen sind wiedergekommen. Das Verlangen nach Leidenschaft, das Verlangen nach Einsamkeit, das Verlangen nach Ihnen, nach Ihnen allein, ohne Teilung, ohne Vernunft, verzehrt mich.

Sie, nichts als Sie, immer Sie.

Was Sie mir über Ihre Leidenschaft von achtundvierzig Stunden sagen, schmerzt mich weder noch kränkt es mich; erstens hört man auf, unduldsam zu sein, wenn man sich schwach gefühlt hat, dann ... vor allem habe ich die Regung sehr geliebt, aus der heraus Sie mir gleich davon erzählt haben.

Was mich in der Vergangenheit mehr als alles andere betrübt hat, war immer das Gefühl von einer verflossenen Zeit, in der zwischen uns die Lüge stand, gewisse Worte, die Sie gesprochen haben, ein gewisses Lächeln, das mir das Herz brach.

Ich weiß nur nicht, wie ich diesen Satz: „Die einzige ausgesprochene Neigung seit drei Monaten" mit Ihrem sehr bedeutsamen Schweigen auf zwei Fragen in Einklang bringen soll, die eine wegen der Ungher, die andere wegen Ihrer Treue im allgemeinen im Hinblick auf Bulwer. Sollte „ausgesprochene" wiederum ein Jesuitismus sein?

Sie haben mir seit langem recht wenig geschrieben. Ich kann nicht glauben, daß es Ihres bewegten Lebens wegen ist, es muß wegen B ... sein? Tun Sie alles, was Sie können, um den Brief aus Gattendorf zurückzubekommen. Es gibt Augenblicke, wo mein Kopf sich ganz verwirrt. Maurice hat sich einen Tag in der Woche ausgesucht, um bei mir zu frühstücken. Er hat Herrn Letissier zu mir geschickt, einen alten

Freund meines Vaters, er wünscht, daß ich wieder mit Frau de Prulay zusammenkomme.

Kurz, wenn er nicht eine Ungeschicklichkeit oder eine riesige Inkonsequenz begehen will, kann er kaum anders, als mir nächsten Winter seine Frau zuzuführen. Ich sehe, daß sie noch Angst vor meinen Vorwürfen, meinen Ausfällen haben, usw. ... Er hört nicht auf, mir zu wiederholen, daß jeder Mensch die Leidenschaft versteht und das, was man aus Leidenschaft tut, aber daß die Gesellschaft dadurch verletzt ist, daß ich mich feindselig zu ihr gestellt habe und sogar vor meiner Flucht mit Ihnen so laut geäußert habe, daß ich sie nicht liebe (die Gesellschaft).

Ronchaud behauptet, daß man in den Salons sehr besänftigt sei. Man hat sich viel mit meinem kranken Bein beschäftigt. Frau von Montault[1] ist zu ihrer Familie zurückgekehrt und wird überall empfangen werden; das ist ein guter Präzedenzfall. Nicht etwa, daß ich es ebenso machen will, aber es beweist, daß es nichts Unversöhnliches gibt.

Frau Didier besucht mich sehr häufig. Das ist auch etwas Gutes, denn sie hat vollkommen aufgehört, George zu besuchen, der gegenüber sie die ersten Schritte getan hatte.

Was wollen Sie hier in bezug auf Musik machen? Ich würde sehr wünschen, daß Sie sich gleich auf den Standpunkt stellten, in keinem andern Konzert zu spielen als in Ihrem eigenen; das wird jeder Mensch richtig finden.

Thalberg ist hier, und man sagt sogar, Frau Wetzlar. Von Döhler keine Rede. Puzzi ist abgereist, um Ihnen entgegenzukommen, sagt Fräulein Delarue. Sie werden freundlich zu Bernard sein. Er ist ein für den Selbstmord vorbestimmter Mensch, den wir vielleicht davor bewahren werden. Was B(ulwer) betrifft, so kann ich Ihnen nichts sagen: ich weiß noch nicht, was ich ihm sagen werde und wie ich es ihm sagen werde – ich verlasse mich auf die Eingebung. Auf jeden Fall (wenn er sich nicht selber vollkommen Lügen straft) muß er ergeben und selbstlos sein. Nur weiß ich nicht, ob er voll-

---

[1] Fanny de la Rochefoucauld, Gräfin von Montault, hatte ein Abenteuer, das in der Gesellschaft viel Aufsehen erregt hatte.

kommen aufhören wird, mit mir zusammenzukommen, oder ob wir Freunde bleiben werden. Ihr Wunsch wird da auch sehr mitsprechen, sogar alles entscheiden.

Leben Sie wohl, Franz, lieben Sie mich, denn ich kann ohne Ihre ganze Liebe nicht leben.

---

### LISZT AN GRÄFIN D'AGOULT

Wien, März 1840

In zehn Minuten besteige ich den Wagen. Ich fühle mich durch meine Abreise von hier wie von einem riesigen Gewicht befreit. „Spätestens am 1. März", sagten wir, jetzt wird es der 1. April werden. Wir werden meinen Namenstag zusammen verleben, nicht wahr?

Sie werden etwas froh sein, etwas glücklich, versprechen Sie mir das?

Wir werden neue Pläne schmieden, neue Träume träumen. Leben Sie wohl, liebe Marie. Ich mußte Ihnen diese beiden Worte schreiben, um nach Herzenslust weinen zu können.

---

Prag, Mittwoch, 3. März 1840

Respiro. Ich komme in Prag an. Man bringt mir einen Brief von Ihnen (vom 13. Februar); ich kann Ihnen nicht sagen, wie glücklich ich über die Pünktlichkeit bin, mit der Sie mir weiter schreiben.

Raten Sie, wen ich beim Ankommen hier treffe? Hermann[1] in Fleisch und Blut. Ich erzähle Ihnen nichts von ihm, Sie kennen ihn zu schlecht und zu gut. Graf Chotek hat mich auf das liebevollste aufgenommen.

Ich habe herrliche Pfeifen gekauft, die mein Diener (ein ehemaliger Husar, mit zwei Ehrenkreuzen) in wunderbarer Ordnung hält. Sie morgens und abends anzusehen ist so ziemlich mein einziges Vergnügen.

Ich bin entzückt darüber, daß Sie sich ein wenig mit Fräulein Delarue angefreundet haben. Wenn man von einigen Äußerlichkeiten absieht, muß alles übrige an ihr Ihnen sehr

[1] Hermann Cohen (Puzzi).

zusagen. Was die übrigen weiblichen Beziehungen betrifft, scheint mir nichts Eiliges vorzuliegen ...

Hermann hat mir von den Mouches erzählt. Ich gestehe, daß ich der Versuchung schwer widerstehen werde, mit ihnen zusammenzuwohnen. Ich habe so wenig Zeit, sie zu sehen. Wenn Sie mir nicht ausdrücklich das Gegenteil sagen sollten, werde ich bei meiner Mutter absteigen; es steht mir immer noch frei, eine andere Wohnung zu nehmen, wenn es absolut unhaltbar wird. Wenn Sie ein Möbelstück für mich haben oder eins kaufen wollen, lassen Sie es also in die Rue Pigalle tragen.

Wollen Sie mir bis Meaux entgegenkommen? Wir könnten zusammen nach Paris zurückkehren, das würde um den 30. März sein.

Adressieren Sie an Breitkopf und Härtel, Leipzig, ich bin in zwölf Tagen dort.

————

Prag, März 1840

Seit acht Tagen bin ich jetzt in Prag, und heute morgen ist mein fünftes Konzert. Ich spiele in jedem Konzert mindestens vier Stücke. Die Einnahme beträgt mehr als 100 Louis (1000 bis 1200 Gulden netto). Das ist fabelhaft, aber auch aufreibend. Ich bin trotzdem zufrieden mit dieser Ermüdung, denn sie setzt mich instand, Ihnen 5 bis 6000 Franken zu schicken, die Ihnen in diesem Augenblick gerade recht kommen werden.

Morgen, Donnerstag, mein sechstes Konzert (tatsächlich mein fünftes, denn das dritte war für die Armen), und am selben Abend reise ich nach Leipzig ab, wo ich Samstag im Laufe des Nachmittags anzukommen gedenke. Zwischen Dresden und Leipzig hoffe ich nur vier bis fünf Konzerte geben zu müssen, für die ich nicht mehr als vierzehn Tage brauchen werde. Aber ich will Ihnen nicht mehr von Konzerten erzählen, obgleich sie eigentlich mein ganzes Leben ausmachen! Sie können sich denken, wie amüsant das ist!

Die Aristokratie von Böhmen, die stolzeste der Monarchie, ist allerreizendst zu mir gewesen. Hier, wie überall, sind die Frauen für mich. Die Männer unterliegen diesem Einfluß, wenn auch mit etwas übler Laune. Vorgestern hatte ich zum Souper den Prinzen von Rohan (mit dem ich mich sozusagen angefreundet habe), den Fürsten Lichtenstein, den Grafen Schlick, die Grafen Thun, usw.... Wir waren etwa ein Dutzend. Hermann (Sie werden sehr lachen), der mir entschieden an Gnade und Weisheit gewachsen scheint, wie von unserm Herrn Jesus Christus gesagt wird, gehörte auch dazu. Der große Burggraf, Graf Chotek, der in der Abwesenheit von S. M. die kaiserliche Loge im Theater benutzt, hatte mich gebeten, mich dort nach jedem Stück des Konzertes für die Armen auszuruhen. Als ich am Schluß des Konzerts, ich hatte schon ein Stück mehr gespielt, als auf dem Programm stand, dorthin kam, um mich bei ihm zu bedanken und mich von ihm zu verabschieden, fingen er und seine Frau ostentativ zu klatschen an und meinen Namen zu rufen. Der ganze Saal verstand, was das heißen sollte, und ein donnernder Beifall zwang mich, von neuem auf der Bühne zu erscheinen, es waren mehr als zweitausend Leute im Saal.

Sie müssen bedenken, daß das Prager Publikum außerordentlich musikalisch ist und für die Wiener Berühmtheiten den Ruf einer Art Obersten Gerichtshofes hat. Nach dem, was alle Welt sagt, übertrifft mein Erfolg noch den von Paganini, der hier wie überall als höchster Maßstab gilt.

Nun bin ich gegen meinen Willen nochmals auf die Konzerte zurückgekommen, die mich so sehr langweilen! Basta cosi!

Ich habe erst gestern Nachrichten von Ihnen bekommen, dafür aber auch drei Briefe auf einmal. (Adressieren Sie subito an Breitkopf und Härtel, Leipzig.)

Was sagen Sie zu meinem Vorschlag mit Meaux? Möchten Sie lieber eine andere Stadt? Und welche? Sie brauchen sie nur zu bestimmen, und ich werde am festgesetzten Tag und zur festgesetzten Stunde dort sein; oder wäre es nicht besser, ganz einfach Ihre Tür in Paris vierundzwanzig Stunden lang zu verschließen und uns erst dort zu sehen? Das ist meine Meinung, ganz ausdrücklich meine Meinung. Wir werden es in diesen Herbergszimmern abscheulich haben. Sie werden sich unterwegs erkälten. Trotzdem werde ich Sie über den Tag meiner Ankunft in Meaux benachrichtigen. Es sind bis Paris nicht mehr als fünf Stunden Weges. Wenn Sie sie mit mir zusammen fahren wollen, mein Coupé ist sehr weich und schließt sehr gut.

Es ist selbstverständlich, daß ich nur in eignen Konzerten in Paris spielen werde. Welche musikalische Apathie Sie dort auch wahrnehmen sollten, ich gebe es nicht auf, dieses Publikum zu packen. Wir sind alte Bekannte, und ich glaube genau zu wissen, was es braucht.

Schreiben Sie so freundschaftlich wie möglich an Urhan für mich, daß er mich nicht zu dem Konzert seines Schützlings erwarten soll; es wird ein anderes Mal sein.

Wenn Sie Erard sehen, bereiten Sie ihn darauf vor, daß ich ihn mindestens zweimal um seinen Salon bitten werde. Meine beiden ersten Konzerte sollen nirgends anders stattfinden. Im zweiten wird es zum Ersticken voll sein, Sie werden sehen. Um den 12. April herum gedenke ich mein erstes zu geben, und fünf oder sechs Tage später das zweite und dritte. Ich muß mindestens gegen 15000 Franken in Paris verdienen. Es wäre sonst eine Schande. Sie lächeln wehmütig über diese Beschäftigung mit Geld und Erfolg, nicht wahr? Ich würde nicht mit Ihnen davon sprechen, wenn Sie nicht in dieser Hinsicht Zweifel hätten (wenigstens was Paris anbelangt), die in drei Wochen schon nicht mehr möglich sein werden. Glauben Sie mir, ich kenne Paris sehr gut, ich habe dort genügend Dummheiten und Albernheiten begangen, um mit voller Bestimmtheit meinen Konzerten einen ungeheuren Erfolg voraussagen zu können, wie auch die gegenwärtige Stimmung des Publikums für mich sein mag.

Werde ich bei meiner Mutter wohnen können? Ich möchte es sehr, wegen der Mouches. Wollen Sie es übernehmen, meine Wohnung bei ihr herrichten und mir die zwei oder drei notwendigen Möbel hinstellen zu lassen? Ein Hotel wäre außerordentlich teuer und hätte noch andere Nachteile. Mein Sekretär, Herr Kiß, eine liebenswürdige und ungeschickte Natur, könnte sich in der Nachbarschaft in einem kleinen Hotel

Garni einquartieren. Ich brauchte nur ein Dienstbotenzimmer
für Ferco, der eine Perle von einem Dienstboten ist und den
ich absolut nicht entbehren kann. Ich bin überzeugt, daß Sie
in jeder Hinsicht sehr zufrieden mit ihm sein werden.

Ich lege Ihnen diese Sache ans Herz und werde meiner
Mutter erst nach Ihrer Antwort nach Leipzig schreiben. Machen Sie sich die Mühe, ihr reichlich Nachrichten von mir zu
geben. Ich habe Ihnen einige Zeitungen schicken lassen, übermitteln Sie sie ihr, und bitten Sie sie, mich zu entschuldigen,
wenn ich ihr nicht schreibe; ich habe buchstäblich nicht zwei
Stunden frei. Vor allem versuchen Sie einzurichten, wenn es
möglich ist, daß ich bei ihr wohne. Ihr, wird es eine besondere Freude machen, und im ganzen scheint es mir
schicklicher.

Alles, was Sie mir von Potocki sagen, ist reizend. Bei der
Entfernung, in der wir uns beide befinden (und lassen Sie mir
diese Gerechtigkeit widerfahren, daß über B . . . nie ein ironi-
sches Wort in meinen Briefen stand), ist es mir schwer, eine
feste Meinung über gewisse Möglichkeiten zu haben. Ich
glaube, Sie müssen B.s wegen P . . . widerstehen (jedoch ohne
sich umbringen zu lassen), obgleich ich, für mein Teil, wahrscheinlich seine Kandidatur eher unterstützt hätte als die jedes
anderen, unter Berücksichtigung Ihrer ersten und Ihrer zweiten
Natur.

Ich werde mit Ihnen von all diesen Dingen sprechen, wie es
mir Herz und Verstand eingeben, und ich hoffe, Sie werden
zufrieden sein, nicht mit mir, sondern vor allem mit sich, denn
Sie sind eine edle Frau und dürfen daran niemals zweifeln. Das
werde ich nicht zugeben. Wenn andere erstreben, für Sie ein
Trost, eine Ruhe, eine Linderung zu sein, will ich Ihre Stärke
und Ihr Stolz sein. Dieses Los ist schön, vielleicht das schönste,
und kommt mir ein wenig von Rechts wegen zu.

Ich habe oft an Venedig gedacht in diesen letzten beiden
Monaten, an einen Palast Foscari, den wir bewohnen würden,
an eine behagliche und poetische Existenz, die man schwer
woanders haben könnte.

Ich habe meine Tür schließen lassen, um Ihnen zu schreiben; über zwanzig Leute sind weggeschickt worden. Jetzt muß ich mich anziehen, um ins Konzert zu gehen. Ich werde immer um das Ave Maria gebeten. Ich komme nie zu einer bestimmten Stelle, die ich Ihnen vorspielen werde, ohne von Ihnen erfüllt zu werden. Das ist das einzige, das mir ständig und unbezwinglich diesen Eindruck macht.

Leben Sie wohl ... der Ihre.

---

## GRÄFIN D'AGOULT AN LISZT

10. März 1840 (nach Wien)

Ich erhalte heute morgen Ihr kurzes Wort beim Verlassen von Wien. Wie sollte ich nicht bis ins Mark der Knochen aufgewühlt sein?

Welche Macht haben Sie denn über mich, Franz, daß alle Freude und alles Leid mir einzig von Ihnen kommt, daß Sie nach Ihrem Belieben mich das Haupt erheben oder beugen lassen? Ihr vorletzter Brief schien mir kalt ... Ich war verzweifelt. Es kam mir vor, als sei ich für Sie nicht mehr Marie, als könnten Sie mich nicht mehr lieben wie in der Vergangenheit. Ich hatte einen langen Brief angefangen, ich habe ihn verbrannt, aus Furcht, daß er beim Nachschicken verlorengehen könnte. Also bis zum 1. April. Seit acht Tagen habe ich den Spleen. Nichts und niemand kann ihn heilen. So lange schon leben wir nicht dasselbe Leben! Ich glaube, daß Sie unrecht hatten, sich über den Satz von Maurice (fehlt) zu ärgern.

Ich hatte unrecht, Ihnen etwas zu schreiben, das, durch eine Menge vorbereitender Sätze eingeleitet, nichts Rohes oder Herrisches hatte. Maurice hatte, wie mir scheint, eine gute Absicht, als er mir riet, acht zu geben auf die Haltung (fehlt). Sie fühlen, daß ich hier nicht etwa Partei für ihn gegen Sie nehme. Ich habe keinerlei Freude mehr daran, ihn zu sehen, denn ich finde nicht, daß er tut, was er für mich tun sollte, aber ich weiß, daß er im Grunde gute Absichten hat, und will mich nicht über ihn ärgern.

Meine Stellung ist sehr einfach, und ich halte sie ohne irgendwelche Anstrengung aufrecht. Ich habe Claire[1] im Kloster gesehen, sie war sehr nett.

Was Sie auf Ihr Bild an Schwarzenberg geschrieben haben, gefällt mir nicht sehr. In Deutschland können Sie sich das erlauben, aber hier müssen Sie sich vor derartigen Dingen hüten. Über den Säbel und den Adel hat man sehr gelacht. Man glaubt, Sie seien von Ihren Erfolgen sehr geschwollen. Sie müssen also soviel wie möglich den Gutmütigen spielen.

Ich würde vielleicht meinen, daß Sie hier nicht öffentlich spielen sollten oder wenigstens, daß Sie sich außerordentlich darum bitten ließen. Durch mich ist Ihre Stellung hier sehr kitzlig.

Thalberg ist hier und die Wetzlar, die ich besucht habe ... Man sagt, daß er hier nicht öffentlich spielen wird.

Ihre Mutter hat den Säbel erhalten, ich dagegen weine dem Brief aus Gattendorf nach. Warum lassen Sie ihn nicht reklamieren?

Nochmals, ich lege außerordentlichen Wert darauf, daß wir uns nicht in Paris wiedersehen, sondern in irgendeiner Herberge oder einem nahen Postausspann.

Ich begreife nicht, daß Sie die Eule nicht mit den Noten bekommen haben, die Ihre Mutter bei den Apponyis abgegeben hat. Muß ich Sie darum bitten, sich nicht wieder mit Puzzi zu belasten, der sich mit Ihnen treffen wird.

Ich komme von der Ausstellung. Ich glaube nicht, daß Lehmann Erfolg haben wird, und ich muß gestehen, daß seine Gemälde mir im Salon weniger gut schienen als in seinem Atelier. Ihr Porträt ist von einem unerträglichen Grau, die Jungfrau kleinlich und die heilige Katharina zu phantastisch, um inmitten all dieser Realitäten richtig verstanden zu werden. Es ist übrigens nichts Hervorragendes im Salon, bis auf zwei Porträts von Flandrin, die wahre Meisterwerke sind.

B(ulwer) ist sehr krank gewesen und noch in der Genesung. Er spricht ebensowenig gern wie wir und soll mir noch einen ausführlichen Brief schreiben. Ich glaube, er ist auf Verzicht

[1] Gräfin d'Agoults älteste Tochter.

und Selbstlosigkeit eingestellt, aber wahrscheinlich wird er weder mich noch Sie mehr sehen wollen.

Potocki, den man sehr zu seinem Vorteil verändert findet (ernster, würdevoller), wird sehr nett zu Ihnen sein. Er sagte mir gestern, daß er niemals jemand von einem andern habe reden hören wie mich von Ihnen, daß Sie ein sehr großes Herz, ein sehr edler Charakter sein müßten. „Kurz", fügt er hinzu, „Sie wollten mich zwingen, alles an Ihnen zu lieben, selbst Ihre Liebe zu einem andern. Nun, ich fühle, daß es Ihnen gelungen ist."

Leben Sie wohl, bessern Sie mein Herz, mein Leben, mein ganzes Ich, und denken Sie niemals an irgendetwas Negatives, ich beschwöre Sie.

---

März 1840

Ich weiß nicht recht, ob Sie diesen Brief noch erhalten werden! Ich bestehe darauf, nach Meaux fahren zu wollen? Lassen Sie mich den Tag wissen, wo Sie dort sein werden, und ich werde mit dem Postwagen dort ankommen.

Sie können nicht bei Ihrer Mutter wohnen, wenigstens ist das meine Ansicht. Wenn Ihnen das Hotel nicht zusagt, steht es Ihnen frei, später hinzuziehen. Ich bin sehr erstaunt, daß Sie daran denken, sobald ein Konzert zu geben. Ich bin andrer Ansicht (wenn es erlaubt ist, eine zu haben). Lassen Sie sich doch zum mindesten ein wenig bitten. Ich dachte, Sie würden vielleicht bei dieser Durchreise hier überhaupt keins geben.

Was Sie mir über Hermann sagen, überrascht mich. Ich begreife nicht recht, daß Sie einen Burschen mit einer solchen Auszeichnung empfangen, den ich bei mir vor die Tür setze. aber wir stehen nun einmal nicht auf demselben Standpunkt in bezug auf das, was wir uns gegenseitig schuldig sind.

Ich bezweifle (bezüglich B.s und P.s), daß Sie eine sehr klare Vorstellung von meiner ersten und meiner zweiten Natur haben, denn sonst würden Sie nicht so häufig sowohl die eine wie auch die andere kränken. Ich will weder Stärke noch Stolz, mir liegt heute an Ihrer Erhabenheit nicht mehr als im Ratzenloch von 1834. Seien Sie gut zu mir. Haben Sie ein wenig

Nachsicht für meine Schwächen. Seien Sie ein bißchen zärtlich, wenn Sie können. Ich bin weniger erhaben als je und fürchte, Sie werden mich sehr alltäglich finden, denn ich erträume immer noch das home (lady Byron).

Ich wundere mich auch, daß Sie mir seit sechs Monaten, die ich ein Leiden erdulde, das tödlich hätte werden können, kein einziges Wort über meine Gesundheit sagen (fehlt).

Welche Meinung soll ich also von mir haben, ich, die ich vor Unruhe sterbe, wenn ich an den Kaffee denke, den Sie trinken, und an die Zigarren, die Sie rauchen, ich, die ich Sie mir nie in den Armen einer andern denken konnte, ohne daß mein Verstand in völlige Verwirrung geriet, ich, die ich noch heute meinen Anteil am Paradies hingeben würde für sechs ungetrübte Monate mit Ihnen? Sie sind zu sehr damit beschäftigt, groß zu sein, Sie sind zu philosophisch. Sie sind so stark, daß Sie der Schwäche der andern keineswegs Rechnung tragen. Für Sie ist alles ganz einfach. Verzeihung, ich weiß nicht recht, was ich Ihnen sage. Ich weine wie ein Kind; ich fühle, daß ich niemals Ruhe finden werde und daß Sie sich niemals zu meiner Kleinheit erniedrigen können noch wollen. Andern gegenüber fühle ich mich ebenbürtig. Ich fühle, daß sie meine Schwächen, meine Befürchtungen, meine Eifersüchte haben. Ich fühle, daß ihr unsicherer Wille von der Leidenschaft fortgerissen wird, ich sehe sie wie mich vom Elend des Lebens beschwert. Sie dagegen niemals. Was mich betrübt, betrübt Sie nicht. Was ich träume, darüber lachen Sie. Was ich will, darauf nehmen Sie keine Rücksicht. Sie nähren sich stolz von dem Bewußtsein Ihrer Größe, und Sie würdigen nicht einmal die kleinen Schmerzen der schwächeren Seelen. Es ist überhaupt nicht die Rede davon, P . . . zu widerstehen oder nicht zu widerstehen. Wenn er nicht krank wäre, hätte ich ihm schon gesagt, daß ich zu Ihnen zurückkehre, ganz und gar, mit Herz, Seele, Geist und Körper. Mag er bezüglich unserer künftigen Beziehungen tun, was er will. Ich glaube, er hat sich immer geschmeichelt, daß ich zu ihm eine Neigung fassen würde und wir unser Leben zusammen verbringen würden. Das wäre tatsächlich für uns beide ganz passend gewesen, aber da ich an

ihm nur mit dem hing, was Schlechtes in mir ist, genügt es,
daß Sie sich nähern, Sie, der Sie mir die einzig schönen Gefühle eingeflößt haben, die ich in meinem Leben gehabt habe,
um die Bande zu sprengen, die meine Seele gefangen hielten.

Etwas, das Ihnen Freude machen wird! Ich habe Delphine
Gay gesehen. Sie ist reizend zu mir. Meine Beziehungen zur
Marliani sind wieder ausgezeichnete. Ich glaube, daß die
Chopinsche Ehe demnächst in die Brüche gehen wird. Die gemeinsamen Freunde stellen ihn als eifersüchtigen Kranken hin,
als einen Menschen, den die Leidenschaft umbringt, der sich
und die andern quält. Sie hat ihn übersatt und fürchtet nur, daß
er auf der Stelle stirbt, wenn sie ihn verläßt . . .

———

Donnerstag, 12. März 1840 (nach Leipzig)
Hier ein Brief von Arpin. Machen Sie, was Sie wollen oder
können. Ich habe keine Meinung und vor allem absolut nichts
dagegen. Ich bin sehr spleenig und warte auf Sie. Das Armband ist gestern gekommen, ebenso die Schale; es war mir
eine Freude, wie alle meine Freuden, die sich durch Tränen
äußert.

Die Ihre. ———

## LISZT AN GRÄFIN D'AGOULT

Dresden, Montag, 16. März 1840
Vorgestern, Samstag, bin ich gegen 9 Uhr morgens in
Dresden angekommen. Ich wurde sogleich von einem Dutzend
Menschen umringt, die mich beschworen, ihrer Stadt nicht
diesen Schimpf anzutun, wieder abzureisen.

Gestern morgen eilte Hofmeister[1] aus Leipzig herbei, um
mich im Triumph zurückzuführen. Man hatte alle erdenkliche
Mühe, ihn davon zu überzeugen, daß man wenigstens bis nach
meinem ersten hiesigen Konzert warten müsse. Aber morgen,
gleich nach 6, reise ich nach Leipzig. Am selben Abend
gebe ich ein Konzert, und am nächsten Tag, Mittwoch, das
zweite. Fabelhaft, nicht wahr? fabelhaft. Das beste Ergebnis

[1] Musikverleger.

von all dem ist, daß ich am 28. März von Leipzig abfahren und am 1. abends in Meaux werde ankommen können, wo ich Sie zu finden hoffe.

———————

Leipzig, Freitag abend, 20. März 1840

Vorgestern, Mittwoch, sollte ich mein zweites Konzert geben, aber gegen 3 bekam ich einen so heftigen Schüttelfrost, daß ich mich ins Bett legen mußte. Heute ist die Maschine wieder vollkommen in Ordnung, obgleich ich wegen des scheußlichen Wetters noch nicht ausgehe. Sie brauchen nicht den Schatten einer Unruhe zu haben, Sie wissen, daß ich um den Frühling herum immer ein oder zwei Tage im Bett zubringen muß. Seit gestern bin ich vollkommen fieberfrei. Das Ärgerliche an diesem so ungelegenen Zwischenfall ist, daß ich gezwungen bin, drei Tage länger hierzubleiben.

Mendelssohn, Hiller und Schumann verlassen mein Zimmer kaum. Mendelssohn bringt mir Fruchtsäfte, Konfekt usw. ... Ich war sehr zufrieden mit ihm; er ist viel schlichter, als ich ihn mir vorgestellt hatte. Er ist außerdem ein Mann von bemerkenswertem Talent und sehr kultiviertem Geist. Er zeichnet wunderbar, spielt Violine und Bratsche, liest Homer geläufig auf griechisch, spricht fließend vier oder fünf Sprachen. Hiller wird nächste Woche hier ein Oratorium aufführen (Die Zerstörung Jerusalems). Er hat mir tausend schmeichelhafte Dinge für Sie aufgetragen. Schumann hat mich in Dresden abgeholt. Stellen Sie sich vor, daß es vielleicht das zweitemal in seinem Leben ist, daß er dorthin kommt, obgleich Dresden nur vier Stunden von Leipzig entfernt ist. Mendelssohn ist übrigens niemals dort gewesen.

Schumann ist ein außerordentlich zurückhaltender Mensch, der fast gar nicht spricht, außer von Zeit zu Zeit mit mir, und der, glaube ich, mir sehr zugetan sein wird.

Man hat hier Ihren Ausspruch über Thalberg und mich zitiert: daß er der erste und ich der einzige Pianist sei. Schumann ist damit nicht zufrieden und stellt fest, daß ich der erste und der einzige zugleich sei.

Der Ausspruch Thalbergs zum König von Sachsen stimmt

übrigens; er hat ihn noch mehreren Leuten gegenüber wiederholt. Der König ließ mich zu morgen einladen, aber ich mußte ihn mit Rücksicht auf das Publikum bitten lassen, es bis nächsten Mittwoch zu verschieben. Man kann übrigens unmöglich liebenswürdiger sein als Seine Majestät. Ich hatte noch nicht die Ehre ihn zu sehen (er war zur Zeit meines Dresdener Konzertes noch in Wien), aber Lüttichau[1] hat mir von ihm die freundlichsten Botschaften ausgerichtet. Er hat jedem Menschen gesagt, daß er nur noch einen einzigen Pianisten hören möchte, aber daß er diesen hören wolle; Sie erraten, wer dieser Pianist ist? usw. ... In Dresden habe ich Shepping wiedergesehen, er hat mich mit Freundlichkeiten überschüttet.

Ich gedenke, am 29. hier abzureisen. Ich weiß nicht ob ich imstande sein werde, Tag und Nacht bis Meaux durchzufahren, auf jeden Fall werde ich es versuchen. Ich würde so gern am 2. April dort sein! Ich werde Ihnen noch bestimmt schreiben, an welchem Tag Sie dort sein sollen.

Zwei Aufträge:

1. Ich habe mich fest für das Hotel de Paris neben dem Hotel des Princes entschlossen. Bestellen Sie mir also vom 3. April ab (und im Notfall vom 1.) eine vollkommen möblierte Wohnung, bestehend aus einem Vorzimmer, Wohnzimmer und Schlafzimmer, dazu ein Dienstbotenzimmer für den Preis von 250 bis 300 Franken, wenn sich das machen läßt.

2. Geben Sie meiner Mutter 200 Franken, damit sie sie ihrerseits sofort Frau Cohen gibt.

Leben Sie wohl, liebe Geliebte. Ich bin glücklich in dem Gedanken, daß nicht mehr als acht Tage uns trennen, wenn Sie diesen Brief erhalten.

Bevor ich von hier abreise, werde ich mich genau über die Entfernungen informieren und Ihnen den Tag Ihrer Ankunft in Meaux angeben.

Leben Sie wohl.

1 Baron von Lüttichau, Intendant des Hoftheaters in Dresden, sehr bekannt durch seinen Streit mit Wagner.

Mendelssohn ist wirklich unübertrefflich reizend; vom ersten Tage an war er voller Zuvorkommenheit und Aufmerksamkeit für mich; in den achtundvierzig Stunden, die ich im Bett verbracht habe, hat er mich acht- oder zehnmal besucht. Außerdem hat er gestern für morgen, Montag, über 250 Musiker eingeladen, Sänger sowohl wie ausübende Künstler, um mir in dem großen Konzertsaal eine Art musikalisches Fest zu geben, wozu nur etwa einige sechzig Personen zugelassen werden (denen er persönliche Einladungsbriefe schickt).

Ist das nicht ein reizender Gedanke? Ich muß gestehen, daß seit meinem Ball der Pester Damen mir nichts so geschmeichelt hat. Alle Welt hat mit Eifer angenommen, keine einzige Klarinette hat gestreikt. Der Saal wird wunderbar illuminiert werden.

Das Programm ist folgendermaßen festgesetzt:

Symphonie von Schubert (eine noch nicht herausgegebene; sie soll herrlich sein).

Psalm (Wie ein durstender Hirsch nach Wasser schreit!) für Orchester und Chor von Mendelssohn, auch ein sehr schönes Stück.

Meeres Stille und Glückliche Fahrt, Ouvertüre von Mendelssohn.

Zwei Chöre aus dem neuen Oratorium von Hiller.

Ouvertüre zu Fingals Höhle von Mendelssohn.

Konzert von Bach für drei Klaviere, gespielt von Mendelssohn, Hiller und mir.

Wenn Sie zwei Worte in die Débats und in die Revue Musicale setzen lassen könnten (man schreibt aus Leipzig etc.), würde ich mich freuen. Ich möchte vor allem, daß sie für Mendelssohn lobend sind, der zur Zeit sicher der hervorragendste Komponist Deutschlands ist.

Ich weiß nicht, warum ich das Bedürfnis hatte, Ihnen das alles sofort zu erzählen: ich bilde mir ein, daß Sie dieselbe Freude daran haben werden wie ich. Meine Unpäßlichkeit verzögert meine Reise um drei Tage, nicht mehr. Sie können, wenn Sie mir sofort antworten, noch nach Leipzig adressieren.

Leben Sie wohl, Liebe. Man hat mir heute einen alten Brief von Ihnen, noch an die Adresse von Haslinger, nachgeschickt. Was Sie mir über meine Leidenschaft von achtundvierzig Stunden gesagt haben, hat mich gerührt.

Es ist unnütz, im voraus an B(ulwer) zu denken, wir werden darüber sprechen. Was P(otocki) anbelangt, so bin ich überzeugt, daß wir Gefallen aneinander finden werden.

Ich hoffe, daß Sie im ganzen nicht unzufrieden mit mir sein werden.

Ich habe wegen des Briefes aus Gattendorf geschrieben, aber ich glaube, daß alles nichts nützen wird.

Nochmals lebe wohl. Ich muß den ganzen Abend arbeiten. Der Ihre.

———

Leipzig, 23. März 1840

Das Konzert, das Mendelssohn mir gestern gegeben hat, ist wunderbar gelungen. In zwölf Tagen werde ich es Ihnen im einzelnen erzählen. Er hat sich als vornehmer, taktvoller Mann benommen.

Heute hat Hiller ein großes Diner mir zu Ehren gegeben. Sie sehen daraus, welches meine Stellung in Deutschland ist!

Dennoch strebe ich nur danach, herabzusteigen!

Die Luft fehlt mir hier, ich habe einen brennenden Durst danach, Sie wiederzusehen.

Ich sage Ihnen heute nichts weiter. Ich muß unbedingt ein bißchen laufen.

Leben Sie wohl.

# XI

## Mai 1840 bis Juni 1840

Den Monat April verbrachte Liszt mit Frau d'Agoult in Paris. Dort gab
er zwei Privatabende bei Erard und verließ Paris Anfang Mai, um nach
England zu fahren, wohin Gräfin d'Agoult ihm im Juni folgte.

### LISZT AN GRÄFIN D'AGOULT

(Vom Dampfer, Mittwoch morgen, 6. Mai 1840)

(Sind wir nicht um diese Zeit nach Basel abgereist?) Wie
geht es Ihnen, liebe Marie? Es schien Ihnen bei der zweiten
Post besser zu gehen. Ich hoffe, ich hoffe immer! Aber wie
sollte ich nicht durch Ihre Liebe verlockt sein, wie nicht un-
widerstehlich mitgerissen werden zu glauben, zu hoffen, entgegen jedem Glauben, entgegen selbst jeder Hoffnung!

Wir hatten uns so viel unnütze Dinge zu sagen, daß ich vergaß, Ihnen eine Beobachtung mitzuteilen, die vielleicht nicht
unrichtig ist. Sollte die Ursache Ihres Krankheitszustands
nicht ein falsch behandeltes Milchfieber sein? Frau d'Obreskoff[1]
(Place des Pyramides 3, ich schreibe Ihnen ihre Adresse, denn
ich glaube, daß Sie sie nicht wissen) hat mich darauf hin-
gewiesen. Reden Sie mit Petros[2] darüber.

An Reiseerlebnissen haben wir einem furchtbaren Brand bei-
gewohnt (eine halbe Stunde von Beauvais entfernt), der in
weniger als einer Stunde ein ganzes Dorf zerstört hat. Sehr
wenige Leute waren aufgewacht, es ist zu befürchten, daß
mehrere Personen umgekommen sind, die im Schlafe von den
Flammen überrascht wurden. (Es war gegen $\frac{1}{2}$1 Uhr nachts.)
Sie können sich keine Vorstellung machen von der schweigen-

---

[1] Die sehr kunstliebende Gräfin d'Obreskoff.
[2] Homöopathischer Arzt (1781–1859).

den Bestürzung der wenigen Männer, die versuchten, ihr Vieh und ihre Pferde zu retten. Es war ein furchtbares Schauspiel. Meine Nachbarin in der Postkutsche rief: Ach ist das schön! Ich betrachtete es keineswegs vom malerischen Standpunkt aus!

In vier Stunden werde ich in London sein. Diesmal bin ich nicht seekrank gewesen. Ich habe mich bemüht, zu schlafen, und es ist mir gelungen.

Denken Sie vor allem an Ihre Gesundheit. Stellen Sie sie mit allen Mitteln wieder her, ich glaube, daß das noch möglich ist. Bewahren Sie Ihren Stolz, und vertrauen Sie mir Ihre Liebe an.

———

## GRÄFIN D'AGOULT AN LISZT

Freitag, 8. Mai 1840, 9 Uhr morgens
(nach London)

Ihr Brief, den ich heute morgen nicht erwartete, tut mir außerordentlich wohl. Ach ja, bewahren Sie meine Liebe! Lassen Sie aus jenem wilden Stolz, der sich wie ein Berg zwischen uns auftürmt, werden, was da will. Er ist mein Feind in Ihnen, er ist es, der Sie sagen läßt: „Ich habe an Terrain gewonnen", und der mich ganz leise antworten läßt: „Ja, auf einem Friedhof." Beim Himmel, lassen Sie nur noch Liebe zwischen uns sein! Ich will nichts anderes auf dieser Welt, und ich verlange nichts anderes in der allerunbegrenztesten Folge von Leben oder Paradiesen, aber machen Sie diese Liebe nicht so rauh, so unbesonnen, so quälend, wie Sie es manchmal tun. Haben Sie Mitleid. Ihr Stolz wird auch dabei auf seine Rechnung kommen.

Ich beeile mich, Ihnen zu sagen, daß seit zwei Tagen eine merkliche Besserung in meiner körperlichen Gesundheit eingetreten ist und daß das Seelische dadurch unmittelbar beeinflußt wird. Petros, der mich auf einige Tage vertröstet, um mir einen vollständigen schriftlichen Befund zu geben, sagt: „Es ist nicht unmöglich, daß Sie in einem Monat gesund sein werden." Dann werde ich dorthin fahren, wo Sie sind, mein

Vielgeliebter, und werde wiederum, wie vor fünf Jahren, mit demselben Vertrauen den Frieden und das strenge Glück von Ihnen fordern, das ich damals um jeden Preis haben wollte.

A propos streng, mein Bruder ist zurückgekommen, um mir den Besuch seiner Frau anzukündigen (die, wie er sagt, schon am Anfang des Winters gekommen wäre, ohne die Befürchtung, daß es so scheinen könnte, als erteile sie meiner Mutter eine Lehre).

Er hat mir einige Vorwürfe über mein exzentrisches Leben, meine Verehrer usw. gemacht ... Er hätte gewollt, daß ich eine alte Frau aus mir mache und ein strenges Leben führe. Schön, werden Sie sagen, jetzt hat sie endlich genug vom strengen Leben!

Ich hatte eine lange Unterredung mit Ronchaud (der mich in mehreren Fieberanfällen, bei denen er zugegen war, im Delirium vieles hat sagen hören). Er hat mit Zartheit und viel Liebe für Sie über das gesprochen, was er von unserm Krisenzustand zu erraten geglaubt hat. Weder er noch ich haben etwas Bestimmtes ausgesprochen. Ich habe nur zugegeben, was er von Ihnen selber wußte. Er findet mich viel zu herbe und Sie fürchterlich reizbar und herrisch.

B ... habe ich nicht wiedergesehen. Und Potocki habe ich gestern abend folgendes gesagt: „Sehen Sie, solange ich dachte, daß es L ... vollkommen gleichgültig wäre, ob ich Liebhaber habe oder nicht, konnte ich mich, vor allem aus Trotz, auf eine gewisse Koketterie einlassen; heute, wo ich aus einem Wort zu erkennen glaubte, daß es ihm vielleicht nicht ganz so gleichgültig sei ... wie er sagt (Lüge von Izy Fellow), bin ich überglücklich und werfe rasch selbst den Schatten einer Leichtfertigkeit oder irgendeiner „Treulosigkeit" wie ein unerträgliches Gewicht von mir.

Der Band von Hugo ist erschienen[1]. Mehr Schönheit und mehr Fehler als in den anderen. Einer der Verse, überschrieben Der Schatten, ist so, daß ich gern alle Zeilen unterstreichen würde: Werden Sie ihn lesen?

[1] Die Strahlen und die Schatten.

London, 9. Mai 1840

Ich hatte heute abend einen ungeheuren Erfolg, liebe Marie. In London habe ich gewonnenes Spiel. Es kann bereits kein Vergleich mehr herangezogen werden, es sei denn Paganini, und über den bin ich nicht böse. Man hat mich wunderbar aufgenommen. Viele Leute erinnern sich noch an Master Liszt. Aus der Gesellschaft habe ich niemand gesehen. Dafür werde ich von Verlegern und Künstlern umringt. Am 5. Juni werde ich mein Konzert allein geben. Diese Art werde ich endgültig vorziehen. Verzeihen Sie, daß ich so viel von Konzerten spreche, aber hier hat es eine gewisse Wichtigkeit.

Montag spiele ich im Philharmonischen das Concerto von Weber. Dieser Abend wird entscheidend sein.

Schreiben Sie mir nicht? Ich hatte bisher noch kein einziges Wort von Ihnen bekommen. Ich bin Ihnen deshalb nicht böse, aber Sie müssen wissen, daß das unbedeutendste Wort von Ihnen mir ich weiß nicht welche Wohltat bedeutet. Ich bin sehr vereinsamt, sehr allein, wenn Sie nicht zu mir kommen.

Leben Sie wohl, auf bald. Was sagt Petros zu Ihnen? Und wie geht es Ihrem Bein? Geben Sie mir so schnell wie möglich Nachrichten.

Ich lege ein Programm bei und einen kleinen Artikel des Morning Chronicle; in acht Tagen schicke ich Ihnen einige Zeitungen. Übernehmen Sie es, meine Freunde Massart, Rey und andere über mein Tun und Lassen auf dem laufenden zu halten.

Liebe Marie, Sie müssen sich unbedingt um die Denkmalsangelegenheit kümmern. Ich verstehe nichts von Bartolinis Brief. Schreiben Sie doch in meinem Namen an das Komitee und an Bartolini. Darauf verstehen Sie sich wunderbar. Adressieren Sie an die Herren Schott, Musikverleger in Mainz, mit der Bitte um Weiterleitung an das Komitee für das Beethoven-Denkmal. Es handelt sich, glaube ich, einfach darum, Bartolini und das Komitee in Verbindung zu bringen. Schicken Sie ihnen die Zeichnung und die Erklärung, die er dazu gibt; kurz, machen Sie es zum besten. Schicken Sie auch an Haslinger eine

Nummer der Revue du Progrès mit dem Artikel von Rey
und eine andere an Härtel in Leipzig. Für Haslinger müssen
Sie meinen Artikel ausschneiden, denn die Zeitung ist in Wien
verboten. Stecken Sie ihn ganz einfach in einen Umschlag,
mit tausend Grüßen für Tobias.

---

## TAGEBUCH VON GRÄFIN D'AGOULT

11. Mai 1840 (Tagebuch)
Freitag, 8. Mai

Pray! datieren Sie Ihre Briefe.

Als Sie abreisten, hatte ich mir gesagt, daß ich Ihnen diesmal wenig schreiben würde. Die Furcht, Sie unwissentlich zu
ärgern, schien mein Hinstreben zu Ihnen immer hemmen zu
sollen; dem ist jedoch nicht so, und ich habe Ihnen heute morgen geschrieben und nehme sogar wieder eine Art Tagebuch
auf, wie Sie es früher wollten. Frau von Montault habe ich fast
mit Freude wiedergesehen. Es war die Poesie der jungen Jahre,
die mir zugleich mit der strengen Schule des späteren Lebens
vor Augen trat; diese reizende Frau, deren Augen von Tränen
getrübt sind, deren Erinnerung sich in Ironie verliert, deren
Haltung gebeugt ist, zog mich wieder durch das Leiden an,
wie sie mich einstmals durch das Erblühen ihrer Freuden entzückt hatte. Sie war überaus gut zu mir, und ich habe sie stolzer
und ruhiger gefunden, als ich gehofft hatte. Ein reizender Ausspruch von ihr zu ihren Eltern: „Bilden Sie sich nicht ein, daß
ich bedaure, gefallen zu sein, ich bedaure, unglücklich gefallen
zu sein." Sie hat mir viel von der Komödiantin[1] in bezug auf
Sie erzählt. Ich hoffe, Sie würden mit meinen Antworten zufrieden gewesen sein. Sie sagte mit mehr Energie, als ich es
Ihnen je zu sagen gewagt habe, was an ihr Niedriges und An-
stößiges sei ... und ich, ich nahm die Partei der Komödiantin;
ich bewies ihr, daß ich nicht den Schatten von Eifersucht
haben könnte und daß für Sie keine andere Haltung in der
Gesellschaft möglich sei.

In Wahrheit lasse ich mir meine Aufgabe gut eintrichtern,

[1] Die Fürstin Belgiojoso.

378

es ist schade, daß Sie nicht die Früchte Ihrer Lehren genießen
können und daß ich bei Ihnen immer meine These vergesse.

---

Montag

Die Komödiantin geht eben fort, und ich beeile mich, Ihnen
meinen Eindruck ohne jeden Rückhalt und jede Diplomatie
zu sagen. Ich finde, daß ihr Gesicht ganz zerstört, fast häßlich
ist, ihre Erscheinung mager und gebrechlich, sie nicht ein
bißchen große Dame ist und viel weniger geistreich, als ich
dachte. Sie ist eine Stunde geblieben und hat nicht ein einigermaßen bemerkenswertes Wort gesagt; sie hat ein sehr geziertes
und unangenehmes Augenrollen, und obendrein strömt von
ihr ein unbestimmter Eindruck von Falschheit und Bosheit
aus.

Ich glaube, daß ich sehr natürlich und auf jeden Fall geist-
reicher gewesen bin als sie. Sie hat Ihren Namen nicht genannt. Glauben Sie, daß ich durch Ärger beeinflußt bin? Ich
glaube, Ihnen mit voller Aufrichtigkeit versichern zu können,
daß das nicht der Fall ist. Ich empfand bei ihr keineswegs jenes
Unbehagen, jene innere Verwirrung, jenes Stocken des Herzens, das ich bei andern Frauen, von denen ich wußte, daß sie
Ihnen gefallen, so stark gefühlt habe. Ich finde, daß sie hundert-
tausend Meilen entfernt von dem Reiz ist, den Piffoël früher
hatte. Zunächst war sie recht gezwungen, dann wurde sie
immer freier; im ganzen kann ich mit ihrem Verhalten nur
zufrieden sein, aber ich habe die schlechteste Meinung von
ihr (wußten Sie, daß sie zum Abendmahl geht?).

Mathilde ist auch gekommen. Sie hat sehr geschluchzt, ich
sehr wenig. Sie hat mich, wie früher, durch ihre Pedanterie
und ihr Vorurteil, alle Leute vortrefflich, vollkommen, mehr
als vollkommen zu finden, ungeduldig gemacht. Der große
Vorwurf, den sie mir macht, ist, daß ich aufgehört habe zu
schreiben und bei den angebrachten Gelegenheiten irgendein
Zeichen der Teilnahme zu geben. Kurz, ich werde mich mit
ihr viel weniger verstehen als mit meinem Bruder.

Ein Brief von Schober, er ist krank gewesen. Er stößt auf
Hindernisse bei dem Wunsch, Ihnen zu folgen, jedoch hofft

er, sie zu beseitigen. Er möchte wissen, wo er Sie diesen Sommer treffen kann. Er hat Ihr Billett Frau Ungher übergeben.

---

Montag

Gestern sehr langer Besuch von Emile de Girardin. Ich habe, wie Sie, eine Schwäche für ihn. Seine Frau hat Ronchaud gesagt, daß er Sie anbete und daß das eine Unstimmigkeit in der Ehe gebe (fehlt).

Worüber die empfindsamen Seelen sich vor allem beschweren, ist Ihr Auftreten als Herzensbrecher. Sogar Ihre Freunde sprechen mit mir von Ihrem Aufenthalt hier mit einer kleinen, höchst drolligen Beileids- und Mitleidsmiene. Man erzählt von Ihren Wiener Abenteuern; kurz, es ist offenkundig, daß ich verlassen bin. Balzac machte im Konzert auf einen leeren Sessel neben der Komödiantin aufmerksam und sagte mit Anspielung auf mich, daß ihn das an den Rahmen von Herrn Faliero erinnere, über den man einen Flor geworfen hatte. Sie sehen, daß mein Stolz, wenn ich welchen hätte, etwas abgestoßen wäre, aber ich habe Ihnen immer wiederholt, daß ich keinen habe; das ist wahrer als jemals. Bewahren Sie meine Liebe, wenn Sie es können; sie gehört Ihnen, heute so vollkommen wie in den ältesten Tagen. Ich fürchte ein bißchen, daß das Übel daher kommt, daß Sie die Wahrheit nicht mehr vertragen können und keinerlei Zügel dulden.

Umgeben von Puzzis verschiedener Grade, ist die Sprache der vollkommensten Schmeichelei die einzige, auf die Sie hören können. Ich fürchte, daß das zu nichts Gutem führt, denn ich kann nicht glauben, daß der Mensch all seinen Trieben blind folgen soll (fehlt).

Sie werden mir sagen, daß Sie anders sind als ich! und daß nicht alle Menschen an denselben Punkten empfindlich sind. Hat der Katholizismus sich geirrt, wenn er sagt, daß alles im Menschen aus den beiden Quellen Hochmut und Begierde fließt?

Ich erhalte Ihren Brief. Ich freue mich sehr über Ihre Erfolge. Ich hatte zwar keinerlei Furcht, war aber ein wenig aufgeregt. Ich werde alles tun, was (fehlt).

Warum schicken Sie mir diese drei Nummern der Morning Post? Was soll ich damit machen? Ich glaube, wir werden uns an Briefporto ruinieren, wenn Sie nicht die Gesandtschaft zu Hilfe nehmen.

Petros hatte noch nicht Zeit, mir seinen ausführlichen Befund mitzuteilen, so daß ich Ihnen noch nichts sagen kann. Es geht mir besser, vor allem seelisch. Ich weiß nicht recht, ob ich Ihnen dieses ganze Gewäsch schicken soll, aber nun ist es geschrieben, und ich habe nicht den Mut, wieder von vorn anzufangen.

Wenn Ihnen etwas oder alles daran mißfällt, so werfen Sie es ins Feuer oder stecken lieber die Vergessenszigarre oder die Friedenspfeife damit an.

P. S. – Was ist aus der kleinen Schreibtischgarnitur aus Achat und Onix geworden, die Sie mir versprochen hatten?

---

### LISZT AN GRÄFIN D'AGOULT

London, 12. Mai 1840, Dienstag

Ihr Brief hat mich tief besorgt und betrübt angetroffen. Es geht Ihnen also besser! Endlich ein liebes und wohltuendes Wort, das ich sehr nötig hatte. Möge aller Segen auf Ihrem Haupte und in Ihrem Herzen ruhen.

Ich werde Ihnen heute abend schreiben, obgleich ich Ihnen nichts Neues zu sagen habe (wenn nicht, daß ich der Löwe der Saison werde usw.), aber ich muß ein wenig mit Ihnen zusammensein.

Auf heute abend also.

Schreiben Sie mir niemals am Freitag; die Briefe werden hier am Sonntag nicht ausgetragen. Und, wenn möglich, schreiben Sie mir oft.

---

London, Mittwoch, 13. Mai 1840

Sollte wahr sein, was wir in unserer Kinderzeit glauben? Sollte ein guter und ein böser Engel unsern Schritten folgen? Sollte die Bedeutung so vieler Dinge, die mir zum mindesten zweifelhaft erscheinen, so einfach sein? Ich weiß es nicht, ich

weiß es nicht! ich weiß es nicht! Aber ich fühle mich im Gedenken an Sie eigentümlich gerührt und weich. Ihr Blick
leuchtet wie ein göttliches Licht in der Tiefe meines Herzens.
„Retten Sie mich, retten Sie mich vor mir selber", rief ich vorhin aus. Mein Stolz ist vor Ihnen gebrochen, aber wie soll ich
leben, wie lieben, sagen Sie es mir . . .

Wissen Sie, ich werde nie wieder leben können. Mir fehlt
völlig die Gabe, Ihnen meine Gedanken, meine Seele so, wie
sie ist, mitteilen zu können; das bringt mich zur Verzweiflung.
Diese Unmöglichkeit, mich auszudrücken, wird immer eine
tiefbetrübliche Grundursache zu Mißverständnissen sein.

Erzählen Sie mir von Ihrer Gesundheit. Ich habe bisher
nur zwei Briefe von Ihnen bekommen. Es kommt mir vor,
als sprächen Sie zu mir. Ich habe Ihnen die Zeitungen geschickt
und werde sie Ihnen weiter schicken, damit Sie mein äußeres
Leben etwas kennen. Ich habe hier kein anderes. Ich kenne
noch niemanden außer Herrn Reeve, einen Freund von Alfred
de Vigny, den ich reizend finde. Er hat T o c q u e v i l l e ins
Englische übersetzt.

Ich habe es abgelehnt, mich bei Lady Blessington vorstellen
zu lassen. Ich brauche absolut niemanden. Mein Erfolg hier
ist unerhört, ich schicke Ihnen ein Programm meines ersten
Konzertes. Man hat für diese Gelegenheit ein Wort geprägt.

Die Saison beginnt erst. Es ist wahrscheinlich, daß ich im
Monat Juni ziemlich alle Abende für dreißig Guineen pro
Abend spielen werde. Diese Woche habe ich schon drei Kon-
zerte. Genug davon.

Die Schreibtischgarnitur ist bei meiner Mutter, ebenso wie
die kleine Standuhr, die Sie mir zuliebe bitte bei sich bewahren
wollen. Soll ich meiner Mutter deshalb schreiben? Leben
Sie wohl, ich würde Ihnen alle Tage schreiben, wenn ich
dächte, daß meine Briefe Ihnen angenehm seien.

London, Donnerstag, 14. Mai 1840

Sie sind recht streng gegen die Fürstin[1], sie schien mir
immer eher wahrhaft und gut zu sein als falsch und bösartig.

[1] Belgiojoso.

Übrigens habe ich keine feststehende Meinung über sie. Mir schien, daß sie Ihnen als Verkehr angenehm sein könnte und Ihnen vielleicht als Mensch gefallen würde. Sie hatte für mich mehr Reiz als George (abgesehen vom Genie), und die Art, sie selber zu sein, gefällt mir.

Was das Ärgernis des Konzertes, wie Sie sagen, betrifft, so habe ich nicht daran gedacht, Ärgernis daran zu nehmen. Es steht den Damen von M. G. R. usw. . . . . frei, darüber zu sprechen, wie es ihnen gut dünkt. Die Beschwerden der empfindsamen Seelen berühren mich wenig. Wenn ich auf sie gehört hätte, würden wir uns wahrscheinlich jetzt nicht schreiben.

Ihre Neigung zur Strenge wächst sehr. Was Sie mir schreiben, ist wunderbar ausgedrückt und energisch empfunden.

Ich glaube jedoch, daß Sie sich irren, wenn Sie annehmen, ich sei unfähig, eine andere Sprache zu verstehen als die der unbedingten Schmeichelei. Nein, Marie, es ist nicht Schmeichelei, die ich brauche. Sie stößt mich noch mehr ab, ist meinem Herzen noch mißtönender als Strenge. Ist die Lebenserfahrung nicht traurig, die Wirklichkeit nicht streng und trostlos genug, um zu all den Qualen, die zu leiden wir in dieser niederen Welt verdammt sind, noch künstliche (hundertmal grausamere) hinzuzufügen? Wozu in unseren Wunden wühlen und uns mit Lasten beladen, die wir nicht tragen können?

Ich bin glücklich zu erfahren, daß Sie die Ihren wiedergesehen haben; versuchen Sie, so viel sanfte Nachgiebigkeit wie möglich in Ihren Beziehungen zu ihnen zu zeigen. Das geht ohne ernste Unannehmlichkeiten. Ich habe für Frau d'Obreskoff einen Walzer geschrieben, der nichts mit dem Mariottenwalzer zun tun hat; zum hundertsten Male muß ich wegen gleicher Dinge Einspruch erheben.

Haben Sie Ole Bull gehört? Er ist ein großer Künstler oder hat zum mindesten das Zeug zu einem sehr großen Künstler. Nun, Sie wissen, daß ich nicht vier solche in Europa zähle. Er hat mir mit der Kreutzer gewidmeten Sonate von Beethoven einen tiefen Eindruck gemacht. Er steht sicherlich hoch über dem Durchschnitt. Wenn sein Ruf nicht zehnmal größer ist, so liegt das vielleicht an seiner Unkenntnis der Kompositionsregeln und auch an gewissen Ungeschicklichkeiten in seiner Wesensart. Er ist eine Art Wilder, sehr unwissend in bezug auf Kontrapunkt und Fuge, aber er ist ein genialer Wilder, der von originellen, reizenden Gedanken überströmt.

Kurz, er hat mich aufgewühlt, und das ist mir schon lange nicht passiert. Wir sehen uns auch ständig, das heißt, er verbringt seine Tage bei mir. Er gehört zu den Puzzis, denen Sie einen so erbitterten Krieg angesagt haben.

Erzählen Sie mir von Ihrer Gesundheit. Glauben Sie, hierher kommen zu können? Dieses Land würde Ihnen gefallen (bis auf den Himmel! aber der Himmel ist in unserm Herzen, nicht wahr, Marie?).

Ich hoffe, daß ich in einem Monat Geld haben werde. Dann werden wir von Ihrer Reise, von Ihrer Ankunft sprechen. Ich werde Ihnen ein kleines Haus mit einem Garten in der Nähe irgendeines Parks mieten!

Liebe! Gute! (O seien Sie gut!)

------

GRÄFIN D'AGOULT AN LISZT

Mittwoch, 14. Mai 1840 (nach London)
Ich erhielt heute morgen eine Zeitung, nicht ohne die Hoffnung auf ein kleines Stückchen Brief, aber . . . Ich bin herzlich froh über Ihre Erfolge und auch darüber, Sie mir so nahe zu fühlen. Ich sage mir jeden Tag: Wenn ich es nicht mehr aushalte, reise ich ab, und das gibt mir Kraft. Ich leide oft darunter, daß ich Sie während der Zeit, die Sie hier zugebracht haben, so wenig gehört habe. Ich bin eifersüchtig auf das Publikum, das jetzt mehr als ich alles genießt, was Sie tun. Ich habe Janin zwei Artikel für L'Artiste geschickt. Für die Débats warte ich lieber Ihr Konzert ab, nicht wahr? Ich habe übrigens alle Befehle Eurer Allmacht ausgeführt. Ich werde Ihnen meine Komödiantingeschichte weiter erzählen, weil ich sicher bin, daß Ihnen das Spaß macht. Gestern gehe ich zu ihr; man läßt mir antworten, daß die Prinzessin gestern lange aufgeblieben wäre und noch im Bett sei. Heute morgen kommt ein Billett von ihr, um mir zu sagen, sie glaube, daß vielleicht

ich es gewesen sei, die gestern da war, und nicht Frau d'Argout, und sagt sich für 3 Uhr an. Sie kommt also, entschuldigt sich tausendmal, indem sie sagt, daß sie gelogen habe, um Frau d'Argout zu entgehen, usw. . . . „der Abbé Cœur war bei mir, und ich habe ihn um Erlaubnis gebeten, diese kleine Lüge zu sagen!" Ich habe sie viel ungezwungener gefunden als das erstemal, schöner und (fehlt) in der Unterhaltung, aber meine Meinung über das Wesentliche bestätigt sich, was nicht heißen soll, daß es nicht ein sehr interessanter Verkehr ist, für den ich Ihnen dankbar bin.

Andere Klatschereien: Die Herzogin von Rauzan spricht bei Lamartine mit Ronchaud von ihren Verlusten . . . aber ohne irgendwelche Klage. Sie bewundert Sie ungeheuer. Sie erkundigt sich nach meiner Gesundheit: „Diese arme Frau d'Ag . . ., ich versichere Sie, daß ich sie bei dem Konzert sehr bedauert habe, als ich die Fürstin B(elgiojoso) und Liszt zusammen sah, ich will damit nichts Schlechtes von ihr und noch weniger von ihm sagen, aber es war zum mindesten sehr eigentümlich."

Ich habe Delphine[1] wiedergesehen und sie heute zum Diner mit der Schule von Ingres zusammen eingeladen. Sie spielt sich entschieden als meine Freundin auf. Bulwer ist gestern morgen gekommen. Rey hatte ich zum Frühstück da. Er ist höflich und ein bißchen gezwungen gewesen. Nach einigen auf diesen Ton abgestimmten Besuchen werden wir wohl wieder zu guten Beziehungen zurückkehren; aber die Vergangenheit ist vergangen und fast ausgelöscht.

Ihr kurzes Briefchen habe ich mit einer unsagbaren Freude erhalten. Manchmal scheint es mir, als wäre alles, was ich diesen Winter gelitten habe, nur eine Vorbereitung auf himmlisch schöne Tage. Das christliche Gefühl, das aus der Prüfung und der Sühne die Hoffnung erstehen läßt, kehrt in mein Herz zurück. Sie sagen, daß die Segnungen des Himmels in mein Herz herniedersteigen mögen! Wissen Sie nicht, daß aller Segen mir von Ihnen und durch Sie kommt?

Meine Gesundheit ist im ganzen besser als damals, wie Sie

[1] Delphine Gay.

hier waren, aber ich habe gestern mit Ronchaud einen dummen Spaziergang in den Gewächshäusern des Jardin des Plantes gemacht, der mein Bein ermüdet und mich etwas verstimmt hat.

Lesen Sie in den Guêpes[1] vom 1. Mai einen Artikel über Sie und die Komödiantin.

Leben Sie wohl, liebster Franz. Sorgen Sie sich nicht um mich. Ich hoffe, damit fertig zu werden und zu genesen, um Ihnen noch ein wenig Freude zu machen.

---

### LISZT AN GRÄFIN D'AGOULT

London, Freitag, 15. Mai 1840

Ich schicke Ihnen, liebe Marie, zwei Zeilen für den Redakteur der France Musicale, die Sie ihm sofort zugehen lassen wollen, wenn Sie nichts daran zu ändern finden. Vielleicht wäre es angemessen, das bisweilen wegzustreichen; es ist verdammt frech. Streichen Sie es durch, wenn Sie dieser Meinung sind. Es gleicht etwas der indirekten Verwandtschaft. Ich würde es recht gern stehenlassen, gebe Ihnen jedoch Vollmacht.

Gestern habe ich mit Polez (Attaché bei der hiesigen französischen Gesandtschaft) diniert; er ist intim mit Frau von Rauzan, die ihm drei Briefe schreibt, ehe er in großen Zwischenräumen einmal antwortet. Er hat nicht gewagt, mit mir von Ihnen zu reden, obgleich wir nicht wenig Champagner zusammen getrunken haben.

D'Orsay hat mich besucht, um mich einzuladen, zu ihnen zu kommen (das heißt zu Lady Blessington). Sie möchten mich sehr gerne kennenlernen. Wahrscheinlich wird man ihnen gesagt haben, daß ich mich nicht bei ihnen vorstellen lassen wollte. Der Besuch von d'Orsay schien mir sonderbar.

Hat man das Album von Frau d'Obreskoff bei meiner Mutter wiedergefunden? Ich flehe Sie an, es gründlich suchen zu lassen.

[1] Sammlung von satirischen Schriften, gegründet von Alphonse Karr, 1839.

Lady Blessington ist mit der Gesellschaft hier entzweit, aber empfängt die Löwen und die Literaten. Es ist eine Art Salon à la Zyy-Fellow.

D'Orsay gibt den Ton an für Westen und Krawatten. Die Equipagen und die Einrichtung von Milady gelten ebenfalls als Vorbild.

Schicken Sie mir auch eins meiner Bilder im Schlafrock (Marinaro).

Ich komme nicht aus den Korrekturen heraus. Mehr als dreihundert, ohne Übertreibung, sind mir schon durch die Hand gegangen, und es bleibt mir noch das Doppelte zu tun. Sie schreiben mir recht wenig.

—————————                     17. Mai 1840

Sie schreiben mir nicht, und doch könnten Sie es. Wenig Dinge stören Ihr inneres Leben. Bei mir ist es leider nicht so. Der Kampf zwischen der Wirklichkeit und dem Ideal ist zu heftig. Das Gleichgewicht ist vielleicht unmöglich. Trotzdem träume ich oft. Polez sagte mir neulich, daß er lieber 300 Meilen laufe, als einen Brief schreibe ...

Das ist richtig für alle Menschen, die etwas tun und im Ausdruck ihrer Gefühle wahr zu sein glauben.

Gestern morgen, Sonntag, Versammlung bei mir: Moscheles, Batta, Lord Burghesk, d'Orsay, Polez und etwa zehn andere Leute. Ole Bull spielte ein Quartett von Mozart, wunderbar, Batta eine Etüde und die Romanesca. Ich die Tarentellas. Alle Welt ist entzückt.

Abends bei Lady Blessington (sie hat übrigens zu Reeve, der mich Freitag abend vorgestellt hatte, etwas Hübsches über mich gesagt: „Wie schade, einen solchen Mann ans Klavier zu setzen!"

Das erinnert an Bulwer: „Warum hat Herr L ... nicht einen andern Beruf gewählt." Lady Blessington ist, wie es scheint, von meiner Person und meinem Geist entzückt (ich wiederhole Ihnen, was Reeve mir gesagt hat). Sie hat mich aller Welt vorgestellt, ohne daß ich sie darum bitte; Louis Bonaparte, Lord Castlereagh, Chesterfield. Es waren nur Männer in ihrem Salon. Einer der ersten war General Alava ...

Es scheint, daß er bei seiner Durchreise in Paris dieselbe Verwechslung gemacht hat wie die Komödiantin. Er wäre sehr glücklich und sehr bemüht gewesen, Gräfin d'Agoult zu sehen, aber nicht Frau d'Argout. Auf diesen Punkt ist er dreimal zurückgekommen und kam nicht wieder davon los.

Der Salon von Lady Blessington hat mich sehr nachdenklich gestimmt.

D'Orsay ist reizend zu mir, er hat mich eingeladen, einige Tage auf dem Lande bei ihnen zu verbringen. Ich werde es annehmen.

------

### GRÄFIN D'AGOULT AN LISZT

17. Mai 1840

Zwei Briefe von Ihnen zwei Tage hintereinander! Sagen Sie niemals, daß, wenn Sie wüßten, daß Ihre Briefe mir Freude machen ... ich erhalte sie mit unbeschreiblichem Herzklopfen, und jedes Wort dringt mir bis in das Mark der Knochen. Wie können Sie auch sagen, daß Sie nicht auszudrücken vermögen, was Sie fühlen? Ihr Wort hat alle Gewalt über mich, und durch dieses Wort allein lebe ich, aber wenn es spöttisch wird, packt mich auch Schwindel, und ich rufe den Tod herbei.

Ich hatte gedacht, am 9. zu Ihnen zu kommen, aber ich weiß nicht recht. Meine Gesundheit macht nur unmerkliche Fortschritte. Mein Bein ist immer noch sehr geschwollen. Das letzte Häutchen, das den Knochen umgibt, ist entzündet, und es scheint, daß das in bestimmten Fällen unheilbar ist und auf alle Fälle sehr langwierig.

Ich brauche Luft und Landaufenthalt. Paris erstickt mich, wie mich Venedig vor zwei Jahren erstickte. Ich sehne mich unerträglich und weiß nicht, welchen Entschluß ich fassen soll, denn ich kann es nicht riskieren, die Homöopathie oder Petros aufzugeben. Ich hoffe, Ihnen Ende nächster Woche etwas Bestimmteres sagen zu können. Müßte ich meinen Kammerdiener mitnehmen, oder könnte Ferco mich bedienen? Auf jeden Fall brauche ich kein Haus, wohl aber ein ganz kleines Loch (fehlt).

... Sie haben gesehen, daß mein zweiter Eindruck von der

Komödiantin weniger schlecht war als der erste. Was die Falschheit betrifft, wie soll ich eine Frau für wahr halten, die fastet, nach dem Diner in ihr Betzimmer zum Beten geht, die mir sagt, daß sie den Abbé Cœur um Erlaubnis fragt, lügen zu dürfen, und die sich so aufführt, wie Sie es mit Ihnen getan hat? Ich begreife, daß Sie kein Ärgernis an irgendeinem Ärgernis nehmen, da Sie sein Gegenstand waren. Wir verurteilen niemals Dinge, die uns schmeicheln. Die indirekten Beileidsbezeigungen dauern an. Jemand, der Sie im Français gesehen hat, ist zu mir gekommen, um es mir beizubringen. Ich bewahre, glaube ich, sehr gute Haltung, obgleich diese Kondolenzbesuche mich sehr ungeduldig machen.

Eben unterbricht mich Ihre Mutter (das schadet nichts, werden Sie denken). Sie hat einen Brief vom Vater von Ch... erhalten, der 1000 Münz oder 3000 Franken haben möchte, um ich weiß nicht was für ein Geschäft zu kaufen. Er ist in Not und hofft auf Sie. Antworten Sie darauf. Da ist auch eine Frau Holawatz aus Krems, die nicht erhalten hat, was Sie ihr geschickt haben, und die um Hilfe fleht. Dann noch Eduard[1], der sagt, er habe wegen Ihres Großvaters Schritte beim Fürsten Esterhazy unternommen, ohne irgendeine Antwort zu erhalten. Er wünscht, daß Sie sich darum kümmern. Der Fürst wird nach London kommen.

Ich füge einen Brief von Festetics bei, der es mir wert scheint, beachtet zu werden.

Ihre Mutter ist heute morgen gekommen, um mir neue Einzelheiten über Puzzi zu erzählen, die sie von Ferco hat.

Wenn das stimmt, ist dieser Junge wirklich widerwärtig.

Versuchen Sie mir ein wenig ausführlich zu schreiben. Wie verbringen Sie oder benutzen Sie Ihre Zeit? Ich bin entzückt, daß Ole Bull Ihnen gefällt. Ich habe ihn niemals gehört. Ronchaud reist in zwei Tagen ab. Lehm... und Potocki demnächst. Ich bin für nächsten Mittwoch zum Diner bei Bulwer eingeladen. Ich sehe ihn nicht. George hat in der Revue eine Kritik geschrieben, offensichtlich mit Sainte-Beuves Hilfe.

Leben Sie wohl, lieber Franz. Ich weiß ebensowenig wie Sie,

[1] Eduard Liszt, Vetter von Franz.

wie ich leben, noch wie ich lieben soll. Es gibt indessen Augenblicke, wo mir das ganz einfach erscheint, aber das sind Augenblicke des Wahns, die der böse Engel lachend auf seinen schwarzen Flügeln fortträgt.

Sie haben zwei Gehröcke vergessen. Fehlen Sie Ihnen nicht? Muß ich sie schicken?

_____

18. Mai 1840

Ich schicke eben Ihren Brief an die France Musicale[1] (ich habe das „bisweilen" selbstverständlich durchgestrichen). Ich hätte eine klare und einfache Ableugnung sogar lieber gesehen. Ich glaube, man darf den Zeitungen nicht mehr die Ehre antun, mit ihnen zu rechten. Das Obreskoff-Album ist zurückgebracht worden. Es war bei dieser Gelegenheit, daß sie mir gesagt hatte: „Ich bin überglücklich, ich habe den schönen Walzer, den Sie kennen." Und Mariotte, die keinen andern anerkennen will als ihren eigenen, hatte ihre große Nase in die Unzufriedenheit gesteckt!

Die Standuhr ist da, sehr hübsch. Ich kenne durch Bulwer den Salon von Lady Blessington. Ohne jeden Geist, aber mit Hilfe des Geldes und der Unverschämtheit bieten sie aller Welt und sogar dem Hof die Stirn. Auch Lady Holland ist ungefähr in derselben Lage, sie herrscht durch die Furcht.

Sie machen mir eine unendliche Freude, wenn Sie oft schreiben. Es ist wirklich und ohne Mentalreservation meine einzige Freude. Ich bleibe überhaupt nur noch Petros' wegen hier, der mich trotzdem nicht heilt. Ich begreife diesen Zustand nicht; ich schlafe und esse ausgezeichnet, und dabei bin ich so schwach, daß ich nicht länger aufbleiben kann als von 2 Uhr nachmittags bis 10 Uhr abends.

Leben Sie wohl, mein einziger Franz. Sie beklagen sich darüber, daß ich Ihnen wenig schreibe, aber mir kommt es vor, als ob ich Bände an Sie richte, und mein Leben ist so leer!

Sorgen Sie ein bißchen für Ihre Gesundheit?

Ihre Mutter hat gestern mit mir über ihre Geldangelegen-

[1] Brief, in welchem Liszt gegen die Behauptung protestiert, daß er die Verleihung der Ehrenlegion nachgesucht habe (France Musicale vom 24. Mai 1840).

heiten gesprochen. Sie ist weniger reich, als ich dachte. Sie hat nicht ganz 60000 Franken Vermögen. Denken Sie daran, wenn Sie Lust bekommen, nach rechts und links Freigebigkeiten zu verteilen. Ich glaube, daß Sie maßlos großzügig sind, und obgleich das eine der vornehmsten Befriedigungen ist, muß sie der bescheidenen Pflicht weichen, seiner Mutter und seinen Kindern ein möglichst angenehmes Dasein zu sichern. Ärgern Sie sich nicht. Schelten Sie mich nicht. Sagen Sie nicht, daß ich predige wie der Abbé Cœur (er nimmt bei dem Schauspieler Aristide Stunden für seine Gebärden; wie apostolisch! Wie muß dieser Mann an den heiligen Geist glauben!).

———————

Mittwoch, 19. Mai

Ich begreife nicht recht, daß Sie finden, ich schreibe Ihnen nicht. Ich antworte immer sofort auf Ihre Briefe und schicke Ihnen vier Seiten für eine. Ich bin wirklich nicht unruhig, wie Sie sagen, aber ich bin krank und sehr mutlos. Gestern hatte ich einen heftigen Fieberanfall. Ich weiß nicht, ob er heute wiederkehren wird, aber ich habe starke Kopfschmerzen. Meinem Bein geht es jedoch viel besser. Ich müßte Paris verlassen, sagt Petros, um in frischer Luft zu sein, aber wohin? Allein irgendwo in die frische Luft fahren, ist nicht unterhaltend. Nach London fahren, heißt wieder in eine Stadt kommen, und dann fürchte ich, Ihnen hinderlich zu sein. Ich habe Angst vor unsern grausamen Meinungsverschiedenheiten, die mich umbringen ... ich werde tun, was Sie mir sagen werden.

Mein Bruder besucht mich fast alle Tage. Mathilde war gestern hier, und wir waren sehr nett miteinander. Ich habe an meine Mutter geschrieben, und sie hat sich bereit erklärt, sofort zu kommen, aber ich habe um einen Aufschub gebeten, weil ich zu leidend war für diese neue Erschütterung.

———————

LISZT AN GRÄFIN D'AGOULT

London, 19. Mai 1840

Ich beginne mit den Aufträgen, aus Furcht, sonst nicht mehr daran zu denken. Lassen Sie sich d'Ortigue von Massart vorstellen. Ich sollte ihn Ihnen am Vorabend meiner Abreise zuführen. Durch Ihren Bruder habe ich die Verabredung versäumt.

Schicken Sie mir durch Erard: 1. den ungarischen Überrock mit Pelz (das nennt sich Séké), fügen Sie die Verpackung dieses Überrocks bei; 2. den ungarischen Schlafrock und eine Art türkischer blauer Hose, außerdem eine andere Morgenhose derselben Art in Weiß (merkwürdiger Stoff); 3. mein Medaillon von Bovy (vergessen Sie nicht das Bild im Schlafrock und die Statuette von Dantan, wenn es sich machen läßt); 4. meinen grauen Überrock.

Lassen Sie sich durch Mortier eine Antwort von Schonenberger[1] wegen des Titels geben. Ich schicke Ihnen mit der Post das Atheneum, eine der besten Zeitschriften Londons. Lassen Sie sofort den Artikel über mich übersetzen, und schicken Sie ihn durch Rey oder Massart an Specht, den Schriftleiter von Schlesingers Revue Musicale, mit der englischen Zeitung (sehen Sie die Übersetzung durch). Ich habe Specht durch zwei Zeilen vorbereitet.

Sie wollen meinen Eindruck von London wissen? Wissen Sie denn nicht, wie wenig empfänglich ich für Eindrücke bin, welcher Art sie auch sind! Ohne Redensart, ohne irgendwelche poetische Ausschmückung, Sie allein geben meinem sonst so farblosen, so toten Leben einige Wirklichkeit, einigen Reiz. Ein einziger Gedanke beherrscht mich hier, das ist, Geld zu verdienen. Deshalb bin ich hier, nur daran denke ich. Übrigens werden in diesem Punkt die übertriebensten Gerüchte geglaubt. Thalberg hat nicht ein Drittel von dem verdient, was man allgemein annimmt. Ich kenne die genauen Zahlen. Sie sind lange nicht so hoch, wie ich dachte. Er hatte nur zwanzig Guineen (höchstens) pro Konzert. Mir gibt man dreißig, hier etwas Unerhörtes. Mein Erfolg befestigt sich in wunderbarer Weise. Ich kann hier zwei, ja sogar drei ausgezeichnete Saisons zubringen. Ich bin entzückt, daß Sie die kleine Standuhr genommen haben. Ich liebte sie sehr. Vom 10. Juli bis zum 20. August werden wir zusammen leben können. Wählen Sie

---

[1] Musikverleger. Es handelt sich um die erste Ausgabe der Paganinietüden.

den Winkel, der Ihnen am meisten gefallen wird, Fontainebleau, Baden-Baden, wo es auch sei; mit welcher Freude denke ich schon daran!

Leben Sie wohl, Liebe. Ich liebe Sie zärtlich.

---

## GRÄFIN D'AGOULT AN LISZT

Pacha! to hear is to obey.              Donnerstag, 21. Mai 1840
Ihre Aufträge werden ausgeführt.

Ihr Brief von heute morgen bereitet mir eine unsägliche Freude. Vom 10. Juli bis zum 20. August! Baden-Baden würde mir als Ort sehr zusagen, aber ich fürchte es als Mensch. Ich werde ein außerordentliches Bedürfnis nach Stille und Ruhe haben, und Sie wissen, daß ich das nicht haben kann, sobald die schönere Hälfte des menschlichen Geschlechts, wie Sie sagten, sich zwischen uns stellt. Sie wissen, daß man in Baden-Baden fast gezwungen ist, an der Table d'hôte zu speisen. Was würden Sie zur Schweiz meinen?

Meine Gesundheit ist immer die gleiche. Gestern hatte ich wieder einen kleinen Fieberanfall. Heute sind Schlaf und Appetit wiedergekehrt.

Ich habe gestern bei Bulwer diniert mit der Marliani, Didiers, der Guiccioli (die mir beim Eintreten sagte: „Sie wissen, daß der Graf gestorben ist. Nun, Fräulein Lenormand hat es mir schon vor einem Jahr vorausgesagt!"), Koreff (wir stehen sehr gut miteinander), Tocqueville und Beaumont. Ich bin sehr zufrieden mit Tocqueville (nicht der, den Sie bei der Komödiantin getroffen haben und der ein vollendeter Dummkopf ist): er ist sehr schlicht und ein wenig schwermütig, was den Schluß zuläßt, daß er zärtlich sein könnte!

Der Herr des Hauses fragt mich: „Sehen Sie Liszt häufig? Lieben Sie Polez?"

Auf Wiedersehen, mein lieber Geliebter und einzig Geliebter. Also Madre hat Ihnen keinerlei Eindruck gemacht! Also macht Ihnen Mariotte allein Eindruck! Also müßte Mariotte sehr froh sein, denn das war der große Ehrgeiz ihres Lebens!

---

London, 22. Mai 1840

Was wollen Sie, liebe Marie? Ihre Briefe sind mir immer eine außerordentliche Freude und oft eine große Wohltat. Deshalb finde ich, daß Sie mir selten schreiben. Verzeihen Sie mir, daß ich so anspruchsvoll bin.

Ich werde versuchen, vier Meilen von hier ein Landhaus für Sie zu finden, wie ich es für Sie haben möchte. Man sagt mir, daß ich es für 25 Guineen monatlich bekommen werde, Sie werden sich so einrichten, daß Sie um den 7. Juni hier ankommen und bis zum 7. Juli bleiben werden. Dann können wir in 48 Stunden mit dem Dampfer bis Baden-Baden fahren. Wir würden sechs Wochen zusammen leben können. Warum fürchten Sie unsere Meinungsverschiedenheiten, warum immer fürchten und niemals hoffen? Ich fühle mich froh in dem Gedanken, daß ich Sie wiedersehen werde.

Vielleicht werden Sie das Klima von London nicht vertragen, aber mir scheint, der Monat Juni muß hier erträglich sein.

Heilen Sie schleunigst Ihr Bein, und fragen Sie Petros wegen Ihrer Behandlung im allgemeinen. Fragen Sie ihn auch, welcher Arzt Sie hier behandeln könnte.

Haben Sie Hahnemann[1] gesehen? Konsultieren Sie ihn doch.

Was unsere Geschäfte anbelangt, so habe ich ausgerechnet, daß ich hier etwa zehntausend Franken netto verdienen werde. Das ist ungeheuer wenig, nicht wahr, und dennoch ist es kolossal im Vergleich zu dem, was Thalberg, Döhler und die anderen verdient haben (sagen Sie diese Zahl niemandem). Aber sehr einträglich wird die Reise durch die Provinzen sein. Ich bin im Begriff, für die Monate September und Oktober einen Vertrag von 30000 Franken zu unterzeichnen. Kurz, mein Erfolg, das heißt meine Stellung als Löwe, ist hier gesichert, aber es dauert ein wenig, bis die Summen eingehen.

Nächsten Montag spiele ich bei der Königin, was alle Welt für einen großen Fortschritt ansieht, denn sie läßt niemals

---

[1] Deutscher Arzt, Begründer der Homöopathie (1755–1843).

Instrumentisten auffordern. Das hat d'Orsay arrangiert, indem er überall erzählte, daß die Königin sehr töricht sei, sich immer von den italienischen Sängern anöden zu lassen, während Künstler wie ich und Bull in London wären.

Thalberg hat erst im zweiten oder dritten Jahr dort gespielt, und noch dazu auf dem Lande, glaube ich.

Schicken Sie Janin zu Haslinger und auch zu Leo Festetics in Pest.

Gestern habe ich bei Lady Blessington diniert, die mich hier entschieden protegiert. Sie gefällt mir recht gut (nicht physisch selbstverständlich).

Nächsten Montag werde ich Ihnen über Ihren Landaufenthalt hier Antwort geben können.

Sagen Sie mir aufrichtig, was Sie darüber denken.

Leben Sie wohl.

---

London, Montag morgen, 25. Mai 1840

Ich bin gestern früh nach Hampstead gefahren, um Ihnen ein Ratzenloch zu suchen. Die Landschaft ist reizend. Ich glaube, Sie würden sich dort wohlfühlen. Die Luft ist sehr gesund. Es ist der höchste Punkt in der Umgegend von London. Man empfiehlt ihn bestimmten Kranken (selbstredend nicht Schwindsüchtigen, denn die Luft ist dort sehr kräftig). Schreiben Sie mir ein Wort, dann werde ich Ihnen ein Cottage mieten, mit dem Sie zufrieden sein werden, hoffe ich. Wir können fast die ganzen Tage zusammen verbringen. Bringen Sie Annette mit (und vielleicht Ihren Kammerdiener). Die Leute aus dem Hause werden Sie bedienen. Die Preise werden nicht übertrieben sein.

Ein- oder zweimal in der Woche werden wir reizende Ausflüge nach Richmond, Greenwich usw.... machen können. Ich denke mir, daß Ihnen dieses Land hier sehr gefallen wird. Ich selber werde anfangen, es zu genießen, wenn Sie da sein werden.

Man kann nicht prosaischer und abgestumpfter sein als ich jetzt.

Ich habe für die Monate September, Oktober und November meinen Kontrakt mit Lavenu[1] abgeschlossen. Ich bekomme 500 Guineen monatlich, außerdem meine persönlichen Ausgaben und die von Ferco, im ganzen also fast 37000 Franken netto. Das ist ein prachtvolles Engagement, besonders für mein erstes Jahr.

In London selbst glaube ich nicht sehr viel zu verdienen (dies alles unter uns). Zunächst bin ich ein bißchen spät gekommen. Dann ist die Saison sehr schlecht. Und schließlich kann ich nur eine bestimmte Anzahl Konzerte geben, da meine Sätze außerordentlich hoch sind.

Man glaubt allgemein, daß mein Konzert sehr gelingen wird, ich meinerseits fürchte mich ein wenig. Übrigens wird das nichts beweisen. Nochmals und zum letztenmal, meine Sache ist gesichert, meine Stellung gemacht.

Wollen Sie nicht Lehmann mitbringen? Ich könnte ihn hier sehr gut durch d'Orsay und Lady Blessington einführen, die entzückend zu mir sind.

Sie machen sich keinen Begriff von den Sudeleien, die sie hier auf ihrer Ausstellung haben. Mir scheint, ein Maler könnte hier in London eine ausgezeichnete Stellung einnehmen. Auf jeden Fall könnte er hier drei Wochen oder einen Monat zubringen und sich ein bißchen vorwärtsbringen.

Übernehmen Sie es, mich bei meinen Freunden zu entschuldigen. Ich kann ihnen unmöglich schreiben.

Leben Sie wohl, Liebe.

Geben Sie mir Nachrichten über die Mouches. Was macht Daniel dort?

Ich bin sehr froh, daß Sie Frau von Flavigny empfangen haben, das sind Beziehungen, die man aufrechterhalten muß. Versuchen Sie (und verzeihen Sie, daß ich auf diesen Punkt immer wieder zurückkomme) soviel Sanftmut wie möglich dabei zu zeigen.

Soll ich Ihnen Zeitungen schicken?

[1] Impresario.

---

Ich bin glücklich über das, was Sie mir von der Besserung Ihrer Gesundheit sagen. Meine Überzeugung ist nach wie vor, daß es Ihnen hier nicht mißfallen wird, Herr von Flavigny tat gut daran, Sie zu dem Entschluß zu bestimmen. Ich weiß nicht warum, aber ich fürchte für Sie nicht sehr die Anstrengung von London. Die Reise über Rouen zu machen, scheint mir sehr verständig. Verabsäumen Sie nicht, in die Kirche von Saint-Ouen zu gehen, wenn Sie durch Rouen kommen. Dorthin habe ich den ersten Brief getragen, den Sie mir vor mehr als sechs Jahren schrieben. Ich komme nicht aus den Neudrucken und den Korrekturen der Probedrucke heraus. Ich habe auch die Melodien von Mendelssohn gesetzt.

Da ich nur für einen Wahnsinnspreis (100 Franken) Stunden geben wollte, hat man noch nach keiner verlangt. Was die Gesellschaft anbelangt, so fange ich an, ein wenig hinzugehen. D'Orsay hat mir eine Dinereinladung bei dem Herzog von Beaufort verschafft. Ich habe dort, glaube ich, einen recht guten Eindruck gemacht. Sonntag bin ich wieder zum Diner bei Lady Blessington eingeladen. Fürst Esterhazy soll kommen, er wird die ganze Frage für mich entscheiden. Bisher ist weder von der einen noch von der andern Seite ein Schnitzer gemacht worden.

Ich gewinne eine gewisse Bedeutung in der musikalischen Welt, was die Hauptsache ist, das übrige wird kommen und kommt schon (ich antworte auf zwei Fragen, die Sie mir gestellt haben, sonst hätte ich nicht daran gedacht, Ihnen das zu sagen).

Die Königin war neulich abend beinahe allein mit dem Prinzen Albert, ich glaube, daß ich ihr Spaß gemacht habe. Sie hat sehr gelacht (was sie gern tut), als ich ihr sagte, „daß meine Eitelkeit keineswegs dadurch verletzt sei, daß sie sich nicht an mich erinnere" (ihre Mutter hatte mich eben gefragt, ob ich nicht vor 14 Jahren bei ihr gespielt hätte).

Ich danke Ihnen dafür, daß Sie mir so viel schreiben.

Ich langweile mich gründlich hier und bleibe nur der Not gehorchend.

Boulogne scheint mir nicht sehr gut gewählt. Aber darüber sprechen wir noch. Sie können mich unmöglich in die Provinzen begleiten, wir werden eine wandernde Schauspielertruppe sein. Sie könnten nicht, ohne sich zu degradieren, während dieser drei Monate die leiseste Berührung mit uns haben.

Ich werde Ihnen meine Pläne für nächsten Sommer und Winter mitteilen.

Hier sind zur selben Zeit wie ich Herz, Cramer, und Döhler soll morgen kommen. Es ist nicht mehr von ihnen die Rede, als wenn sie gar nicht auf der Welt wären.

Sagen Sie mir ungefähr, wann Sie abzureisen gedenken, und erkundigen Sie sich auch, auf welchem Schiff Sie sich einschiffen, damit ich Ihnen bis zum Tower entgegenkommen kann.

Ich werde Ihnen 5200 Franken für Arpin und Abate schicken. Leben Sie wohl.

---

### GRÄFIN D'AGOULT AN LISZT

27. Mai 1840

Ich erhalte Ihr Briefchen. Ich begreife nicht mehr, wie ich zögern konnte, zu Ihnen zu kommen. Die Idee mit Hampstead entzückt mich. Ich werde meinen Kammerdiener, den ich brauche, um die Wohnung zu bewachen, hierlassen und will nur Annette mitnehmen. Ich zweifle, daß Lehmann kommt; ich werde jedoch mit ihm reden. Er wird sehr dankbar für Ihren Gedanken sein, denn er hat befürchtet, Ihnen einen schlechten Eindruck hinterlassen zu haben. Ich entschuldige Sie immer bei Ihren Freunden, aber es gibt genau so empfindliche Freundschaftseifersüchteleien wie Liebeseifersüchteleien, und da Sie die einen ebensowenig wie die andern schonen, kann ich die Leute nicht immer davon überzeugen, daß sie zufrieden sein sollen.

Die Mouches sind ebenso, wie Sie sie verlassen haben. Petros, den ich Blandinens wegen befragt habe, sagt, daß sie keine organische Krankheit hat. Von Daniel weiß ich nichts. Ich werde erst durch Lehmann Nachrichten über ihn erhalten,

der (wenn ich ihn nicht nach England mitbringe) in einem
Monat nach Rom abreisen wird. Mir selbst geht es weiter
besser, und ich bin durchaus imstande, die Reise zu machen.
Ronchaud ist abgereist, nachdem er eine Ode an Napoleon
gedichtet hat. Er ist nicht in Verlegenheit. Er wird Ihnen so
viele Oden schreiben, wie Sie wollen.

Ihr Engagement ist herrlich. Werden Sie dann also den
Monat Dezember in Paris verbringen? Eine Tochter von Frau
d'Obreskoff hat die Masern, was unsere Beziehungen unterbrochen hat. Die Fürstin hat heute Didier getroffen; sie ist
mehr als höflich. Ich verstehe den Grund nicht recht, aber
kümmere mich nicht darum. Ich habe gestern Piffoël bei der
Marliani gesehen. Sie hat eine saure Miene gemacht, als ich
sagte, daß ich nach England fahre, und hat bezüglich Byrons
und der Guiccioli eine indirekte Anspielung auf die Krän-
kungen gemacht, die stolze Frauen verschweigen (fehlt). Ich
bin sicher, daß er alles weiß. Es paßt mir daher nicht, darüber
etwas zu sagen.

Er ist immer noch ohne Nachricht, und wahrscheinlich hat
sie ihre großen Gefühle woanders hingetragen.

Chopin hat es über sich gebracht, sich bei mir nach Ihnen
zu erkundigen.

———

28. Mai 1840

Lehmann möchte nur nach London kommen, wenn ihm
ein oder zwei Porträts gesichert wären, auch dann zieht es
ihn nur unsertwegen hin. Ich rede nicht sehr zu, denn Sie
wissen, daß ich niemals sehr zurede, wenn es sich darum handelt, einen Dritten zwischen uns zu haben oder nicht.

Wenn nichts Unvorhergesehenes dazwischen kommt, werde
ich am 6. Juni in Havre sein, um mich einzuschiffen. Es heißt,
daß diese Schiffe zwei Tage brauchen, ich werde also am 8.
am Londoner Tower ankommen. Die Wahl des Abreisetages
hat nicht von mir abgehangen. Diese Schiffe verkehren nur
alle Woche. Erkundigen Sie sich in London nach dem Tage
und der Zeit, wann dieses Schiff vom 6. ankommt, und schicken
Sie mir Ferco zur Landungsstelle.

Wenn ich Ihnen etwas mitbringen soll, haben Sie gerade noch Zeit, es mir zu schreiben.

Auf Wiedersehen, Franz.

---

### LISZT AN GRÄFIN D'AGOULT

London, Freitag, 29. Mai 1840

Ich bin dabei, ein Häuschen für Sie zu suchen. Montag werde ich Ihnen etwas Bestimmtes darüber schreiben können. Versuchen Sie, etwas Geld mitzubringen, denn die 5000 Franken, die ich Arpin geschickt habe, machen mich im Augenblick etwas arm.

Lassen Sie mir durch meine Mutter das Schreiben für Schonenberger schicken, das ihm das Eigentum an den Paganini-Etüden sichert. Ich werde es unterschreiben und ihm durch die Post zurückschicken.

A propos Verleger, Wessel, der die Sammlung von Chopins Werken veröffentlicht hat und dabei mehr als 200 Louis verliert, kam mich bitten, einige seiner Stücke zu spielen, um sie hier bekannt zu machen. Niemand hat das bisher gewagt. Ich werde es bei der ersten guten Gelegenheit tun, vielleicht im Philharmonischen Konzert oder in einem meiner Konzerte (wenn ich, was wahrscheinlich ist, mehrere gebe). Sie können ihm das sagen, wenn Sie ihn treffen. Es ist ein kleiner Dienst, den ich glücklich bin, ihm erweisen zu können. Ich werde seine Etüden, seine Mazurkas und seine Nocturnos spielen, lauter in London fast unbekannte Sachen. Das wird Wessel ermutigen, ihm weitere Manuskripte abzukaufen. Der arme Verleger hat es etwas satt, zu veröffentlichen, ohne zu verkaufen. Beiliegenden Brief für Lehmann bitte ich ihm zu übergeben.

D'Orsay hat mein Bild gemacht und wird es veröffentlichen. Es ist eine aristokratische Höflichkeit, für die ich ihm dankbar bin. Lady Blessington behauptet, daß ich Bonaparte und Lord Byron ähnlich sehe!!!

Leben Sie wohl, Liebe. Ich habe ein ungeheures Bedürfnis nach Ruhe. Ich möchte immer wieder schlafen und träumen. Lassen Sie mich meinen Kopf an Ihre Brust lehnen und, wenn es sein kann, den bitteren Kummer, die verhängnisvolle Reue, die sich so tief in mein Herz eingegraben haben, in der Unendlichkeit Ihrer Liebe ertränken.

Vergessen Sie nicht, meine beiden ungarischen Überröcke einpacken zu lassen, den samtnen und den andern mit Pelzverbrämung. ———————

London, 2. Juni 1840

Ich konnte wegen des Hauses, das ich in Hampstead für Sie suchte, nicht einig werden, aber das schadet nichts, Sie werden bei dem Tausch nicht schlecht wegkommen. Kommen Sie nur.

Ich werde versuchen, Sie am Tower zu erwarten (ich habe leider an dem Tage zwei Konzerte (eins am Morgen, das andere im Philharmonischen um 8 Uhr). Auf jeden Fall werde ich Ihnen Ferco schicken, der wissen wird, wohin er Sie führen soll. Ich hoffe ein wenig, daß Sie Sonntag ankommen werden. In diesem Falle werde ich Sie abholen. Ich glaube, die genauen Zeiten zu wissen.

Leben Sie wohl. Ich bin ganz krank und kann nur noch auf Sie warten. ———————

### GRÄFIN D'AGOULT AN LISZT

2. Juni 1840

Ich reise Donnerstag den 4. von hier ab; am 6. um 2 Uhr nachmittags werde ich mich in Le Havre einschiffen und am 7. abends am Tower sein. Ich komme mit dem französischen Schiff. Erkundigen Sie sich, wann es in London ankommt. Es ist unmöglich, das hier zu erfahren, und wenn Sie zu tun haben, schicken Sie mir Ferco, ich werde gar nicht böse sein.

Ich bringe kaum Geld mit, denn ich bin auch ziemlich auf dem trocknen. Vielleicht wird eine kleine Anleihe nötig sein.

Leben Sie wohl, auf Wiedersehen. Es wird mir gesagt, daß, wenn Sie kein Häuschen gefunden haben: (let us buy a maisonnette let us far idylle!) (sic), man in der Herberge von Richmond sehr behaglich untergebracht ist.

Alle Ihre Aufträge sind erledigt.

———————

Ich mache Ihnen noch weitere Angaben über meine Abfahrt, denn ich habe zu große Angst, Sie am Tower auf mich warten zu lassen. Der Dampfer, auf dem ich mich am 6. um 4 Uhr nachmittags in Le Havre einschiffe, heißt Britannia. Ich glaube, daß ich Clears Onkel als Reisegefährten haben werde. Auf jeden Fall bin ich durchaus imstande, die Reise zu machen.

Jetzt bin ich seit drei Tagen ohne Brief von Ihnen. Ich sehe Sie zu bald wieder, um irgend etwas anderes zu schreiben als auf Wiedersehen . . .

Gott sei mit Ihnen! Mich aber, scheint mir, hat er verlassen.

---

### LISZT AN GRÄFIN D'AGOULT

Juni 1840, Donnerstag (nach Richmond)

Ich habe mit Ungeduld das kleine Briefpaket geöffnet, das Sie mir geschickt haben. Aber es war keine Zeile von Ihnen dabei. Ich dagegen will Ihnen guten Tag sagen, liebe Marie. Ich möchte Ihnen sogar gern ein paar Blumen schicken, aber ich fürchte, daß ich Ferco morgen nicht entbehren kann, und übermorgen kommen Sie zurück.

Ich hatte einen sehr schönen aristokratischen Abend bei Lady Beresford; es war eine High-Tory-Versammlung. Die Herzogin von Cambridge (die mir sagen ließ, daß sie zu meinem Konzert kommen würde), Lady Jersy, Lady Peel usw. . . .

Heute abend hatte ich den Gedanken, Sie in Richmond zu überraschen, aber soeben hat mich der Herzog von Beaufort für den späten Abend aufgefordert. Das bringt mir einige 20 Guineen mehr ein, denn Ihro Gnaden kennt meinen Satz nicht, und ich weiß nicht, wie ich es ihm beibringen soll.

Morgen, Freitag, Morning Konzert von Herrn Seguin, vielleicht werde ich mich morgen bei Ihnen zum Diner ansagen, aber erwarten Sie mich nicht. Ich glaube, es ist vernünftiger, hierzubleiben.

Leben Sie wohl, Liebe, das sind zwei recht lange Tage.

---

## GRÄFIN D'AGOULT AN LISZT

Richmond, Freitag morgen, Juni 1840

General Alava schreibt mir, um mich zu fragen, ob er Sonntag mit seinem Gesandtschaftssekretär kommen kann. Ich muß mit dreimal ja antworten. Wenn Sie mir diese Last abnehmen könnten, indem Sie ihm Samstag sagen, daß ich bettlägerig sei oder etwas Ähnliches, würden Sie mir einen Dienst erweisen. Wenn nicht, so bringen Sie noch andere Leute mit, denn fünf oder sechs lästige Menschen sind immer noch besser als einer. Bestellen Sie für Montag keine Loge, denn ich werde nicht nach London fahren. Ich kann in diesem Augenblick, und wahrscheinlich immer, nichts anderes tun, als vollkommen allein bleiben. Außerdem bin ich wirklich krank; mein Bein ist sehr geschwollen.

-------

## LISZT AN GRÄFIN D'AGOULT

London, Juni 1840 (nach Richmond)

„Ich kann in diesem Augenblick und wahrscheinlich immer nichts anderes tun, als vollkommen allein bleiben."

Das war es, was Sie mir zu sagen hatten! Sechs Jahre der vollsten Hingabe haben Sie nur zu diesem Ergebnis geführt...

Und so ist es mit vielen Ihrer Worte! Gestern (um nur an einen Tag zu erinnern) haben Sie auf dem ganzen Weg von Ascot bis Richmond kein Wort ausgesprochen, das nicht eine Verletzung, eine Beleidigung gewesen wäre. Aber wozu auf so traurige Dinge zurückkommen, wozu so im einzelnen alle Wunden unseres Herzens aufzählen. Ist es nicht besser, zu leiden und zu schweigen? Sie werden vielleicht auch diese Worte zu denjenigen zählen, die Sie nicht mehr wiedererkennen! Meine Sprache ist so verändert! So sagen Sie wenigstens.

-------

Mitternacht

Liebe ist nicht Gerechtigkeit. Liebe ist nicht Pflicht; sie ist auch nicht Genuß, und dennoch enthält sie in geheimnisvoller Weise alle diese Dinge. Es gibt tausend Arten, sie zu empfinden, tausend Methoden, sie zu betätigen, aber für jene, deren Seele nach dem Vollkommenen und Unendlichen dürstet, ist sie eins, ewig eins, ohne Anfang noch Ende. Wenn sie sich irgendwo auf Erden kundtut, so vor allem in jenem hohen Vertrauen des einen zum andern, in jener unbesiegbaren Überzeugung von unserer engelhaften Natur, die jeder Befleckung unerreichbar, für alles, was nicht sie ist, undurchdringlich ist. Streiten wir also nicht über Worte (und selbst nicht über Dinge), feilschen wir nicht, wägen wir nicht ab. Ist die Liebe noch in der Tiefe unserer Herzen, so ist alles gesagt; ist sie daraus verschwunden, so ist nichts mehr zu sagen.

Es ist schwer, Alava abzubestellen. Ich habe Polez eingeladen und werde es Reeve sagen. Ob ich komme, ist zweifelhaft, ich werde hier zu tun haben. Wenn Sie sich Montag vormittag wohl genug fühlen und in der Stimmung, zu kommen, so kommen Sie, andernfalls nicht. Ich werde die Loge auf jeden Fall bestellen, denn ich werde spielen müssen.

Leben Sie wohl. Ich fühle mich außerordentlich müde. Ich möchte dennoch länger mit Ihnen reden, aber die Erinnerung an Ihre Worte hemmt mich und läßt mich erstarren.

Gute Nacht, schlafen Sie gut.

Eine Menge Gedanken bewegen und bedrücken mich. Werde ich mit Ihnen reden können? Ich weiß es nicht, aber vielleicht wird dieses eine Mal noch mein Wort Sie überzeugen?

Leben Sie wohl, ich verzweifle nicht.


ENDE